AF550551

MICHAELA EHINGER

DIE PRÄSENZ METHODE

Wege zu authentischer und erfolgreicher Kommunikation

Mit Illustrationen von Amelie Lihl

editionfaust

Für meine Kinder August und Elisa und mein Enkelkind Yves.
Möge ihr Leben reich an präsenten Momenten sein.

2., überarb. u. erw. Auflage 2024

Umschlaggestaltung: Christina Hucke
unter Verwendung einer Illustration von shutterstock / NickJulia
Textgestaltung: Bayerl & Ost, Frankfurt am Main, und Christina Hucke
Lektorat: Regine Strotbek
Druckerei: Gutenberg Press Ltd., Malta

Weitere Titel des Verlags unter www.editionfaust.de

ISBN 978-3-949774-49-2

Inhalt

Vorwort zur zweiten Auflage

„Krisen sind Angebote des Lebens, sich zu wandeln.
Man braucht noch gar nicht zu wissen, was neu werden soll."
Luise Rinser

Seit der Covid-19-Pandemie verändert sich deutlich wahrnehmbar die Art, wie viele Menschen miteinander kommunizieren:

1. Die Online-Kommunikation hat spürbar zugenommen. Und sie wird uns weiter begleiten. Es braucht einen bewussten Umgang mit diesem Medium, um die Verbindung etwa mit Kolleginnen und Kollegen, Geschäftspartnerinnen und -partnern zu gestalten und zu halten. Immer wieder wird mit mir daran gearbeitet: Wie ist es möglich, auf der Plattform empathisch und lebendig in einen Dialog zu kommen? Präsent zuzuhören und wirkungsvoll zu kommunizieren? Wie die Aktivität der Zuhörenden fördern? Wie mit machtorientierten oder unbewussten Vielrednerinnen und Vielrednern umgehen? … Dazu finden Sie in dieser Neuauflage im Kapitel „Präsenz in der Kommunikation" Anregungen.

2. Damit verbunden ist das neue Arbeitsplatzsetting: Homeoffice ist eine Chance, um herauszufinden, wie wir in eine Wohlspannung kommen. Eine Chance, zu leben, was in den Neurowissenschaften schon vor Jahrzehnten festgestellt wurde: „The brain runs on fun!" Welche Körperhaltung unterstützt uns, entspannt und lustvoll zu schreiben? Welche innere Hal-

tung motiviert uns? Welche Störfaktoren gilt es zu identifizieren und zu beseitigen, um so gelassen und fokussiert wie möglich zu agieren?
Nehmen wir uns Raum, um uns selbst zu spüren? Raum, uns optimal zu organisieren? Schön wäre es! Leider bestimmt der Modus, lediglich zu funktionieren, anstatt mit Weite zu agieren, die Arbeitsrealität. Viele sind konfrontiert mit einem erhöhten Arbeitspensum und einem Arbeitsumfeld, die zunehmend komplexer werden. Mentale und muskuläre Anspannung sind die Folge, wenn wir nicht aktiv gegensteuern. Je angespannter unser Nervensystem ist, desto weniger Raum haben wir für das, was wir fühlen, desto weniger Toleranz besitzen wir. „Take your time", ist einer der hilfreichen Gedanken im Kapitel „Mentale Präsenz", der uns dabei unterstützt, bewusst Handelnde zu sein.
Der Modus bloßen Funktionierens ist in unserer Kultur stark ausgeprägt. Es fällt schwer, innezuhalten, zur Ruhe zu kommen, um die eigenen Bedürfnisse überhaupt erst wahrzunehmen. Das Buch möchte Sie einladen und ermutigen, genau das zu tun: innezuhalten. Erst wenn wir spüren, *wie* wir etwas machen, können wir es bewusst verändern. In der modernen Arbeitswelt ist Selbstführung der Schlüssel, um nicht unter die Räder zu kommen. Im ganzen Buch finden Sie Impulse und Praktiken für den wohlwollenden Umgang mit uns selbst. In die Präsenz zu gehen, ist ein Gegenentwurf zum allgegenwärtigen Leistungs- und Zeitdruck.

3. Seit der Pandemie haben sich die Wahrnehmungsfähigkeit, die Fähigkeit, sich körpersprachlich auf den Dialog einzustellen, die Fähigkeiten, einander wertschätzend zuzuhören und andere Sichtweisen in ihren Eigenarten zu respektieren, verändert. Diese grundlegenden Kulturfertigkeiten sind meiner Beobachtung nach rar geworden.
Viele sind im Strom ihres beruflichen und privaten Alltags, ihrer Gedankenschleifen und ihres Social-Media-Konsums versunken. Das Gefühl der Vereinzelung hat zugenommen. In Gesprächen taucht der bekannte Gestus, recht haben zu wollen, verstärkt aggressiv auf. Für eine Debatten- und Streitkultur des gegenseitigen Respekts, der Neugier auf andere Sichtweisen, der Freude, etwas voneinander zu verstehen, um komplexer wahrzunehmen und um gemeinsam geeignete Lösungen zu finden, die von vielen getragen werden, bedarf es einer neuen Grundlage: der Entscheidung und bewussten Ausrichtung vieler! Und es beginnt mit jeder und jedem Einzelnen.
Die verminderte Wahrnehmungsfähigkeit zeigt sich bereits in Alltagsdetails: So ist der Blickkontakt auf der Straße im Vorübergehen und im Zug

rar geworden. Seit der Pandemie sind Begrüßungssituationen seltener geworden, und wenn sie stattfinden, macht sich Unsicherheit breit, weil nicht mehr selbstverständlich scheint, wie wir uns begrüßen. Im Zweifel fallen Begrüßung und Beziehungsaufbau knapp aus. Die Beziehungsebene ist jedoch ausschlaggebend dafür, wie wir miteinander in Dialog treten und unseren Anliegen Raum geben können. Das scheint in Vergessenheit geraten zu sein. Eine angemessene Begrüßung ist der Auftakt für einen wertschätzenden Dialog!

Ich beschreibe hier stellvertretend Symptome, die Ihnen vermutlich bekannt vorkommen. Dabei liegen die Ursachen für das veränderte Kommunikationsklima tiefer. Zu den in jedem Leben auftretenden Schwierigkeiten (in den Bereichen Gesundheit, Beziehungen, Arbeitsplatz ...) gesellen sich Stapelkrisen und globale Herausforderungen wie Digitalisierung, Klimawandel, Kriege, Migration und anderes mehr.

Dies bereitet den Boden für Gefühle von Angst und Überforderung und erzeugt bei vielen das Bedürfnis nach Rückzug. Die Angst wird größer, wenn wir vermeiden, bewusst hinzusehen. Angst erhöht den Stresslevel. Um möglichst schnell wieder aus den biologischen Stressreaktionen Fight, Flight oder Freeze herauszufinden, gilt es, zügig für innere Sicherheit zu sorgen, aus den Gedankenschleifen auszubrechen und ganzheitlich wahrzunehmen: Die sinnliche Erfahrung des Atems lässt uns zu Sinnen kommen. Das Spüren der Füße auf dem Boden kann uns wieder Halt schenken. Indem wir uns bewusst körperlich und mental aufrichten, lernen wir, mit der Angst umzugehen. (Praktiken dazu werden unter anderem im Kapitel „Körperliche Präsenz" vorgestellt.) Wenn der Kopf sich wieder frei bewegen kann und die Füße den Boden spüren, reguliert sich das Nervensystem. Die Perspektive verändert sich und wir stellen fest, dass das Gefühl, *den Boden unter den Füßen zu verlieren*, so nicht stimmt. Wir blicken auf und spüren, dass es uns in diesem Augenblick bereits deutlich besser geht, als es zuvor – abgekoppelt vom eigentlichen Sinneserleben – der Fall war. Wir haben mit großer Wahrscheinlichkeit wieder Boden unter den Füßen gewonnen. Die Negativitätsverzerrung unseres Gehirns hatte eigenmächtig als Autopilotin das Steuer übernommen. Mit dem Lichtstrahl unserer Aufmerksamkeit nehmen wir wahr, was wirklich ist. Nun sind wir in Balance und bereit, mit Weite unser Gegenüber wahrzunehmen, in einen wachen Dialog zu treten, mit etwaigen Ungewissheiten umzugehen sowie angenehme oder unangenehme Gefühle und Emotionen anzunehmen. Das neu bearbeitete Kapitel „Mentale Präsenz" ermöglicht erweiterte Einsichten und Praktiken.

Die beschriebenen Veränderungen im Kommunikationsverhalten spiegeln gesellschaftliche Prozesse wider, die in unsere innere Verfasstheit und Haltung Eingang gefunden haben. Vor der Pandemie schien alles gefestigter, überschaubarer und sicherer. Doch Ungewissheit hat es schon immer gegeben. Ihr wohnt sogar Positives inne, wie Rainer Maria Rilke formuliert hat: „Erde! Unsichtbar! Was, wenn Verwandlung nicht, ist dein drängender Auftrag."

Viele erleben Ungewissheit jetzt stärker oder vielleicht bewusster. Das verunsichert zunächst. Ungewisses als Ungewisses wahrzunehmen und anzunehmen, führt dazu, dass wir wirklich wahrnehmen, was ist. Wenn wir uns darüber hinaus bewusst machen, welche Energie Ungewissheit in sich trägt, können wir sie schätzen lernen.

Der Neurologe Prof. Dr. Volker Busch beschreibt die Antriebskraft der Ungewissheit folgendermaßen: „Ungewissheiten lösen zwar Unsicherheit aus, aber sie setzen wertvolle Energie frei, die uns aufmerksam, präzise und einfallsreich macht. Unser Gehirn kommt so in einen Entdeckungs- und Problemlösungsmodus."[1]

Ich denke, wir brauchen diesen Entdeckungs- und Problemlösungsmodus, um Aufgabenstellungen entschieden anzugehen, um Veränderungsprozesse angstfreier zu erleben und dadurch kreativer, bedachter voranzubringen. Das Ungemütliche der Ungewissheit ist eine Chance, denn freiwillig verändern wir nicht so schnell vertraute Gewohnheiten, wenngleich wir sie möglicherweise schon lange als destruktiv erkannt haben.

Destruktiv sind Kommunikationsformen, in denen Menschen sich nicht zuhören, desinteressiert sind an anderen Sichtweisen und womöglich nur die eigene Perspektive als einzig wahre gelten lassen. Diese Machtmechanismen sind großflächig und deutlich in der Politik, in den „Haifischbecken" der Wirtschaft sowie in traditionsreichen Kultureinrichtungen wie Theatern, aber auch Krankenhäusern und Universitäten anzutreffen. Letztendlich basieren viele Strukturen und Kommunikationsmodi auf patriarchalen Denkweisen von Siegern und Verlierern, Oben und Unten, Entweder-oder.

Die derzeit herrschende Ungewissheit ist unsere Chance, um bewusst auch Kommunikation neu zu denken und zu leben. Es gilt, Kommunikationsformen zu entwickeln, die uns dabei unterstützen, Lösungen für komplexe Aufgabenstellungen zu finden. Pausen aller Art, beispielsweise im Sprachfluss, helfen, Assoziationsräume zu öffnen und somit andere in einen Redebeitrag aktiv einzubeziehen. Mehr dazu finden Sie im Kapitel „Rhetorische Präsenz".

Patriarchale Kommunikationsformen, die jahrtausendelang praktiziert wurden und weitgehend noch immer in Gebrauch sind, verändern sich nur sehr langsam, Schritt für Schritt, auch in dem Maß, wie uns selbst bewusst wird, wie stark unser eigenes Denken und Handeln durch diese Kultur geprägt wurden und werden. Jeder und jede von uns kann sich selbst zu dieser Tradition verhalten.

Wie schwer es ist, Prägungen nicht nur zu erkennen, sondern auch tiefgreifend zu transformieren, etwa den Umgang mit den eigenen Anforderungen an sich und andere, erlebe ich seit einer schweren Krise, die durch Existenzangst in der Pandemie ausgelöst wurde, verstärkt am eigenen Leib. Es war und ist ein einschneidender Prozess, das eigene, auf Leistung und Effizienz basierende Wertesystem zu verändern. Doch nur wenn dies gelingt, ist es möglich, wirklich liebevoll, zugewandt, offen, lebensfroh, humorvoll, vertrauend, zuversichtlich, mutig und anmutig sich und anderen Menschen zu begegnen. Schritt für Schritt den Leistungsdruck, die Selbstoptimierung (im Sinne von noch höher, besser, weiter, schneller) und damit den Raubbau an sich selbst und der Umwelt zu beenden. Der amerikanische Autor James Clear bringt es mit den Worten, dass wahre Verhaltensänderung ohne Veränderung unserer Identität nicht möglich sei, auf den Punkt.

Mit dem neuen Bewusstsein wachsen der Mut und die Freude, wohlwollender mit uns selbst und anderen umzugehen, in einen Austausch auf Augenhöhe zu kommen, festzustellen, dass wir in einem Boot sitzen. Die Anerkennung der eigenen Würde und der Würde der anderen ermöglicht es uns, gemeinsam lösungsorientierte Gesprächsformen zu entwickeln, um die vor uns liegenden Aufgabenstellungen friedlich und konstruktiv anzugehen. Es ist mir ein tiefes Anliegen, körperliche und mentale Praktiken zu vermitteln, die uns dabei helfen, die Verbindung mit uns selbst und anderen bewusster zu gestalten.

Präsenz schafft ein Klima der Wertschätzung und Lösungsorientierung für alle.

Mein Buch ist ein Beitrag dazu.

Frankfurt, im Juli 2024

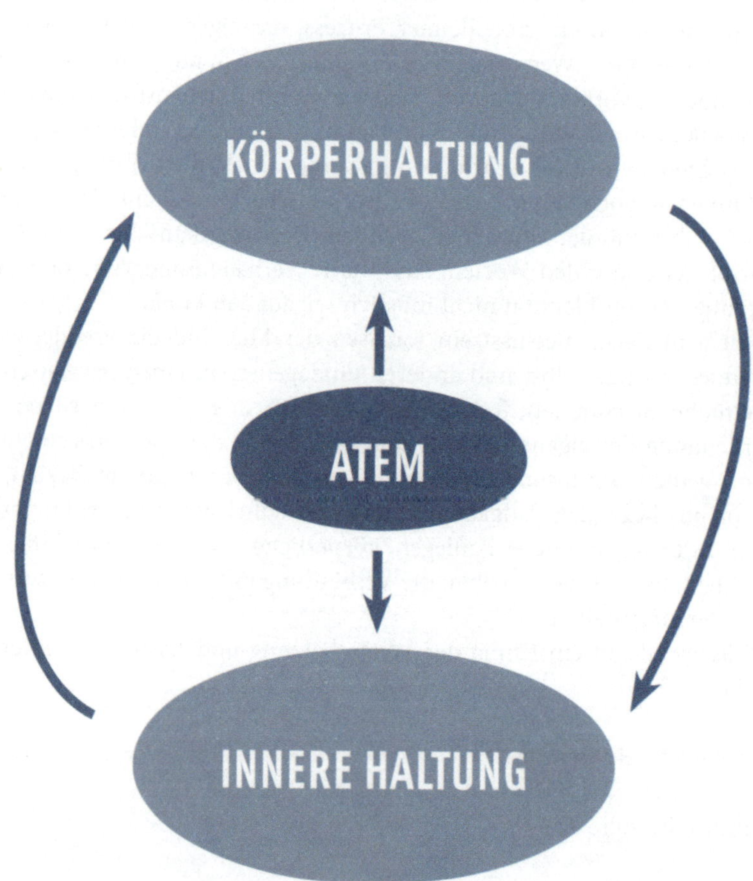
KÖRPERHALTUNG
ATEM
INNERE HALTUNG

EINFÜHRUNG

„Mensch, du hast die Kraft zu deiner Selbstbestimmung."
Joseph Beuys

Die Präsenz-Methode richtet sich an alle, die Lust haben, Entspannung und Lebensfreude in ihr Leben einzuladen. Die mit sich selbst und anderen wirklich in Verbindung kommen und Resonanz erfahren wollen, die mit ihren Redebeiträgen zu einem konstruktiven Dialog beitragen möchten. Die ihre Selbstwirksamkeit im beruflichen und privaten Alltag erfahren möchten, um mitgestaltend zu agieren.

Die Wirkung eines Menschen auf andere wird beeinflusst von seinem Bewusstsein für die *Innere Haltung* und die Körperhaltung sowie von seiner Aufmerksamkeit für den konkreten Moment. Das Lenken unserer Aufmerksamkeit auf den Atemvorgang lässt uns den gegenwärtigen Moment jederzeit bewusst erleben. Die drei genannten Faktoren beeinflussen sich gegenseitig. Die Präsenz-Methode setzt daher gezielt an diesen drei Themenfeldern an. Egal, mit welchem Sie sich befassen, Sie werden die beiden anderen Aspekte Ihres persönlichen Ausdrucks stets mitbearbeiten und -verändern.

Ich stelle meine eigene Erfahrung und mein methodisches Wissen zur Verfügung, damit alle, die dies wünschen, lernen können, in jedem einzelnen Moment und in jeder Situation präsent zu sein. Das setzt voraus, dass wir uns ins Bewusstsein heben, was wir *wie* tun. Zudem benötigen wir Techniken und Übungen auf körperlicher und mentaler Ebene, die den bewussten Umgang mit uns selbst fördern. Gleichzeitig gilt aber auch, dass der bewusste Umgang mit uns selbst eine Vorbedingung ist, um die Übungen richtig und mit Gewinn ausführen zu können. Präsenz ist also Ursache und Wirkung zugleich.

Die Aufmerksamkeit, die wir uns dabei schenken, ist eine Form der Wertschätzung. Durch die Arbeit an uns selbst freunden wir uns mit uns selbst an. Wenn wir uns selbst wertschätzender behandeln, werden uns auch andere wertschätzender begegnen.

Die Techniken und Übungen zur Herstellung von Präsenz fördern letztlich unsere Selbstbestimmung, was dazu führt, dass wir unser Leben selbst in die Hand nehmen, anstatt von äußeren Umständen oder unreflektierten eigenen Ansprüchen „ferngesteuert“ zu werden.

Präsenzschulung ist Problemlösung – doch wie erkennen wir das Problem? Durch genaue Beobachtung. Um Gewohnheiten zu ändern, ist also unsere Beobachtungsgabe gefordert, gepaart mit Offenheit und spielerischer Lust, Beharrlichkeit und Phantasie. Das sind Eigenschaften, die im Tun wachsen, wie mich mein eigener Weg gelehrt hat.

Bei den Übungen handelt es sich um mehr als nur eine Sammlung unterschiedlicher Bausteine. Zum einen tauchen einige Übungen und Gedanken in variierter Form unter erweitertem Blickwinkel mehrfach auf, zum anderen liegt mir sehr daran, dass Sie zunehmend ein Grundverständnis für Ihr Instrumentarium entwickeln. Aus diesem Grund beschreibe ich sowohl die Übungen als auch deren Wirkungen sehr detailliert. So lernen Sie die entscheidenden Stellschrauben Ihres Körpers kennen.

Wichtige Erkenntnisse im Umgang mit sich selbst haben schon andere vor mir gewonnen und überprüft. Erfahrungen, die in mein Schaffen einfließen, stammen aus der Stimmbildung nach Clara Schlaffhorst und Hedwig Andersen, der Alexander-Technik und der Feldenkrais-Methode sowie aus Meditationsanleitungen. Viele Gedanken dieses Buches bauen auf bereits in der Antike formulierten Einsichten und auf Erkenntnissen aus den Neurowissenschaften auf. Sie sind insofern nicht allein mein Verdienst. Das vorliegende Lehrbuch ist auf dem fruchtbaren Humus wertvollen Wissens vieler Menschen herangereift. Mein Beitrag dazu besteht darin, die Anwendbarkeit im Alltag in den Fokus zu rücken.

Wie können Sie mit diesem Buch arbeiten?

Wenn Sie die Präsenz-Methode in ihren vielfältigen Zusammenhängen grundlegend verstehen und erlernen wollen, sollten Sie chronologisch,

Kapitel für Kapitel, vorgehen. Wenn Sie sich für ein spezifisches Thema interessieren oder konkrete Situationen reflektieren oder vorbereiten wollen, gehen Sie gezielt zu diesen Aufgabenstellungen. Dabei helfen Ihnen die Querverweise in den Kapiteln und das ausführliche Inhaltsverzeichnis am Anfang des Bandes. Egal, mit welchem Ziel Sie das Buch aufschlagen, ich empfehle Ihnen, zunächst die ersten beiden Kapitel „Präsenz" und „Atmen" zu lesen, denn sie vermitteln Basiswissen.

Die folgenden Kapitel greifen die Reihenfolge, in der wir unser Gegenüber wahrnehmen, auf. Im Kapitel „Körperliche Präsenz" geht es um die Körperhaltung und das Herstellen von Präsenz in dem, was wir weitestgehend den Tag über tun: gehen, stehen und sitzen. Dabei wird die Wirkung dieser Vorgänge sowohl nach innen als auch nach außen betrachtet. Für Gesprächsbeiträge und öffentliches Auftreten kommen noch weitere Aspekte wie Präsenz in Gesten und im Blickkontakt hinzu.

Da Körperhaltung und *Innere Haltung* sich gegenseitig beeinflussen, folgt auf das Kapitel „Körperliche Präsenz" das Kapitel „Mentale Präsenz". Selbstgesteuerte Veränderung ist ohne Bewusstsein nicht vorstellbar. Mentales Training, hilfreiche Gedanken und Übungen zum Verankern konstruktiver Vorstellungen können Sie darin unterstützen, mehr Gestaltungsspielraum zu erobern.

Nachdem wir einen Menschen erblickt haben, nehmen wir den Klang seiner Stimme wahr, der uns seine Stimmung verrät und zugleich die Stimmung im Raum erzeugt. Im Kapitel „Präsenz in der Stimme" geht es daher um die wichtigsten Einflussfaktoren auf die Qualität der Stimme. Stimmübungen ermöglichen es Ihnen, Ihr Instrument kennenzulernen und feine Schwingungen und Schwingungsräume in sich zu entdecken und zu erleben. Außerdem trainieren Sie Ihr Zwerchfell und steigern über die erhöhte Sauerstoffzufuhr Ihre Energie.

Das Kapitel „Präsenz in der Sprache" dient dazu, die sprachlichen Ausdrucksmittel zu verfeinern: Es werden drei wesentliche Einflussfaktoren auf die sprachliche Präsenz, hilfreiche Artikulationsübungen und die Fähigkeit, Informationen auf den Punkt zu bringen, erörtert.

Im Kapitel „Rhetorische Präsenz" untersuche ich, wie Glaubwürdigkeit entsteht und welche Rolle dabei die Atmung und die Atempausen spielen. Der Aufbau von Redebeiträgen findet hier ebenso Raum wie die Frage, wie wir den Kontakt zu unserem Gegenüber aufrechterhalten.

Diese fünf Kapitel schärfen die Bewusstheit für körperliche, geistige, stimmliche, sprachliche und rhetorische Prozesse. Ich gehe darin auf feinste Details ein, denn erst das erfahrbare Detail ermöglicht es uns, Gewohnheiten zu verändern. Haben Sie diese Schritte vollzogen, steht Ihnen Ihr Körper als Resonanzraum bewusster zur Verfügung, und Sie können, was Sie sich erarbeitet haben, in unterschiedlichen Kommunikationssituationen praktizieren.

Im Kapitel „Präsenz in der Kommunikation" befasse ich mich mit den verschiedenen Grundhaltungen der Menschen, dem Bewusstsein für die Körpersprache und wichtigen Fertigkeiten für den Kommunikationsprozess. Außerdem können Sie sich mit siebzehn konkreten Situationen vertraut machen, die in meinen Seminaren und Coachings am häufigsten nachgefragt und untersucht werden. Die Ergebnisse stehen nun auch Ihnen zur Verfügung.

Alles, was die Präsenz-Methode vermittelt, hat mit der bewussten Sorge um sich selbst, oder anders ausgedrückt, mit Selbstführung zu tun. Im Kapitel „Präsenz in der Führung" wird es genau darum gehen. Die Erfahrung, sich selbst führen zu können, befähigt dazu, auch andere besser zu führen, nicht zuletzt, weil man aus eigenem Erleben weiß, wie herausfordernd es ist, eigene Verhaltensweisen von Grund auf zu ändern.

Alle erwähnten Aspekte der Präsenz kommen der subjektiven Wahrnehmungsfähigkeit, dem persönlichen Gestaltungsspielraum und dem verantwortlichen Umgang mit sich selbst und anderen zugute. Meine Erfahrungen und Beobachtungen zeigen mir, dass wir uns jederzeit weiterentwickeln können, auch und gerade dann, wenn wir vermeinen, „fertig" zu sein. Der amerikanische Komponist und Fluxuskünstler John Cage drückte es provokant so aus: „Ich bin, was ich werde." Und Heinrich von Kleist formulierte den Umgang mit sich selbst wie folgt: „Menschen, … die in der Vollkommenheit unaufhörlich wachsen – o wie selig sind sie!"

Leben bedeutet Veränderung, und wir können gestaltend daran Anteil haben. Gestaltung ist Voraussetzung für Präsenz. In der Gestaltung entfaltet sich der spannende, selbstbestimmte, selbstbewusste Anteil unseres Erwachsenenlebens, den wir in der Regel nicht genügend ausschöpfen. Die Grundlagen hierfür sind uns Menschen gegeben, und wir dürfen sie auch nutzen.

Warum ist es gerade heute wichtig, sich der bewussten Selbstwahrnehmung zuzuwenden?

Wir leben in einer Zeit, in der sich immer mehr zunehmend schneller verändert. Das verunsichert, weil alle Lebensbereiche davon betroffen sind. Wenn Halt immer weniger im Außen, in verbindlichen Strukturen, zu finden ist, wird es umso notwendiger, ihn in sich selbst zu finden – indem man sich im eigenen Selbst spürbar verankert und sich somit in der Gegenwart verortet. Präsent sein bedeutet eben dies.

Gesellschaftliche Phänomene wie Zeitdruck, Beschleunigung und Verflüssigung von Strukturen, um nur einige Punkte zu nennen, sind systembedingt und müssen vor diesem Hintergrund betrachtet und verändert werden – wobei wir nicht aus den Augen verlieren sollten, dass auch Systeme von Menschen gemacht sind. Auf der individuellen Ebene gilt es, mit der gegenwärtigen Situation umzugehen. Dazu ist es hilfreich, individuelle Lösungen zu finden, eine Haltung zu entwickeln.

Präsenz ist ein Gegenentwurf zum allgegenwärtigen Leistungs- und Zeitdruck. Es mag den einen oder die andere paradox anmuten, dass im Zustand der Präsenz sich die Leistungsfähigkeit erhöht, der Leidensdruck ab- und die Leichtigkeit zunimmt.

Im letzten Kapitel mit dem Titel „Unbegrenzte Aussicht" gebe ich der Idee einer Gesellschaft präsenter Menschen Raum – Menschen, die mit sich selbst bewusster umgehen, folglich mehr Verantwortung für sich übernehmen und dies ganz natürlich auch auf ihr engeres und weiteres Umfeld übertragen. Ist dadurch gesellschaftlicher Wandel denkbar?

Die meisten meiner Klienten möchten souveräner auftreten können. Sie sind an ihrer Außenwirkung interessiert und entdecken im Verlauf des Coachings, dass Außen und Innen zusammengehören, dass auch ihre innere Einstellung, ihre Gedanken und Vorstellungen sowie ihr Körpergefühl ihre Ausstrahlung prägen.

Was ich den Menschen, mit denen ich arbeite, mit auf den Weg gebe – und was ich auch Ihnen in diesem Buch vermitteln möchte –, ist meine wesentlich durch Selbsterfahrung gewonnene Erkenntnis, die mein eigenes Leben grundlegend verändert hat: dass Körper und Geist eine Einheit bilden, in der das eine ohne das andere nicht gut funktionieren kann. In diesem Zusammenspiel kommt der Atmung eine zentrale Rolle zu.

Präsenz entsteht durch Achtsamkeit, deshalb schulen alle in diesem Buch beschriebenen Übungen diese Fähigkeit. Den Effekt von Achtsamkeitspraktiken haben verschiedene Wissenschaften untersucht. Zahlreiche Studien belegen, „dass Achtsamkeitspraktiken das Wachstum von integrativen Vernetzungen im Gehirn fördern".[2] Das heißt, wenn unterschiedliche Bereiche „gleichzeitig differenziert und miteinander verbunden sind, sich also miteinander abstimmen und aufeinander einstellen können – dann entsteht das, was wir als Harmonie empfinden … Liegt sie vor, so bündeln sich die Kräfte eines Systems, es ergibt sich das Erleben von Schwung und Energie und von Flexibilität."[3]

Selbstbewusstsein entsteht, sobald wir uns mit unserem Körper verbinden und ihn bewusst bewohnen. Dann wächst unsere Ausstrahlung, und wir blühen auf. Präsenz ist für jede und jeden herstellbar; nicht nur auf der Bühne, sondern auch im Alltag, der so an Strahlkraft gewinnt. Präsenz wird auch auf Ihrem Weg zu erhöhter Lebensqualität in allen Lebensbereichen führen. Sie ist der Schlüssel zu einem erfüllten Leben.

Zu meinem Hintergrund

Wie jedes Kind liebte ich es, wahrgenommen zu werden: singend und rezitierend in einer Kindergruppe, später in einer Kindertheatergruppe, noch später als Klassen- und Schulsprecherin. Das Zutrauen in meine Fähigkeit, mich auszudrücken, wuchs wie von selbst mit jeder neuen Erfahrung.

Als Jugendliche saß ich dank meinem Deutschlehrer zudem oft gebannt im Theater. Mich faszinierte die Präsenz mancher Schauspieler, ohne es damals so benennen zu können. Das Bühnengeschehen empfand ich als wunderbar verdichtete Wirklichkeit, weit attraktiver als die belanglose Wirklichkeit des normalen Lebens jenseits der Bühne.

Als Konsequenz meiner Begeisterung wurde ich selbst Schauspielerin. Mittlerweile stehe ich seit mehr als einem Vierteljahrhundert auf der Bühne und stelle mich selbst, ausgerüstet mit einem Bündel Handwerkszeug, immer wieder aufs Neue der Herausforderung, präsent zu sein. Während meiner Ausbildung und der ersten Berufsjahre erfuhr ich, wie viel körperliche, geistige und seelische Arbeit sich hinter der so phantastisch leicht wirkenden Bühnenpräsenz verbirgt.

Auch dass Präsenz im keineswegs belanglosen „normalen Leben“ eine bedeutende Rolle spielt, wurde mir allmählich im Laufe meiner persönlichen Reifung klar. Präsenz wurde für mich zu einem Schlüsselwort.

Als sich der Theaterbetrieb mit meiner Vorstellung von Zusammenarbeit in künstlerischen Prozessen und mit meiner werdenden Familie nicht mehr gut vereinbaren ließ, entschied ich mich, frei zu arbeiten. Da ich nun auch als Managerin und Produzentin für mich sorgen musste, kam ich unweigerlich häufiger mit Menschen in Kontakt, für die sicheres Auftreten im Berufsalltag, zum Beispiel in der Wirtschaft oder Wissenschaft, essenziell ist. Immer wieder wurde ich aufgefordert, meine Kenntnisse und Techniken, vor allem aus dem Bereich öffentliches Sprechen und Körperhaltung, weiterzugeben, was ich gerne und überzeugend tat. Über die Jahre erwarb ich mir so durch praktische Erfahrung und Fortbildung die Qualifikation, neben meiner künstlerischen Tätigkeit als Coach, Beraterin und Seminarleiterin zu arbeiten. Beiden Tätigkeiten liegt Kreativität zugrunde. Nach und nach entwickelte sich so ein zweites berufliches Standbein.

In meinen „Learning-by-doing"-Lehrjahren habe ich beobachtet und ausprobiert und vieles für mich entdeckt. Beispielsweise Parallelen zwischen der Erarbeitung einer Theaterfigur und der Entfaltung der eigenen Persönlichkeit. Oder solch grundsätzliche Zusammenhänge wie die zwischen Körperhaltung und *Innerer Haltung*. Auch die Qualität des Spielens lässt sich im Schiller'schen Sinn auf den persönlichen Umgang mit jedem Augenblick des Daseins übertragen: „Denn, um es endlich auf einmal herauszusagen, der Mensch spielt nur, wo er in voller Bedeutung des Wortes Mensch ist, und er ist nur da ganz Mensch, wo er spielt."[4]

Als Lehrende war es notwendig, das vielfältige Handwerkszeug der Schauspielerin zu reflektieren und mir Zusammenhänge bewusst zu machen, die ich zuvor lediglich intuitiv hergestellt hatte. Prozesse, mit denen ich mich als Schauspielerin über Jahre hinweg beschäftigt habe, sollen nach Möglichkeit in wenigen Stunden, Tagen oder Wochen in Gang gesetzt und wirksam werden. Vereinfachung und Reduktion auf zentrale Wirkmechanismen und auf für die Anwendung einprägsame Analogien sind gefragt. Ich nehme beispielsweise das Wort „Auftritt" wörtlich und vermittle eine einfache Übung zum Spüren der Füße beim Auftreten. Folgendes habe ich in meiner Praxis erlebt:

Eine Klientin, die eine verantwortliche Position innehat, stieß an eine ihr unangenehme Grenze: In ihrem von Männern dominierten beruflichen Umfeld wurde sie zwar als Spezialistin geschätzt, hatte aber trotz gleicher Hierarchieebene das Gefühl, nicht genügend wahrgenommen zu werden. In der ersten Stunde gab ich ihr eine meiner Grundlagenübungen, jene zum Spüren der Füße, mit auf den Weg. Die nächste Stunde leitete sie, fast amüsiert, mit den Worten ein: „Frau Ehinger, Sie verändern ja mein Leben!" Während einer Konferenz in München hatte sie die Übung sowohl in den Pausen als auch beim Stadtbummel ausprobiert, mit dem für sie selbst deutlich spürbaren Ergebnis, mehr Aufmerksamkeit zu bekommen.

Eines vor allem wurde mir in meiner Praxis als Coach deutlich: Die meisten Menschen nehmen ihren Körper im alltäglichen Tun viel zu wenig wahr, was zu einer Art Unwohl- und Unbefriedigtsein führt. Eine Kollegin brachte es nach einem gemeinsamen Seminar einmal auf den Punkt: „Die Menschen hungern nach Körperlichkeit."[5]

Wenn wir unseren Körper nicht wahrnehmen, kann er uns nicht unterstützen. Dies ahnen viele, deshalb hegen und pflegen sie ihn mit Wellness, Fitnessstudio und Yoga. Der Körper findet dort Beachtung und seinen Raum. Doch nur selten wird die Körperwahrnehmung in den beruflichen und privaten Alltag übertragen. Das liegt unter anderem daran, dass zwar Techniken vermittelt werden, dabei aber leider grundsätzliches Wissen über den Körper und die Zusammenhänge von Körperhaltung, Atmung und *Innerer Haltung* zu kurz kommt. So nimmt es nicht wunder, dass es den meisten unmöglich ist, die Körpererfahrung in ihr tägliches Leben einzubetten. Es fehlt schlicht an praktikablem Wissen und an der Aufmerksamkeit für sich selbst im Alltag. Das ist der Punkt, an dem ich ansetze.

Arbeitsweise

Ich erkläre Zusammenhänge genau, damit Sie eigenständig agieren können. Während der vergangenen fünfundzwanzig Jahre konnte ich zusammen mit aufgeschlossenen Klienten die unterschiedlichsten Übungen entwickeln. Fast allen ist gemein, dass sie sich praktisch in den Berufsalltag integrieren lassen. Es sind Übungen, die leicht und weitestgehend unsichtbar und unhörbar durchgeführt werden können. Zum Teil sind es einfache Maßnahmen, die jedoch eine große Wirkung, zumindest für den Moment, erzielen. Und besteht unser Leben nicht schlicht aus einzelnen Momenten?

Wäre ich im Vorstand eines Unternehmens, würde ich alles daransetzen, dass die tägliche Arbeitsplatzsituation mehr Spielraum für Bewegung und Sammlung zulässt. Die Mitarbeiterinnen und Mitarbeiter würden meiner Erfahrung nach in die Lage versetzt, selbstverantwortlicher, engagierter und inspirierter zu handeln.

Als Coach und hier als Buchautorin ist es also meine Aufgabe, Ihnen neben dem Verständnis für Ihren Körper vor allem praktikable Übungen an die Hand zu geben. Inwieweit Gedanken oder Übungen dazu beitragen, Ihren persönlichen Spielraum zu erweitern, hängt maßgeblich von ihrer konsequenten Umsetzung in der Praxis ab. Es gibt so viele wunderbare Erkenntnisse – doch leben wir auch danach?

Was ich mir als Schauspielerin erarbeitet habe, ist die Fähigkeit, mir fremde Gedanken und Bewegungen anzueignen. Bühnenkünstler sind zunächst Aneignungsspezialisten. Sie lernen fremde Texte, Partituren, Bewegungsabläufe auswendig. Dies erfordert Präzision, Einfühlungsvermögen und Beharrlichkeit, aber natürlich auch Kreativität, um das Erlernte so weiterzuentwickeln und lebendig werden zu lassen, dass es zu Eigenem wird.

Es ist dieser Aneignungsprozess, der es ermöglicht, fremde Gedankengänge und neue Bewegungsmöglichkeiten mit sich selbst, dem eigenen Körper und Geist, in Verbindung zu bringen und auf diese Weise in das eigene Repertoire einfließen zu lassen. Das ist Handwerk. Die Präsenz-Methode gibt Anleitungen zu verschiedenen Aneignungsverfahren.

Als Praktikerin – Schauspielen und Performen verstehe ich wesentlich als

Praxis – eigne ich mir mein Wissen überwiegend durch konkrete Erfahrungen an. Dieses Wissen überprüfe ich immer wieder in meinem Alltag und in meiner Arbeit, indem ich es anwende und weitergebe. Jedes Seminar, jedes Coaching, jedes Gegenüber erweitert oder modifiziert dieses Wissen. Es ist ein steter Prozess. Deshalb bin ich all jenen dankbar, die sich mir auf ihrem Weg zu mehr Präsenz anvertraut haben. Ich habe durch das gemeinsame Untersuchen von beruflichen Situationen viel von ihnen gelernt. Letztendlich kam die Anregung, meine Erfahrung und mein Wissen schriftlich niederzulegen, von Teilnehmerinnen und Teilnehmern meiner Seminare. Ihr ausgesprochen positives Feedback bestärkte mich in meiner Einschätzung, wie ungemein wichtig die Wahrnehmung und Wertschätzung des Körpers im Alltag ist und dass ich dazu Wesentliches beitragen kann.

Sie sollten dieses Buch als durchaus vorläufiges Ergebnis meiner Erfahrungen und praktischen Studien lesen, welches Ihnen als Anregung und Leitfaden dienen soll, die Inhalte und Übungen in Ihr Leben zu integrieren, sie nach Ihren Erfahrungen zu verfeinern oder auf Ihr Erleben abzustimmen – sie als Hilfe zur Selbsthilfe zu nutzen. Ich bitte Sie, Ihre Erfahrungen mit dem, was Sie lesen und ausprobieren, zu verknüpfen und Ihren Werkzeugkasten zu erweitern. Anhand des hier versammelten Materials wird es Ihnen möglich sein, selbstständig an sich zu arbeiten, Ihre Erfahrungen immer weiter zu vertiefen oder sich einfach auf eine bestimmte Aufgabenstellung vorzubereiten.

Wissen bleibt letztlich ohne Nutzen, fließt es nicht ins Tun zurück. Johann Wolfgang Goethe hat dies treffend formuliert: „Es ist nicht genug, zu wissen, man muss es auch anwenden; es ist nicht genug, zu wollen, man muss es auch tun." In diesem Sinne möchte ich Sie einladen, die Qualität von Präsenz für sich zu entdecken und Ihrem Körper den Genuss zu gönnen, der aus der Anwendung des Verstandenen resultiert.

★ ★ ★

KAPITEL 1

Theater

Ins Licht treten
Die Treffbaren, die Erfreubaren
Die Änderbaren.

Bertolt Brecht

Mein sind die Jahre nicht, die mir die Zeit genommen;
Mein sind die Jahre nicht, die etwa möchten kommen;
Der Augenblick ist mein, und nehm ich den in acht,
So ist der mein, der Jahr und Ewigkeit gemacht.

Andreas Gryphius

1

PRÄSENZ

„Du tanzt nicht, um auf die andere Seite der Tanzfläche zu kommen."
Alan Watts

In der Tanzbewegung lassen Sie sich auf das Zusammenspiel mit Ihrer Partnerin oder Ihrem Partner und der Musik ein. Gelingt das Zusammenspiel, gehen Sie darin auf. Die Wendung „In-einer-Sache-Aufgehen" birgt einen tieferen Sinn in sich: Besagt sie nicht, dass man gerade dadurch aufzublühen hoffen darf, dass man sich einem Vorgang ganz hingibt? Sollten Sie indes mit Ihren Gedanken woanders sein, beim Gespräch mit einem Geschäftspartner oder bei anderen wichtigen oder weniger wichtigen Belangen Ihres Lebens, sei es in der Zukunft oder der Vergangenheit, wird der Tanz für Sie zu einer leeren Bewegung, in der Sie bloß die Tanzfläche überqueren. Sie tanzen „mechanisch", das heißt unbeseelt, oder kommen aus dem Rhythmus. Sowohl für Sie wie für Ihren Partner gerät der Tanz zur holprigen Pflichtübung statt zum freudvollen Miteinander. Genießen können Sie den Tanz nur, wenn Sie präsent sind, wenn Sie sich ihm wach hingeben.

Präsent sein – wer möchte das nicht? Ist es nicht der tiefe Wunsch eines jeden, gesehen zu werden, Anerkennung zu finden, zu wirken und dem Leben dadurch einen Sinn zu verleihen? Klingen in dem Wort „Präsenz" nicht auch die Vorstellung und die Sehnsucht an, das eigene, einzigartige Leben präsent, also möglichst gegenwärtig, zu erleben?

Weitere Fragen, denen ich begegne, lauten: Ist Präsenz etwas, das man hat oder nicht hat? Ist Präsenz eine Frage des Persönlichkeitstyps, etwas Angeborenes oder gar Ererbtes? Dahinter steckt die eigentliche Frage: Kann man für seine Präsenz oder seine „Ausstrahlung" etwas tun, oder ist alle Mühe vergeblich?

Präsenz erweist sich als ein Phänomen mit zwei Gesichtern. Sie beeinflusst sowohl Ihre Selbstwahrnehmung als auch die Wahrnehmung Ihrer Person durch Dritte, Ihr inneres Erleben ebenso wie Ihr äußeres Wirken, was schlicht bedeutet, dass beides, das Wahrnehmen wie das Wahrgenommenwerden, unmittelbar miteinander zusammenhängt. Und dieser Zusammenhang erschließt und verheißt uns das Wesentliche der Präsenz: ihre Herstellbarkeit.

1. Sein oder Nichtsein – das ist hier die Frage

Der Begriff „Präsenz" leitet sich aus dem lateinischen *praesentia* ab, was Gegenwart, Anwesenheit und auch Wirkung bedeutet. Das ins Deutsche entlehnte Wort Präsenz lässt sich als Anwesenheit, Gegenwärtigsein oder umfassender als räumliches, zeitliches, körperliches und geistiges Zugegensein definieren. Präsenz und Präsentsein werden im Buch synonym verwendet.

„Hat" eine Person Präsenz, eignet ihrem Auftreten ein gewisses Etwas, das andere gleichsam als „verstarktes Anwesendsein" empfinden. Präsent zu sein heißt, hundertprozentig anwesend, in der Gegenwart, im Hier und Jetzt zu sein, kurzum: *zu sein*!

Präsenz ist keine Eigenschaft, sie ist ein Zustand, jedoch nicht dauerhaft, sondern temporär.

Wie kann es uns ganz bewusst gelingen, in der Gegenwart zu sein, zumal wir doch glauben, automatisch in ihr zu verweilen? Vertrauen wir überhaupt unserem Sein? Im Englischen bedeutet *present* sowohl Gegenwart als auch Geschenk. Können wir uns selbst als „Geschenk", als eine Bereicherung begreifen? Ich erlebe immer wieder, dass Rednerinnen und Redner sich auf die Vermittlung von Inhalten stürzen, weil sie sich selbst zu wenig vertrauen. Sie gönnen es sich nicht mehr, frei zu atmen, und sind weit davon entfernt, sich als „Geschenk" wahrnehmen zu können.

Versetzen Sie sich bitte in die Beobachterrolle: Was nehmen Sie als Erstes bei Ihrem Gegenüber wahr? Sind es nicht die körperliche Gestalt (Körperhaltung, Gesichtsausdruck, gegebenenfalls Geruch) und der Klang der Stimme, bevor das, *was* gesagt wird, ins Bewusstsein dringt?

Sie können das ganz einfach überprüfen, indem Sie sich beispielsweise an Ihr letztes Meeting oder Ihre letzte Konferenz erinnern. Welche Teilnehmerin, welcher Teilnehmer kommt Ihnen in den Sinn? Wer war „präsent" und vor allem wodurch? Es kann durchaus sein, dass diese Person inhaltlich nicht viel zu sagen hatte, aber trotzdem durch ihre Art, nonverbal und verbal zu kommunizieren, überzeugend auf Sie wirkte. Das ist möglich, weil körperliche Präsenz von Inhalten unabhängig ist.

Den König spielen die anderen, heißt es im Theater. Das bedeutet, dass die Wirkung eines Menschen nicht nur von ihm allein abhängt, sondern auch von den Reaktionen anderer. Wir empfinden seine Präsenz unterschiedlich, je nach unserem Erfahrungshintergrund. Das Geheimnis um die spezifische Präsenz eines Menschen wird sich letztlich nie ganz lüften lassen. Offensichtlich gibt es aber Menschen, die bei vielen eine ähnliche Resonanz auslösen. Warum?

2. Die drei Säulen der Überzeugungskraft

Interessanterweise bereiten sich die meisten auf Präsentationen oder andere Redebeiträge in der Regel inhaltlich, methodisch und strategisch vor. Denn aufgrund unserer Erziehung und Bildung sind wir stark auf Inhalte und Wissensvermittlung fixiert. Dabei ruht die Überzeugungsfähigkeit auf drei Säulen: auf der körperlichen und stimmlichen Präsenz und auf den Inhalten. Genau in dieser Reihenfolge werden wir wahrgenommen.

Zuerst gerät die körperliche Erscheinung, die körperliche Präsenz, in den Blick: die Haltung, ob jemand frei oder unfrei atmet und sich bewegt, außerdem, wie er oder sie den Anwesenden begegnet und nonverbal mit ihnen kommuniziert. Die Kleidung gehört ebenfalls dazu und kann unterstützend wirken. Auch die Weise, wie die Person den Raum betritt, ist beredt und erzählt etwas über ihren Umgang mit Zeit und Raum. Wird der Augenblick wertgeschätzt, indem Sie ihn bewusst erleben, sind Sie zeitlich präsent; schließt dieses Gewahrsein den Raum mit ein, entsteht zugleich Präsenz im Raum. Sie treten in Beziehung mit dem Raum und den Anwesenden. Natürlich erleben Sie all dies im Augenblick Ihres Auftritts nicht getrennt voneinander. Es handelt sich bei Zeit, Körper und Raum um Aspekte von Präsenz, die wir alle immerzu unbewusst wahrnehmen, und um Anknüpfungspunkte, durch welche wir Präsenz bewusst herstellen können.

Körperliche Präsenz erzeugt eine Atmosphäre. Sobald die Stimme erklingt, entsteht eine spezifische Stimmung. Zuletzt folgt die Aufmerksamkeit der Zuhörenden dem Inhalt. Erst wenn eine Person uns stimmig erscheint, vertrauen wir auch ihren Worten. Andernfalls neigen wir leicht dazu, die mitgeteilten Inhalte unreflektiert abzulehnen oder in Frage zu stellen.

3. Wer sich selbst wahrnimmt, wird wahrgenommen

So lautet meine zentrale Arbeitsthese, die auf den Erkenntnissen beruht, die ich im Laufe meiner Tätigkeit sowohl als Schauspielerin wie auch als Coach gewonnen habe. Präsenz basiert auf Selbstwahrnehmung. Selbstwahrnehmung ist aber auch das Ergebnis von Präsenz.

Wenn wir uns selbst Aufmerksamkeit schenken, das heißt mit unseren Sinnen – Spüren, Sehen, Hören, Riechen und Schmecken – wahrnehmen, was wir tun, kommen wir geradewegs in der Gegenwart an. Das bleibt nach außen hin nicht verborgen. Innere Präsenz ist Voraussetzung für äußere – öffentliche – Präsenz.

Zur Herstellung von körperlicher und stimmlicher Präsenz eignet sich aus meiner Erfahrung insbesondere das Spüren. Vielleicht kennen Sie folgende Situation: Von einem Termin zum nächsten eilend, sind wir häufig in Gedanken mit allerlei Dingen beschäftigt, die in der Vergangenheit oder in der Zukunft liegen. So kann es geschehen, dass wir anderen, die uns dabei beobachten, wie „abwesend" vorkommen. Würden wir in solchen Momenten uns selbst wahrnehmen, nämlich spüren, wie wir gehen, so würden sich unsere Körperhaltung, Muskelspannung und unser Wohlgefühl verändern. Es entginge uns nicht, wie der Boden unseren Füßen Halt gibt und wie sich, wenn wir dessen gewahr werden, die Wirbelsäule von selbst entspannt aufrichtet. Wir würden uns wohler fühlen, und im Auge des Betrachters wären wir selbstbewusst und präsent. Bewusst zu gehen schließt im Übrigen das Denken nicht aus, wovon im Kapitel „Körperliche Präsenz" eingehend die Rede sein wird.

Präsenz ist herstellbar im Zusammenspiel von Selbstbewusstsein und bewusstem Umgang mit uns selbst im Alltag. Praktisch bedeutet dies: Wir suchen in jeder Situation konkrete Kontaktpunkte, die wir spüren können und die uns Halt geben, um in diesem Gehaltenwerden das Gegenwärtigsein entspannter zu erleben.

4. Ein kleines Experiment zum Einstieg

Wenn Sie Lust haben, probieren Sie es gleich aus: Während Sie lesen, nehmen Sie bitte den Kontakt mit der Sitzfläche, Rückenlehne oder der Auflagefläche im Liegen wahr. An welchen Stellen spüren Sie ihn? Spüren Sie auch Ihr Gewicht? Was geschieht, wenn Sie Ihr Gewicht bewusst an die Unterlage abgeben? Wie macht sich das bemerkbar? Entspannen Sie sich? Atmen Sie auf? Bemerken Sie möglicherweise eine Anspannung in den Schultern oder im Kiefergelenk, die sich nun lösen kann? Verändert sich Ihre *Innere Haltung*, während Sie weiterlesen und sich gleichzeitig weiterhin im Kontakt mit der Sitz- oder Liegefläche körperlich wahrnehmen? Kann es sein, dass Sie sich selbst lesend wahrnehmen und zugleich den Inhalt des Buches, statt – wie zuvor – diesen allein?

Mit jedem der fünf Sinne lässt sich ein solches Experiment durchführen, und immer erbringt es das nämliche Resultat: Sobald Sie ganz in der Gegenwart angelangt sind, innere und äußere Vorgänge gleichermaßen wahrnehmen, stellen sich identische körperliche Folgen ein:

Der Muskeltonus verändert sich. Dies gilt auch für das Zwerchfell – den wichtigsten Muskel für die Atembewegung –, wodurch die Atmung sich vertieft. Das freiere Atmen führt dazu, dass Sie sich besser mit Sauerstoff versorgen und dadurch mehr Energie zur Verfügung haben. Sie werden sich wohler fühlen. Auch Ihre Konzentration, Ihre Aufnahme- und Verarbeitungskapazität nehmen zu. Das gestiegene allgemeine Wohlbefinden wirkt sich zudem positiv auf Ihr Immunsystem aus.

Das Herstellen von Präsenz bedarf der Aufmerksamkeit, gerade bei alltäglichen Vorgängen, und je öfter Sie sich darin üben, desto mehr wird sich Ihre Achtsamkeit verfeinern.

5. Präsent sein

Präsentsein beschreibe ich gerne als eine spezifische, außerordentlich erstrebenswerte Lebensqualität. Ich habe die Qualität von Präsenz als Schauspielerin auf der Bühne kennen und schätzen gelernt. Bühnenkünstler sind Spezialisten im Herstellen von Präsenz. Das ist unser Handwerk. Auf der Bühne geht es darum, Vorgänge, egal zum wievielten Mal, immer wieder neu zu erleben und zum Erlebnis werden zu lassen, sich ganz wach dem Augenblick hinzugeben.

Erleben heißt hier, das Spiel, das aus Verabredungen besteht, zu beleben, es sich jedes Mal von Neuem entwickeln zu lassen, anstatt an einer bestimmten einstudierten Weise mechanisch festzuhalten. Es bedeutet, im Fluss zu bleiben, offen, berührbar zu sein – bewegt zu werden und zu bewegen, im und durch den eigenen Rhythmus.

Präsenz ist kein Effekt. Präsenz ist Ursache und Wirkung zugleich.

Der französische Dichter Jean Genet zeigt in seinem Essay „Der Seiltänzer" eindrucksvoll, dass starke Bühnenpräsenz nichts ist, worüber man permanent verfügt. Der Seiltänzer glänzt im Licht und tanzt auf dem Seil, in einem besonderen Moment, auf den er sich jahrelang mental und physisch vorbereitet hat. Im Alltag taucht er ein in die Masse der Menschen, wird unsichtbar. Dieses Phänomen des Glänzens und Verblassens kennen viele Bühnenkünstler und Personen des öffentlichen Lebens. Wir können nicht immer glänzen. Aber wenn wir glänzen wollen, wissen und spüren wir, wie wir uns dafür präparieren und uns während unseres Auftritts fokussieren können.

Es gibt, abhängig von der Situation, in der wir uns befinden, unterschiedliche Arten von Präsenz. Wir können zwischen öffentlicher Präsenz und privatem Präsentsein differenzieren. Letzteres, sei es zu Hause oder auf unseren Wegen, heißt, das, womit wir uns gerade beschäftigen, bewusst zu tun, körperlich und geistig zugegen zu sein. Öffentliche Präsenz hingegen schließt weitere Bezugspunkte mit ein: den bewussten Umgang mit dem jeweiligen Raum, den Teilnehmenden und der Rolle, die wir in einer bestimmten Situation einnehmen. Dies erfordert zusätzliche physische und mentale Präsenz. Daher ist es verständlich, dass öffentliche Präsenz nicht ununterbrochen leistbar ist – doch können solche Auftritte zu den Glanzpunkten im Leben zählen.

6. Das offenbare Geheimnis: der Atem

In Goethes „Märchen von der grünen Schlange und der schönen Lilie" fragt der goldene König: „Welches ist das wichtigste Geheimnis?" „Das Offenbare", bekommt er zur Antwort.

Liegt das, was uns maßgeblich beeinflusst und bewegt, vielleicht offen vor uns und wir nehmen es nur nicht wahr? Vielleicht, weil es zu selbstverständlich ist? Hier rühren wir an das so geheime wie offenbare Zentrum der Präsenz – die Atmung. Sie ist eine Lebensfunktion, die wir willentlich beeinflussen können. Meist jedoch vollzieht sie sich unbewusst. Häufig nehmen wir die Atembewegung erst dann wahr, wenn wir in Bedrängnis geraten: etwa wenn wir außer Atem sind, das Gefühl haben, keine Luft mehr zu bekommen, oder wenn wir einen langen Atem benötigen.

Alle Kommunikationsprozesse, die Entfaltung der Persönlichkeit mit all ihren körpersprachlichen, stimmlichen und sprachlichen Ausdrucksfähigkeiten sowie die Fähigkeit, sich in Stresssituationen schnell wieder zu beruhigen, wieder *runterzukommen*, wie man sagt, werden vom Atemvorgang getragen. Um ihn bewusst für unsere Unterstützung und Entfaltung zu nutzen, müssen wir uns ihn und seine Bedeutung für unser Leben vergegenwärtigen. Das bedeutet: Wenn wir der Atembewegung mehr Raum in uns geben, kann sich auch unsere Persönlichkeit von innen heraus weiter entfalten. Außerdem hilft uns die bewusste Wahrnehmung der Einatmungsbewegung, uns zu zentrieren – eben präsent zu sein.

Bedauerlicherweise ist das Bewusstsein für den gesunden Atemvorgang in unserer Kultur nach wie vor kaum ausgeprägt. Das nächste Kapitel gibt deshalb einen grundlegenden Einblick in diesen für unser Dasein so wichtigen Prozess.

7. Die spezifische Qualität von Präsenz

Was bedeutet Präsentsein konkret für unser Leben? Wenn Sie sich folgende Qualitätsmerkmale vergegenwärtigen, werden Sie erahnen können, welche Lebensqualität Präsenz ermöglicht. Hierzu zählen:

- Sich einer oder mehreren Tätigkeiten bewusst widmen
- Körperlich und geistig gegenwärtig sein
- Aufmerksamkeit, Wachheit
- Muskuläre Wohlspannung

- Frei fließende Atmung
- Im eigenen Rhythmus sein
- Optimale Energie
- Gut bei sich sein
- Sammlung, Konzentration
- Gute Wahrnehmungsfähigkeit
- Gute Aufnahmefähigkeit und Offenheit
- Selbstbestimmt agieren und wirken
- Wohlgefühl
- Zufriedenheit
- Souveränität
- Sich seiner selbst bewusst sein

Die aufgezählten Merkmale beeinflussen sowohl das persönliche Befinden wie auch das Kommunikationsverhalten und somit die Wirkung auf andere.

Was davon zunächst vielleicht noch abstrakt anmutet, wird durch die Übungen in diesem Buch sinnlich nachvollziehbar werden.

8. Das Gegenteil von Präsenz

Was sind die spezifischen Erkennungsmerkmale des Gegenteils von Präsenz? Vom Begriff her ist es die Absenz, also die Abwesenheit. Jemand ist zugleich da und nicht da, zwar körperlich anwesend, aber geistig woanders; oder jemand ist geistig anwesend, im Körper aber kaum gegenwärtig. In der folgenden Aufstellung finden Sie das jeweilige Gegenteil der oben aufgelisteten Merkmale von Präsenz. Lesen Sie sie genau durch, und fragen Sie sich, welchen Zustand diese Symptome charakterisieren:

- Eine oder mehrere Tätigkeiten unbewusst oder nicht ausreichend bewusst ausführen
- Nicht ganz gegenwärtig sein: der Vergangenheit anhaften oder sich in der Zukunft aufhalten
- Geteilte Aufmerksamkeit, Unruhe, Zerstreutheit
- Muskuläre Unter- oder Überspannung
- Blockierte Atmung
- Verlust des eigenen Rhythmus
- Energieverlust
- Nicht gut bei sich sein, das heißt zu sehr mit Vergangenem und Zukünftigem beschäftigt sein
- Fahrigkeit, Nervosität
- Beschränkte Wahrnehmungsfähigkeit
- Eingeschränkte Aufnahmefähigkeit
- Fremdbestimmt agieren und wirken
- Unwohlsein
- Unzufriedenheit
- Unsicherheit
- Unbewusstheit

Wenn Sie diese Eigenschaften auf sich wirken lassen, kommen Sie vermutlich schnell auf einen gängigen Begriff: „Stress".[6]

„Der Ausdruck ‚Stress' dient als Sammelbegriff für eine Vielzahl unterschiedlicher Einzelphänomene, für die ein Zustand erhöhter Aktivierung des Organismus (verbunden mit einer Steigerung des emotionalen Erregungsniveaus) kennzeichnend ist."[7]

Disstress, sogenannter negativer Stress, entsteht in der Regel durch Mehrfachbelastung – wenn wir verschiedene Dinge gleichzeitig erledigen oder in Gedanken bewältigen wollen – und das daraus resultierende Gefühl der Überforderung. Überfordert sind wir auch, wenn wir gesundheitlich geschwächt sind und uns trotzdem Leistung abverlangen. Mental verursachter Stress schlägt sich in psychischen und psychosomatischen Symptomen nieder. Es gibt auch durch Unterforderung bedingten Stress. Dann leiden unsere körperlichen und geistigen Fähigkeiten, und unsere Wahrnehmungsfähigkeit ist beeinträchtigt. Stress wirft uns aus der Balance, macht uns nervös und reizbar. Wir fühlen uns fremdbestimmt oder „ferngesteuert". Bei langanhaltendem Stress kann es zu einem Burnout-Syndrom kommen.

Bei Stress ändert sich augenblicklich die Qualität unserer Atmung. Die Atemmuskulatur wird gehemmt. Dadurch atmen wir nicht mehr tief ein und aus, sondern flach und hektisch. Ein Gefühl von Enge und Bedrängnis entsteht, wie ein Würgegriff.

9. Präsenz – ein Gegenentwurf

Stress hat man nicht einfach, sondern man macht ihn sich weitgehend selbst oder lässt ihn zu. Ebenso wenig „hat" man Präsenz, man stellt sie vielmehr her. Wenn ich mir ansehe, wie positiver Stress, also Eustress, definiert wird, erkenne ich deutliche Überschneidungen mit der Wirkung von Präsenz:

„Eustress ist eine notwendige Aktivierung des Organismus in Form einer günstigen, gesundheitsfördernden Belastung, die den Menschen zur Nutzung seiner Energien führt und damit auch eine Weiterentwicklung eigener Fähigkeiten ermöglicht; Eustress kann eine leistungsstimulierende Funktion haben und dadurch als mobilisierender Faktor wirken."[8]

Als Ursachen für Eustress werden häufig Verliebtheit, eine ausgesprochen erfreuliche Nachricht oder auch inspirierende Arbeit genannt. Wenn wir Präsenz herstellen, kommen wir in den Genuss ihrer im Vorangehenden aufgezählten Qualitäten. Man kann daher sagen, dass Präsenz auch der Stressprävention und -intervention dient und durchaus als eine Art Heilmittel verstanden werden kann. Präsenz ist die Verbundenheit von Körper und Geist in allen Lebenslagen im Hier und Jetzt – als Voraussetzung für ein selbstbestimmtes, erfülltes Leben in Verbundenheit mit dem Leben anderer. Wir müssen nicht gleich verliebt sein, um uns sehr wohl in unserer Haut zu fühlen. Wir sind inspiriert, wenn wir in jedem Augenblick unsere natürliche Atembewegung zulassen und wahrnehmen.

Präsentsein ermöglicht es uns, aus stresserzeugenden Situationen und Lebenseinstellungen bewusst auszusteigen beziehungsweise Disstress in Eustress zu verwandeln. Dies ist ein wichtiger und auch überraschender Aspekt von Präsenz, der den meisten nicht bewusst ist und deshalb auch nicht bewusst genutzt werden kann.

Folgende kleine Geschichte verdeutlicht, welcher Herausforderung wir uns stellen, wenn wir präsent sein wollen:

„Die Schüler fragten den Rabbi, was das Geheimnis seiner Weisheit sei. Darauf antwortete er ihnen: ‚Wenn ich sitze, sitze ich; wenn ich stehe, stehe ich; wenn ich gehe, gehe ich.' Die Schüler sahen sich betreten an und meinten, sie hätten nicht recht verstanden. Also fragten sie erneut: ‚Was ist das Geheimnis deiner Weisheit?'

Er aber sagte: ‚Wenn ich sitze, sitze ich; wenn ich stehe, stehe ich; wenn ich gehe, gehe ich.' Da wurden die Schüler ungehalten und erwiderten: ‚Meister, was du sagst, das tun wir auch, aber wir sind weit entfernt von deiner Weisheit.' Da schüttelte der Rabbi lächelnd den Kopf. ‚Nein', sagte er, ‚wenn ihr sitzt, seid ihr schon aufgestanden; wenn ihr steht, seid ihr schon losgegangen; wenn ihr geht, seid ihr schon angekommen.'"[9]

Präsent ist, wer präsent ist. Wer präsent ist, wirkt präsent.

Lüften Sie das Geheimnis des Rabbi, indem Sie Stück für Stück lernen, wie Sie Präsenz herstellen können.

★ ★ ★

KAPITEL 2

„Die Luft webt das All, der Atem webt den Menschen.“

Upanishad, Atharva-Veda

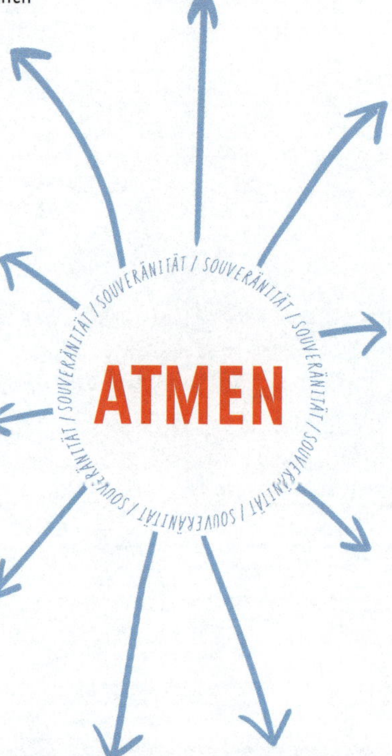

Stressresistenz

- Stressprävention
- Stressintervention

Führung

- Bewusster Kontakt zu sich und Anderen ermöglicht natürlich Autorität

Gesundheit

- Positiver Einfluss auf das Immunsystem (Wohlbefinden)
- Unterstützung der Inneren Organe durch aktive Zwerchfelltätigkeit

Selbstmanagement

- Momente des Innehaltens
- Sich zentrieren
- Bewusste Geisteshaltung
- Überblick gewinnen

Persönliche Energie

- Die Energiegewinnung ist von unserer Sauerstoffzufuhr abhängig

Kommunikation

- Empathie und Distanz druch Atemwahrnehmung und Atemführung
- Atmosphäre schaffen

Denk- und Konzentrationsfähigkeit

- Sich sammeln und fokussieren

Rhetorik

- Die „Pause", das wichtigste rhetorische Mittel, entsteht durch entspannte Inspiration

Stimme

- Die Art der Atmung beeinflusst stark den Stimmenklang

Mentale Präsenz

- Gedanken und Gefühle wahrnehmen
- Denkmuster erkennen

2
ATMEN

„Der Atem ist der Regler aller Dinge.“
Indisches Sprichwort

Eine befreundete Schauspielerin und Stimmtherapeutin war erstaunt, als ich ihr erzählte, dass ich ein Buch über Präsenz schreibe, in welchem der Atem eine zentrale Rolle spielt: „Ist denn über das Atmen nicht schon alles gesagt?“ Ich schätze sie sehr, umso mehr beschäftigte mich ihre Frage längere Zeit.

„Ja und Nein“, antworte ich heute. Über das Atmen ist in der Tat in Fachkreisen und in der Fachliteratur das Wesentliche bekannt. Dies gilt sowohl für die Atem- und Stimmtherapie, die Stimmbildung, als auch für verschiedene Körpertherapien. Und natürlich ist die weltweit am meisten verbreitete Meditationspraxis seit über 2500 Jahren die der Achtsamkeit auf den Atem. Es bedarf meiner Erfahrung nach jedoch zusätzlicher Brücken, um das wertvolle Wissen der Allgemeinheit zur Verfügung zu stellen. Wir alle haben, bewusst oder unbewusst, eine Vorstellung vom Atemgeschehen. Sie bestimmt die Art und Weise, wie wir atmen – und somit, wie wir leben und wirken. Meine Leser werden von der Reichweite des Atems erfahren, können körperliche Erfahrungen sammeln und diese im Alltag verankern. Dann wird es jedem möglich sein, durch die bewusste Verbindung mit sich selbst seiner selbst bewusster zu werden und aus der gewonnenen Selbstsicherheit die Verbindung zu anderen selbstbewusst herzustellen. Selbstsicherheit immer wieder zu erlangen, wenn das Gefühl der Angst uns überwältigt, erscheint mir besonders wertvoll.

Mit dem ersten Einatmen beginnt unser Leben außerhalb des Mutterleibs, und mit der letzten Ausatmung geht es zu Ende. Dazwischen liegt die endliche Spanne der Lebenszeit. Atem ist Leben – ist Bewegung – ist Rhythmus.

Ohne Nahrung kann der menschliche Körper mehrere Wochen, ohne Wasser lediglich drei Tage leben. Setzt die Atmung fünf Minuten aus, stirbt der Mensch. Dies wissen die meisten. Über das lebenswichtige Molekül Sauerstoff und seine Aufnahme machen wir uns aber kaum Gedanken. Wir atmen eben. Dabei spielt der Atem noch eine weit über die Funktion der Zellversorgung mit Sauerstoff hinausgehende Rolle. Er bewegt uns innerlich. Und es ist die Art des Atmens, welche uns nonverbal Auskunft über Emotionen gibt. Somit sind wir über das Atmen auch miteinander im Austausch. Über den Atem haben wir aber auch einen direkten Zugang zu eigenen Emotionen. Denn beim Atmen stehen körperliche, seelische und geistige Vorgänge in ständiger Wechselbeziehung, wie ein schwingendes Band, welches Leib, Seele und Geist verbindet. Diese Verbindung sowohl mit sich selbst als auch mit anderen ist über den Atem erfahrbar. In der Anwendung heißt dies, dass wir die Atmung bei allen Aufgaben und in unterschiedlichen Situationen bewusst als stützenden Grund zu erleben versuchen. Wie dies geht, werden Sie Stück für Stück in diesem Buch entdecken.

In diesem Kapitel schaffen wir Grundlagen, indem wir die Physiologie des Atemvorgangs betrachten und dieses Wissen insbesondere für die Stressregulation und -prävention fruchtbar machen. Es geht mir darum, die Verbindung zwischen der Atmung und seelischen und geistigen Prozessen ins Bewusstsein zu heben und im Hinblick auf praktische Anwendungen zu beleuchten. Diese Prozesse finden häufig unbewusst statt, aber wenn sie uns bewusst werden, können wir sie uns zunutze machen. Ich verwende in diesem Zusammenhang so vieldeutige und schwer definierbare Begriffe wie Seele und Geist, Begriffe, die seit Jahrtausenden in vielen Disziplinen und auch interdisziplinär erforscht und diskutiert werden. Da es mir unmöglich ist, sie zu definieren, lasse ich sie in ihrer Vieldeutigkeit und Größe schillern und konzentriere mich darauf, Bezüge zum Vorgang der Atmung herauszuarbeiten.

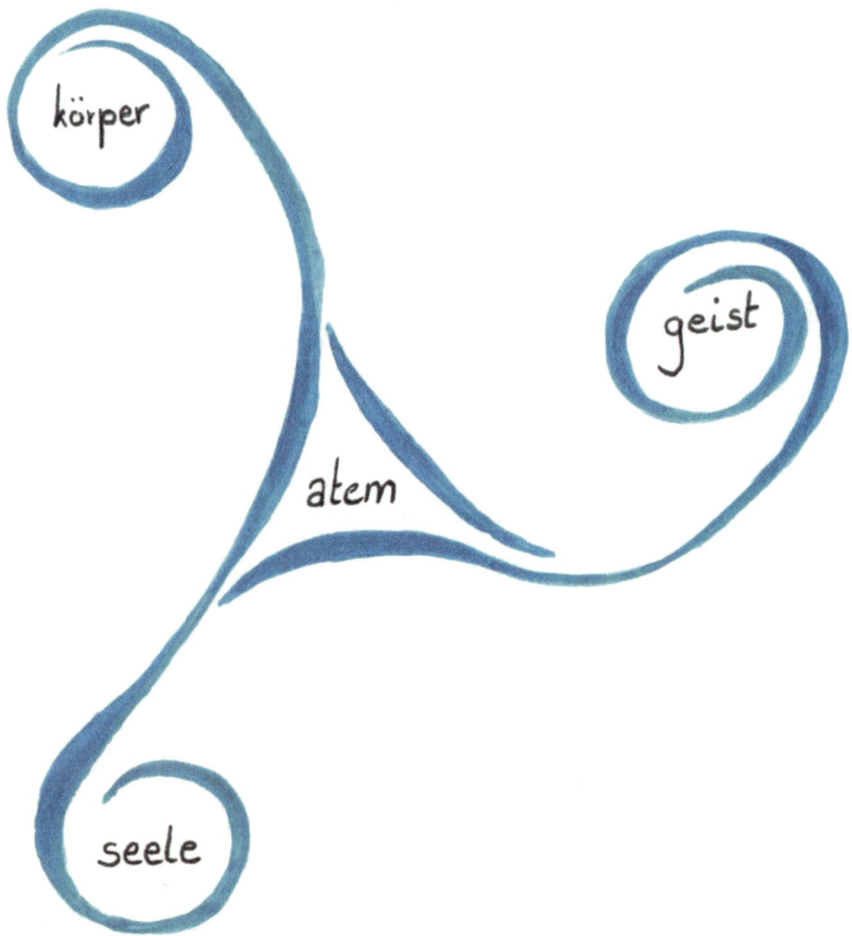

Von nun an finden Sie in diesem Buch die keltische Triskele. Sie dient als Symbol für „Übung“ und soll Sie daran erinnern, dass alle Übungen, dank der Wechselwirkung, auf mehreren Ebenen wirken werden. Wenn Sie beispielsweise eine Atemübung machen, wird diese Einfluss auf Ihren Körper, auf Ihre emotionale Befindlichkeit und auf Ihre geistige Beweglichkeit haben.

Die Triskele erzählt die Geschichte der Vorwärtsbewegung im Leben. Sie symbolisiert persönliche und menschliche Entwicklung sowie spirituelles Wachstum.

1. Körper

„Der Mensch reift und vollendet sich nur
in der Bewusstwerdung und also im bewussten Vollzug der großen Gesetze,
die alle nicht bewusste Natur einfach darlebt."
Karlfried Graf Dürckheim

Von grundlegender Bedeutung für uns ist, dass die Atmung der „Hauptschalter" des sogenannten autonomen Nervensystems, des Sympathikus und des Parasympathikus, ist. Ein großer Teil des parasympathischen Nervensystems ist der umherschweifende Vagusnerv. Er reguliert die Tätigkeit fast aller inneren Organe.

1.1. Steuerung der Atmung

Das Atemzentrum ist ein Hirnareal im Stammhirn, dessen respiratorische Neuronen im Zusammenspiel mit Chemorezeptoren auf die chemische Zusammensetzung des Blutes reagieren. Letztere sind Messfühler, die das Atemzentrum über den genauen Gehalt an Sauerstoff und Kohlendioxid sowie den pH-Wert auf dem Laufenden halten, um die Atmung den exakten Bedürfnissen des Organismus anzupassen. Braucht der Organismus mehr Energie, wird die Atmung vertieft, braucht er weniger, wird die Atmung flacher.

Die Atembewegung wird vegetativ gesteuert, das heißt, sie vollzieht sich meist ohne unser bewusstes Zutun. Im Wachzustand wird die Atembewegung jedoch durch entsprechende Aktivität in der Großhirnrinde auch bewusst regulierbar. Halten wir also fest: Die Atmung zeichnet sich dadurch aus, dass wir diese vegetativ gesteuerte Funktion unseres Körpers auch bewusst wahrnehmen und lenken können.

Ungefähr auf Nackenhöhe kommen die Nervenfasern aus dem Hirnstamm, dem limbischen System und der Großhirnrinde zusammen und nehmen durch synaptische Verbindungen Einfluss auf den Nervus phrenicus, der seinen Ursprung in diesem Rückenmarksabschnitt hat und den Einatmungsimpuls an das Zwerchfell überträgt.

1.2. Gasaustausch – Energiegewinnung

Die Atmungsorgane arbeiten im sogenannten respiratorischen System zusammen und organisieren den Gasaustausch. Der menschliche Körper gewinnt seine Energie durch Verbrennung, und dazu benötigen wir Sauerstoff. Die Inspiration dient somit der Energiegewinnung. Bei ihr wird Luft angesaugt, die durch die Nase, den Rachen, Kehlkopf und die Luftröhre in die Lunge gelangt. Hier findet der Gasaustausch in den Lungenbläschen, den sogenannten Alveolen, statt. Dies verstehen wir unter äußerer Atmung oder Lungenatmung. Nun transportiert das Blut über den Blutkreislauf den aufgenommenen Sauerstoff zu jeder Zelle unseres Körpers. Bei der inneren Atmung, der Zellatmung, wird ebenfalls Gas ausgetauscht. Der resorbierte Sauerstoff dient als Oxidationsmittel und ist für die vollständige Verbrennung der Nährstoffe in den Körperzellen wichtig, nur dadurch kann die maximale Energie der Nährstoffe genutzt werden. Durch die Oxidation von Glukose entstehen Kohlendioxid und Wasser als Stoffwechselprodukte. Das Kohlendioxid wird abgegeben und zurück zur Lunge transportiert. Die Alveolen nehmen es auf und geben es bei der Ausatmung ab. Durch die Exspiration des Kohlendioxids trägt das respiratorische System wesentlich zum Säure-Basen-Haushalt im Körper bei.

1.3. Die Atemmuskeln – das Zwerchfell

Als Atemmuskulatur werden diejenigen Skelettmuskeln bezeichnet, die zu einer Erweiterung oder Verengung des Brustkorbs und damit zur Ein- beziehungsweise Ausatmung führen. Das Zwerchfell sowie die inneren und äußeren Zwischenrippenmuskeln sind die wichtigsten Atemmuskeln. Das Zwerchfell erhält seine Impulse über Nerven, die vom autonom agierenden Atemzentrum unbewusst oder bewusst gesteuert werden. Es setzt diese in die Einatmungsbewegung um. Der für uns wahrnehmbare Impuls der Einatmung beginnt also nicht an der Nase oder am Mund, sondern in unserer Körpermitte!

Das Zwerchfell können Sie sich so vorstellen: Es ist ein stark elastisches Gewebe aus verschiedenen Muskeln und Sehnen. Es leistet 60 bis 80 Prozent der für die Inspiration benötigten Muskelarbeit. Kuppelförmig trennt es die Brusthöhle, in welcher die Lunge und das Herz liegen, von der Bauchhöhle, wo sich Leber, Gallenblase, der unterste Teil der Speiseröhre, Magen, Bauchspeicheldrüse, Milz, Dünndarm und Dickdarm befinden.

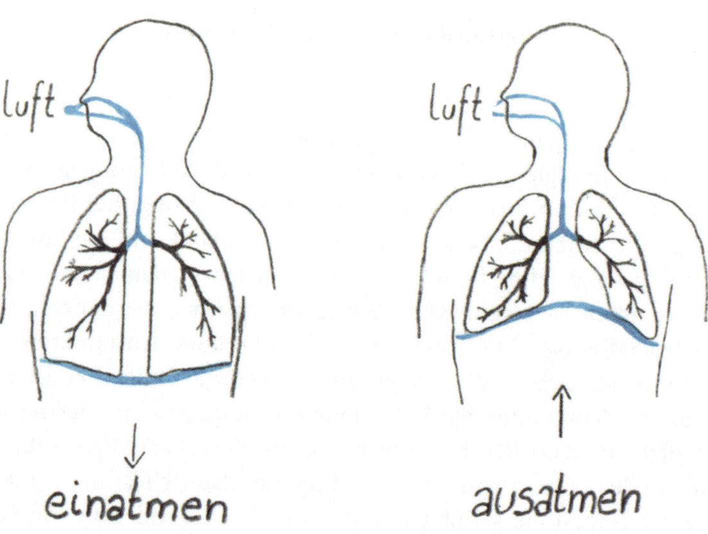

Nach chinesischer Lehre ist das Zwerchfell das Meer des Atems, welches Lebenskraft, Energie und Gesundheit schenkt. Das wird verständlich, wenn wir uns vergegenwärtigen, dass sowohl die Energiegewinnung als auch die Aktivität der inneren Organe durch die Zwerchfelltätigkeit beeinflusst werden. Denn jede Zwerchfellbewegung massiert die inneren Organe und unterstützt sie in ihrer Funktion. Bei der Abwärtsbewegung sind es die Organe in der Bauchhöhle, und bei der Aufwärtsbewegung ist es das Herz.

Durch das Anspannen und Entspannen des Zwerchfells und der äußeren Zwischenrippenmuskeln wird die Lunge bewegt. Auch die Bauch- und Rumpfmuskulatur sowie der Beckenboden unterstützen die Atembewegung.

1.4. Der Kehlkopf

Die Funktion des Kehlkopfs ist mit dem Zwerchfell gekoppelt. Sobald das Zwerchfell sich bei der Einatmung abwärts bewegt, senkt sich auch der Kehlkopf, und die Stimmlippen, welche längs durch den Kehlkopf laufen, werden auseinandergezogen. So entsteht ein Spalt zwischen den Stimmlippen, die „Stimmritze“. Dieser Vorgang ist für die Klangbildung von Bedeutung. In den Stimmübungen im Kapitel „Präsenz in der Stimme“ werden Sie die Kopplung der Kehlkopf- und Zwerchfellbewegung am eigenen Leib erfahren können.

1.5. Die Lunge

Die Lunge besteht aus zwei Lungenflügeln. Der rechte Flügel hat drei Lappenbronchien und ist somit größer als der linke mit zwei. Denn auf der linken Körperseite liegt auch das Herz, welches Platz beansprucht. Unter der Bezeichnung Bronchialsystem werden die Luftwege in der Lunge zusammengefasst. Der Gasaustausch geschieht in den Lungenbläschen, den Alveolen.

Das Lungenvolumen eines Menschen hängt von seinem Geschlecht, seiner Größe, seinem Gewicht und vom Alter ab. Das durchschnittliche Lungenvolumen eines Erwachsenen beträgt fünf bis sechs Liter. Dabei tauschen wir bei einer Atmung in Ruhelage im Schnitt einen halben Liter Luft aus. Man nennt dies das Atemzugvolumen, welches durch Aktivität gesteigert werden kann. Beständig werden aber circa drei bis vier Liter Atemluft in der Lunge verbleiben, um einen regelmäßigen, ungestörten Gasaustausch zu gewährleisten.

Unter Vitalkapazität versteht man in der Medizin das maximale Volumen, das nach tiefster Einatmung vollständig ausgeatmet werden kann. Bei normaler Atmung wird die Lungenkapazität nicht ausgeschöpft, deshalb können wir sie in der Regel steigern, etwa durch Stimmübungen, die unter anderem dem Zweck dienen, das Atemvolumen zu erhöhen.

Die Lunge ist vom Lungenfell überzogen. Der Brustraum wird vom Brustfell ausgekleidet. Zwischen Lungenfell und Brustfell liegt ein Spaltraum. Wenn wir einatmen und den Brustraum erweitern, wird das Brustfell wie ein Ballon gedehnt. Das Lungenfell folgt durch den entstehenden Unterdruck im Spaltraum dieser Bewegung und weitet damit die Lungenflügel. Die Lunge ist durch dieses „Doppelwandsystem" flexibel im Brustraum „aufgehängt" und wird bei jeder Einatmung auseinandergezogen. Dabei wird bei gesunder Atmung vor allem der Raum nach unten gedehnt und geweitet. In den unteren Lungenlappen befindet sich ein Großteil der Nerven, die mit dem Parasympathikus, dem sogenannten Ruhenerv, verbunden sind. Ein Grund, warum lange, langsame Atemzüge so entspannend wirken.

1.6. Die Nase

Die Luft passiert zunächst die oberen Luftwege. Die Nase ist sozusagen die Pforte für die Einatmung. Hier wird die Luft angewärmt, gereinigt und befeuchtet. Die Flimmerhärchen der Nase filtern Fremdkörper und transportieren sie aktiv hinaus, so dass sie nicht in die Lunge gelangen können.

Auch die Schleimhäute, Bronchien und Nebenhöhlen werden auf diese Weise geschützt.

Bei reiner Mundatmung hingegen trocknet die Kehle rasch aus, raues Sprechen und Entzündungen in der Mundhöhle und im Rachenraum sind die Folge. Daher atmen Sie so oft wie möglich durch die Nase ein – auch beim Sport. Dies steigert Ihre Leistungsfähigkeit, denn die Einatmung durch die Nase fördert die tiefe Atmung, während die Atmung durch den Mund häufig zu kurzer, flacher Atmung führt. Die Mundatmung hat den Vorteil, dass sie den Organismus schneller mit Sauerstoff versorgt. Bei hoher Beanspruchung, zum Beispiel beim Sprechen, Singen und beim Sport, werden wir sie daher punktuell zusätzlich einsetzen. Interessant ist noch, dass nur durch die Nasenatmung der Geruchssinn angesprochen wird.

1.7. Der Atemrhythmus

Den meisten lebenswichtigen Körperfunktionen liegt ein rhythmisches Geschehen zugrunde, so auch der Atmung, deren Rhythmus aus drei Phasen besteht:

- dem Einatmen, lat. *inspirare*, der Inspiration
- dem Ausatmen, lat. *exspirare*, der Exspiration
- der regenerativen Atempause.

Die Atemfrequenz beim Erwachsenen beträgt im entspannten Zustand zwischen fünf und neun Atemzüge pro Minute, bei angespannterer Haltung ungefähr neunzehn bis dreiundzwanzig.

Betrachten wir die drei Phasen des Atemrhythmus genauer:

Inspiration – Einatmung

Es geht darum, die Inspiration, den Einatmungsimpuls, zuzulassen! Erinnern Sie sich: Die Einatmung setzt optimalerweise von selbst, vom Atemzentrum vegetativ gesteuert, ein. Der Impuls wird vom Zwerchfell aufgenommen und körperlich wahrnehmbar umgesetzt: Es spannt sich an und erzeugt einen Sog, durch welchen die Luft unhörbar durch die Nase in die Lunge einströmt.

Da Gedanken und Gefühle den Atemvorgang verändern, nimmt es nicht wunder, dass auch die Kultur, in welcher wir aufwachsen und leben, die Art zu atmen mitprägt. Leistungsdruck und Zeitnot sind allgegenwärtig. Sie werden unbewusst zu Leitbildern, weil sie uns so vertraut, so selbstverständlich erscheinen, dass wir sie als solche oft gar nicht mehr erkennen. „Schaffe, schaffe, Häusle bauen", „Von nichts kommt nichts" … Der erlebte Druck von außen und der eigene Anspruch an sich selbst spiegeln sich im Atemrhythmus wider. Da es uns oft schwerfällt, dem natürlichen Atemrhythmus zu vertrauen, entsteht eine unbewusst aktive Einatmung. Sie können diese leicht bei sich bemerken, denn sie ist hörbar. Sowohl die eingesogene Luft durch die Nase wie auch die eingeschnappte Luft durch den Mund erzeugen Einatmungsgeräusche. Letztere sind ein deutliches Indiz für die gestresste und reduzierte Einatmung. Folglich wird ohne Punkt und Komma gesprochen. Beim Sprechen mit Mikrophon wird das Geräusch akustisch verstärkt.

Wir dürfen der Inspiration vertrauen – sie darf uns überraschen – sie ist ein Geschenk. Hier gilt es, einmal nichts zu tun. Das Zulassen erst ermöglicht die natürliche tiefe Einatmung. Oder haben Sie je davon gehört, dass man eine Inspiration erzwingen kann? Künstler beschreiben immer wieder, dass nicht sie es waren, die das Werk erschufen, sondern dass das Werk durch sie hindurch entstand. Inspirierte Momente kennen wir alle. Vielleicht hilft Ihnen das Wissen über die mehrschichtige Bedeutung des Begriffs „Inspiration" dabei, die natürliche Einatmung zuzulassen.

Die im Mikrokosmos der Atembewegung gesammelten Beobachtungen können wir auf andere Erfahrungen im Alltag übertragen. Sie ahnen vielleicht an dieser Stelle, wie wichtig Atemschulung in unserer „atemlosen" Zeit ist. Die Forderung, sie in den Schulunterricht zu integrieren, existiert seit den zwanziger Jahren des vorigen Jahrhunderts.

Wenn wir davon sprechen, dass jemand in seinem Rhythmus ist, meinen wir meist, ohne dass wir uns dessen bewusst sind, den Atemrhythmus, denn dieser ist körperlich spürbar.

Exspiration – Ausatmung

Beim Ausströmen der Luft aus der Lunge geben wir Kohlendioxid, die „verbrauchte Luft", an unsere Umgebung zurück. Dabei können wir, sei es singend oder sprechend, gestaltend tätig werden. Auf diese Weise wird der Vorgang der Ausatmung aktiv genutzt.

Anspannungen schaden uns: Sie führen kurzfristig zu Verspannungen und langfristig zu Blockaden. Im Alltag erleben wir vielfältige muskuläre und psychisch bedingte Anspannungen, die die spontane Atembewegung unmittelbar blockieren. Um sie zu lösen, müssen sie zunächst wahrgenommen werden. Hinter den Blockaden verbergen sich brachliegende Potenziale. Wir haben in der gegenwärtigen Kultur weniger Gelegenheiten, kraftvoll aktiv zu sein, als früher. Wir hacken nicht mehr Holz, rufen unserer Nachbarin nicht mehr über den Hof zu, singen leider selten und sind körperlich kaum gefordert. Wir bedienen uns des Telefons und nehmen den Aufzug … All das führt dazu, dass wir kaum noch kraftvoll ausatmen und auf diesem Wege Anspannung loswerden können. Daher sollten wir uns heutzutage bewusst Gelegenheiten suchen, die uns ein kraftvolles Ausatmen abverlangen, wie lautes Singen, Stimmübungen, Bewegung und Sport. Bereits kleine tägliche Stimmübungen, wie zum Beispiel Gähnen und Lippenflattern, welche Sie im Kapitel „Präsenz in der Stimme“ finden, dienen diesem Zweck und sind leicht in den Alltag zu integrieren.

Die Ausatmung steht im übertragenen Sinn für Gestaltung, Hingabe, Nichtanhaften oder auch dafür, etwas abgeben zu können.

Atempause

Am Ende der Ausatmung löst sich die Restspannung des Zwerchfells. Restluft entströmt nun fast unmerklich durch die Nase. Die Atempause wird je nach Kontext unterschiedlich bezeichnet als Abspannen, Loslassen, Lösen, Pause, schöpferische Pause, Leere oder Nichts. Ich nenne diesen Moment gerne Pause, da wir mit diesem Begriff auch in der Rhetorik gut weiterarbeiten können. Dem Zulassen der Atempause verdanken wir nämlich das wichtigste Mittel, um rhetorisch präsent zu sein: die Pause.

Die Atempause dient der vegetativen Entspannung und somit der besseren Durchblutung und Sauerstoffversorgung. Gewebe, das andernfalls einen Sauerstoffmangel erlitte, kann so noch ausreichend mit Sauerstoff versorgt werden. Dies gilt insbesondere auch für die Atemmuskulatur selbst. Ohne Sauerstoff kann die Energie aus der Nahrung nicht richtig genutzt werden. Das heißt, die Atempause zeichnet sich durch motorische Ruhe und biochemische Aktivität aus. Es ist wichtig, diese motorische Pause unserem Körper zu schenken. Sie wirkt regenerativ.

Durch Stimmübungen können wir den dreiteiligen Atemrhythmus bewusst erfahren, das Zwerchfell kräftigen und Schwingung erleben. ▶ *Präsenz in der Stimme, Basisstimmübung – Dreiteiliger Atemrhythmus.*

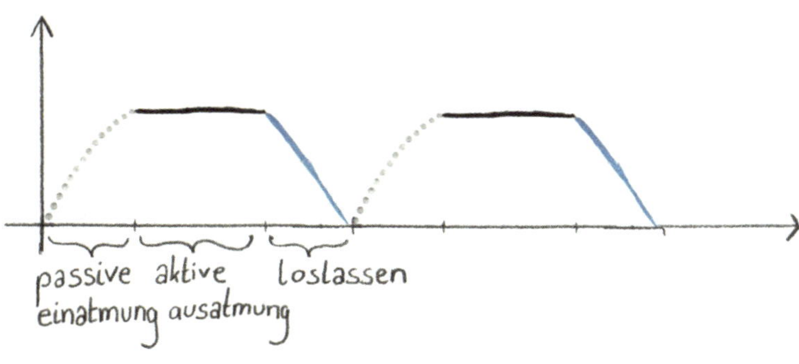

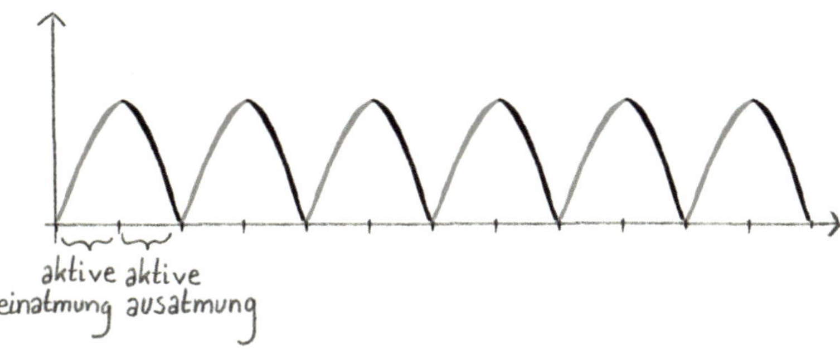

Vielen Menschen ist nicht nur das Bewusstsein für den Moment des Lösens, sondern auch die körperliche Umsetzung dieses natürlichen Moments in der Atembewegung abhandengekommen. Das hat Folgen, denn so wird aus dem natürlichen dreiteiligen Atemrhythmus, welcher aus aktiver Ausatmung, Lösen und passiver Einatmung besteht, ein zweiteiliger, der sich wie folgt gestaltet: aktive Ausatmung – aktive Einatmung.

Der Atemrhythmus wird durch unseren Umgang mit Zeit geprägt. Leben Sie weitgehend in Ihrem Rhythmus, der Aktivität, Pause und Inspiration zulässt, oder eher getaktet? Ich beobachte, dass die Pause, das Loslassen, das Vertrauen darauf, dass wir genug getan haben, bei uns zu wenig kultiviert wird, um es freundlich zu formulieren. Das hat vielfältige gesundheitliche Auswirkungen. Letztlich mündet permanente Aktivität irgendwann in Erschöpfung.

Bevor Sie weiterlesen, möchte ich Sie einladen, das soeben Beschriebene erst einmal in Ihrem Körper nachzuvollziehen. Ich möchte der Übung jedoch ein paar Erläuterungen vorausschicken.

Sie können den Atemvorgang und die Atemräume im Körper bewusst erkunden. Wenn Sie beobachten, wo im Körper Sie die Atembewegung spüren, wird Ihre Aufmerksamkeit, die meist im Kopf bei den Gedanken verweilt oder umherschweift, in den Körper gelenkt. So entsteht Körperbewusstsein, welches von innen heraus belebt und erlebt wird und zu Präsenz führt. Durch die Wahrnehmung des Atemvorgangs werden Sie sich entspannen, erholen und sammeln. Die Aufmerksamkeit, die Sie sich dabei schenken, ist eine Form der Wertschätzung.

- *Inspiration*: Sie spüren unter den Händen, wie sich beim Einströmen der Luft der Bauch leicht wölbt, und beobachten dies. Es geht nicht darum, die Atmung zu forcieren oder, wie manchmal geglaubt wird, bewusst zu atmen. Kontrolle führt häufig zu verkrampftem Atmen. Unser Körper weiß besser als wir selbst, wann die nächste Einatmungsbewegung einsetzen soll. Vertrauen Sie Ihrem Körper – vertrauen Sie sich – und lernen Sie, einfühlsam wahrzunehmen, was geschieht. Spüren Sie neugierig in sich hinein. Die Einatmung kommt von allein.

- *Exspiration*: Sie spüren beim Ausströmen der Luft, wie der Bauch wieder flacher wird. Die Zwerchfellspannung lässt langsam nach. Sie können beim Ausatmen Anspannungen im ganzen Körper loslassen.

- *Lösen der Zwerchfellspannung*: Am Ende der Ausatmung gibt es einen Augenblick der Pause; dabei strömt kaum merklich Restluft durch die Nase aus. Psychogene und muskuläre Anspannungen kommen zur Ruhe. Sorgen Sie dafür, dass dies möglich ist.

- Wie aus dem Nichts setzt dann, wenn Sie losgelassen haben, die Inspiration wieder ein. Die Qualität der Einatmung wird von der vorangegangenen Ausatmung bestimmt …

ÜBUNG: **ATEMWAHRNEHMUNG** *(mit geschlossenen Augen)*

Setzen Sie sich aufrecht und entspannt hin. Die Füße und Ihr Gesäß ruhen auf der Unterlage. Legen Sie die Hände auf Ihren Bauch und schließen Sie die Augen. Sie tun NICHTS, das heißt, Sie ziehen die Luft nicht ein, und Sie stoßen sie auch nicht aus. Ihr Atem strömt von allein ein und aus. Nehmen Sie nun Ihre Atembewegung wahr, das Ein- und Ausströmen der Luft. Ausatmend geben Sie etwas ab – lassen es los. Eine schöpferische Pause, eine Leere, darf am Ende des

Ausströmens entstehen. Dann wird von ganz allein die Einatmung einsetzen. Nehmen Sie diesen Vorgang einige Male wahr. Genießen Sie die Möglichkeit, etwas abgeben zu können, den Augenblick der Pause, und die Möglichkeit, etwas geschenkt zu bekommen. Verbinden Sie sich mit der Bewegung. Vermutlich sind einige Muskelpartien noch zu angespannt. Häufig sind übermäßige Anspannungen im Kiefer, im Nacken oder in den Schultern spürbar. Lösen Sie sie, indem Sie mit der Ausatmung alle Spannung in den Muskeln loslassen.
Nun erkunden Sie die Räume, die von der Atmung tangiert werden, weiter. Nehmen Sie die Atembewegung in den Leisten, den Flanken, dem unteren Rücken bis zu den Pobacken wahr. Legen Sie Ihre Hände jeweils an eine andere Stelle und verweilen Sie dort einige Zeit. Erkunden Sie, wie sich die Atembewegung unter Ihren Händen anfühlt.
Haben Sie gespürt, dass der Einatmungsimpuls in Ihrer Körpermitte beginnt?

Atemräume

Unter Atemräumen versteht man diejenigen Räume, in denen wir die Folgen der Atembewegung spüren können. Ich hoffe, dass Sie nach dieser Übung eine erste Vorstellung von Ihren Atemräumen haben: vom Bauchraum bis zum Beckenboden, von den Flanken und vom Lendenbereich. Mit diesen Atemräumen und den im Weiteren hinzukommenden werden wir weiterarbeiten.

Der vom Zwerchfell kommende Bewegungsimpuls setzt sich fort und öffnet, wie man in der Stimmbildung sagt, Atemräume. Diese Bewegung ist wahrnehmbar und wird durch den Kontakt mit den Händen auf den entsprechenden Körperpartien und die Vorstellungskraft verstärkt. Da Unterspannung oder Überspannung der Muskulatur die Fortsetzung des Impulses verringert oder gar verhindert, tut es manchmal gut, sich kräftig zu dehnen. Dies kann auf unterschiedlichste Art geschehen. Ich habe hier beispielhaft zwei Dehnungsübungen zum Aktivieren bestimmter Atemräume ausgewählt.

ÜBUNG: AKTIVIERUNG DER ATEMRÄUME

- *Aktivierung der Flanken*

Sie stehen aufrecht, Ihre Füße, deren Fersen sich berühren, bilden ein V. Strecken Sie Ihre Arme weit nach oben und legen Sie die Handflächen wie zum Beten aneinander. Nun dehnen Sie sich nach rechts. Dabei regen Sie die Atemräume der linken Flanke an. Nehmen Sie auf der gedehnten Seite dreimal die Einatmungsbewegung wahr. Atmen Sie jeweils kräftig auf „fff" aus und lassen Sie sich dabei noch weiter auf die Dehnung ein. Im Yoga entspricht dies der Halbmondstellung zur Seite. Dann dehnen Sie die andere Seite. Spüren Sie die Atembewegung nun deutlicher?

- *Aktivierung des unteren Rückens*

Im Sitzen oder Stehen setzen Sie Ihre Füße jeweils hüftbreit auf. Lassen Sie den Kopf auf die Brust sinken. Das Gewicht des Kopfes sucht den Boden. Nun rollen Sie Wirbel für Wirbel so weit abwärts, bis der untere Rücken gedehnt wird. Bleiben Sie drei Atembewegungen lang in dieser Stellung und dehnen Sie mit der Einatmungsbewegung von innen den Lendenbereich. Mit jeder Ausatmungsbewegung lassen Sie sich tiefer sinken. Achten Sie darauf, dass der Kopf locker baumelt. Dann richten Sie sich langsam Wirbel für Wirbel wieder auf. Der Kopf kommt zuletzt. Wie fühlt sich der untere Rücken an? Legen Sie nochmals die Hände auf wie in der Atemwahrnehmungsübung und spüren Sie nach, wie sich jetzt die Atembewegung anfühlt.

1.8. Die drei Hauptursachen für verkehrtes Atmen

„Tiefe" Einatmung

Oftmals liegt eine verkehrte Vorstellung darüber vor, was „tiefes Einatmen" bedeutet. Die Ansage „Jetzt atmen Sie mal tief ein!" verführt dazu, nach Luft zu schnappen. Wir ziehen dann meist durch Mund oder Nase laut hörbar Luft ein. Wir wollen ja schließlich den Anweisungen folgen! Unser Brustkorb hebt sich eindrucksvoll. Genau dies führt allerdings zum Gegenteil des Erwünschten. Es wird kein Platz geschaffen, um das Lungenvolumen zu vergrößern, ganz im Gegenteil: Die Flexibilität von Lunge, Zwerchfell und

Zwischenrippenmuskulatur wird durch die starre, geblähte Einatmungshaltung unterbunden.

Diese verkehrte Vorstellung vom „tiefen Einatmen" hat drastische Folgen für das Sprechen. Nicht selten blähen sich Rednerinnen und Redner regelrecht auf, bevor sie zu sprechen beginnen. Sie tun dies, weil sie denken: „Jetzt kommt es darauf an, jetzt brauche ich Luft." Leider blockieren sie so das Zwerchfell. Eine Art Verkrampfung entsteht. Sie ist spürbar, sichtbar und vor allem hörbar. Die vortragende Person wirkt steif, und die Klangqualität der Stimme wird stark beeinträchtigt.

ÜBUNG: BEWUSSTER UMGANG MIT VERKEHRTEN VORSTELLUNGEN VON TIEFER EINATMUNG

Machen Sie sich bewusst, welche Vorstellung Sie von tiefer Einatmung haben. Atmen Sie entsprechend dieser Vorstellung, und spüren Sie bewusst, wie sich dies anfühlt. Und dann probieren Sie Folgendes aus: Stellen Sie sich einen herrlichen Duft vor. Welcher Wohlgeruch kommt Ihnen in den Sinn? Nun lassen Sie in Ihrer Vorstellung diesen Duft durch die Nase einströmen, und spüren Sie, wie tief Sie von der Einatmung bewegt werden.

Wenn wir genießen, senkt sich das Zwerchfell besonders tief, und die Lungenflügel werden nach unten gedehnt.

Innere Haltung und äußere Haltung

Sowohl die Körperhaltung als auch die *Innere Haltung* beeinflussen das Atemgeschehen. Jede übermäßige Muskelanspannung ebenso wie jede psychogene Anspannung blockiert die Atmung, denn das Zwerchfell verspannt sich immer gleich mit. Auch eine unterspannte Muskulatur macht der Atmung zu schaffen. Durch eine unterspannte Haltung, zum Beispiel hängende Schultern, werden der Atemraum für die Lungenspitzen und die Zwerchfellbewegung eingeschränkt. Antriebslosigkeit und schlechte Haltung gehen Hand in Hand. Die mangelhafte Sauerstoffversorgung führt zu einem Energiemangel. Jedes Feuer erlischt, wenn die Sauerstoffzufuhr nicht ausreichend gewährleistet ist.

Langes Sitzen am Schreibtisch und in Meetings kann zu dauerhaften Fehlhaltungen des Rückens führen. Manche Menschen sinken im wahrsten Sinne des Wortes in sich zusammen. Gezielte Ausgleichsbewegungen sorgen dafür, dass es gar nicht erst so weit kommt, und helfen, die Fehlhaltung zu korrigieren. In unserer Gesellschaft sind Rückenprobleme die häufigste Ursache für Fehlzeiten, und der Rundrücken ist der häufigste Haltungsschaden. Er geht mit einer verkürzten Brustmuskulatur einher, die schließlich zum Zwerchfellhochstand führen kann. Freies Atmen ist dann nicht mehr möglich. So entsteht durch Fehlhaltung und Muskelverspannungen automatisch Stress.

Die Kapitel „Körperliche Präsenz" und „Mentale Präsenz" dienen dem Verständnis des komplexen Zusammenspiels von äußerer und *Innerer Haltung* und stellen Möglichkeiten vor, wie Sie anders mit sich umgehen können.

Hier eine Übung, um emotionale Anspannung und Druck abzubauen.

ÜBUNG: HANDAUFLEGEN AUF DAS BRUSTBEIN

Setzen Sie sich aufrecht und so entspannt wie möglich hin, oder legen Sie sich auf den Rücken. Schließen Sie die Augen, und legen Sie Ihre bevorzugte Hand sanft auf Ihr Brustbein. Spüren Sie die sanfte Berührung. Spüren Sie die Atembewegung unter Ihrer Hand. Geben Sie nach. Streifen Sie die Hand bei den Ausatmungsbewegungen leicht abwärts. Stellen Sie sich vor, Sie befreien dabei Ihr Herz von zu viel auf ihm lastenden Druck. Hand aufs Herz – das tut gut. Das sanfte Berühren kann starke Gefühle wie Trauer und Schmerz auslösen. Anders ausgedrückt: Das Zuviel an angestautem Druck beginnt sich zu lösen.

Diese kleine, feine Übung lässt sich ganz leicht in den Alltag integrieren. Auch in einer Warteschlange können Sie die Hand aufs Herz legen und einen Augenblick loslassen. Das Jetzt ist der einzige Moment, den wir je zur Verfügung haben.

Autonome Stressreaktion

Sobald wir Stress haben, verändert sich augenblicklich die Qualität der Atembewegung. Die autonome Stressreaktion ist eine durch die Evolution geformte, sehr schnelle Anpassungsfähigkeit des Körpers mit dem Ziel, eine Gefahr zu überleben.

Die Atmung wird vom evolutionär ältesten Hirnteil, dem Hirnstamm, gesteuert. Empfindet ein Mensch eine Situation als gefährlich, befällt ihn Angst, eine Form von Stress. Und da es bei Gefahr seit Urzeiten meistens auf die sofortige Bereitschaft ankommt, entweder zu kämpfen, zu fliehen oder sich totzustellen (*fight, flight or freeze*), reagiert der Körper auch heute noch auf akuten Stress mit den dafür typischen Symptomen: Die Atmung und der Herzschlag beschleunigen sich, der Blutdruck steigt, die Verdauung wird eingestellt, die Wachheit gesteigert, die Sinne werden geschärft und Energiereserven mobilisiert. Die kognitiven Fähigkeiten des Menschen werden hingegen heruntergefahren, in extremen Situationen sogar abgeschaltet. Dazu zählen die Kreativität, das Planen, die Orientierung, die Imagination, die Argumentation, die Introspektion, die Problemlösung, der Wille und das Glauben, also alles, was wir heute in unserem Alltag brauchen.

Flach und beschleunigt, verstärkt die Atmung die körperliche Stressreaktion, denn sie senkt die Kohlendioxidkonzentration im Blut. Dies hat eine Verengung der Blutgefäße im Gehirn und dadurch eine Unterversorgung mit Sauerstoff zur Folge. All dies mag sinnvoll sein, um in einer Gefahrensituation schnell zu reagieren, ohne lange nachzudenken. Doch wenn Sie zum Beispiel vor dem Vorstand präsentieren und deswegen unter Stress stehen, helfen diese *fight-flight-or-freeze*-Reflexe Ihnen überhaupt nicht weiter. Im Gegenteil, sie führen dazu, dass Sie wichtige Signale in der Kommunikation übersehen, und verhindern genau das, was Sie jetzt dringend benötigen: Ruhe und Gelassenheit, klares Denken und Kommunizieren.

1.9. Bewusster Umgang mit der autonomen Stressreaktion

- *Bereiten Sie sich mental auf Situationen, die Stress erzeugen können, vor.* Die Intensität Ihrer Stressreaktion hängt maßgeblich davon ab, wie Sie den Stressor, den Stressfaktor, also eine Aufgabe, Person oder Situation, bewerten. Diese Bewertung können Sie sich bewusst machen und immer wieder hinterfragen. Wenn Sie etwas aus einer anderen Perspektive betrachten, wandelt sich mit der veränderten Sichtweise auch die Bewertungsgrundlage. Gelingt Ihnen eine Umbewertung des Stressors, lassen die körperlichen Stressreaktionen nach, und Sie können anfangen, die Herausforderung mit klaren Gedanken anzunehmen. Langfristig führt dies zu einer gelassenen Grundhaltung. Da das „Umbewerten“ eine Aufgabe ist, welche eher selten in der Stresssituation bewältigt werden kann, brauchen Sie dafür eine Vorbereitungszeit. Im Kapitel „Mentale Präsenz“ finden Sie Anregungen dazu.

- *In Stresssituationen kommt es darauf an, die Stressreflexe zu durchbrechen, anstatt sie unbewusst zu verstärken.* Die Atmung ist dabei der entscheidende Regler im Stresssystem, auf den wir einwirken können. Wie bereits erwähnt, kann die Atmung sowohl autonom vom Atemzentrum als auch von uns selbst bewusst durch die Großhirnrinde gesteuert werden. Bildlich gesprochen können wir uns das so vorstellen: Im Alltagsleben agiert weitestgehend der Autopilot, doch in besonders herausfordernden Situationen übernehmen wir selbst die Steuerung. Präsentsein bedeutet, aufmerksam und wach zu sein, um genau zu erkennen, was die Situation, in der wir uns befinden, wann von uns verlangt. Im einleitenden Kapitel „Präsenz" habe ich das Gegensatzpaar Präsenz und Stress detailliert dargestellt.

Wie können Sie nun präsent mit einer Stresssituation umgehen? Zunächst gilt es, die autonome Stressreaktion Ihres Körpers wahrzunehmen und bewusst zu entschärfen, indem Sie die reduzierte Sauerstoffzufuhr, die mit einem angespannten Zwerchfell einhergeht, beenden. Um die Atembewegung wieder in ihrer Gänze zuzulassen, geben Sie dem Zwerchfell die entscheidende Hilfestellung: Sie legen die Hände auf den Bauch oder spüren die Atembewegung im Kontakt mit der Rückenlehne und versuchen so, Ihrem Zwerchfell sanft die Richtung zu weisen. Wenn Sie geübt sind, dauert es ein bis zwei Einatmungen, bis Sie spüren, wie die Zwerchfellbewegung tiefer wird. Nach und nach wird die Atmung wieder ruhiger und gleichmäßiger und bis in den Bauch- und Rückenraum hinein zu spüren sein. Sie lösen die entstandene Anspannung, welche die Atembewegung einschränkte. Sobald Sie Ihre Atmung beruhigen, beruhigen Sie sich selbst, und infolgedessen lassen die autonomen Stressreflexe nach. Wenn Sie wieder souverän atmen, also sich selbst und die Kohlendioxidkonzentration im Blut ins Gleichgewicht gebracht haben, werden Sie auch wieder souverän denken und wirken.

Der Volksmund sagt es ganz klar: „Der sollte mal wieder runterkommen!" Was da runterkommen sollte, ist nichts anderes als das Zwerchfell.

Auch und gerade unter chronischem, langanhaltendem Stress ist es wichtig, die Atembewegung immer wieder ganz bewusst zu spüren. Auf diese Weise kommen Sie in Zeiten hoher Belastung punktuell zu sich, entspannen sich und tanken Energie. Selbst wenn der Körper unter chronischem Stress nicht so extrem reagiert wie bei akuter Angst, werden Atmung, Verdauung, Schlaf und Wohlbefinden dauerhaft beeinträchtigt. Auf längere Sicht ruft dies körperliche und seelische Krankheiten hervor, die von der Schwächung des Immunsystems über Herzkreislauferkrankungen bis hin zu Depressionen reichen können. Chronischer Stress wird leicht übersehen, weil wir oftmals zu beschäftigt sind, um ihn wahrzunehmen. Es ist also mehrmals täglich erforderlich, in sich hineinzuspüren, Anspannungen zu lösen und die Atmung wieder in ihre natürliche Bahn zu bringen. Auf diese Weise werden auch die inneren Organe in ihrer Funktion unterstützt. Nicht nur Ihr Herz wird es Ihnen danken. Auch Stimmübungen, wie Sie sie im Kapitel „Präsenz in der Stimme" finden, sprechen den Parasympathikus und die mit seiner Aktivität einhergehende Entspannung an.

ÜBUNG: STRESSPRÄVENTION

- *Kleine Atempause:* Gönnen Sie sich täglich bewusst mindestens dreimal zwei bis drei Minuten, in denen Sie sich sich selbst zuwenden und Ihre Atembewegung mit geschlossenen Augen spüren. Indem Sie darauf achten, wird sich Ihre Atmung verändern. Sie entspannen sich, und Ihr Körper findet in seinen Atemrhythmus zurück. Diese Zuwendung ist eine Form der Wertschätzung, die Sie sich häufiger gönnen sollten. Die Übung hat zwei Effekte: Erstens, wer sich selbst wertschätzt, lässt sich nicht mehr so leicht aus der Ruhe bringen. Und zweitens, erst wenn Ihnen Ihre Atemwahrnehmung vertraut ist, steht sie Ihnen in akuten Stresssituationen zur Verfügung. Nur dann werden Sie bewusst an die Atmung denken und bewusst wieder „runterkommen" können.

- *Atemwahrnehmung mit offenen Augen:* Beispielsweise in einem Gespräch, während andere reden. Die Übung finden Sie unter ▶ *Körperliche Präsenz, Übung zum Herstellen von Präsenz im Sitzen.*

- *Kurzes Innehalten:* Im Laufe eines Tages baut sich immer wieder zu viel Spannung auf. Diese alltäglichen Anspannungen gilt es erst mal überhaupt zu bemerken. Ich weiß nicht, wie oft sich welche bei Ihnen zeigen. Ich schätze, dass ich vierzig- bis fünfzigmal am Tag Anspannungen lösen könnte. Was denken Sie, wie oft Sie bei Ihren Verrichtungen zu viele Muskeln anspannen? Sie können dies bei den einfachsten Tätigkeiten wie Putzen, Schneiden, Schreiben etc. beobachten. Während Sie ganz kurz innehalten, scannen Sie Ihren Körper und stellen fest, wo Sie sich gerade zu sehr anspannen. Versuchen Sie, die Anspannung zu lösen, und Sie werden bemerken, dass sich dann auch Ihr Atemrhythmus wieder harmonisiert.

- *Gähnen:* Gähnen Sie viel und herzhaft. Dabei löst sich die Zwerchfellspannung. Die Atmung wird dadurch wieder gelöster und tiefer. Mehr Energie ist die Folge.

ÜBUNG: STRESSINTERVENTION

- *Wahrnehmen:* Nehmen Sie Ihr angespanntes Zwerchfell als akute Stressreaktion wahr.

- *Loslassen:* Lösen Sie die Anspannung, um die Atembewegung wieder in Gang zu bringen, durch einen Kurzbefehl wie: „Bauch dick!" und/oder indem Sie Ihre Hände auf den Bauch legen oder bewusst den Kontakt zur Rückenlehne spüren.

- *Zulassen:* Wenn sich die Zwerchfellspannung löst, kann sich das Zwerchfell wieder abwärts bewegen. Sie kommen runter und lassen die natürliche Atmung wieder zu.

1.10. Drei Arbeitsschritte – Wahrnehmen, Loslassen, Zulassen

Wahrnehmen, Loslassen und Zulassen können Sie als hilfreiche Arbeitsschritte verstehen, die nicht nur Stress in mehr Gelassenheit verwandeln, sondern auch beengende, psychisch belastende Situationen entspannen. Vermutlich kennen Sie sie aus eigener Erfahrung. Sobald wir einen Schritt zurücktreten, können wir die Herausforderung, vor der wir stehen, von allen Seiten mit allen zugehörigen Gefühlen und mit unserem Verstand wahrnehmen. Dadurch lösen wir uns bereits aus der Enge des Involviert- und Absorbiertseins. Wir lassen ein wenig los und auf diese Weise neue Perspektiven zu. Weitere Handlungsoptionen lassen sich nun erkennen.

ÜBUNG: INNEHALTEN

Die oben beschriebenen Übungen sind Unterbrechungen im Tageslauf, Momente, in denen Sie bewusst der Ruhelosigkeit und Übereilung, die zu Irrtümern führen können, entgegentreten. Innehalten hingegen ist ein Moment der individuellen Freiheit. Innezuhalten im Tageslauf bedeutet, zu sich zu kommen, sich Aufmerksamkeit und Raum zu schenken. Meist werden Sie dann feststellen, dass Sie zu angespannt sind: muskulär, geistig, emotional. Aber indem Sie

> sich bewusst spüren, lassen Sie bereits überflüssige Anspannung los und erweitern so Ihren Bewegungsspielraum. Ganz konkret werden Sie dies bei der Atembewegung spüren. Ihr Körper, der eben noch eher Befehlsempfänger war, findet zurück zur inneren Führung, zum befreiten Atemrhythmus. Nun wird es Ihnen auch wieder möglich sein, Ihre Bedürfnisse und Gefühle, die sich zurückgezogen haben, um nicht zu stören, wahrzunehmen und zuzulassen. Wahrnehmungsgestärkt, können Sie auch die Bedürfnisse anderer bewusster wahrnehmen. Dank Ihres größeren Handlungsspielraums sind Sie in der Lage, weitsichtigere Entscheidungen zu treffen.

Dieser Vorgang hilft auch dabei, sich zu verorten. Mit Verorten meine ich, bewusst Kontakt zu sich selbst herzustellen und dadurch Halt in sich selbst zu finden.

Es gibt nichts Sinnvolleres, als die Praxis des Innehaltens im Alltag zu kultivieren, denn durch sie gewinnt der Körper Vertrauen in sich selbst, in die Kraft des eigenen Lebensrhythmus. Erst wenn wir uns neue Verhaltensmuster wie das Innehalten unter entspannten Bedingungen angeeignet haben, werden sie uns in Stresssituationen, in denen der Körper gewöhnlich auf altbekannte Muster zurückgreift, einfallen.

Ich empfehle, so oft wie möglich innezuhalten, und sei es nur für einen kurzen Moment, etwa bei einem kräftigen Gähnen oder Lippenflattern und natürlich beim Aufwachen und Einschlafen.

Hier noch ein Tipp, falls Sie dies trotz bester Absicht nicht so einfach in Ihren Alltag integrieren können, weil er sie immer wieder überrollt: Tragen Sie Ihre Verabredung mit sich selbst in Ihren Kalender ein, setzen Sie sie auf Ihre To-do-Liste oder installieren Sie eine Meditations-App mit einem Gong (zum Beispiel von Plum Village).

Durch die wertschätzende Aufmerksamkeit, die Sie sich selbst zuteilwerden lassen, ermöglichen Sie immer wieder Entspannung, Regeneration, Sammlung und Konzentration. Der Moment des Innehaltens ist darüber hinaus der entscheidende Augenblick, um Präsenz herzustellen. In der Kommunikation ermöglicht er differenzierte Wahrnehmungs-, Handlungs- und Reaktionsweisen.

2. Seele

Schauen wir uns nun das Wort Inspiration genauer an. Es leitet sich her vom lateinischen *inspiratio*, welches „Beseelung“ bedeutet. *Spiritus* verweist auf Leben, Seele und Geist.

In verschiedenen Kulturen, so auch im Christentum, stoßen wir in den mythischen Schöpfungsgeschichten auf das Bild der Einhauchung von Leben. Der aus Erde geformte Mensch empfängt durch den Hauch Gottes, welcher in der Bibel Odem genannt wird, das Leben. In der folgenden Abbildung sehen wir Gott, den Weltenherrscher, beim Schöpfungsakt. Der lebendige Odem verbindet Gott mit seiner Schöpfung.

„Die Erschaffung des Menschen“, Holzschnitt aus dem 15. Jahrhundert

Attische Amphorenmalerei

Auch die entweichende Seele beim Sterben findet sich auf bildlichen Darstellungen in verschiedenen Kulturen wieder. In der Bemalung einer attischen Amphora tragen Schlaf und Tod den gefallenen Krieger, der seine Seele aushaucht, vom Schlachtfeld.

Das Zwerchfell galt im antiken Griechenland als Sitz der Seele. Heute haben wir keine derart klar verbindliche Vorstellung der Seele mehr. Wenn wir heute von Seele sprechen, sind häufig Gefühlsregungen und geistige Vorgänge gemeint. Daher wird sie weitgehend mit der Psyche gleichgesetzt. Hier schließt sich der Kreis, denn im Altgriechischen bedeutet Psyche ursprünglich „Atem und Hauch". Das Wort „Atmen" wurde in der Antike im umfassenden Sinn gebraucht für die Umschreibung des ganzen Menschen. Denn über die Beziehung zur Atembewegung – indem ich atme, atmend in mich hineinspüre und so Empfindungen wahrnehme – schaffe ich mir einen Zugang zum Seelischen und kann darüber hinaus in einen Austausch mit meiner Umwelt treten.

2.1. Arbeitsansatz

> „Wir sind im Laufe dieser Jahre mit Staunen und wachsender Ehrfurcht gewahr geworden, dass es hier nicht nur eine rein technische Frage zu lösen galt, sondern dass wir uns plötzlich im Mittelpunkt der ganzen menschlichen Wesenheit befanden."[10]

Der Zusammenhang zwischen dem Atem und seelischen oder psychischen Prozessen wurde seit Beginn des zwanzigsten Jahrhunderts thematisiert und systematisch in verschiedenen Schulen wie zum Beispiel der von Clara Schlaffhorst gegründeten bis heute weiterentwickelt. Am Anfang standen einzelne Persönlichkeiten, die sich meist zur Behandlung eigener stimmlicher Schwierigkeiten auf die Suche nach den Ursachen begaben. In den 1920er Jahren entwickelte sich im Zusammenhang mit der Reformpädagogik eine große Neugierde, was dieses Thema anbelangt. An diese Ansätze wurde in den 1950er Jahren wieder angeknüpft. Der erste Kongress für Atempflege und Atemtherapie fand 1959 statt.

Die Arbeit an der Stimme ermöglicht es, die Atembewegung differenziert zu erkunden.

Atemschulung ist heute ein Element der Psychotherapie. Dies ist nicht verwunderlich, wenn wir uns nochmals vergegenwärtigen, dass wir in einer

Minute circa achtmal einatmen, wenn wir entspannt, und circa neunzehnmal, wenn wir angespannt sind. Nicht nur die Frequenz ist hier von Bedeutung, sondern auch die damit verknüpfte Qualität der Zwerchfellbewegung. Bei dauerhaft nervös angespannter Atmung verliert das Zwerchfell seine Flexibilität. Muskeln verkürzen sich, sobald sie zu angespannt sind, und beeinträchtigen so die Durchblutung. Atemkorsett ist ein anschaulicher Begriff für die festgewordene Muskulatur. Häufig stellt sich dieses Atemmuster bei Autoritätskonflikten, dauerhaftem Stress und anderen psychischen Problemen ein. Vermutlich konnten Sie dies bereits bei sich selbst beobachten. Es ist also wichtig, sich den Zusammenhang zwischen psychogenen Anspannungen und eingeschränkter Atembewegung bewusst zu machen.

Nach einem Vortrag über Präsenz sprach mich ein Herr indischer Herkunft an: „Wissen Sie, dass man in Indien davon ausgeht, dass ein Mensch eine bestimmte Anzahl von Atemzügen für sein Leben zur Verfügung hat?“ Nein, das wusste ich nicht. Wenn wir unsere Einatmung genießen, so ging es mir durch den Kopf, leben wir länger, denn wir werden weniger Atemzüge in der Minute von unserem Kontingent verbrauchen. „Eine interessante Vorstellung!“, entgegnete ich.

Die Erfahrung zeigt, dass Genuss dazu führt, die Atembewegung zu vertiefen. Der Beckenraum wird aktiviert, und die Atembewegung fühlt sich weiter und runder an. Was immer wir fühlen und denken, es wird unsere Atmung so oder so beeinflussen. Zu diesem Aspekt der Atmung möchte ich Sie zu einer Selbsterfahrung einladen. Dafür habe ich vier Stimmungen ausgewählt. Bei geschlossenen Augen stellen Sie sich die genannten Gefühle und Gedanken vor. Nehmen Sie dabei wahr, wie Ihr Körper jeweils darauf reagiert, und achten Sie insbesondere auf die unterschiedliche Aktivierung von Atemräumen.

ÜBUNG: GEDANKEN UND GEFÜHLE BEEINFLUSSEN DAS ATEMGESCHEHEN

- Zunächst nehmen Sie wahr, wie Ihre Atembewegung sich im neutralen Zustand ohne besondere Gedanken gerade anfühlt. Dabei können Sie Ihre Aufmerksamkeit sowohl auf die Atemfrequenz lenken als auch auf die Atemräume, die Sie beim Atmen spüren.

- Wie verhält sich die Atmung, wenn Sie an etwas für Sie Unangenehmes denken, beispielsweise an Angst oder Sorgen? Stellen Sie sich einen Moment lang eine konkrete Situation vor, oder denken Sie mehrfach „Angst“, und lassen Sie den Begriff in sich wirken. Nehmen

Sie wahr, was mit Ihrer Atmung geschieht und wo in Ihrem Körper Sie sie spüren können. Wie fühlt sie sich an? Wie reagieren verschiedene Muskeln, zum Beispiel die Kiefermuskeln?

- Was passiert mit der Atmung, wenn Sie denken: „Ich genieße es, zu atmen“?

- Und wie fühlt es sich an, wenn Sie denken: „Ich liebe es, zu atmen“? In welchem Körperbereich erleben Sie nun die Atembewegung deutlicher als beim dritten Versuch und wo weniger deutlich?

Haben Sie die Veränderung des Atemgeschehens und des Muskeltonus beobachten können? Ist es nicht interessant, wie stark Gedanken und Gefühle die Atmung beeinflussen? Die Wahrnehmung der Atemräume wird von Mal zu Mal differenzierter werden. Probieren Sie es bei anderer Gelegenheit wieder aus. Und unterstützen Sie Ihren Körper durch hilfreiche Gedanken. Mehr dazu im Kapitel „Mentale Präsenz“.

2.2. Inneres Lächeln

„Tu deinem Leib etwas Gutes, damit die Seele Lust hat, darin zu leben!“
Teresa von Ávila

Kennen Sie das feine Lächeln der Mona Lisa? Wenn wir uns über etwas freuen, also erfreut sind, fangen wir an zu lächeln. Sobald wir lächeln, verändert sich einer unserer Einatmungsräume. Das Lächeln aktiviert den Gasaustausch in den Lungenspitzen, und dies sorgt dafür, dass die Schultern sich sanft nach hinten öffnen und der Brustraum sich weitet. Auf diese Weise öffnen wir einen wichtigen Raum für unsere Ausstrahlung. Die entstandene Offenheit strahlt über uns hinaus. Probieren Sie es aus.

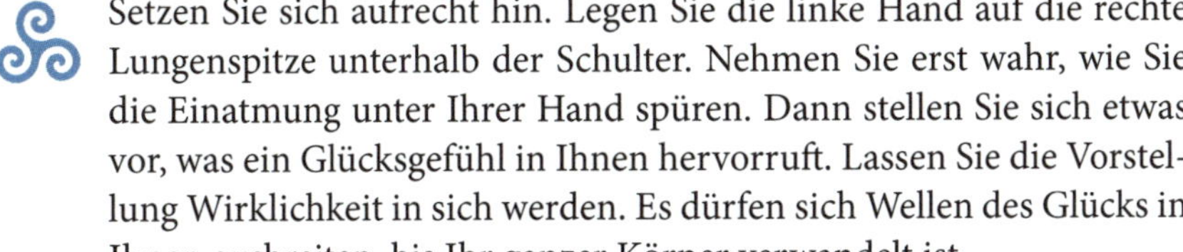

ÜBUNG: INNERES LÄCHELN

Setzen Sie sich aufrecht hin. Legen Sie die linke Hand auf die rechte Lungenspitze unterhalb der Schulter. Nehmen Sie erst wahr, wie Sie die Einatmung unter Ihrer Hand spüren. Dann stellen Sie sich etwas vor, was ein Glücksgefühl in Ihnen hervorruft. Lassen Sie die Vorstellung Wirklichkeit in sich werden. Es dürfen sich Wellen des Glücks in Ihnen ausbreiten, bis Ihr ganzer Körper verwandelt ist.

Vermutlich wird Folgendes passieren: „Das Herz geht Ihnen auf" – der Brustraum weitet sich bis in die Lungenspitzen, Ihre Mimik verändert sich, und Sie sind beglückt.

Anhand dieser kleinen, feinen Übung lässt sich eindrücklich erleben, wie in der Atembewegung Seelisches, Körperliches und Geistiges sich berühren und miteinander verbinden. Das Lächeln verwandelt uns (Seele), die Art, wie wir atmen (Körper), und dies wirkt sich darauf aus, wie wir denken und mit anderen in Austausch treten (Geist). Eine angenehme, gelassene Heiterkeit entsteht.

2.3. Mit sich selbst befreundet sein

„Ein Freund ist, der dir das Lied deiner Seele vorsingt, wenn du es vergessen hast. Der Atem ist ein Freund, der dich in seine Schwingung, seine Lebendigkeit, seine Zartheit und Innigkeit und in seine Kraft aufnimmt und dich trägt und hält. Wenn du ihn vergessen hast, nicht achtest, gegen seine – *deine* – Schwingung lebst, hast du *dich* vergessen. Und doch ist er immer da und singt dir das Lied deiner Seele vor. Du musst nur lauschen", schrieb Herta Richter. Mich berührt diese Vorstellung immer wieder. Ich entdeckte sie in einem Newsletter des Atemhauses München „Herta Richter".

Freunden Sie sich mit Ihrer Atembewegung an. Lauschen Sie in sich hinein, sooft Sie es wünschen – spätestens dann, wenn Sie im Begriff sind, sich zu verlieren. Freuen Sie sich über Ihren treuen Freund – den Atem.

3. Geist

Geist und Seele stellen den nichtstofflichen Teil eines Menschen dar. Während die Seele mehr der Gefühlswelt zugeordnet wird, verbinden wir im Allgemeinen den Geist mit geistigen Prozessen. In den Geisteswissenschaften wird, von alters her, der Versuch unternommen, die Natur des Menschen zu verstehen.

Betrachten wir zunächst die in den antiken Begriffen für „Geist" angelegten Bedeutungsdimensionen. Das antike Verständnis des *Pneuma* umfasst sowohl Geist als auch Hauch, Luftwirbel, Atem, Odem, ätherisches Feuer und Lebensgeist. Die Stoiker haben Pneuma als „feurigen Lufthauch", der alles durchdringt und somit kosmische Macht hat, beschrieben. Ähnliche Bezüge sehen wir auch beim chinesischen *Qì* (*Chi*) oder beim indischen *Prana*. Interessanterweise verweist der Atem in vielen Sprachen sowohl auf den physischen Vorgang der Atmung als auch auf geistige Prozesse.

Das deutsche Wort „atmen" und das altindische *Atman* haben vermutlich dieselbe Etymologie. *Atman* bedeutet so viel wie individueller Geist, der mit dem Weltgeist *Brahman* verbunden ist, was der Mensch im Zustand der Erleuchtung erkennt.

Der indische Dichter und Mystiker Kabīr, geboren 1440, beschreibt es so: „Atem ist in Indien das Höchste, das Bedeutendste. Gott ist Atem. Die Wesen sind Atem. Das All ist Atem. Visvamitra, einer der Urweisen, gelangt bis zu Indra, dem großen Gott, der ihm eine Gnade gewährt. ‚Ich möchte dich erkennen', bittet Visvamitra. Da antwortet der Gott: ‚Ich bin Atem. Du bist Atem … Alle Wesen sind Atem … Im Atem durchdringe ich alle Räume …'"[11]

In den Meditationspraktiken der östlichen Kulturen und Religionen wird der Atem seit Jahrtausenden bewusst wahrgenommen und kultiviert. *Bhavana*, das Sanskritwort für Meditation, bedeutet pflegen, fördern, kultivieren. „Die Idee der Meditation ist sehr einfach", schreibt Sakyong Mipham, ein buddhistischer Geistlicher. „Wir lassen es langsam angehen und sehen uns die Muster unseres Lebens an. Wir müssen mit dem Geist beginnen, dann folgt der Körper. Beim ruhigen Verweilen gründen wir unseren Geist im gegenwärtigen Moment. Wir richten unseren Geist auf den Atem und üben, ihn dort zu lassen. Wir bemerken, wenn Gedanken und Gefühle uns ablenken, und schulen uns fortwährend darin, den Geist zum Atem zurückkehren zu lassen. So verbünden wir uns nicht mehr mit dem verblendeten Geist, der sein eigenes Leiden verursacht, sondern immer mehr mit dem Geist, der stabil, klar und stark ist."[12]

Die Achtsamkeit auf die Atembewegung, die bewusst wahrgenommene Verbindung zu sich selbst, ermöglicht Konzentration und Sammlung und schafft eine Distanz zum Alltag, aus der heraus es möglich ist, unterschiedliche Geisteszustände zu betrachten. Dies verändert den Bewusstseinszustand. Wolf Singer und Matthieu Ricard sprechen über „belastbare neurobiologische Hinweise darauf, dass sich das Gehirn während der Meditation in einem Zustand großer Wachheit und konzentrierter Aufmerksamkeit befindet".[13]

Die Fähigkeit, körperlich zu erfahren, ist in der westlichen Kultur durch die Vormachtstellung des Intellekts in den Hintergrund getreten. So ist beispielsweise auch die ursprüngliche Bedeutung des im Begriff *pneuma hagion* enthaltenen Wissens im Lauf der Jahrhunderte im Christentum verloren gegangen. *Pneuma hagion* wird heute im Bereich der christlichen Tradition durchgehend mit Heiliger Geist übersetzt. Die ältere Übersetzung „Atmung, die der Gottheit geweiht ist" spielte noch auf Praktiken und Techniken an. Die Beziehung zum Körper als Instrument der Erkenntnis ist nahezu verschwunden und somit für viele von uns auch die Möglichkeit, die Verbindung mit einer Realität, die über unser „Ich" hinausweist, praktisch, körperlich zu erfahren. Vermutlich fällt es aus diesem Grund so schwer, sich als Teil eines größeren Ganzen zu verstehen. Die starke Fixierung auf das „Ich", auf das „Ego", ist eine spezifische Eigenschaft der zeitgenössischen westlichen Kultur.

Die Materie – nicht der Geist oder die Energie, welche in den Auffassungen anderer Kulturen die Materie bewegt – hat in unserem Bewusstsein einen hohen Stellenwert. Der amerikanische Erziehungswissenschaftler, Arzt und Psychotherapeut Daniel Siegel schlägt vor, Geist als „Regulation des Energie- und Informationsflusses"[14] zu verstehen. Diese Definition erleichtert es mir, den Begriff „Geist" annehmen zu können, frei von religiösen Bezügen und doch anerkennend, dass es etwas außerhalb der Materie gibt, das sie bewegt.

ÜBUNG: VERBUNDEN SEIN

Ich möchte Sie an dieser Stelle zu einer weiteren vertiefenden Selbsterfahrung einladen.

Setzen Sie sich aufrecht und entspannt hin. Die Füße und Ihr Gesäß ruhen auf dem Boden beziehungsweise der Unterlage. Nehmen Sie nun Ihre Atembewegung wahr, das Ein- und Ausströmen der Luft. Ausatmend geben Sie etwas ab – lassen los. Eine schöpferische Pause, eine Leere darf am Ende des Ausströmens entstehen. Dann wird von ganz allein die Einatmung einsetzen. Nehmen Sie diesen Vorgang einige Male wahr. Genießen Sie die Möglichkeit, etwas abgeben zu können, den Augenblick der Pause und die Möglichkeit, etwas geschenkt zu bekommen. Entspannen Sie sich. Lassen Sie die Bewegung tiefer in sich sinken. Erleben Sie bewusst die Verbundenheit mit Ihrer Körpermitte. Wenn sich dieses Gefühl einstellt, genießen Sie es. Anschließend können Sie versuchen, den Raum, der Sie umgibt, in welchen Sie ausatmen und aus welchem Sie die Einatmung empfangen, zu erspüren. Beginnen Sie mit dem Raum vor Ihnen, bis Sie ein Gespür für ihn bekommen. Nehmen Sie sich Zeit.

Danach gehen Sie über zum Raum links und rechts, dann zu dem, der hinter Ihnen liegt, und zum Abschluss fühlen Sie den Raum über Ihnen. Lassen Sie sich ausreichend Zeit, um ein Gespür für den jeweiligen Raum zu entwickeln.

Erweitern Sie nun Ihren Bewusstseinsraum über den Raum, der Sie konkret umgibt, hinaus in die Ausdehnung des Himmels – in die Unendlichkeit.

Wie fühlen Sie sich jetzt? Hat sich Ihr Körpergefühl in Ihrer Wahrnehmung verändert? Wie erleben Sie sich nun im Raum? Wie können Sie es für sich beschreiben?

Körper, Seele und Geist hängen zusammen, sind erfahrbar und berührbar. Wir können uns jederzeit über die Atembewegung mit uns selbst und anderen Menschen oder durch unsere Vorstellungskraft mit einem imaginierten Gegenüber (zum Beispiel Gott, dem Kosmos, der Natur oder den Bewohnern dieses Planeten) verbinden. Durch die Wahrnehmung des Atemraums um uns herum erleben wir uns als eingebunden in einen umfassenderen Zusammenhang. Es liegt an uns, daraus Kraft zu schöpfen.

In diesem Kapitel kam es mir darauf an, Funktionen und die Qualität des Atemvorgangs ins Bewusstsein zu heben und Ihnen praktikable Übungen an die Hand zu geben, welche Sie fortan im Alltag anwenden können. Sie werden in den kommenden Kapiteln dem Atem unter unterschiedlichen Gesichtspunkten wieder begegnen. Präsenz lässt sich, ohne dass wir uns der Atmung bewusst werden, schwerlich herstellen.

★★★

KAPITEL 3

**„Es gibt zwei Wege, das Selbst zu erforschen.
Zum einen können wir an unseren Gedanken und Überzeugungen arbeiten und werden so Veränderungen im Körperausdruck wahrnehmen. Zum anderen können wir uns auch von der anderen Seite annähern und an der Bewegungsfreiheit und an der Veränderung von Bewegungsabläufen arbeiten, denn diese haben wiederum Einfluss auf unser Verhalten und Selbstwertgefühl."**

Royston Maldoom

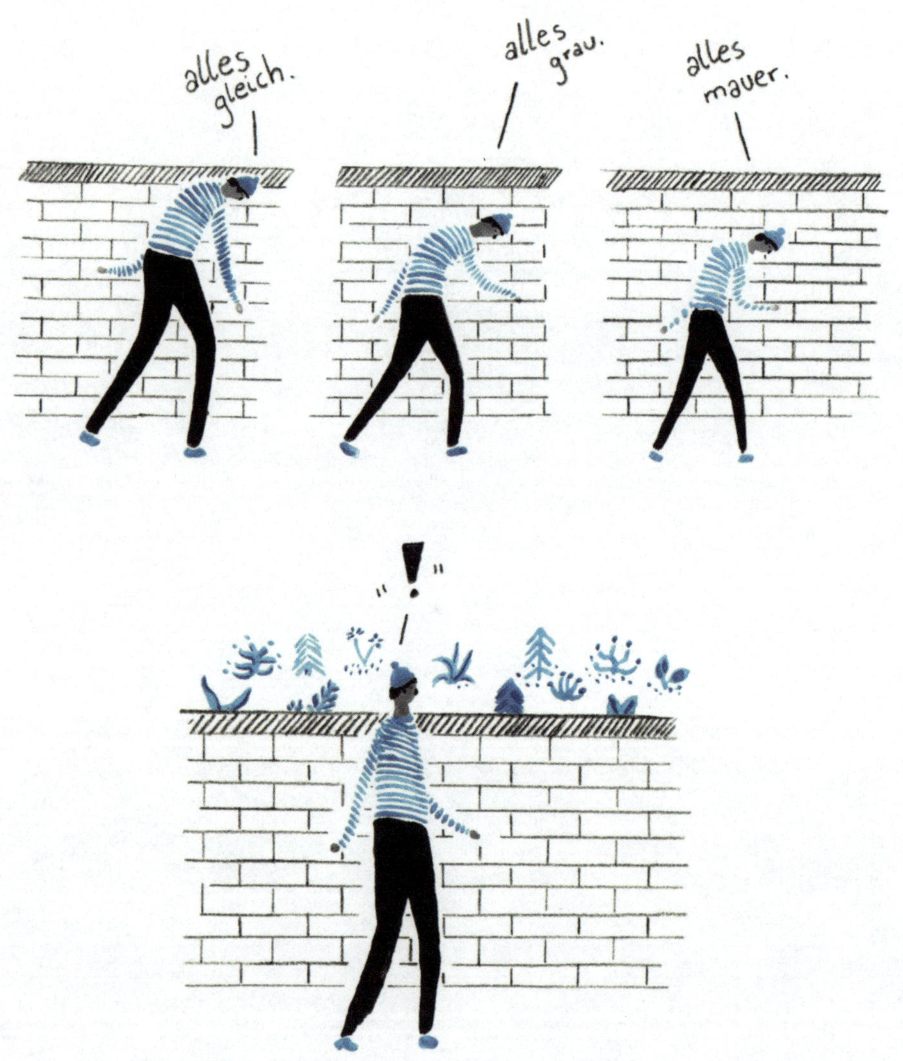
alles gleich.
alles grau.
alles mauer.
"!"

3
KÖRPERLICHE PRÄSENZ

„Jeder Grashalm hat seinen Engel,
der sich über ihn beugt und flüstert: wachse, wachse ...“
Aus dem Talmud

Als Atheist können Sie das „l“ im Wort „Engel“ weglassen und die Buchstaben so umstellen, dass „Gene“ daraus wird. – Jeder Grashalm hat seine Gene, die das Programm zu seinem Wachstum enthalten.

1. Unsere Haltung

Das Erste, was wir von einem Menschen wahrnehmen, ist seine körperliche Erscheinung. Schon in den ersten Augenblicken beginnt er auf uns zu wirken, nonverbal, allein durch seine Körpersprache. Der Körper spricht also. – Was erzählt er? Er erzählt davon, wie wir bislang mit uns umgegangen sind und wie andere mit uns umgegangen sind. Wie wir unseren Lebensumständen begegnen, wie offen oder verschlossen, wie aktiv oder passiv wir sind. Auch davon, ob wir uns etwas zutrauen oder nicht, legt er Zeugnis ab.

Die Art, wie wir leben, hinterlässt Spuren. Diese Spuren lesen wir unbewusst in der Körperhaltung und in den Gesichtszügen unseres Gegenübers. Instinktiv verstehen wir die Botschaften. „Der Körper lügt nicht“, heißt es.

„Wie jemand steht – so steht es um ihn.“ Wer aufrecht geht, gilt in den Augen anderer als aufrechte Persönlichkeit. Genaues Beobachten ist gefordert. Die Wirkung der Körpersprache ist so unmittelbar, dass wir intuitiv spüren, ob und wie wir mit einer Person zurechtkommen werden.

Wir sind in unsere Grundhaltung, welche abhängig von unserer Tagesform variiert, buchstäblich hineingewachsen. Hier deutet sich ein erster Spielraum an, den wir deutlich erweitern können – durch Präsenz. Denn wenn wir präsenter sind, haben wir weniger Stress und dadurch mehr Kapazität frei für unsere persönliche Entwicklung.

Natürlich lässt sich eine Grundhaltung, die jahrzehntelang von unbewussten Gewohnheiten geformt wurde, nicht von heute auf morgen durch eine andere ersetzen, aber wir können Gewohnheiten und Einstellungen ins Bewusstsein heben und reflektieren und dann in kleinen Schritten ändern, bis sich eines Tages unsere Grundhaltung als Ganzes gewandelt hat. Wenn wir in Bewegung kommen, können wir das in uns steckende Potenzial entfalten.

Wenn jemand über einen anderen sagt: „Der hat eine gute Haltung!“, was meint er damit? Die Körperhaltung oder die *Innere Haltung*? In der Regel ist die Körperhaltung gemeint, aber je nach Kontext kann auch von der *Inneren Haltung* oder von einer bestimmten inneren Einstellung die Rede sein. Beide, Inneres und Äußeres, sind eng miteinander verknüpft. Gängige Formulierungen wie „Ich bin gespannt“ oder „Der lässt sich hängen“ geben einen deutlichen Hinweis darauf.

„Körper und Seele des Menschen sind in ständiger Wechselwirkung, beeinflussen sich gegenseitig.“ Mit diesem Satz eröffnete Michael Tschechow sein Vermächtnis *Werkgeheimnisse der Schauspielkunst*. Das Buch entstand in den fünfziger Jahren des letzten Jahrhunderts. Heute sind die Erkenntnisse dieser Wechselwirkung wissenschaftlich belegt (Bodyfeedback nennt man den Rückmeldeprozess des Körpers an das psychische System). Introspektion, also Selbstbeobachtung, hat als Methode der wissenschaftlichen Erkenntnis wieder an Bedeutung gewonnen. Doch wie bewusst ist dieses Wissen in der breiten Öffentlichkeit, bei jedem Einzelnen angekommen? Wer arbeitet in alltäglichen Situationen bewusst mit seinem Körper, um sich positiv zu stimulieren? Im Folgenden werde ich den bewussten Umgang mit dem eigenen Körper mit Ihnen zusammen im Detail beleuchten, in der Hoffnung, dass Sie dieses wirkungsvolle Werkzeug für sich nutzen.

Der Begriff „Haltung“ wird oft missverstanden, indem wir etwas Festes oder Starres damit assoziieren. Dabei zeichnet sich eine „gute“ Haltung gerade durch Durchlässigkeit, Beweglichkeit und Bewegungsfreiheit aus.

1.1. Durchlässigkeit

Der Begriff „Durchlässigkeit" wird von Tänzerinnen und Tänzern häufig gebraucht. Er besagt, dass ein Bewegungsimpuls weitergeleitet wird, von einem Körperteil in den nächsten, ungehindert durch zu viel oder zu wenig die Gelenke blockierende Muskelspannung. Wohlspannung der Muskulatur ermöglicht es also, dass sich Bewegungsimpulse im Körper fortpflanzen.

Im Zustand der Durchlässigkeit verfügen wir über eine stark ausgeprägte Wahrnehmung der Energien und Schwingungen in verschiedenen Situationen. So können wir unsere Antworten auf die Ereignisse des Lebens verfeinern – wir reagieren bewusster oder entscheiden uns bewusst, nicht zu reagieren.

Durchlässigkeit ist folglich nichts Abstraktes – es kommt darauf an, ob sitzend oder stehend, sich so zu organisieren, dass keine Starrheit, keine Undurchlässigkeit entsteht. Vermeiden Sie daher durchgestreckte Kniegelenke, ebenso wie eine steife, überstreckte oder unterspannte Wirbelsäule.

Der Neuro- und Verhaltensphysiologe Moshé Feldenkrais, der Begründer der nach ihm benannten Feldenkrais-Methode, hat die aufrechte Haltung sinngemäß so definiert: Die optimale Haltung geht einher mit größtmöglicher Bewegungsfreiheit der Gelenke. In seinem Buch *Das starke Selbst* schreibt er: „... gute Haltung bedeutet schnelles Handeln, aber ohne Hast. Hast und Eile bedeuten gewöhnlich erhöhte Aktivität, die jedoch nicht zu beschleunigter Handlung führt, sondern nur zu erhöhter Muskelkontraktion."[15] Er plädiert für einen ökonomischen Umgang mit uns selbst, für welchen ein mittlerer, ausgeglichener Spannungszustand der Muskulatur, des Gewebes und der Organe grundlegend ist. Wir erreichen ihn durch kontinuierliches Ausbalancieren von Über- und Unterspannung der Muskulatur, durch einen permanenten Wechsel zwischen Lösen und Anspannen, also nicht, indem wir starr einen Zustand aufrechterhalten, sondern in einem elastisch federnden, dynamischen Prozess. Tiere und kleine Kinder verfügen ganz natürlich über diese mittlere Körperspannung. Für Tiere ist sie überlebensnotwendig, denn nur die mittlere Muskelspannung erlaubt es ihnen, bei Gefahr schnell zu reagieren. Kinder bewegen sich unentwegt, spielen, experimentieren mit ihrem Körper und balancieren so ständig ihren Muskeltonus aus.

Wie aber lässt sich dieser prozesshafte Zustand mittlerer Körperspannung, der Gegenwärtigsein im eigenen Körper erfordert, im Alltag herstellen? Wie gelingt es uns konkret, körperlich präsent zu sein? Fangen wir damit an, einen uns allen bekannten Bewegungsablauf zu untersuchen, das Gehen.

2. Präsenz im Gehen

„Wie du kommst gegangen, so wirst du empfangen."
Johann Wolfgang Goethe

Gehend erscheint ein Mensch im Raum, gehend kommt er zum Vorstellungsgespräch oder zu einem Meeting, gehend nehmen wir ihn erstmals wahr. Die nonverbale Kommunikation hat begonnen.

Im Folgenden stelle ich Ihnen meine erste und wichtigste Grundlagenübung vor. Sie eignet sich für die tägliche Anwendung – auf kurzen und langen Wegen, wichtigen und weniger gewichtigen Gängen. Sie wird Ihnen bei öffentlichen Auftritten die nötige Sicherheit schenken.

ÜBUNG: „FÜSSE, FÜSSE, FÜSSE"

Bitte gehen Sie umher, und nehmen Sie dabei ganz bewusst das Abrollen Ihrer Füße am Boden wahr. Erst langsam. Spüren Sie, wie Ihr Fuß vom Boden abrollt? Spüren Sie den Boden unter Ihren Füßen? Welche Beschaffenheit hat er? Gehen Sie weiter. Sie spüren weiter das Abrollen der Füße. Was passiert mit Ihrer Wirbelsäule, mit Ihren Schultern? Können Sie Ihren Kopf bewegen? Den Blick wenden? Was sehen Sie? Spüren Sie weiterhin Ihre Füße. Achten Sie darauf, dass Ihre Zehen entspannt sind und nicht krallen. Sie sind in der Lage, das Abrollen zu spüren und zugleich Ihre Umgebung wahrzunehmen.

Ist das nicht interessant: Sie nehmen sich verstärkt gehend wahr und sind sich zugleich Ihrer Umgebung bewusst.

Wie fühlt sich diese Art des Gehens an? In welcher Stimmung sind Sie jetzt? Bleiben Sie, wann immer Sie wollen, stehen, und probieren Sie es dann wieder aus. Wäre ich jetzt mit Ihnen in einem Seminar, würde ich Ihnen die Übung vormachen und gleichzeitig mit Ihnen sprechen, also laut denken. Es ist durchaus möglich, zu sprechen, während wir die Füße wahrnehmen. Unsere Verbindung zu den Füßen soll dabei nicht abreißen.

Gehen Sie nochmals ein paar Schritte, und stoppen Sie die Bewegung. Wie stehen Sie da? Aufgerichtet?

Nun probieren Sie eine andere Art des Gehens aus, die weit verbreitet ist. Sie haben ein Ziel. Sie wollen zu Ihrer nächsten Verabredung.

Gehen Sie los, denken Sie an Ihr Ziel oder daran, was Sie heute Mor-

gen erlebt haben. Wie gehen Sie jetzt? Gibt es einen qualitativen Unterschied? Was passiert mit Ihrem Kopf? Kann es sein, dass er die Bewegung nun anführt?
Ihre Aufmerksamkeit ist bei dieser Art des Gehens vor allem im Kopf. Stoppen Sie die Bewegung – wie stehen Sie da?
Kehren Sie wieder zur ersten Methode zurück, das heißt, spüren Sie im Gehen den Kontakt Ihrer Füße zum Boden. Sie sind in dem präsent, was Sie tun – Sie gehen. Probieren Sie verschiedene Tempi aus! Egal, wie schnell Sie gehen, Ihre Füße bleiben im Fokus Ihrer Aufmerksamkeit. Probieren Sie diese Art des Gehens bei nächster Gelegenheit im Freien aus, damit Sie weiter ausschreiten können. Gehen Sie nun noch einmal, dem Raum angepasst, etwas langsamer. Nehmen Sie wieder Ihre Füße beim Gehen wahr. Genießen Sie Ihre aufgerichtete Wirbelsäule. Falls Ihre Schultern oder Ihr Nacken unter Verspannungen leidet, werden Sie vielleicht bemerken können, wie sie sich durch diese Art des Gehens lösen. Die Last fällt förmlich von den Schultern ab. Der Nacken ist nicht mehr fixiert, weil wir nicht mehr auf das Ziel, das in der Zukunft liegt, ausgerichtet sind, sondern ganz in der Gegenwart verweilen. Die Fixierung des Kopfes wird aus dem sogenannten Tunnelblick befreit, einer Kopfhaltung, aus der heraus es fast unmöglich ist, zu kommunizieren.
Der Kopf sitzt frei beweglich oben auf dem Atlas, dem obersten Wirbel der Wirbelsäule.
Die Beweglichkeit des Kopfes und der Augen erlaubt es, die nonverbale Kommunikation über den Blick aufzunehmen.
Nutzen Sie auch den Boden als Gegenüber, als Widerstand. Sobald wir den Boden wahrnehmen, unterstützt er uns. Wir verlieren den Boden nicht mehr unter den Füßen.
Ich wünsche Ihnen, dass Sie dieses Gehen kultivieren und dadurch häufig in den Genuss der Präsenz im Gehen kommen!

Lassen Sie mich das Wesentliche dieser Art des Gehens zusammenfassen:

- Die Muskelspannung entspricht genau der sogenannten Wohlspannung (der mittleren Körperspannung): Sie weist weder zu viel noch zu wenig Spannung auf, sondern gerade so viel, wie Sie für diesen Bewegungsablauf benötigen. Wer etwas von Körperarbeit versteht, weiß, wie schwierig dieser Zustand oft zu erreichen ist.

- Ihr Gang bleibt individuell geprägt, allein der Bewegungsablauf ist ökonomischer organisiert.

- Ihre Wirbelsäule richtet sich auf, und Sie erscheinen ohne Anstrengung in Ihrer vollen Größe. (Der Grashalm ist schon gewachsen!)

- Sie sind bei sich und zugleich offen für Kommunikation.

- Ihr Atem strömt in seinem Rhythmus ein und aus, da das Zwerchfell sich frei bewegen kann.

- Sie spüren den Boden unter den Füßen. Weil Sie ihn spüren, gibt er Ihnen Halt. Sie treten sicher auf.

- Sie senden Ihre Aufmerksamkeit durch Ihren ganzen Körper zu Ihren Füßen und sind sich dadurch Ihrer selbst bewusst: Sie sind selbstbewusst.

- Sie sind körperlich und geistig gegenwärtig: Sie sind präsent!

Diese Übung ist einfach, im Alltag leicht umzusetzen und beschert Ihnen obendrein ein Wohlgefühl. Ja, sie ist sogar so einfach, dass man ihre Wirksamkeit leicht unterschätzt! Um mit ihr im entspannten Umfeld vertraut zu werden, nehmen Sie sich zunächst vor, drei Wege am Tag bewusst so zu gehen. Sie eignet sich zugleich als Lockerungsübung für verspannte Rücken- und Nackenpartien. Sie werden bemerken, wie sich dadurch Ihre Stimmung nach langem Sitzen aufhellt.

Da wir im Lauf eines Tages viel gehen, von einem Meeting zum nächsten, von der Küche ins Bad, zum Bäcker oder Parkplatz, fehlt es nicht an Gelegenheiten, diese Übung zu praktizieren. Sobald Sie vertraut sind mit ihr, setzen Sie sie gezielt in herausfordernden Situationen ein.

Die Schwierigkeit liegt nicht in der Übung selbst, sondern darin, sie tatsächlich anzuwenden. Wir haben uns so sehr daran gewöhnt, Termine ausschließlich inhaltlich vorzubereiten, dass uns der Gedanke einer ebenso sorgfältigen körperlichen Vorbereitung gar nicht erst in den Sinn kommt. Hier gilt es, eingefahrene Gewohnheiten zu verändern. Denken Sie daran, die körperliche Präsenz macht einen Großteil Ihrer Überzeugungskraft aus, und dies ist nun das erste „Tool“ für Ihren neuen Werkzeugkasten.

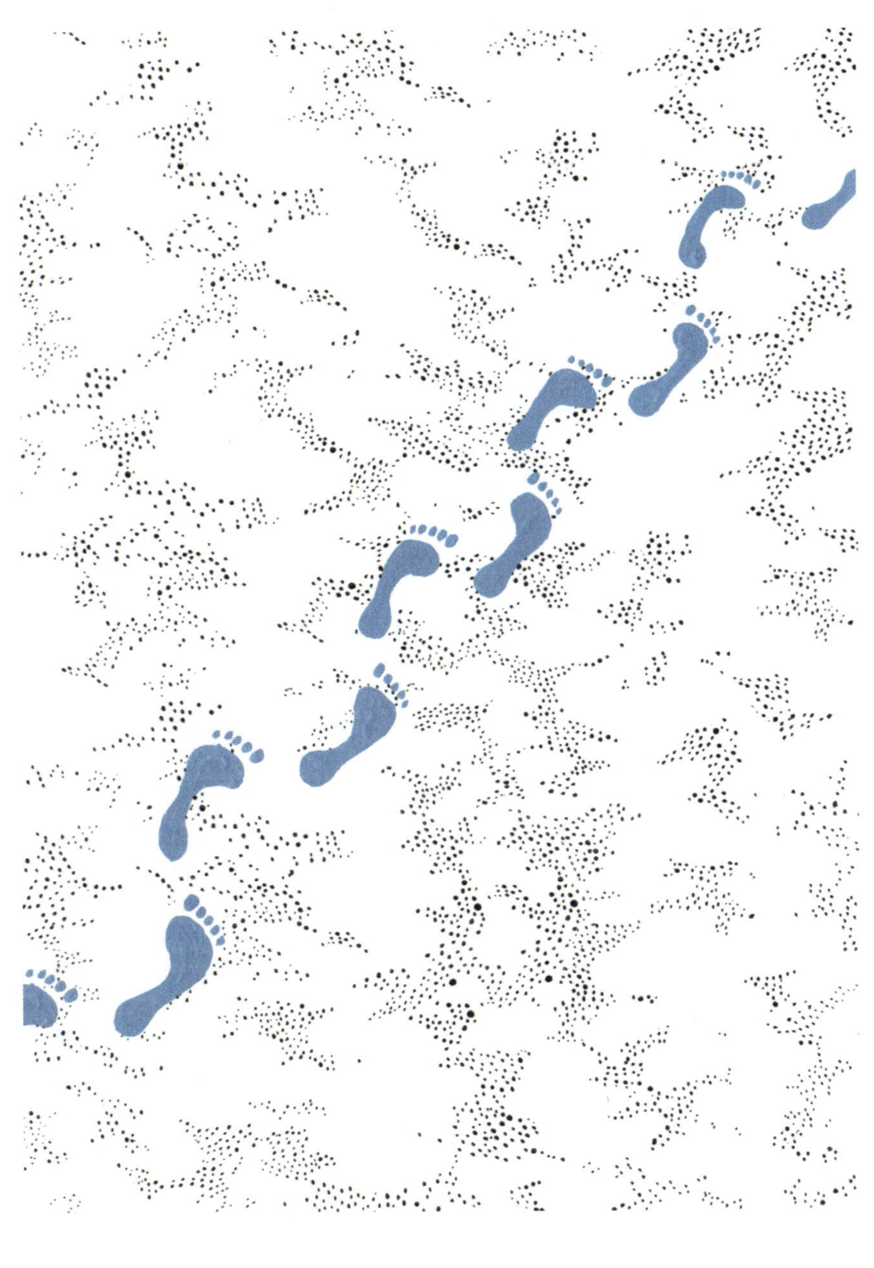

3. Das Aufrichten

Durch das Wahrnehmen der Füße im Kontakt mit dem Boden richtet sich also unsere Wirbelsäule beim Gehen auf. Was bedeutet die Aufrichtung der Wirbelsäule? Welche Gedanken und Vorstellungen entwickeln Sie, wenn Sie denken: Ich richte mich auf? Welche Bilder entstehen? Was assoziieren Sie? Was passiert in Ihrem Körper, wenn Sie sich aufrichten? Was empfinden Sie dabei? Ein Wohlgefühl? Ihre wahre Größe? Eine gewisse Überwindung? Wann in Ihrem Leben sind Sie aufgerichtet, und wann sacken Sie zusammen?

Erst durch die Krönung wurde Königinnen und Königen die herrschaftliche Würde verliehen. Um zu vermeiden, dass die Krone herunterfiel, mussten sie sich aufrichten. Nicht umsonst war Haltungsschulung Bestandteil der Kindererziehung an Königshäusern und in bürgerlichen Familien. Denn auch ohne Krönung ist es möglich, eine würdevolle Haltung zu empfinden und auszustrahlen. Einer Person, die Würde ausstrahlt, wird man mit Respekt begegnen. Indem wir uns bewusst aufrichten, schenken wir uns selbst Aufmerksamkeit, eine Art Wertschätzung. Da die Wirbelsäule die zentrale Säule unseres Hauses ist, richtet sich das ganze Haus gleich mit auf. Wir bringen uns auf diese Weise auch ins Lot. Die Auswirkungen der Aufrichtung sind vielfältig, wie Sie im Laufe des Buches erfahren werden.

Indem wir den Bewegungsspielraum unseres Körpers, der sich durch die Aufrichtung der Wirbelsäule erweitert, ausloten, sorgen wir dafür, dass die Säule unseres Hauses flexibel und – gerade dadurch – stabil bleibt oder wieder wird. Die daraus resultierende offene, aktive Grundhaltung, die dem ursprünglichen Bauplan des Menschen entspricht, ermöglicht spontanes Erleben und Handeln. Diese Beweglichkeit, die mit Bewegungs- und Lebensfreude einhergeht – Emotion und *motion* haben denselben Wortstamm! –, ist freilich nicht ein für alle Mal gegeben, sondern in einem stetigen Prozess immer wieder aufs Neue herzustellen.

An mir selbst habe ich wiederholt überraschende Veränderungen wahrnehmen dürfen:

Bereits als Jugendliche und junge Frau während meines Schauspielstudiums war Körpertraining, wie zum Beispiel Pantomime, Ballett, Fechten, Bewegungsimprovisation, Freier Tanz, Kontaktimprovisation, Stimmtraining, Teil meines Tageslaufs. In den Jahren als freischaffende Künstlerin, Lehrende und Mutter habe ich dann mit der Alexander-Technik und der Feldenkrais-Methode gearbeitet und mich verstärkt mit meinen inneren Einstellungen auseinandergesetzt. Seit vielen Jahren gehe ich regelmäßig tanzen.

Ich habe also die Aspekte Bewegung und Rückenbewusstsein in meinem Leben stark verankert. In all den Jahren gab es immer wieder Haltungsänderungen. Mal fühlte ich mich schwerer, belasteter; mal gelang es mir, meine Bewegungsfreiheit zurückzuerobern oder zu erweitern. Vor einigen Jahren fing ich an, morgens zu meditieren. Das aufrechte Sitzen ist ein wichtiger Aspekt der Praxis: Ich bemerkte, wie ich sitzend immer wieder in mich hineinsank. Ich richtete mich jedes Mal wieder auf und konnte nach und nach kleine, feinste Haltungsveränderungen erkennen. Für die morgendliche Sitzmeditation richtete ich mir einen Platz ein. Um meinem Blick einen Halt zu geben, stellte ich eine Kerze an eine bestimmte Stelle, die ich mit aufgerichteter Wirbelsäule bequem ansehen konnte. Zu meiner eigenen Verwunderung stellte ich kürzlich fest, dass ich nicht mehr auf die Kerze blickte, sondern auf einen Punkt, der deutlich weiter oben lag. Obwohl ich älter geworden bin und die Spannkraft angeblich nachlässt, bin ich also in den letzten Jahren „gewachsen". Wie konnte das sein? Ich fühlte mich doch schon aufgerichtet, als ich anfing zu meditieren. Ich entdeckte eine nie zuvor wahrgenommene Bewegungsfreiheit der Wirbelsäule zwischen den Schulterblättern. Ich vermute, dass alte Lasten von mir abgefallen sind. Ein Knoten, ein altes Muster, eine Verhärtung hat sich gelöst. So konnte ich mich weiter aufrichten. Das Gefühl von erhöhter Beweglichkeit beschwingt mich. Ganz offensichtlich waren da noch nicht erschlossene Potenziale.

Bitte suchen Sie sich selbst Übungen zum Mobilisieren Ihrer Wirbelsäule. Sie finden diese beispielsweise in der Gymnastik und im Yoga. Die Feldenkrais-Methode, die ich Ihnen sehr ans Herz legen möchte, untersucht das differenzierte Zusammenspiel aller Gelenke.

ÜBUNG: EINFACHES AUF- UND ABROLLEN DER WIRBELSÄULE

Sie können die Wirbelsäule sowohl liegend als auch stehend auf- und abrollen. Das Liegen hat den Vorteil, dass Sie im Kontakt mit dem Untergrund die einzelnen Wirbel präzise spüren können. Legen Sie sich auf den Rücken, und stellen Sie die Beine in Hüftbreite auf. Nun heben Sie langsam und bewusst, vom Steißbein bis zur Halswirbelsäule oder so weit es Ihnen möglich ist, Wirbel für Wirbel vom Boden ab. Beim Abrollen versuchen Sie mit jedem Wirbel, den Sie ablegen, den Untergrund zu ertasten. Durch den bewussten Kontakt werden Sie eine genauere Vorstellung von Ihrer Wirbelsäule bekommen. Die gestauchten Zwischenräume zwischen den Wirbeln werden geweitet. Infolgedessen werden Sie sich wieder beweglicher und freier fühlen.

Um die Übung im Stehen auszuführen, lassen Sie Ihren Kopf schwer werden und nach vorn fallen. Spüren Sie das Gewicht des Kopfes. Nun geben Sie Wirbel für Wirbel langsam nach. Die Knie sind locker. Durch das Hängenlassen der Wirbelsäule Stück für Stück lockern Sie die Zwischenräume. Die Wirbel lassen sich hängend auch leicht nach rechts und links bewegen. Experimentieren Sie mit dem Spielraum. Wenn Sie ganz unten angekommen sind, richten Sie sich langsam Wirbel für Wirbel wieder auf. Arbeiten Sie präzise. Spüren Sie nach der Übung Ihre Aufrichtung. Wie stehen Sie jetzt?
Und wie gehen Sie?

4. Präsenz im Stehen

Im Stehen haben wir zwei Möglichkeiten, entweder wählen wir den parallelen Stand, bei dem sich das Körpergewicht gleichmäßig auf beide Füße verteilt, oder den Standbein-Spielbein-Stand, der das Körpergewicht hauptsächlich auf das Standbein überträgt, während das Spielbein stabilisiert und lediglich sein Eigengewicht an den Boden abgibt.

Wenn wir uns die Entwicklung in der Bildhauerei ansehen, so wird die statisch anmutende stehende menschliche Figur früherer Epochen allmählich von einer dynamischer wirkenden Darstellungsweise abgelöst, die genau mit der zuletzt beschriebenen Möglichkeit, dem Standbein-Spielbein-Stand, korrespondiert. Man nennt dieses Gestaltungsmittel in der Kunst Kontrapost. Ein berühmtes Beispiel hierfür ist Michelangelos David.

Die in der Kunst durch die Standbein-Spielbein-Position dargestellte körperliche Bewegungsfreiheit ist Ausdruck einer freiheitlicheren, individuelleren Geisteshaltung.

Die meisten Menschen fühlen sich im Standbein-Spielbein-Stand deutlich wohler als im parallelen Stand und wechseln, sobald sie entspannter sind, in diese Haltung. Falls Sie sich daran gewöhnt haben, im parallelen Stand zu präsentieren, kann sich der Standbein-Spielbein-Stand zunächst ungewohnt und befremdlich anfühlen. Über viele Jahre kultivierte Gewohnheiten fühlen sich nun mal richtig – oder sagen wir bekannt – an.

Michelangelo, David
Galleria dell'Accademia in Florenz

Symptomatisch für den Standbein-Spielbein-Stand ist das ständige Ausbalancieren von Spannung und Entspannung sowie von Ruhe und Bewegung, was zu einem homogenen Ausgleich führt – zur Wohlspannung. Natürlich können Sie in beiden Positionen präsent sein.

Die Erfahrung mit den Teilnehmerinnen und Teilnehmern meiner Seminare hat mich gelehrt, dass die Standbein-Spielbein-Position aus vielerlei Gründen den Körper, unser Instrument, besser organisiert. Mir ist bewusst, dass ich mit meiner Empfehlung der Standbein-Spielbein-Position einigen Trainerinnen und Trainern widerspreche. Von Seminarteilnehmern höre ich nicht selten: „Mir wurde aber vermittelt, ich solle parallel stehen, damit ich nicht so zappelig bin" oder „damit ich einen Standpunkt vermittle" etc.

Ich bin mir sicher: Wenn Sie beide Möglichkeiten bewusst ausprobiert haben, werden Sie erkennen, wie sehr der Standbein-Spielbein-Stand, vor allem zu Beginn eines Redebeitrags, zum Gelingen desselben beiträgt und wann es sinnvoll sein kann, den parallelen Stand bewusst einzunehmen. In der folgenden Tabelle werden beide Positionen unter verschiedenen Gesichtspunkten miteinander verglichen.

	Standbein-Spielbein-Stand	Paralleler Stand
Kommunikation	Die Kommunikation findet auf Augenhöhe statt	Diese Position wird häufig in der hierarchischen Kommunikation eingenommen.
Stand	Wir haben ein gutes Standing: Nicht umsonst ist dieser Stand die Ausgangsposition in vielen Kampfsportarten.	Jedes kleine Kind kann einen aus dem Gleichgewicht bringen, besonders wenn die Knie durchgestreckt sind.
Aussehen	Offen und lebendig, da die Gelenke durchlässig sind.	Distanziert und steif, da Gelenke blockiert werden.
Bewegungsspielraum	Wie der Name schon sagt, ist hier mehr Spielraum für Bewegung gegeben. Die Hüftgelenke, die Wirbelsäule und die Schultergelenke sind beweglicher. So bleiben wir innerlich bewegt. Außerdem können wir uns dem Auditorium leicht zuwenden.	Die Hüftgelenke, die Wirbelsäule und die Schultergelenke sind blockiert, das heißt in ihrer Bewegungsfreiheit eingeschränkt. Die Rotation des Oberkörpers ist erst ab der Taille möglich, da die Hüfte blockiert ist.
Gesten	Durch die Bewegungsfreiheit der Gelenke kommen die Arme leichter ins Spiel. Gesten entstehen somit organisch und wirken auch so. Auch wenn in einer Ruhepause die Arme einmal hängen, fühlt sich dies angenehm an.	Gesten fallen schwer, da die Schultergelenke blockiert sind. Wir wissen dadurch nicht, wohin mit den Händen, und versuchen, sie irgendwie wegzustecken. sollten wir uns doch zu Gesten durchringen, wirken sie kantig und unbeholfen.
Atembewegung	Die Muskelspannung balanciert Über- und Unterspannung aus. Wohlspannung stellt sich ein, das Zwerchfell ist beweglich, wodurch wir optimal mit Sauerstoff versorgt werden.	Durch erhöhte Muskelspannung und das entstandene Hohlkreuz in dieser Position wird das Zwerchfell in seiner Beweglichkeit eingeschränkt, wodurch wir tendenziell kurzatmig werden.

	Standbein-Spielbein-Stand	Paralleler Stand
Simme	Die Stimme schwingt frei. Der ganze Resonanzraum (der ganze Körper) kann mitschwingen aufgrund der muskulären Wohlspannung und Durchlässigkeit der Gelenke. Da die Zwerchfellfunktion mit der Kehlkopffunktion gekoppelt ist, senkt sich, wenn wir die tiefere Einatmung zulassen, der Kehlkopf, wodurch die Stimmlippen freier mitschwingen können.	Die Stimme klingt angestrengt und tendenziell zu hoch. Der Resonanzraum ist stark eingeschränkt. Durch das Hohlkreuz gibt es eine Ausgleichsbewegung im Nacken, die das Kinn leicht nach oben ausrichtet, woraufhin ein Druck auf den Kehlkopf entsteht. Außerdem verhindert die flachere Atmung das Senken des Kehlkopfs.
Wirkung	*Nach innen:* Wir fühlen uns wohler. Die meisten Körper kommen von allein in diese „Position“, sobald sie gelöster sind. *Nach außen:* Die Person ist gut bei sich und wirkt dadurch souverän.	*Nach innen:* Wir nehmen diese Position ein, um mehr darzustellen oder um uns selbst unbewusst festzuhalten. *Nach außen:* Die Person ist vor allem im Kopf anwesend. Der eigene Körper unterstützt sie nicht optimal. Der Auftritt wirkt tendenziell autoritär oder leicht gehetzt aufgrund von Kurzatmigkeit.
Gefühl	Durch die muskuläre Wohlspannung geben wir gefühlt mehr Gewicht an den Boden ab. Wir nehmen die Unterstützung durch den Boden an und fühlen uns gestützt – sicher und stabil.	Durch den instabilen Stand fühlen wir uns wie „bestellt und nicht abgeholt“, vielleicht auch etwas unwohl oder steif.

In Seminaren kann ich zusammen mit den Teilnehmerinnen und Teilnehmern immer wieder eindrücklich sehen und vor allem hören, welche Unterschiede sich aus den beiden Standvarianten ergeben. Überzeugen Sie sich selbst anhand der folgenden Übung.

ÜBUNG: STANDBEIN-SPIELBEIN-STAND

Probieren Sie zunächst aus, welches Ihr bevorzugtes Standbein und welches Ihr bevorzugtes Spielbein ist. Beim Ausprobieren werden Sie merken, dass Sie sich vermutlich entweder auf dem rechten oder auf dem linken Standbein stabiler fühlen. Was ist Ihnen vertrauter? Meist fühlen wir uns wohler auf dem bevorzugten Standbein. Achten Sie darauf, dass zwischen Ihren Füßen Raum ist. Ein Blick in den Spiegel verrät Ihnen, ob der Raum zwischen Ihren Füßen ungefähr Ihrer Beckenbreite entspricht und ob es auch gut aussieht. Nun erzählen Sie sich, was Sie gestern Abend gemacht haben, und bringen Sie Ihre Hände ins Spiel.

Dasselbe wiederholen Sie nun im parallelen Stand.

Wenn Sie Lust haben, vergleichen Sie bewusst einzelne Aspekte aus der obigen Gegenüberstellung wie Standfestigkeit, Aussehen, Bewegungsfreiheit, Atembewegung.

Sie werden feststellen, dass sich Ihnen im Standbein-Spielbein-Stand viele feine Bewegungsspielräume durch minimale Gewichtsverlagerung eröffnen. Selbstverständlich können Sie jederzeit während einer Rede die Position wechseln und zwischendurch parallel stehen oder das andere Bein als Standbein nutzen. Es geht hier zunächst darum, herauszufinden, was den Körper durchlässig macht.

Nicht jeder wird die von mir präferierte Position gleich als angenehm empfinden, denn wer jahrzehntelang den parallelen Stand bevorzugt hat, hat eine starke Gewohnheit ausgebildet. Das Neue fühlt sich zunächst befremdlich an. Lassen Sie sich Zeit. Es ist wichtig, dass wir beide Standmöglichkeiten im Repertoire haben, um situationsangemessen auf sie zurückgreifen zu können.

Es gibt weitere Möglichkeiten, um die Frage nach dem hilfreichsten Stand zu vertiefen:

- Lassen Sie sich von anderen ein Feedback zu den beiden Möglichkeiten Ihres Stands geben.
- Beobachten Sie andere beim Sprechen. Können Sie die unterschiedliche Qualität der verschiedenen Standpositionen bei anderen erkennen?

- Probieren Sie nach ein paar Tagen in Ruhe beide Varianten erneut aus.

Auch im parallelen Stand können wir für mehr Durchlässigkeit und Beweglichkeit sorgen: Versuchen Sie einmal im Parallelstand ganz leicht, das heißt nach außen hin unmerklich, in die Knie zu gehen, also auf keinen Fall die Knie durchzudrücken und ebenso wenig die Wirbelsäule zu überstrecken.

Sie kennen sicher die Wendung aus dem Volksmund: „Der steht da, als hätte er einen Stock verschluckt." Umgekehrt heißt es bei ausgeprägter Unterspannung: „Der steht da wie ein Fragezeichen." Beide Bilder veranschaulichen das Problem prägnant. Wichtig ist, egal in welchem Stand, dass Sie die Füße nicht zu nah nebeneinanderstellen, denn das macht Sie instabil. Frauen neigen stärker dazu als Männer, weil das bis heute kultivierte Bild des „Fraulichseins" dem Vorschub leistet. Wir werden alle, meist unbewusst, von kulturellen Vorbildern geprägt. So neigen mehr Männer dazu, sich im parallelen Stand zu positionieren. Sowohl der zu schmale als auch der parallele Stand führen zu Instabilität. Ein instabiler Stand hat stimmliche Folgen, wie Sie im Kapitel „Präsenz in der Stimme" noch genauer erfahren werden. Daher sollten die Füße, ungefähr der Breite Ihres Beckens entsprechend, den Boden berühren.

Sie können beobachten, dass in männerdominierten Kreisen über fünfzig vorwiegend der parallele Stand zum Einsatz kommt. Wenn Sie in solch einer Runde ausschließlich tun, was Ihrem Körper und Ihrer Stimme guttut (Standbein-Spielbein-Variante), laufen Sie Gefahr, nicht ernst genommen zu werden. Die alte Schule fragte gerade nicht danach, was aus unserem Körperbau organisch folgt, sondern konzentrierte sich darauf, wie ein Gedanke zur unumstößlichen Wahrheit werden kann. Im parallelen Stand manifestiert sich geradezu der apodiktische Charakter, den eine Aussage annehmen soll. Dass er unflexibel und körperfremd ist, wird dabei in Kauf genommen.

Im Zusammenhang mit rangorientierter, hierarchischer Kommunikation ist es sinnvoll, punktuell bewusst den parallelen Stand einzunehmen, um deutlich zu signalisieren: Ich bin einer oder eine von euch, ich spreche eure (Körper-)Sprache. Wie viel Anpassung oder eigenen Stil Sie sich erlauben, liegt in Ihrem Ermessen. Steve Jobs wählte die Standbein-Spielbein-Position, ansonsten bewegte er sich bei Präsentationen auf der Bühne frei umher.

5. Präsenz im Sitzen

Wie können wir sitzend präsent sein? Welchen Vorgang können wir wachsam begleiten, um Präsenz herzustellen? Hier ist doch allem Anschein nach keine Bewegung im Spiel – oder doch? Äußerlich kaum – innerlich sehr wohl. Innerlich ist eine Menge los: Das Blut zirkuliert, die Neuronen feuern, Zellen entstehen neu oder werden abgebaut, Nahrung wird verdaut, und wir atmen. Unser Körper ist innerlich ununterbrochen in Bewegung. Die Atembewegung hat den Vorteil, dass wir sie überall – ob in einem Meeting oder einer Verhandlung – leicht wahrnehmen können, um in die Präsenz zu kommen.

ÜBUNG: HERSTELLEN VON PRÄSENZ IM SITZEN – DIE RÜCKENLEHNE IST DEIN FREUND

Als Vorbereitung empfehle ich die Übungen im Kapitel ▶ *Atmen, Übung: Atemwahrnehmung (mit geschlossenen Augen), Übung: Aktivierung der Atemräume: Aktivierung des unteren Rückens.* Setzen Sie sich so hin, dass Sie mit dem unteren Rücken deutlich den Kontakt zur Rückenlehne spüren können. Fühlen Sie am unteren Rücken den Widerstand, den die Rückenlehne Ihrer Einatmungsbewegung entgegensetzt? Nehmen Sie bitte ganz bewusst die Einatmung im Kontakt mit der Rückenlehne wahr. Was passiert, wenn Sie Ihre Atembewegung innerlich begleiten? Nehmen Sie durch die Atembewegung sich selbst, Ihren Körper wahr – haben Sie das Gefühl, körperlich präsenter zu werden?

Durch das Begleiten der Atembewegung lockern Sie sich und aktivieren Ihre Atmung. Sie „belüften" Ihren Organismus besser und erhöhen damit Ihre Energie. Ihr Körper richtet sich durch die bewusste Atembewegung auf und gelangt so in den Zustand wacher Wohlspannung. Auf diese Weise können Sie das Geschehen um Sie herum aufmerksam verfolgen und aktiv eingreifen. Sie können sich im Verlauf eines Gesprächs jederzeit wieder mit sich verbinden, indem Sie die Einatmung bewusst wahrnehmen.

Natürlich lässt sich Präsenz auch herstellen, wenn Sie die Atembewegung in den Flanken oder im Bauchraum durch Kontakt mit dem Unterarm oder den Händen spüren. Durch das Wahrnehmen des Rückens fühlen wir uns jedoch in der Regel stärker. Ihr Rücken wird Ihnen bewusster. ▶ *Körperliche Präsenz, Rückenbewusstsein.*

5.1. Körperhaltung im Sitzen

Jede Sitzhaltung beeinflusst unsere *Innere Haltung* und die Haltung, mit der wir anderen begegnen. Sie wirkt sich aus auf die Art, wie wir sprechen, also den Klang unserer Stimme und somit die Stimmung, aber auch auf das, was wir sagen und wie wir es formulieren. Dies lässt sich immer wieder beobachten, wenn wir in Seminaren bestimmte Situationen im Rollenspiel untersuchen. Mit überraschender Wirkung.

Die optimale Ausgangsposition im Sitzen: Königliche Aufrichtung

Konstruktive Kommunikation entwickelt sich im Spannungsfeld von sachlicher Distanz und der Fähigkeit zur Empathie. Die Ausgangsposition im Sitzen soll es ermöglichen, uns in diesem Spannungsfeld optimal zu bewegen. Wir brauchen eine Position, die es uns erlaubt, zum einen den Gesprächsverlauf und die vertretenen Standpunkte aus der Distanz zu betrachten und zum anderen in gutem Kontakt mit uns selbst und den anderen zu sein.

Stellen Sie sich bitte einen Tisch als großes Schachbrett vor. Auf dem Spielbrett können wir unsere Spielfiguren, die Themen und Argumente, platzieren. Um das Spiel zu überblicken und eine für die Kommunikation hilfreiche Abgrenzung von den Mitspielern vorzunehmen, eignet sich die von mir so genannte *Königliche Aufrichtung.*

Setzen Sie sich dazu so hin, dass Ihr unterer Rücken deutlichen Kontakt zur Rückenlehne hat. Lassen Sie sich unterstützen. Die Wirbelsäule ist aufgerichtet und beweglich. Bringen Sie sich ins Lot. Das Zwerchfell kann sich nun, bedingt durch die Aufrichtung, frei bewegen, was mit einer optimalen Sauerstoffzufuhr einhergeht. Nehmen Sie Ihre Atembewegung wahr, und kommen Sie mit der einströmenden Luft bei sich selbst an. Sie werden dadurch im Hier und Jetzt der Situation präsent. Indem wir uns selbst wahrnehmen, zentrieren wir uns und fühlen uns sicher. Aus dem Gefühl der Sicherheit heraus ist es nun auch möglich, anderen unsere Aufmerksamkeit zu schenken. Bei Bedarf kann die Atemwahrnehmung auch genutzt werden, um bewusst auf Distanz zu gehen.

Empathie und Abgrenzung sind notwendig, um den Kommunikationsprozess auszubalancieren. Distanz versetzt uns zudem in die Lage, das Geschehen von einer Metaebene aus zu betrachten. Die optimale Ausgangsposition verschafft uns dazu immer wieder den nötigen Handlungsspielraum. Ein Vergleich der *Königlichen Aufrichtung* mit der am Tisch aufgestützten

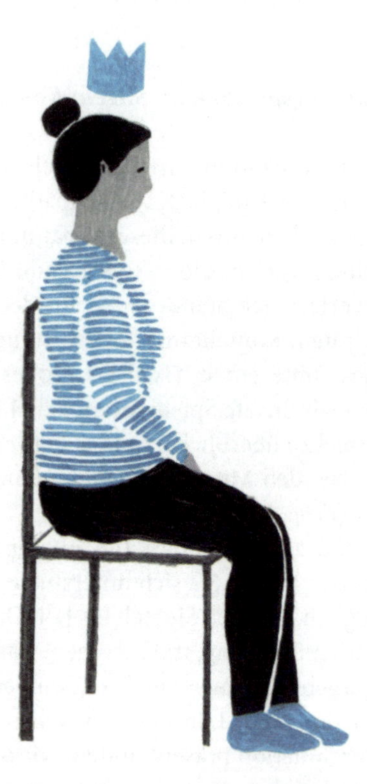

Haltung, welche häufig zu beobachten ist, wird die Vorzüge der Ersteren deutlich hervortreten lassen.

Königliche Aufrichtung:

- Die Aufrichtung ermöglicht Distanz und Abgrenzung (königliche Würde).
- Es ist eine respektvolle Haltung uns selbst gegenüber. Aufgerichtet, aber nicht steif, nehmen wir uns den Raum, den wir brauchen, und bewirken so, dass man uns Respekt entgegenbringt.
- Die aufgerichtete Haltung in Wohlspannung erlaubt es uns, uns selbst gut zu spüren. Wir sind in unserer Achse und haben einen guten Kontakt zu uns.
- Gerade weil wir gut bei uns sind, können wir empathisch sein.
- Der Kontakt zur unteren Rückenlehne verschafft uns zusätzlich Rückenbewusstsein und somit Sicherheit. ▶ *Körperliche Präsenz, Präsenz im Sitzen, Übung: Die Rückenlehne ist dein Freund.* Wenn wir uns sicher fühlen, sind wir eher bereit, uns für andere und ihre Perspektiven zu öffnen.
- Der Kontakt zur unteren Rückenlehne gestattet Bewegungsfreiheit im oberen Teil der Wirbelsäule, so dass wir uns anderen leicht zuwenden können.
- Der freie Raum vor dem Bauch ermöglicht es, durch Gesten das Gesagte zu unterstreichen.
- Die Atembewegung kann frei fließen: Wir versorgen uns optimal mit Energie.
- Die Atembewegung wahrnehmend, sind wir präsent.
- Das bewusste Spüren der Atembewegung erlaubt es uns, uns wohlweislich zu distanzieren.
- Der Resonanzraum für die Stimme ist geöffnet, so dass unsere Stimme voll klingt.
- Indem wir uns aus der *Königlichen Aufrichtung* bewusst nach vorn lehnen, senden wir ein deutliches körpersprachliches Signal aus, dass wir jetzt zum Zug kommen wollen. Auf diese Weise schaffen wir Aufmerksamkeit für unsere Argumente.
- Wir erzeugen ein entspanntes, aufmerksames Gesprächsklima, weil wir selbst präsent sind.
- Die aufgerichtete Haltung, gestützt vom unteren Teil der Rückenlehne, wirkt körpersprachlich souverän.

Wenn wir hingegen nach vorn gebeugt am Tisch sitzen, ist unser Handlungsradius viel geringer:

- Der Tisch ist das Spielfeld. Wenn wir uns auf ihm abstützen, sind wir sozusagen bereits auf der Spielfläche. Es besteht die Gefahr, dass wir uns schnell in Redebeiträge der Mitspieler hineinziehen lassen, die Distanz verlieren und uns leichter mit ihnen identifizieren.
- Unser Überblick über das Spiel, den Gesprächsverlauf, ist nicht optimal.
- Durch die Krümmung im Nacken ist der Kontakt zu uns selbst, zu unserem Bauchgefühl erschwert, ja förmlich abgeknickt.
- Die Stimme klingt tendenziell höher und angespannter, da der Zugang zum Resonanzraum Körper durch die Krümmung im Nacken erschwert wird.
- Die Atmung ist durch die höhere Muskelanspannung eingeschränkt.
- Gesten werden verhindert durch das Abstützen am Tisch.
- Wir haben keine Deckung von hinten (Rückenlehne).
- Wir haben kein körpersprachliches Signal, um deutlich kundzutun, dass wir jetzt das Wort ergreifen werden. Die Möglichkeit, noch weiter nach vorn zu kommen, ist uns verwehrt, denn dann müssten wir uns weit über den Tisch beugen. Und sich zurücklehnen, um sich einzubringen, ist kontraproduktiv.
- Wenn wir angespannter sind, haben wir weniger Spielraum, uns auf andere, ihre Perspektiven und Gefühle, einzulassen.
- Wir schaffen ein angespanntes, drängendes Klima.
- Die vorgebeugte, am Tisch aufgestützte Haltung wirkt körpersprachlich tendenziell fordernd oder aber servil.

Die *Königliche Aufrichtung* eignet sich hervorragend, um bei sich anzukommen und sich immer wieder zu entspannen und zu stabilisieren. Selbstverständlich können wir andere Sitzpositionen einnehmen, wenn dies einer Situation angemessener ist. Auch in anderen Sitzhaltungen lässt sich über das Wahrnehmen der Atembewegung Präsenz herstellen. Wir können durch die Veränderung der Sitzposition mit der Körpersprache bewusst die Situation beeinflussen. ▶ *Präsenz in der Kommunikation, Nonverbal kommunizieren.*

Beobachten Sie künftig Ihre Sitzpositionen und wie sie sich in Gesprächssituationen auswirken. Probieren Sie dann die *Königliche Aufrichtung* aus, und nehmen Sie wahr, was sich dadurch verändert. Jede und jeder kann zur „Königin“ oder zum „König“ werden, sobald wir uns entspannt aufrichten.

Umgang mit den Beinen im Sitzen

Sie können in allen Sitzpositionen die Beine übereinanderschlagen oder in eigener Hüftbreite aufstellen. Achten Sie in jeder Sitzposition darauf, dass Ihre Füße oder Zehen nicht unnötig angespannt sind. Jede Anspannung überträgt sich auf die Atmung und den Klang der Stimme.

Zwei Varianten des Umgangs mit den Beinen haben einen ungünstigen Einfluss auf Ihren Körper: Wenn die Füße eng beieinanderstehen, erhöht sich die Muskelspannung. Die Hüftgelenke werden blockiert, der untere Rücken spannt sich an, und die Atmung wird behindert. Davon abgesehen gemahnt diese Position der Füße bei Frauen an ein braves, aufmerksames Mädchen. Ihre Stimme rutscht hoch und klingt angespannt.

Männer mit langen Beinen kreuzen die Füße gerne und stellen sie unter dem Stuhl ab, da sie gewöhnliche Stühle wie Kindergartenmobiliar erleben und nicht wissen, wohin mit ihren Beinen. Auch diese Position führt leider zu erhöhter Anspannung des unteren Rückens mit deutlicher Tendenz zum Hohlkreuz und zur Behinderung der freien Atmung. Der Kopf bewegt sich infolge des Hohlkreuzes automatisch nach oben. Der Klang der Stimme leidet: Er ist angespannter und höher.

Kopfhaltung im Sitzen

Kopfhaltungen lassen sich nicht isoliert betrachten, denn meist ergeben sie sich aus unserem Umgang mit der Wirbelsäule. Die Kopfhaltung hat Einfluss auf die Tonlage.

Es gibt zwei Kopfhaltungen, die die Kommunikation stärker beeinflussen, als uns oft lieb ist. So mancher mag sich schon gewundert haben, warum er immer wieder angegriffen wird. In meinen Seminaren konnten wir feststellen, dass es die Kopfhaltung und die dahinterliegende innere Einstellung sind, welche die Kampflust anderer provozieren. Machen wir uns diese bewusst. Es ist sonst möglich, dass wir unbewusst andere herausfordern.

Was passiert bei nach vorn gerecktem Kinn?

- Die Kehle wird frei. Tiere, die im Kampf unterlegen sind, zeigen ihre Kehle. Diese Information ist in uns abgespeichert. Wir nehmen diese Haltung unterbewusst wahr und schätzen eine Person dementsprechend ein.
- Der Blick von oben herab kann leicht arrogant und distanziert auf andere wirken. Er dient auch als Schutzschild für die offen dargebotene Kehle.

- Die Verbindung über die Wirbelsäule in den Körper hinein wird an der Halswirbelsäule durch diese Kopfhaltung gequetscht. Man trennt den Körper gewissermaßen vom Kopf ab. In der Folge nimmt man sich stärker im Kopf als im Körper wahr. Die Verbindung zum Körper und zum Körpergefühl wird erschwert.
- Die Stimme rutscht hoch, da der Kontakt zum Torso durch die Kopfstellung behindert wird. ▶ *Präsenz in der Stimme, Der Einfluss der Körperhaltung auf die Klangqualität.*

Was passiert bei gesenktem Kinn?

- Man wirkt leicht unterwürfig und nimmt eine Schutzhaltung ein.
- Die Blickachse zum Gegenüber verschiebt sich auch in dieser Position.
- Wir sind nicht mehr auf gleicher Augenhöhe.
- Man empfindet sich als eher traurig und resignativ, wenn der Blick sich ebenfalls senkt, oder als eher trotzig und kampfbereit, wenn der Blick sich von unten auf das Gegenüber richtet.

5.2. Hilfsmittel mit großer Wirkung

Da die Sitzhaltung unsere Wirkung, Ausdrucksfähigkeit, Konzentrationsfähigkeit und unser Wohlbefinden entscheidend beeinflusst, lohnt es sich, darüber nachzudenken, wie wir uns unterstützen können.

Tipps für kleine Menschen:
Man kann ein Keilkissen unterlegen, um höher und besser gestützt zu sitzen. Es lässt sich auch zwischen Rücken und Rückenlehne schieben, um ein bequemes, aufgerichtetes Sitzen zu ermöglichen. Ähnliches erreichen Sie auch durch einen Schaumstoffball mit Federkern.

Tipps für angespannte Situationen:
Platzieren Sie einen Schaumstoffball mit Federkern zwischen Ihrem Rücken und der Rückenlehne.

- Der Ball stützt Sie und stärkt Ihr Rückenbewusstsein. Sie fühlen sich sofort wacher. Wenn Sie lange am Schreibtisch sitzen, ist dies erfrischend. Um wach und lustvoll zu schreiben, habe ich gerade einen Ball im Rücken.

- Bei Telefonaten mit Menschen, die Sie unter Druck setzen, können Sie während des Gesprächs mit dem Ball federn. Dies lockert Ihre Wirbelsäule und Ihre *Innere Haltung*. Die Angst und Verkrampfung lösen sich, woraufhin Sie souveräner agieren können. Ich wünsche mir, dass Unternehmen ihren Mitarbeitern, vor allem im Beschwerdemanagement, zu Weihnachten einen solchen Ball schenken, damit sie entspannter arbeiten können. Solange das nicht der Fall ist, sorgen Sie bitte für sich selbst.

- Den Ball können Sie immer wieder an andere Stellen des Rückens legen. Sie lockern auf diese Weise die umliegende Muskulatur und regen das parasympathische Nervensystem an. Weitere Anregungen dazu finden Sie in diesem Kapitel ▶ *Körperliche Präsenz, Wohlspannung, Übung: Überspannung der Muskulatur lösen.*

Diese beiden Hilfsmittel sind auf alle Fälle sinnvoll am Arbeitsplatz einsetzbar und lassen sich auch zu manch langer Besprechung mitnehmen. Ich weiß, das kostet Überwindung. Sie werden aber für Ihren Mut belohnt. Sie werden diese Zeit als weniger anstrengend erleben.

Wenn Sie lieber ohne Gepäck unterwegs sind, gebe ich Ihnen abschließend eine weitere Übung an die Hand, um Ihren Körper innerlich lebendig zu halten, wenn sich Sitzungen lange hinziehen.

SCHLANGENÜBUNG

Normalerweise wird die Wirbelsäule durch langes Sitzen gestaucht und dadurch steifer. Stellen Sie sich in lange sich hinziehenden Besprechungen vor, Ihre Wirbelsäule gleiche einer Schlange. Schlangenwirbelsäulen verfügen über eine unglaubliche Flexibilität. Ein Bewegungsimpuls wandert leicht und geschmeidig durch alle Glieder. Nutzen Sie diese vorgestellte Qualität, um Ihre Wirbelsäule fast unmerklich zu bewegen. Die sanft bewegte Wirbelsäule trägt Ihren Kopf leicht und schwerelos.

Diese Übung funktioniert allerdings nur, wenn Sie aufgerichtet sitzen. Ich bekomme bei dieser Vorstellung sofort bessere Laune und spüre, wie meine Lebendigkeit zunimmt – und Sie?

6. Rückenbewusstsein

Wenn man auf der Bühne steht, hat man vor sich den Zuschauerraum mit einigen hundert Plätzen und hinter sich den großen Bühnenraum. Als Anfänger neigt man aus der Sorge, das Auditorium womöglich nicht zu erreichen, dazu, sich nach vorn zu neigen, dem Publikum entgegen. Dadurch verliert man Stabilität, die eigene Achse, und die Stimme büßt an Kraft und Volumen ein.

Die Achse des Körpers ist die Wirbelsäule. Sie ist, bildlich gesprochen, die zentrale Stütze in unserem Haus.

Es fällt auf, dass sie aus zwei S-förmigen Kurven besteht. Es handelt sich also um eine flexible Säule, nicht um etwas Starres. Durch ihre Flexibilität erst gewährt sie uns Bewegungs- und Handlungsspielraum. Die unbedachte Aufforderung „Sitz oder steh gerade!“ führt vermutlich aus einer Unterspannung der Rückenmuskulatur zu einer Überspannung, die bei nächster Gelegenheit wieder aufgegeben wird oder sich als Steifheit abbildet. Hinter der Aufforderung steht freilich der berechtigte Wunsch, jemand möge sich innerlich und äußerlich aufrichten.

Es ist kein Zufall, dass dem Rücken auch im übertragenen Sinn zentrale Bedeutung zukommt. Hinter uns liegt unser Leben, das, was wir erlebt haben, und das unserer Vorfahren. Unsere Erfahrungen und die Art, wie wir mit ihnen umgegangen sind, haben uns geprägt. Manchmal fragen wir uns, wer steht hinter mir? Wir alle wünschen uns dann und wann ein anerkennendes Klopfen auf den Rücken, das ein „Gut gemacht!“ zum Ausdruck bringt.

Was passiert hinter dem eigenen Rücken? Wird hinter dem Rücken über jemanden geredet? Wurde jemandem in den Rücken gefallen? Oder hat einer gar ein gebrochenes Kreuz? Das sind Bilder der Verunsicherung und des Scheiterns, die illustrieren, dass einer vom Leben gezeichnet ist. Wer dagegen Rückgrat hat, der traut sich was, der steht zu sich und seinen Werten. Manchmal lastet viel auf uns, und wir wünschen uns sehnlich einen freien Rücken.

Was uns von außen zustößt, steht nicht in unserer Macht. Wie wir mit uns selbst umgehen, hingegen sehr wohl. Wenn wir dem eigenen Rücken mehr Aufmerksamkeit schenken, unterstützen und anerkennen wir uns dadurch selbst.

welle

ÜBUNG: GEHEN MIT RÜCKENBEWUSSTSEIN – SCHLEPPE, CHIFFONSCHLEIER, PROPELLER

- **Schleppe:** In Königshäusern wurde bei wichtigen Anlässen eine Samtschleppe getragen. Stellen Sie sich vor, an Ihren Schultern wäre eine Samtschleppe befestigt. Sie ist schwer. Gehen Sie nun im Raum umher, und beobachten Sie, wie Ihre Körperhaltung und Stimmung sowie Ihr Rückenbewusstsein sich verändern. Wie fühlt es sich an, in der Vorstellung eine Schleppe zu tragen? Bei welchem Anlass könnte Ihnen königliche Würde guttun? Sicherlich gibt es einige Anlässe, zwei möchte ich hier hervorheben:
Wichtige Termine: Wenn Sie mit jemandem verabredet sind, von dem Sie annehmen, dass er Ihnen überlegen ist, von seiner Position her oder intellektuell, und in dessen Gegenwart Sie sich gewöhnlich klein fühlen, dann hängen Sie sich in Gedanken die Schleppe um, und gehen Sie bewusst würdevoll zu Ihrem Termin. „Die Würde des Menschen ist unantastbar“, so steht es in Artikel 1 im Grundgesetz – bitte greifen Sie Ihre Würde nicht selbst an, sondern erfahren Sie sie bewusst.
Erschöpfung: An manchen Abenden gehen wir nach Hause und haben das Gefühl, fix und fertig zu sein. Dieses Gefühl zieht uns dann im wahrsten Sinne des Wortes herunter – körperlich und mental. Wenn Sie jetzt keine schlechte Laune bekommen wollen, steuern Sie bewusst gegen. Machen Sie sich bewusst, dass Sie müde sind, weil Sie viel geleistet haben. Punkt. Da kein Sofa auf der Straße steht, um sich behaglich auszustrecken, gilt es, die letzten Meter in einem Gefühl der Wertschätzung der eigenen Leistung zurückzulegen. Wenn Sie sich jetzt die Schleppe umhängen, kommen Sie in einem deutlich besseren Zustand nach Hause. Dies hat spürbare Folgen für den Rest des Abends.

- **Chiffonschleier:** Stellen Sie sich vor, dass zwischen Ihren Schulterblättern einige Chiffonschleier (hauchdünner Stoff) befestigt sind. Gehen Sie nun so umher, dass die Chiffonschleier in der Luft zu wehen beginnen. Sie kommen in Schwung, fast können Sie davonfliegen. Probieren Sie es aus, und beobachten Sie, wie Ihre Körperhaltung, Ihre Stimmung, Ihr Rückenbewusstsein sich verändern. Ist das nicht herrlich? Wenn Sie einfach mal gute Laune haben wollen oder es eilig haben, dabei aber Ihre Lebensfreude nicht verlieren wollen, dann wählen Sie dieses Vorstellungsbild.

- **Propeller:** Ein Mann in einem meiner Seminare konnte mit den „Stoffbildern" nichts anfangen. Kollektiv suchten wir nach einem anderen Vorstellungsbild, welches auch die Rückenmuskulatur trainiert. Ein Teilnehmer kam auf folgende Idee: Daniel Düsentrieb hat ein neues Objekt gebaut: einen Propellerrucksack. Ziehen Sie den Propellerrucksack an. Schalten Sie in Gedanken den Propeller an. Der Raum hinter Ihnen trägt Sie vorwärts, unterstützt Sie. Lassen Sie sich unterstützen! Vertrauen Sie darauf, getragen zu werden! Durch dieses Vorstellungsbild kommen Sie zügig voran und bleiben trotzdem noch in einem spielerischen Modus.

So verhelfen Sie sich selbst zu einem starken Rücken. Die Übungen stärken insbesondere den Trapez-Muskel. Präsenz im Rücken führt zu einem Ausdruck von Würde und Souveränität. Egal, ob sitzend, stehend oder gehend.

Auch den gesundheitlichen Aspekt sollten Sie nicht unterschätzen: Die flexible Aufrichtung Ihrer Wirbelsäule wirkt sich positiv auf die Bandscheiben zwischen den Wirbeln aus.

Sie kennen vermutlich einige Übungen für die Beweglichkeit der Wirbelsäule und die Kräftigung der Rückenmuskulatur. Beziehen Sie das Rückenbewusstsein in diese Übungen mit ein. Rückenbewusstsein verändert die äußere und die *Innere Haltung.*

7. Präsenz in Gesten

Zu unserer Ausdrucksfähigkeit gehören Gesten. Sie heben organisch einzelne Aussagen hervor. Sobald wir Gesten zulassen, wird die Sprache plastischer und akzentuierter. Sie entstehen von allein, wenn wir aufgerichtet, locker und somit durchlässig sind.

Leider reduzieren viele Menschen ihre Ausdrucksfähigkeit, weil sie annehmen, Gesten könnten nicht seriös wirken, oder weil ihre Körperhaltung Gesten nicht zulässt. Jeder Redebeitrag wird sofort lebendiger und klarer in seinen Aussagen, wenn er gestisch mitgestaltet wird.

Punktuell können Sie einzelne Gesten hervorheben, indem Sie sie bewusst einen Moment lang aufmerksam begleiten. Sie können sie auch bewusst für einen Augenblick stehen lassen. Mit meinen Seminarteilnehmern arbeite ich nicht an speziellen Gesten, weil sie sehr schnell aufgesetzt wirken. Selbst im

Theater feilen wir nur selten an einer konkreten Geste. Wir arbeiten vielmehr an der Durchlässigkeit, ermöglicht durch die Aufrichtung der Wirbelsäule und Wohlspannung der Muskulatur. ▶ *Körperliche Präsenz, Durchlässigkeit.*

Sie sollten Ihren Körper so organisieren, dass er weder zu angespannt und somit steif ist noch zu unterspannt und folglich schlaff. Vermeiden Sie daher durchgestreckte Kniegelenke, ebenso wie eine steife, überstreckte oder unterspannte Wirbelsäule. Sie werden feststellen, dass es Ihnen dann viel leichter fallen wird, zu gestikulieren. Wenn wir uns sprachlich ausdrücken, wird der Körper den Impuls über die Wirbelsäule in die Arme bis zu den Händen weiterleiten.

Gesten haben sieben Qualitäten:

- Sie verlebendigen und betonen das Gesprochene. Die Sprache gewinnt optisch an Plastizität und Anschaulichkeit.

- Mit Gesten nutzen Sie Ihr Territorium. Sie machen sich nicht klein.

- Vielleicht hängt der noch nicht gefundene Gedanke „in der Luft" – die Geste erlaubt es uns, ihn zu ergreifen, zu begreifen. Auf diese Weise fassbar geworden, können wir ihn – und damit uns wieder – ausdrücken.

- Ihre Stimme gewinnt durch Gesten von allein an Kraft und Ausdruck, weil die Bewegungen sich über die Schultergelenke auf die Wirbelsäule übertragen und so den gesamten Torso lockern. Ton ist Schwingung, und dieser schwingt erst voll, wenn Sie die Schwingung im Körper zulassen. Dieser Aspekt wird im Kapitel „Präsenz in der Stimme" weiterverfolgt.

- Bewegungen auf der dominanten Körperseite fallen uns leichter. Die Mehrheit gibt der rechten Seite den Vorzug. Vermutlich assoziieren wir deshalb „gut" mit der rechten Seite, zum Beispiel in dem Satz: „Es ist recht so." Mit der linken Hand, der ungeübten, zumindest bei Rechtshändern, führen wir eine Bewegung unbeholfener aus. Wir benutzen tendenziell eher die linke Hand, wenn wir etwas unterstreichen wollen, was uns befremdlich oder zweifelhaft anmutet. Wenn Sie also etwas besonders positiv hervorheben, etwas, was Sie anpacken wollen, geschieht dies – vorausgesetzt, Sie sind Rechtshänder – mit der rechten Hand. Sie brauchen darauf nicht extra zu achten, es passiert von selbst. Bei Linkshändern verhält es sich umgekehrt.

- Die Bewegung der Arme und Hände regt nach chinesischer Vorstellung das *Qì* an und bringt es zum Fließen. *Qì* steht für Lebendigkeit, Lebensenergie, Vitalität und Beseeltheit.

- Nutzen Sie vor allem den Bewegungsradius der Unterarme für Gesten, so kommen die Hände nicht vor das Gesicht. Die Gestik geht von den Ellenbogengelenken aus und wirkt geschmeidig, wenn die Oberarme entspannt sind und nicht eng am Körper anliegen.

PRÄSENZÜBUNGEN FÜR GESTEN

Vermutlich gibt es Gelegenheiten, bei denen Sie unbewusst Gesten einsetzen. Vielleicht am Küchentisch oder mit Freunden? Finden Sie heraus, wann Sie Ihre Hände und Arme beim Reden mitsprechen lassen. Wie fühlen Sie sich, wenn Sie mit Gesten sprechen? Heben Sie Ihre natürlichen Gesten ins Bewusstsein, und kopieren Sie sich selbst in unterschiedlichen Situationen. Manche Seminarteilnehmer geben an, niemals Gesten zu machen. Doch kaum fühlen Sie sich unbeobachtet und reden drauflos, sieht man sie gestikulieren.

Begeben Sie sich in die Standbein-Spielbein-Position. Die Hände sind optimalerweise auf Bauchnabelhöhe vor dem Bauch, denn dann kommen Sie leichter ins Spiel. Sie formulieren, was Ihnen gerade einfällt, und lassen Ihre Hände bewusst mitsprechen, wobei Sie bitte darauf achten, dass die Bewegung der Hände der Sprache dezent vorangeht. Die Hände können in den Gedankenpausen an unterschiedlichen Stellen verweilen und von dort mit dem nächsten Gedanken wieder in Bewegung gebracht werden.

Beim Beginn einer Rede heben Sie bereits bei der Einatmung die Hände leicht an, um so Ihre ersten Worte gestisch zu unterstreichen. Meist ist dies die Begrüßung. Sind die Hände erst einmal ins Spiel gebracht, geht es wie von allein weiter. Das Einatmen ist, musikalisch gedacht, der Auftakt.

Wenn Ihnen Gesten schwerfallen, hier ein paar Anregungen, die Abhilfe schaffen. Probieren Sie sie aus:

Stellen Sie sich zum Beispiel vor, Sie wären eine Italienerin oder ein Italiener und berichteten von einem köstlichen Essen. Oder Sie malen sich aus, kleinen Kindern eine Geschichte zu erzählen. Ihre Gesten verleihen der Geschichte Plastizität. Sie können als Lockerungsübung für Ihre Arme aber auch Musik auflegen und sie spielerisch dirigieren.

Weiterführendes und Vertiefendes finden Sie im Kapitel ▶ *Präsenz in der Sprache, Übung: Sprechlebendigkeit durch Gesten.*

8. Wohlspannung

Was für das Gehen, Stehen und für Gesten gilt, trifft für andere Bewegungen ebenfalls zu. Sobald Sie eine Bewegung innerlich begleiten, vollziehen Sie sie präsent. Sie erfüllen sie mit Leben und erreichen dadurch, dass Ihr Gegenüber Sie genau so, als lebendig und präsent, wahrnimmt.

Lebendigkeit heißt in Bewegung sein. In Bewegung sein bedeutet nicht, sich ständig äußerlich zu bewegen. Die Atmung bewegt den Körper ununterbrochen von innen, diese Bewegungsqualität können wir spüren. Die Muskeln balancieren dabei ständig Spannungen aus. Einige nennen den fortlaufenden Spannungsausgleich der Muskeln Wohlspannung, andere sprechen von Eigenschwingung, wieder andere von Grundspannung. Diese Begriffe sind lediglich Angebote, um die zugrundeliegende Erfahrung zu begreifen und zu ergreifen.

Für die muskuläre Wohlspannung geben wir unser Gewicht so weit wie möglich und ohne die Aufrichtung zu verlieren an den jeweiligen Untergrund ab: im Sitzen an die Sitzfläche und den unteren Teil der Rückenlehne, im Stehen an den Boden. Indem wir unser Gewicht dem Untergrund anvertrauen, nehmen wir seine Unterstützung an. Unterstützt zu werden tut gut. Im Folgenden beschreibe ich eine einfache Übung, die dabei hilft, die Muskelspannung differenziert wahrzunehmen.

ÜBUNG: DIFFERENZIERTE WAHRNEHMUNG DER MUSKELSPANNUNG

Legen Sie Ihre rechte oder linke Hand in den Schoß, und lassen Sie sie dort entspannt liegen. Geben Sie das Gewicht Ihres Körpers an die Sitzfläche und das Gewicht Ihrer Hand an den Schoß ab. Schließen Sie die Augen, und nehmen Sie Ihr Innenleben wahr. Können Sie noch mehr Gewicht abgeben? Wie erleben Sie Ihre Haltung im Augenblick? Nehmen Sie bitte wahr, ohne zu bewerten oder zu interpretieren. Nehmen Sie wahr, wie Sie im Moment atmen und wo Sie Ihre Atembewegung spüren können. Wie fühlen Sie sich im Augenblick?

Dann öffnen Sie allmählich Ihre Hand. Öffnen Sie sie langsam, um zu spüren, bis zu welchem Punkt es ein Öffnen ist und ab welchem

Punkt es zur Überspannung kommt. Uns interessiert an dieser Stelle der Prozess des Öffnens bis zur Offenheit. Die Fingerspitzen streben in die Weite, und Ihr Handteller wird geöffnet, kommt Ihnen gewissermaßen entgegen. Wie weit werden Sie die Hand öffnen? Führen Sie diese Bewegung ohne Anstrengung aus. Nehmen Sie wahr, was sich durch die veränderte Spannung in der Hand im restlichen Körper ereignet. Nehmen Sie wieder Ihre Körperhaltung, Ihre Atembewegung und das innere Erleben wahr.
Nun ballen Sie Ihre Hand zu einer kraftvollen Faust. Was passiert dabei in Ihrem Körper? Wo überall erleben Sie jetzt Anspannung, und wie fühlen Sie sich dabei?

Sie haben sich nun die drei wesentlichen Muskelspannungen bewusst vergegenwärtigt: Entspannung, Wohlspannung und Anspannung. Diese hilfreiche kleine Übung habe ich im Lichtenberger Institut für angewandte Stimmphysiologie kennen und schätzen gelernt. Sie lehrt uns, zwischen verschiedenen Muskelspannungszuständen zu differenzieren. Sie können sie immer wieder im Alltag einsetzen: Wenn Sie müde und abgespannt sind, machen Sie diese Übung und enden bei der Wohlspannung. So wird Ihr ganzer Körper zu neuen Taten bereit sein. Wenn Sie zu angespannt sind, fangen Sie mit der Faust an und enden, je nachdem, was Sie noch vorhaben, bei der entspannten Hand im Schoß oder bei der Wohlspannung – also bei der offenen Hand.

ÜBUNG: ÜBERSPANNUNG ODER UNTERSPANNUNG IM EIGENEN KÖRPER WAHRNEHMEN

Beginnen Sie, Überspannung oder Unterspannung in Ihrem Körper wahrzunehmen. Überspannung versuchen Sie bewusst zu lösen – geben Sie nach, lassen Sie los! Manifestiert sich in dieser konkreten körperlichen Anspannung etwa eine innere Einstellung, oder handelt es sich bloß um einen augenblicklich erhöhten Muskeltonus? Um Unterspannung in Wohlspannung zu überführen, fragen Sie sich selbst, was Sie dazu veranlasst, die Schultern hängen zu lassen. Haben Sie innerlich etwas aufgegeben?

Wahrscheinlich ist es sinnvoll, durch Kraft- und Dehnübungen neue Spannkraft zu entwickeln. Doch gehen Sie Schritt für Schritt vor – zunächst hat die Entspannung derjenigen Muskeln, die im Augenblick die Fehlhaltung auffangen, Vorrang.

ÜBUNG: ÜBERSPANNUNG DER MUSKULATUR LÖSEN

Besorgen Sie sich am besten einen Schaumstoffball mit Federkern und einem Durchmesser von circa fünfzehn Zentimetern. Spüren Sie im Liegen, wie sich zum Beispiel Ihr Hohlkreuz im Augenblick anfühlt. Welche Stellen berühren den Boden? Dann legen Sie den Ball unter Ihre Wirbelsäule und geben das Körpergewicht der Hohlkreuzstelle an den Ball ab. Massieren Sie die übermäßig angespannten Muskeln dadurch, dass Sie sich auf dem Ball bewegen. Gähnen Sie dabei nach Herzenslust. Im Anschluss an die Ballübung heben Sie das Becken an, um den Ball zur Seite zu legen. Aus dieser Position rollen Sie ganz langsam Wirbel für Wirbel ab, so dass Sie jeden einzelnen Wirbel beim Ablegen spüren. Vermutlich wird der Rücken, und vor allem die bearbeitete Stelle, nun mehr Kontakt zum Boden haben, da die Muskeln sich entspannen konnten. Sie können wahrscheinlich einen großen Unterschied zwischen Vorher und Nachher feststellen. Den Ball können Sie für viele Körperstellen verwenden, zum Beispiel für den Nacken, die Schultern, verschiedene Abschnitte des Rückens, den Po, die Oberschenkel und Waden, die Füße und Oberarme … Dies ist die einfachste Möglichkeit, Muskeln zu entspannen.

Wer sich eingehender mit dem Thema „Ausbalancieren der Muskelspannung“ beschäftigen möchte, dem empfehle ich zwei bereits erwähnte Techniken für Körperarbeit, die Alexander-Technik und die Feldenkrais-Methode.

Wie Muskeltonus und innere Einstellungen zusammenhängen, werde ich im Kapitel „Mentale Präsenz“ genauer erläutern. An dieser Stelle nur eine kleine Übung als Vorgeschmack: Was passiert mit Ihrer Muskelspannung, wenn Sie die Augen schließen und einen Moment lang intensiv Folgendes denken: „Ich bin eine wunderbare Frau!“ oder „Ich bin ein wunderbarer Mann!“? Schließen Sie die Augen, und denken Sie es jetzt. Sollten wir solche Gedanken nicht öfter denken?

9. Präsenz im Blickkontakt

Ungefähr jedem fünften Teilnehmenden an Seminaren fällt es schwer, in Blickkontakt zu gehen und somit in direkten Kontakt und nonverbalen Austausch. Meist merken sie es selbst nicht, dass sie im wahrsten Sinne des

Wortes ihr Gegenüber, für das ihre Botschaften doch bestimmt sind, aus dem Blick verlieren und Gefahr laufen, in ihrer Gedankenwelt gefangen zu bleiben. Ihre Stimme wird dadurch indirekt. ▶ *Präsenz in der Stimme.*

Natürlich gibt es auch bei der anderen Gruppe, die Blickkontakt aufnehmen kann, Momente, in welchen dieser Kontakt kurz abbricht, beispielsweise wenn dem Redner eine Idee in den Sinn kommt.

In westlichen Kulturen ist der Blickkontakt das wichtigste nonverbale Signal, um Informationen zu übermitteln. Die Länge des Blicks gibt Auskunft über die Bedeutung einer Information. Emotionen teilen sich über die Augen und den Tonfall mit und kommunizieren, wie etwas verstanden werden darf: als humorvoll, ernst, frech, vertrauensvoll, ironisch …

Als mögliche Ursachen für fehlenden Blickkontakt kommen in Betracht: die Gewohnheit, Gedanken auf dem Fußboden oder an der Decke zu suchen; die Sorge, jemandem zu nahe zu treten; die Scheu vor Menschen; Fehlinformationen: in manchen Schulungen wird der Überfliegerblick beigebracht (alle und niemanden ansehen); die Angst, unangenehme Dinge zu sehen: Gähnen, geschlossene oder abwesende Augen, kritische Gesichter oder respektloses Verhalten wie die Beantwortung von E-Mails; und die Angst vor dem Gegenüber, das man in irgendeiner Form überlegen wähnt.

Wer nicht hinschaut oder ausweicht, ist automatisch in der schwächeren Position. Kennen Sie das Kinderspiel „Den Blick aushalten"? Wer Blicke erwidern kann, auch mal einem Blick standhält und andere bewusst anschaut, wirkt in der Begegnung angstfrei und somit sicher. Damit ist natürlich nicht gemeint, dass man andere anstarren oder mit Blicken durchbohren soll.

Blickkontakt, „in die Augen sehen", ist ein wichtiger emotionaler Austausch. In der Literatur werden die Augen gerne als Spiegel der Seele beschrieben. Haben Sie einmal einem Baby in die Augen geschaut? Erinnern Sie sich, wie beglückt es Sie angeblickt und gelächelt hat. Es ist ein tiefes Bedürfnis, wahrgenommen zu werden. Schenken Sie Ihrem Gegenüber einen „Augenblick". Informationen zum Umgang mit Blickkontakt im virtuellen Raum finden Sie im Kapitel ▶ *Präsenz in der Kommunikation, Aspekte der Online-Kommunikation.*

Die Gewohnheit, Gedanken oben, unten oder im Niemandsland dazwischen zu suchen, lässt sich verändern, wenn Sie sich bewusst machen und sich darin üben, dass Gedanken genauso im Blickkontakt zu finden sind. Sie werden bemerken, dass Sie zusätzlichen Halt im Blickkontakt finden können, und dann geschieht es, dass Gedanken, inspiriert durch diesen Kontakt, zu ihnen kommen.

Interessanterweise geben alle meine Seminarteilnehmerinnen und -teilnehmer übereinstimmend an, dass sie es mögen, angesehen zu werden. Dies darf Ihnen die Scheu davor nehmen, Menschen direkt anzusehen. Es ist eine Freude, wahrgenommen und gespiegelt zu werden! Das sagen auch die, die als Redner ihre Not damit haben, Blickkontakt herzustellen. Allerdings ist der Umgang mit dem Blickkontakt kulturell unterschiedlich geprägt: In der arabischen Welt kann eine Frau einem Mann nicht unverfänglich in die Augen sehen. In China gilt es als unhöflich, einander zu direkt anzublicken. Wenn Sie im Ausland arbeiten oder mit Menschen aus verschiedenen Kulturen zu tun haben, machen Sie sich mit den jeweiligen Gepflogenheiten vertraut, um Missverständnisse zu vermeiden.

Nicht alles, was Sie bei Ihren Zuhörern oder Gesprächspartnern wahrnehmen, ist eine Reaktion auf Sie. ▶ *Präsenz in der Kommunikation, Körpersprache lesen.* Häufig sind sie noch mit anderen Dingen beschäftigt und machen deshalb vielleicht gerade einen mürrischen Eindruck, oder sie sind einfach müde. Bitte lassen Sie sich davon nicht irritieren. Suchen Sie weiter den Blickkontakt. Sie gewinnen so nach und nach Ihr Publikum, die Menschen, mit denen Sie ja in einen Dialog treten wollen. Der Blickkontakt ermöglicht erst den Dialog. Wir sagen nicht umsonst „Vieraugengespräch".

Außerdem halten Sie durch bewussten Blickkontakt und Pausen die Spannung und übernehmen klar die Führung. Wenn Ihr Blick nichts ignoriert, wird beispielsweise das eine oder andere Mobiltelefon wieder ausgeschaltet – nur weil Sie hingesehen haben.

Einen besonderen Stellenwert hat der Blickkontakt jeweils am Anfang und am Ende eines Redebeitrags. Innerhalb der Redebeiträge gilt das Gleiche für neue Abschnitte, Aspekte oder Zitate. Ihr Blickkontakt erbaut die Brücke für Ihre Informationen. Weiterführendes zum Blickkontakt finden Sie unter ▶ *Rhetorische Präsenz, Der Kontakt mit dem Publikum in der Redesituation.*

PRÄSENZÜBUNGEN FÜR DEN BLICKKONTAKT

- Wenn Sie unsicher sind, ob Sie und wie Sie Blickkontakt herstellen sollen, lassen Sie sich ein Feedback geben. Dabei lautet die entscheidende Frage: Gehen Sie wirklich in Kontakt? Nehmen Sie andere bewusst wahr, sowohl im Vieraugengespräch als auch in Meetings oder Vorträgen?

- Wählen Sie zu Hause verschiedene Gegenstände als Ihre imaginierten Zuhörer aus. Richten Sie sich ein. Wollen Sie stehend oder sitzend vortragen? Platzieren Sie die Gegenstände ungefähr in Augenhöhe. Beginnen Sie mit Ihrem Vortrag, indem Sie erst Blickkontakt herstellen, Ihr Gegenüber wahrnehmen, und dann sprechen Sie den ausgewählten Gegenstand bewusst an. Sie sprechen mit der Stehlampe, dem Blumenstrauß, der Zeichnung etc. Sie üben das Wahrnehmen, Verweilen und Weiterwandern.

- Tun Sie sich mit anderen zusammen, und proben Sie gemeinsam den Blickkontakt. Es ist reine Übungssache, darin sicher zu werden. Verweilen Sie so selbstverständlich im Blickkontakt mit Ihrem Gegenüber wie in einem Zweiergespräch. Wandern Sie erst dann mit Ihrem Blick weiter, wenn Sie das Gefühl haben, wirklich Kontakt hergestellt zu haben. Das spüren Sie. So arbeiten Sie sich stetig weiter. Achten Sie darauf, niemanden zu bevorzugen oder zu vergessen. Alle wollen wahrgenommen werden, auch die, welche aus Ihrer Position am schwersten zu erreichen sind. Geben Sie sich zum Abschluss gegenseitig ein genaues, wertschätzendes Feedback.

- Bringen Sie, was Sie bei der letzten Übung gelernt haben, jemandem bei, zum Beispiel Ihren Kindern oder Freunden.

10. Präsent auftreten

Das Wort „auftreten“ hat zwei Bedeutungen – eine konkrete: den Fuß auf den Boden setzen und eine übertragene: vor ein Publikum treten. Erstere enthält eine Aufforderung: Treten Sie bewusst auf! Nichts weiter – Schritt für Schritt. Doch der Reihe nach, denn jeder Auftritt beginnt vor dem Auftritt.

10.1. Lampenfieber

Lampenfieber ist ein natürliches Körpersignal, das Ihnen anzeigt, dass Sie sich gerade auf eine besondere Situation einstellen. Ihr Körper hat zu Recht begriffen, dass Ihnen eine außergewöhnliche Situation bevorsteht, und schüttet „Extra-Energien“ aus. Nutzen Sie diese. Wer keine Angst davor hat, zu reden, hat entweder keine Ahnung, oder er hat noch nie vor einem Publikum gestanden. Ihre Nervosität wird als Zeichen verstanden, dass

Ihnen die Menschen, die Ihnen zuhören, nicht gleichgültig sind. Natürlich darf die Aufregung nicht überhandnehmen.

Während die Vorrednerin oder der Vorredner noch spricht, beginnt es bereits in unserem Kopf zu arbeiten: „Hätte ich nicht dieses oder jenes …", „Soll ich so oder so anfangen?", „Mir geht es gar nicht gut!". Die Stimme in unserem Kopf plappert unentwegt vor sich hin. Unsere Aufmerksamkeit verweilt bei unseren Gedanken. Sie führen uns entweder in die Vergangenheit oder in die Zukunft, ans Rednerpult. Während wir so in unseren Gedanken sind, sendet unser Körper uns vielleicht Signale, die eigentlich wahrgenommen werden sollten, um darauf zu reagieren. Etwa Angstschweiß, einen trockenen Mund oder einen stockenden Atem. Der erste Schritt der folgenden Übung hilft dabei, das Lampenfieber einzudämmen und es produktiv zu nutzen.

ÜBUNG: FÜNF SCHRITTE FÜR EINEN SOUVERÄNEN AUFTRITT

1. Schritt:
Vor Ihrem Auftritt nehmen Sie ganz bewusst den Kontakt Ihres Rückens mit der Stuhllehne wahr. Werden Sie sich Ihrer Atembewegung im Kontakt mit der Rückenlehne bewusst. Spüren Sie Ihren Atemrhythmus. Zentrieren Sie sich durch die Atemwahrnehmung. Sie sind bei sich und präparieren Ihren Körper wie ein Instrument, ▶ *Präsenz in der Stimme*, während Sie der Vorrednerin oder dem Vorredner zuhören.
Sie werden nun aufgefordert, nach vorn zu treten.
Oft fühlen wir uns ausgestellt vor einem fremden Auditorium und wollen uns, so schnell es irgend geht, in die Sprache flüchten. Dabei geht es gerade jetzt darum, die Kommunikation nonverbal bewusst zu gestalten und einen Moment lang dem eigenen Sein zu vertrauen, damit auch die Zuhörer Ihnen vertrauen können. Erinnern Sie sich daher an die bereits erarbeiteten Aspekte und Übungen zur Herstellung von Präsenz.

2. Schritt:
Stehen Sie ohne Hast auf.
„Füße, Füße, Füße"! Spüren Sie das Abrollen Ihrer Füße. Lassen Sie die Aufrichtung Ihrer Wirbelsäule zu. Genießen Sie Ihren Auftritt in voller Größe. Sie nehmen sich und den Raum um Sie herum bewusst wahr. Dadurch werden Sie wahrgenommen.

3. Schritt:
Verlangsamen Sie Ihren Schritt, um einen guten Platz im Raum zum Stehen zu finden. Enden Sie im Standbein-Spielbein-Stand. Geben Sie in der Standbein-Spielbein-Position Ihr Körpergewicht bewusst an den Boden ab. Dadurch kommen Sie an!

4. Schritt:
Nun richten Sie Ihre Aufmerksamkeit auf die Atembewegung in der Bauchgegend. Sie nehmen Kontakt zu sich selbst auf. Während Sie die Weite der Einatmungsbewegung in Ihrem Bauchraum spüren, begrüßen Sie mit den Augen das Publikum.
Durch diesen Blick stellen Sie bewusst Kontakt zum Publikum her. Sie nehmen Ihr Gegenüber erst wahr, bevor Sie zu ihm sprechen. Das ergibt Sinn. Die nonverbale Begrüßung wird leider häufig unterlassen. Je nach Größe des Auditoriums benötigen Sie dafür eine oder zwei Einatmungen, also zwischen zwei und fünf Sekunden. Subjektiv scheinen uns diese Sekunden zunächst ewig zu dauern. Jeder Auftritt, jeder Anfang stimmt das Publikum auf das, was kommt, ein. Indem Sie dem Vorgang des Ankommens und der gegenseitigen Wahrnehmung Raum schenken, schaffen Sie ein Klima der wechselseitigen Wertschätzung. Das Auditorium nimmt dies froh und dankbar an. Die Zuhörer erleben die Zeit, die Sie dem Vorgang einräumen, nicht als lang, sondern als organisch. Dieses Feedback bekommen die Auftretenden regelmäßig von ihren Kolleginnen und Kollegen.
Bald schon können Sie den Genuss entdecken, der in diesem Moment gesammelter Aufmerksamkeit entsteht. Sie schaffen durch diesen kleinen Moment der Achtsamkeit ein respektvolles und zugleich entspanntes Klima. Nun wird man Ihnen zuhören.

5. Schritt:
Mit der nächsten Einatmung kommen Ihre Hände ins Spiel, und ausatmend begrüßen Sie verbal die Anwesenden.

Vielleicht erscheinen Ihnen die fünf Schritte als zu viel für die kurze Zeit, die der geschilderte Vorgang in Anspruch nimmt. Es handelt sich jedoch um das unverzichtbare Rüstzeug für präsentes Auftreten. Es ist unabdingbar, sich auf das zu konzentrieren, was man im gegenwärtigen Moment tut, denn nur so gelingt es, den Blick der anderen und die mit ihm verbundene reale oder imaginierte – Bewertung auszublenden. Verinnerlichen Sie die Devise: Schritt für Schritt, eins nach dem anderen. *Take your time.*

Jede neu zu erlernende Fähigkeit erfordert eine bewusste Kontrolle des Handlungsablaufs durch ein hohes Maß an Aufmerksamkeit für alle Details. Erinnern Sie sich ans Lesenlernen? Erst Buchstabe für Buchstabe, dann einzelne Worte, und heute erfassen wir den Sinn eines Satzes im Nu. Wenn Sie den oben geschilderten Ablauf haargenau eingeübt haben, werden Sie Ihre Rede präsenter erleben können und natürlich auch präsenter wirken. Und bedenken Sie: Die Kunst des Auftretens ist unabhängig von den präsentierten Inhalten – Sie können sich ihrer immer wieder bedienen. Was gelernt ist, ist gelernt.

Eine Teilnehmerin legte sich einmal am Ende eines Seminars einen kleinen hilfreichen gedanklichen Anker zurecht: „Bauch dick, Doppelkinn, ich bin eine Königin", und ein Herr dichtete weiter: „Bauch dick, Doppelkinn, das kann ich auch!"

Durch das Wahrnehmen und Üben der in den fünf Schritten behandelten Details erarbeiten Sie sich zunehmend ein Gespür für zwei Achsen:

Erste Achse:

- *Kontakt zum Boden:* Sie spüren, wie Sie Ihr Körpergewicht bewusst an den Boden abgeben, wie Sie sich platzieren.
- *Kontakt zu sich selbst*: Sie spüren, wie Sie sich durch das Zulassen der Einatmung öffnen und sich mit sich selbst verbinden.

Zweite Achse:

- *Kontakt zum Publikum:* Sie nehmen zeitgleich den Kontakt mit Ihrem Publikum auf, indem Sie eine Person, die möglichst weit hinten und mittig sitzt, konkret ansehen. Die anderen Zuschauenden sind automatisch mit eingeschlossen. Auf diese Weise nehmen Sie zuerst Ihre Zuhörer wahr, bevor Sie zu ihnen sprechen. Dies ist ein wichtiger Moment der Wertschätzung, der als solcher auch empfunden wird.

Sie werden bemerken, wie Sie durch diese beiden Achsen konkreten Halt erfahren. Wenn wir uns sicher fühlen, werden wir automatisch lockerer, offener und können uns ganz selbstverständlich artikulieren.

Niemand kann Ihnen *den Boden unter den Füßen wegziehen*, wenn Sie ihn wahrnehmen.

Sobald Sie sich das Rüstzeug zu eigen gemacht haben, können Sie Ihr Auftreten weiter verfeinern: Wer sich selbst wahrnimmt und die Blicke der Anwesenden beim Durchschreiten des Raumes bewusst auf seinem Körper spürt, wird das Publikum führen. Sie spüren die Blicke, ohne dass Sie die Menschen, die sich Ihnen zuwenden, ansehen, erst auf der Vorderseite Ihres Körpers und dann, sobald Sie an ihnen vorbeigegangen sind, auf Ihrem Rücken.

ÜBUNG: GEHEND DAS PUBLIKUM FÜHREN

Spüren Sie bewusst mit dem Körper, zum Beispiel mit dem Rücken, die Menschen, von denen Sie, während Sie zum Rednerpult gehen, beobachtet werden. Sie nehmen dadurch noch vor dem Blickkontakt Kontakt zu Ihrem Publikum auf. Ihr Auftreten wirkt dadurch runder, eleganter. Es entsteht der Eindruck, als wären Sie mit den Anwesenden verbunden. Und das sind Sie auch, weil Sie den Kontakt über Ihre Wahrnehmung bereits hergestellt haben.

Das können Sie beim Betreten öffentlicher Plätze, wie zum Beispiel Eingangshallen aller Art, oder wenn Sie Straßencafés passieren, sehr gut üben. Auf diese Weise verwandeln Sie flüchtiges Auftreten in einen Akt der Führung. Ignorieren Sie hingegen die auf Sie gehefteten Blicke, führt das Publikum, und Sie flüchten auf die Bühne oder sonst wohin. Einer führt immer – das Publikum oder Sie.

Oft werde ich gefragt, ob man Präsenz irgendwann „hat". Nein, wir können Präsenz nicht besitzen wie beispielsweise einen Ring. Denn dann würden wir uns nicht mehr auf die konkrete Situation einlassen, nicht mehr auf unsere Tagesverfassung und nicht mehr auf die Menschen, unser Gegenüber im Hier und Jetzt, achten. Aber genau darum geht es!

Die Aufmerksamkeit, die wir uns selbst schenken, indem wir bewusst auftreten, stehen und sitzen, ist einerseits eine Form der Wertschätzung unser selbst und andererseits die Voraussetzung, um anderen in gleicher Weise zu begegnen. Durch unsere Körpersprache laden wir die Menschen um uns dazu ein, es uns gleichzutun. Das Thema „Körpersprache" behandle ich ausführlich im Kapitel „Präsenz in der Kommunikation“. Dort gehe ich auch auf die Unterschiede zwischen männlicher und weiblicher Körpersprache und auf ihre Folgen für die Kommunikation ein.

11. Wie Körperhaltungen die Einstellung und das Verhalten beeinflussen

„Und ein Gefühl unendlichen Elends überkam sie.
‚Mut, Mut‘, rief sie sich zu und raffte sich zusammen
und zog ihre Füße von dem Rücksitzkissen und richtete sich auf.
Und sieh, ihr wurde besser.
Mit ihrer äußeren Haltung kam auch ihre innere zurück.“[16]

Als Schauspielerin ist mir der Prozess, eine andere Körperhaltung zu entwickeln, um eine Bühnen- oder Filmfigur authentisch zu verkörpern, vertraut. Schauspieler kennen seit Jahrhunderten das Phänomen, dass eine veränderte Körperhaltung sich zugleich auf das Verhalten und das Empfinden auswirkt, ja, dass es sogar einer bestimmten äußeren Haltung bedarf, um eine *Innere Haltung* glaubwürdig zu vermitteln. Das ist das Material, mit dem wir spielen.

Den meisten Menschen ist jedoch nicht bewusst, wie die Körperhaltung Ihr Wohlgefühl beeinflusst oder wie stark umgekehrt die Psyche das Körpergefühl steuert. Diese Wechselwirkung ist unterdessen wissenschaftlich erforscht worden. In der Fachsprache der Psychologie bezeichnet der Begriff „Bodyfeedback“ den vom Körper ausgehenden Rückmeldeprozess an die Psyche. Ich möchte Ihnen drei interessante Studien vorstellen. Sie sind dem Buch *Embodiment: Die Wechselwirkung von Körper und Psyche verstehen und nutzen*[17] entnommen. Die Thematik als Ganzes wird dort ausführlich und anschaulich dargestellt.

In der ersten Studie wurde der Zusammenhang von Körperhaltung und Durchhaltevermögen untersucht: Zwei Probandengruppen – die eine hatte eine Zeitlang mit gekrümmtem, die andere mit aufrechtem Rücken dagesessen – sollten im Anschluss ein unlösbares geometrisches Puzzle lösen. Das Resultat, das deutlich bessere Abschneiden der zweiten Gruppe, wurde folgendermaßen interpretiert: „Durch die gekrümmte Körperhaltung wurden im psychischen System Themen wie Depression, Aufgeben und Mutlosigkeit aktiviert, dies führt dann zu einer kognitiven Voreinstellung, die in einer schwierigen Situation schneller zu Mutlosigkeit mit entsprechenden Verhaltenskonsequenzen führt, als dies ohne diese Voreinstellung der Fall wäre."[18]

Die zweite Studie ging der Frage nach, ob Kopfbewegungen Meinungen beeinflussen. Studenten, die sich gegen höhere Studiengebühren ausgesprochen hatten, sollten prüfen, ob ihre Kopfbewegungen die Tonqualität von Kopfhörern verändern. Es gab eine Kopfnick-, eine Kopfschüttel- und eine Kontrollgruppe, die keinerlei Kopfbewegung ausführte. Die angebliche Radiosendung forderte eine Anhebung der Studiengebühren. Nach dem Test zu einer in ihren Augen angemessenen Studiengebühr befragt, lag der von der nickenden Gruppe befürwortete Betrag nun über dem bislang erhobenen, obwohl auch sie wie die anderen Teilnehmer chronisch mit Geldmangel zu kämpfen hatte. Die beiden anderen Gruppen indes wollten ihn senken, die Kontrollgruppe jedoch weniger stark als die kopfschüttelnde.

Im Mittelpunkt der dritten Untersuchung stand die Frage, ob Gesten sich auf das Verhalten auswirken. Während sie dieselbe Fernsehsendung verfolgten, presste die eine Probandengruppe mit einer Handfläche von oben gegen eine Tischplatte, aktivierte also den Armstreckermuskel. Dies entspricht einer abwehrenden Geh-weg-Bewegung. Die andere drückte mit einer Handfläche an der Unterseite der Tischplatte nach oben, was einer empfangenden Komm-her-Geste gleicht. Letztere verzehrte während des Experiments die dreifache Menge an Süßigkeiten, die sich wie zufällig auf dem Tisch befanden.

Mich hat überrascht, dass sich der Einfluss von Körperhaltungen bereits nach wenigen Minuten so klar bemerkbar gemacht hat. Auch dass eine zeitlich vorangegangene Körperhaltung das darauffolgende Geschehen beeinflusst, finde ich höchst interessant. Ohne diese Versuche überbewerten zu wollen, sollten wir uns möglicher Konsequenzen von Körperhaltungen bewusst sein. Wenn wir beginnen, sie als Auslöser für unsere Bewertungen und unser Verhalten zu verstehen, werden wir sorgfältiger darauf achten, welche Körperhaltung uns in welcher Situation guttut. „Ändert sich der Zustand der Seele, so ändert dies zugleich auch das Aussehen des Körpers und umgekehrt: ändert sich das Aussehen des Körpers, so ändert dies zugleich auch den Zustand der Seele", wusste schon Aristoteles.

Nachdem wir nun den Weg von außen nach innen, den Einfluss der Körperhaltung auf die *Innere Haltung*, kennengelernt haben, betrachte ich mit Ihnen im folgenden Kapitel „Mentale Präsenz" den Weg von innen nach außen, die Art, wie unsere *Innere Haltung*, der „Zustand der Seele", auf unsere Körperhaltung einwirkt. Erinnern wir uns: Haltungsänderungen im einen oder im anderen Bereich werden sich automatisch auch im Atem widerspiegeln.

★ ★ ★

KAPITEL 4

CARD PIECE I

**Walk to the center of your Weltinnenraum.
Leave a card.**

CARD PIECE II

**Cut a hole in the center of your
Weltinnenraum.
Exchange.**

**CARD PIECE III
Shuffle your Weltinnenraums.
Hand one to a person on the street.
Ask him to forget about it.**

*1964 spring
Yoko Ono*

4
MENTALE PRÄSENZ

„Der Körper weiß mehr, als wir wissen.“[19]

Was verstehe ich unter mentaler Präsenz? Mentale Präsenz bedeutet für mich, immer wieder gewahr zu werden, welche Gefühle und Gedanken in mir gerade lebendig sind. Ist mir wohl damit oder fühle ich mich eher unwohl? Wenn ich mich unwohl fühle: warum? Unterstützt mich der Gedanke, den ich wahrnehme, in meinem Vorhaben? Ist der Gedanke oder das Gefühl der augenblicklichen Situation angemessen? Taucht hier vielleicht ein altbekannter Glaubenssatz, ein vertrautes Gefühl auf, welches mit der jetzigen Situation nur bedingt zu tun hat? Etwas, was mich in meinem Vorhaben vielleicht sogar sabotiert?

Und sie bedeutet für mich auch, mir immer wieder bewusst zu machen, dass ich – wie wir alle – naturbedingt eine eingeschränkte Sichtweise habe. Eine Ansicht ist letztlich das Resultat einer Sichtweise. Andersartigkeit versuche ich also erst mal aufmerksam und interessiert zu beobachten, zu würdigen, um dann konstruktiv mit den Menschen in den Dialog kommen zu können. Der Artikel 1 unseres Grundgesetzes „Die Würde des Menschen ist unantastbar“ wird nur dann lebendig, wenn wir ihn auch leben in den Begegnungen und Gesprächen.

In diesem Kapitel unterbreite ich Vorschläge, wie wir den individuellen Gestaltungsspielraum unserer Wahrnehmungsfähigkeit und Vorstellungskraft nutzen können, um Denkgewohnheiten zu erkennen, neugierig zu befragen und Vorstellungen zu entwickeln, die uns freier, wohlwollender und klarer agieren lassen.

Durch die Neurowissenschaften wissen wir, dass Gedanken abgespeicherte Erfahrungen in unserem Körper zugrunde liegen. Unsere Gehirne arbeiten unter dem ständigen Einfluss von sogenannten kognitiven Bias. Das englische Wort *bias* bedeutet Befangenheit, Vorurteil und Voreingenommenheit. Das sind konkrete Voreinstellungen unseres Denkens, die unsere Wahrnehmung und infolgedessen unsere Einschätzung, unser Handeln und unsere Reaktionen auf etwas bestimmen. Natürlicherweise haben Menschen, die kulturell bedingt ähnliche Erfahrungen gemacht haben, ähnliche Voreinstellungen. In diesem Kapitel werden im Abschnitt „Leit/dgedanken ans Licht bringen" einige bekannte Bias vorgestellt.

Wir werden in der Anfangszeit unseres Lebens also nicht nur in Windeln eingewickelt, sondern alsbald auch in eine Menge von Vorstellungen über das Dasein und über Richtig und Falsch. Unsere Erfahrungen nähren ein unbewusstes *Gedankenknäuel*, welches die Art unserer Wahrnehmung sowie unsere Gefühle, Überzeugungen, Empfindungen und Bewertungen aus der Tiefe steuert. Erst im Erwachsenenalter haben wir die Möglichkeit, manches davon aufmerksam zu betrachten und zu entwirren. Einfach ist es nicht, anerzogene Vorstellungen zu erkennen, denn sie sind längst zu unserer Haltung – uns selbst und anderen gegenüber – geworden. Doch nur was wir erkennen, können wir überprüfen. Vorstellungen, die uns nicht frei atmen lassen, uns und anderen schaden, können wir lernen freundlich zu verabschieden. Zudem braucht es Sanftmut, die eigenen Bedürfnisse erst mal kennenzulernen, um Vorstellungen, die ihnen entsprechen, zu entfalten. All dies ist wesentlich, um zu einem freudvolleren, selbstbestimmteren Dasein zu kommen.

Wie können wir diesen komplexen Prozess im Innenleben beeinflussen?

Über unsere Sinneskanäle nehmen wir wahr, was um uns herum geschieht. Unwillkürlich entstehen, gekoppelt an unsere gespeicherten Erfahrungswerte, Emotionen. In der Regel lassen wir uns von diesen Emotionen und den sie begleitenden unbewussten Gedanken steuern; wir reagieren und handeln instinktiv – unbewusst. Es sei denn, es gelingt uns, die unwillkürlich entstandenen Emotionen und Gedanken bewusst wahrzunehmen. Dadurch gewinnen wir eine gewisse Distanz, welche die *Innere Haltung* zu verändern vermag und so neue, differenzierte Gefühle und Gedanken ermöglicht. Zur Veranschaulichung ziehe ich ein Beispiel aus der Praxis heran, in dem es um die Präsentation eines heiklen Themas vor Vertretern einer höheren Hierarchieebene geht.

Je nach individuellem Erfahrungshintergrund treten bei dieser Konstellation unbewusste Gedanken und Emotionen auf, wie beispielsweise Angst, die je nach Person instinktiv unterschiedliche Reaktionsmuster auslösen. Beispielsweise wird schnell gesprochen, um die Situation möglichst rasch hinter sich zu bringen, Blickkontakt tendenziell vermieden, vielleicht auch zu leise gesprochen. Sowohl in der Vorbereitung als auch in der Situation hilft es, zu begreifen, dass hier vermutlich der sogenannte Autoritäts-Bias aktiv wird. Diese Voreinstellung führt dazu, dass wir dazu tendieren, die Kommunikation auf Augenhöhe zu verlassen, weil wir Autoritäten überschätzen. Jahrtausendelange Erfahrungen mit Autoritätsfiguren haben deutliche Spuren hinterlassen. Heute dürfen wir uns anders verhalten, wenn es uns gelingt, uns von alten Mustern zu befreien.

Um nicht instinktiv zu reagieren, gilt es, im Körper die eigenen Gefühle, wie zum Beispiel die Angst, wahrzunehmen und bewusst damit umzugehen. Die Atemwahrnehmung hilft dabei, dass Gefühle einen nicht überwältigen. Wir gewinnen etwas Abstand zu dem Gefühl und zu der uns bedrängenden Situation. Wir schaffen so einen Zwischenraum, der es uns erlaubt, zu beobachten, was in uns vorgeht. Der selbstbestimmte Umgang mit diesem Prozess eröffnet uns individuellen Handlungsspielraum. Denn erst indem wir die Angst bewusst wahrnehmen, können wir eine Haltung zu ihr entwickeln. Es gibt unzählige Umgangsweisen, die uns gedanklich unterstützen können. Hier ein paar Vorschläge: „Ah, da bist du ja wieder, mir vertraute Angst. Ich nehme dich wahr und danke dir für deine Aufmerksamkeit." „Hallo, liebe Angst, ich spüre dich. Ich bin da und umarme dich." „Aha, da ist er ja wieder, der Autoritätsbias. Ich nehme dich wahr und erlaube mir, frei auf Augenhöhe zu kommunizieren." Der bewusste Umgang lässt Gefühle leichter weiterziehen. Sie wollten einfach wahrgenommen werden.

Bereits in der Vorbereitung können wir das zu erwartende Angstgefühl im mentalen Training bearbeiten. In der konkreten Situation hilft eine Distanzierungstechnik. ▶ *Präsenz in der Kommunikation, Eine Distanzierungstechnik für jede Situation.* Die Atemwahrnehmung ist der Schlüssel zu beiden Techniken. Denn die Körperwahrnehmung, durch das Spüren der Atembewegung, verschafft uns Zugang zu uns selbst. ▶ *Atmen, Übung: Stressintervention.* Je geübter wir in der Atemwahrnehmung sind, desto wahrscheinlicher ist es, dass wir in konkreten Situationen mental präsent sein können.

Das Mentaltraining ist also eine Technik, die uns dabei hilft, unbewusste Vorstellungen und Gedanken, die im Körper gespeichert sind, ins Bewusstsein zu heben. Zudem lassen sich im mentalen Training hilfreiche Gedanken, Vorstellungen und Perspektiven entdecken und implementieren. So lichten wir den im Dunkel liegenden Wald der Gedanken und pflanzen neue, nährende Sprösslinge.

1. Mentale Präsenz im historischen Kontext

„Meditation kann Geist und Körper erneuern.
Um tiefe Entspannung zu erreichen, müssen Sie den Stress,
der auf Projektionen und Phantasien beruht, abbauen.
Was daraus entsteht, geht auf Ihre wahren Bedürfnisse ein.“[20]

Es ist davon auszugehen, dass es in den meisten Kulturen dieser Welt seit ihren kultischen Anfängen geistige Übungen gegeben hat. Seit mehr als 2500 Jahren wird der Geist im Buddhismus systematisch untersucht. Buddhismus, verstanden als „kontemplative Wissenschaft“,[21] erforscht empirisch das Bewusstsein. Dazu dienen meditative Praktiken, mit deren Hilfe beobachtet werden kann, wie das Bewusstsein arbeitet. „Von seinen bescheidensten Anfängen an ist Bewusstsein Erkenntnis und Erkenntnis Bewusstsein.“[22]

Schauen wir uns die menschlichen Errungenschaften in der Kunst, Wissenschaft und Technik, Staats- und Organisationsformen, die Religionen und auch unsere Wertvorstellungen an, so erkennen wir, dass Menschen nur deshalb dazu in der Lage waren und sind, etwas zu entwickeln, weil sie die Fähigkeit besitzen, bewusst und differenziert wahrzunehmen, zu analysieren und zu reflektieren, Modelle und Theorien zu formulieren und daraus Handlungsoptionen abzuleiten. Dass wir zunehmend differenzierter mit Bewusstseinsinhalten umgehen können, verdanken wir der biologischen und kulturellen Evolution.

Das Bewusstmachen psychosozialer Wechselwirkungen ermöglicht uns eine selbstbestimmte individuelle Entwicklung, denn ab dem Moment, in dem wir etwas ins Bewusstsein heben, können wir damit arbeiten. Kein Wunder also, dass die Frage, wie wir persönlich mit unserem Bewusstsein – dem bewussten Sein – umgehen, die Menschen schon lange beschäftigt. In der griechischen Antike liegen nicht nur die Wurzeln der Olympischen Spiele, also der Kultivierung von Körpern und sportlichen Leistungen, auch die geistigen Übungen des Abendlands haben hier ihren Ursprung. Natürlich sind in die altgriechische Kultur viele Elemente anderer und älterer Kulturen eingeflossen.

„Die Philosophie erscheint sodann in ihrer ursprünglichen Gestalt, nicht mehr als eine theoretische Konstruktion, sondern als eine Methode der Menschformung, die auf eine neue Lebensweise und ein neues Weltverständnis abzielt, als eine Bemühung, die Menschen zu verändern“, schreibt Pierre Hadot.[23] Der Philosophie lag die Frage zugrunde: Wie kann das eigene Leben zu einem gelingenden und erfüllten Leben werden? Aus der Antike überlieferte Leitgedanken wie „Erkenne dich selbst“, „Sorge dich um dich“ und „Werde, der du bist“ verweisen auf die Lebenskunst, zu der die Auseinandersetzung mit der eigenen Person gehört. Das Streben nach Weisheit und die Umsetzung des Erkannten in der eigenen Lebensführung wurden damals als Einheit begriffen und als solche gelebt.

Daher wurden wertvolle Erkenntnisse memoriert, um sie im Alltag griffbereit zu haben. Auf diese Weise wurden aus Erkenntnissen Lebensweisheiten.

Das eine oder andere Fundstück antiker Lebensweisheit wird Ihnen sicher schon begegnet sein. Über dem Eingang zum Apollontempel in Delphi, dem wichtigsten Orakel im antiken Griechenland, stand die bereits erwähnte Aufforderung „Erkenne dich selbst“. Um einen Hinweis zur Auflösung eines persönlichen Problems oder einer Fragestellung zu empfangen, durchschritt man ein Tor, auf dem dieser prägnante Appell stand. Der Auftrag zur Selbsterkenntnis wurde also jedem mit auf den Weg gegeben. Ein wunderbares Sinnbild: die Erkenntnis der Innenwelt als Zugang zu Problemlösungen in der Außenwelt. Die Antike lehrt uns, dass wir, so wie wir den Körper trainieren, auch unser Bewusstsein trainieren können.

2. Erkenne dich selbst an

Kehren wir zurück in die Gegenwart. In meiner Praxis als Coach begegne ich oft Menschen, die tief innen das Gefühl haben, nicht zu genügen. Das ist ein Grundthema von Menschen, die in unserer Kultur aufgewachsen sind. Wenngleich einige von uns nach außen stark und selbstbewusst wirken, treibt uns das tiefe Bedürfnis, wahrgenommen zu werden in unserem Sein, und damit nach Anerkennung. Dies verbindet uns alle. Daher wandle ich das berühmte Motto „Erkenne dich selbst“ manchmal ab zu: Erkenne dich selbst an.

Ich habe das bewusste Arbeiten mit meinen Vorstellungen und Gedanken entdeckt, als ich nach einer Möglichkeit suchte, mit einer Krankheit umzugehen, ohne mich von ihr beherrschen zu lassen. Angeregt damals durch die Gedanken von Émile Coué, des Begründers der modernen Autosuggestion, durch das Autogene Training und seine Oberstufe nach J. H. Schultz sowie verschiedene Imaginationstechniken entwickelte ich nach und nach das Mentaltraining, wie ich es heute praktiziere und als Coach vermittle.

Die Kraft der Vorstellung habe ich bereits als Kind kennengelernt und dann im Theater kultiviert. Der Bewusstseinsschritt, *die Gabe der Vorstellung* bewusst für die eigene persönliche Entwicklung zu nutzen, war für mich von einschneidender Bedeutung. Ich stellte mir, während ich krank war, im Mentaltraining zum Beispiel vor, wie sich mein Körper gesund anfühlen würde. Dabei tauchte häufig ein leichtes Lächeln auf, und meine innere Anspannung wich. So überwand ich das alte Gedankenmuster des Ausgeliefertseins an eine Erbkrankheit. Heute weiß ich, wie es möglich ist, bewusst mit dem eigenen Körper in Kontakt zu kommen. „Auf den Körper zu hören" ist weitaus weniger abstrakt, als viele zunächst vermuten. Das Mentaltraining, wie ich es heute weitergebe, basiert also auf Erfahrungen, die ich beim Praktizieren und bei der Vermittlung dieser Methode gesammelt habe, auf Anregungen aus diversen Trainingsansätzen zur Verbesserung der Selbstwirksamkeit sowie auf Hinweisen aus dem Buddhismus und der antiken Philosophie.

Beim Recherchieren für dieses Kapitel bin ich auf die spannende Arbeit von Eugene Gendlin gestoßen. Ich entdeckte Parallelen zu meiner Arbeitsweise und manche Bereicherung. „Philosophie und therapeutisches Arbeiten entspringen bei ihm derselben Quelle: dem Sich-Einlassen auf das, was schon gespürt, aber noch nicht gewusst wird, dem, was über die Sprache, über Konzepte und Methoden hinausgeht und aus dem neue Schritte kommen: Veränderungsschritte, die Denk- und Heilungsschritte zugleich sind", schreibt Johannes Wiltschko.[24]

Im Folgenden werde ich Ihnen einige Gedanken und Übungen mit auf den Weg geben, die es Ihnen ermöglichen, selbstständig mit dem mentalen Training zu arbeiten. Ich habe die Erfahrung gemacht, dass jede und jeder Einzelne phantasievoll und treffend die eigenen Themen benennen und Fragen, Gedanken und Vorstellungen entwickeln kann. Dabei vertrauen wir zunehmend unserer inneren Wahrnehmung, unserer inneren Autorität. Das Gespräch mit sich selbst ist ein Weg der Selbsterkenntnis.

Geisteskraft entsteht durch Sammlung und Konzentration. Wie gebündeltes Sonnenlicht Papier zu entzünden vermag, so können wir unsere Gedanken fokussieren, um der Zerstreutheit zu entkommen und bewusst Energie freizusetzen.

3. Loslassen – Freiraum durch Distanz

Wie können wir wahrnehmen, was wir empfinden, erkennen, was wir denken, und bewusst unsere Vorstellungskraft nutzen? Die Antwort lautet: Distanz finden vom Alltag, der uns bedrängt, und von den ständig in uns kreisenden Gedankenströmen. Dafür benötigen wir Zeit und Raum – Freiraum. Hierin liegt schon die erste große Herausforderung, denn es erfordert kurioserweise Disziplin, sich Zeit zu nehmen für sich selbst.

An Zeit scheint es uns ständig zu mangeln, meist fühlen wir uns voll ausgelastet, wenn nicht gar überlastet. Der Clou ist, sobald wir uns bewusst Zeit für uns nehmen, verblasst das Gefühl, Zeit zu verlieren, und wir beginnen zu ahnen, dass wir sogar Zeit gewinnen. Es entsteht ein grundsätzlich anderer Umgang mit uns selbst und mit der Zeit.

Indem wir *aus der Dauer heraustreten*,[25] wertschätzen wir den Augenblick. Erst das Innehalten im Sog alltäglicher Verrichtungen ermöglicht ein Gefühl der Selbstbestimmtheit. Selbstbestimmtheit ist für mich ein Wert.

Sicher haben Sie schon die Erfahrung gemacht, dass Ihnen zum Beispiel beim Wandern oder Joggen, in der Badewanne oder an einem schönen Ort aus heiterem Himmel die besten Einfälle kommen. All diesen Momenten liegt zugrunde, dass Sie auf irgendeine Art loslassen – entspannen. Es entsteht ein nicht definierter Raum, aus welchem unvermittelt Gedanken, Bilder, Wünsche, ja sogar Erkenntnisse auftauchen. Inspirierte Augenblicke.

4. Das Mentaltraining

„Was vor uns liegt und was hinter uns liegt,
ist unbedeutend, verglichen mit dem, was in uns steckt."
Ralph Waldo Emerson

Das mentale Training ist eine Methode, um einen Raum der Entspannung, Ruhe und Sammlung herzustellen. Von ihm aus haben wir Zugang zu unserem Innenleben mit seinen unserem Blick gewöhnlich entzogenen Facetten.

Der amerikanische Psychiater und Psychotherapeut Milton Erickson, der die Hypnotherapie entscheidend geprägt hat, spricht vom Unbewussten als einem kreativen Potenzial. Das Unbewusste ist in der Tiefenpsychologie seit Sigmund Freud der Bereich, der, anders als das Bewusstsein, uns nicht direkt zugänglich ist. Im Unterbewusstsein sind unsere Erfahrungen bis ins kleinste Detail gespeichert. Man geht davon aus, dass unbewusste psychische Prozesse das menschliche Denken, Fühlen und Handeln maßgeblich beeinflussen. In einem veränderten Bewusstseinszustand, welchen wir im Mentaltraining erleben, kann es uns gelingen, mit diesem Potenzial in Berührung zu kommen, kreativ damit zu arbeiten und Erkenntnisse zu gewinnen. Mentales Training erfordert einen liebevoll geduldigen Umgang mit sich selbst bei gleichzeitiger Entschlossenheit und Disziplin.

Jean Genet beschreibt in seinem Essay *Der Seiltänzer* die physische und die mentale Arbeit des Seiltänzers, der außerordentliche Präsenz erstrebt: „... zweifellos hat er sich hundert-, tausendmal gewünscht, sein zukünftiges Bild zu sehen: sich eines Abends auf dem Seil tanzend und vom Ruhm umstrahlt. Er ist also bemüht, sich vorzustellen, wie er gerne sein möchte. Das bedeutet, so zu werden, wie er will, wie er sich erträumt, wozu er sich macht. Sicher ist es ein weiter Weg von diesem Traumbild bis zu jenem, das er in Wirklichkeit auf dem Seil darstellen wird. Aber doch ist es gerade dies, was er zu erreichen sucht: diesem seinem Bild, das er sich heute vorstellt, später zu gleichen."[26]

Der Begriff „mentales Training" bezeichnet ursprünglich eine Trainingsmethode zur Optimierung sportlicher Bewegungsabläufe. Im Sport hat man erkannt, dass Vorstellung Wirklichkeit erschafft. Deshalb werden motorische Prozesse in der Vorstellung durchgespielt und vervollkommnet; außerdem entwickeln Sportler hilfreiche Einstellungen und Vorstellungsbilder, auf die sie in der Wettkampfsituation zurückgreifen können.

Im Jahr 2014, als ich dieses Kapitel zu schreiben begann, wurde die deutsche Nationalelf Weltmeister, eine Mannschaft, zu deren Spielvorbereitung selbstverständlich das Mentaltraining, die Arbeit an der inneren Einstellung und mentalen Präsenz, gehört. In der Mitte unserer Gesellschaft ist es leider noch nicht angekommen.

In seinem Buch *Tennis – das innere Spiel* zeigt Timothy Gallwey, dass nichts unsere Leistungsfähigkeit so entscheidend beeinflusst wie das Bild, das wir von uns selbst haben. Innere Bilder dürfen sich wandeln. Weiterentwicklung bedeutet für mich, neue Bilder zu kreieren.

Die schlummernden Ressourcen der Vorstellungskraft können wir vor allem für einen wohlwollend konstruktiven Umgang mit uns selbst sowie für alle möglichen Vorgänge des Alltags- und Berufslebens nutzen. Im Mentaltraining kommen wir *nach Hause* zu uns selbst. Das tut gut. Wir bauen einen sicheren Ort in uns auf. Durch das zunehmende Gefühl der Geborgenheit entfalten sich Gelassenheit, Zutrauen und mentale Stärke. Qualitäten, die es uns erlauben, auch der eigenen Verletztheit zu begegnen.

Sinnvoll einzusetzen ist die Methode

- um wahrzunehmen, welche Gedanken uns umtreiben
- um innere Einstellungen und Glaubenssätze zu erkennen
- um Leidgedanken zu entlarven und hilfreiche Leitgedanken zu entwickeln
- um persönliche Wünsche wahrzunehmen
- um persönliche Vorstellungen bewusst zu entfalten und zu stabilisieren
- um innere Gelassenheit zu entwickeln und aus ihr heraus zu agieren
- um Lampenfieber und Prüfungsangst entgegenzuwirken
- um Selbstheilungskräfte zu aktivieren
- zur Unterstützung und Festigung von Vorsätzen.

Mentaltraining dient also dazu, destruktive Gedanken, Glaubenssätze und Vorstellungsbilder zu erkennen, die uns, solange wir unbewusst an ihnen anhaften, an unserer Weiterentwicklung hindern. Solange sie unbewusst wirken, hindern sie uns sowohl an unserer individuellen als auch unserer kollektiven Weiterentwicklung. Auch die Art, wie wir mit anderen Lebewesen und der Erde umgehen, wird davon bestimmt.

Gedanken wirken wie Samenkörner, welche im Unterbewusstsein Wurzeln schlagen und wachsen. Die Zwiesprache mit uns selbst ist eine Einladung, Bilder aus tieferen seelischen Schichten auftauchen zu lassen.

Das Mentaltraining gliedert sich in folgende Schritte:

- Kontaktaufnahme zum Körperinnenleben durch die Wahrnehmung und das Spüren der Atembewegung. Sich spüren. Loslassen. Zulassen.

- Grundlegende Übungshaltung, Die Ansprache.

- Wahrnehmen, was uns bewegt: Wir beobachten zunächst, was gerade geschieht, welche Gedanken und Gefühle auftauchen. Danach können wir das Feld eingrenzen, indem wir bewusst unsere Gedanken und Empfindungen zu einem spezifischen Thema oder einer bestimmten Beziehung wahrnehmen.

- Der Dialog mit sich selbst: Nun eröffnet sich das weite Feld, mit sich selbst in einen Dialog zu treten und sich speziellen Aufgaben oder Fragestellungen zu widmen. Entscheiden Sie sich bei jedem mentalen Training, was Sie untersuchen möchten. Folgende Aufgabenstellungen betrachte ich genauer: Leidgedanken entlarven, hilfreiche Gedanken entdecken, sich allgemeine offene Fragen stellen, durch Fragestellungen fokussieren, freie Assoziation, Perspektivwechsel.

- Ausstieg: Wir nehmen unsere Atembewegung wieder wahr und verabschieden uns von unserem Körperinnenleben, wohl wissend, dass wir jederzeit dorthin zurückkehren können.

4.1. Einstieg

„Die Sprache des Nervensystems zu erlernen heißt,
sich mit dem eigenen Körper anzufreunden.“[27]
Verena König

Sich selbst begegnen

Wie geht das? Die bewusste Wahrnehmung der Atembewegung bringt uns in Kontakt mit uns selbst, weil wir dabei unser Körperzentrum spüren und somit in unserer Mitte ankommen. Sie mündet in einen konzentrierten Entspannungszustand, wie er beim Autogenen Training und bei der Meditation durch Atemzentrierung erlebt wird. Dieser lässt sich definieren als ein durch gerichtete Aufmerksamkeit herbeigeführter körperlich erlebter Bewusstseins- und Seinszustand. Die Entspannung ist für sich genommen bereits eine erholsame Erfahrung des Loslassens und der Verbundenheit. Dies ist sehr wertvoll. Denn im Zustand der Verbundenheit kommt unser Nervensystem in Balance. Ein erster Schritt, innere Freiheit zu erfahren. Je öfter wir unser Körperzentrum aufsuchen, desto mehr erleben wir es als einen Ort der inneren Gelassenheit und Stärke, dem wir vertrauen können, und als Gegenpol zu dem verunsichernden Gefühl, uns zu verlieren.

Während des Prozesses hilft uns die Atemzentrierung immer wieder, uns bewusst im Hier und Jetzt zu verorten. Aber auch außerhalb des Mentaltrainings, sozusagen für sich genommen, ist die Atemzentrierung eine wertvolle Übung. Wenn wir uns dafür beispielsweise am Morgen zehn Minuten Zeit nehmen, kommen wir zuallererst bei uns selbst an, bevor wir anderen oder anderem zur Verfügung stehen. Wir beginnen den Tag fokussiert, selbstbestimmt und präsent. Im Tageslauf können wir immer wieder Kontakt zur Atembewegung herstellen und uns so erneut zentrieren. Wenn wir zentriert sind, identifizieren wir uns nicht so stark mit Emotionen und Gedanken. Im Kapitel „Präsenz in der Führung" gehe ich näher darauf ein. „Wenn Sie sich jeden Tag diese besondere Zeit zum Geschenk machen, so haben Sie damit schon eine wichtige Umstellung Ihrer Lebensgewohnheiten erreicht."[28] Diese Übung lehrt uns, uns abzugrenzen. Ich halte sie für eine der wichtigsten Übungen, um sich vor eigenen und fremden Erwartungen zu schützen.

Für ein tiefer gehendes mentales Training brauchen Sie Zeit. Wie viel, hängt von Ihrer Konzentrationsfähigkeit ab. Diese wird zunehmen, je öfter Sie üben. Anfangs sind es vielleicht fünfzehn bis zwanzig Minuten. Finden Sie heraus, welche Tageszeit für Sie geeignet ist. Ein mentales Training ist eine Art Sitzung oder Verabredung mit sich selbst, die regelmäßig oder punktuell stattfinden kann.

Vorbereitung

Für die Atemzentrierung setzen oder legen Sie sich hin. Schließen Sie die Augen, um Außenreize zu reduzieren und sich ungestört Ihrem Innenleben widmen zu können. Sorgen Sie dafür, dass niemand Sie unterbricht und die Raumtemperatur angenehm ist. Bedenken Sie, dass der Kreislauf sich beruhigt und Sie dadurch schneller frieren.

Vorbereitung sitzend
Setzen Sie sich aufrecht und entspannt auf einen Sessel oder Stuhl oder im Schneidersitz auf ein Sitzkissen. Schließen Sie die Augen. Ihr Gewicht vertrauen Sie der Unterlage an. Gegebenenfalls können Sie sich auch von der Rückenlehne stützen lassen. Bitte achten Sie darauf, dass die Muskeln nur so viel Spannung haben, wie sie für die Aufrichtung brauchen. Wandern Sie mit Ihrer Aufmerksamkeit durch Ihren Körper, und lösen Sie überflüssige Spannung, zum Beispiel im Kiefergelenk. Richten Sie sich entspannt auf. Verfeinern Sie Ihren Sinn für Ihre Aufrichtung, indem Sie diese auch im weiteren Verlauf immer wieder bewusst wahrnehmen und fein justieren.

Vorbereitung liegend
Legen Sie sich auf den Rücken, und schließen Sie die Augen. Ihre Beine liegen

entspannt auf dem Boden. Um den unteren Rücken zu entlasten, können Sie die Füße in Beckenbreite möglichst nah am Gesäß aufstellen. Auf diese Weise hat die Hohlkreuzstelle mehr Kontakt zum Boden. Dies erreichen Sie auch, wenn Sie ein stabiles, dickes Kissen unter Ihre Waden legen. Die Handrücken berühren den Boden, damit die Schultern sich entspannen können. Der Kopf liegt so auf, dass die Halswirbelsäule die Verlängerung der Körperachse darstellt. Da bei vielen die Nackenmuskulatur verspannt ist, hier eine Übung zu ihrer Entspannung:

Legen Sie Ihre Hände (ohne Ringe) aufeinander und unter Ihren Nacken. Ziehen Sie sie vom Nacken ausgehend langsam unter dem Kopf durch, wobei Sie sein ganzes Gewicht an die Hände abgeben. Da ein Kopf rund drei bis vier Kilo wiegt, können Sie sein Gewicht deutlich spüren. Sollte dies nicht der Fall sein, ist Ihre Nackenmuskulatur immer noch angespannt. Ziehen Sie Ihre Hände langsam unter dem Kopf durch. Verweilen Sie immer wieder, um zu prüfen, ob Sie das Gewicht wirklich abgeben und spüren können. Legen Sie, am Scheitel angekommen, Ihren Kopf sanft ab. Nach der Entspannung der Nackenmuskulatur ist Ihr Kinn vermutlich dem Brustbein etwas näher.

ÜBUNG: ATEMZENTRIERUNG

Wandern Sie mit Ihrer Aufmerksamkeit zu Ihrer Körpermitte. Spüren Sie, wie Ihre Bauchdecke sich hebt und senkt. Nehmen Sie die Bewegung wahr. Wie fühlt sie sich heute an? Lassen Sie sich auf diesen Augenblick ein. Gleiten Sie in die Entspannung. Wenn Gedanken auftauchen, die Ihre Aufmerksamkeit mit sich fortziehen wollen, schauen Sie diese kurz an, damit Sie wissen, welche Gedanken Sie beschäftigen. Nehmen Sie die Gedanken wahr als das, was sie sind – Gedanken. Erkennen Sie, was Sie bewegt, ohne es zu bewerten.

Lassen Sie die Gedanken dann wie Wolken weiterziehen. Sie können beispielsweise zu ihnen sagen: „Ja, ich habe euch wahrgenommen. Später habe ich Zeit für euch. Jetzt bin ich dran!“ Wandern Sie mit Ihrer Aufmerksamkeit immer wieder zurück zur Atemwahrnehmung. Versuchen Sie einige Atembewegungen lang das sanfte Auf und Ab Ihrer Bauchdecke wahrnehmend zu begleiten, Ihren Rhythmus zu spüren. Kommen Sie in Ihrer Körpermitte, in Ihrem Zentrum, an. Und dann nehmen Sie wieder einige Atembewegungen wahr, um sich tiefer in die Bewegung fallen zu lassen. Genießen Sie es, zu atmen, genießen Sie Ihren eigenen Rhythmus. Mit jeder Ausatmung geben Sie überflüssige Spannung ab. Mit jeder Einatmung kommen Sie mehr und mehr in Ihrem Zentrum an.

Nun wandern Sie mit Ihrer Aufmerksamkeit zu Ihrem Gesäß (beziehungsweise liegend zum unteren Rücken). Die Auflagefläche ist angenehm breit. Versuchen Sie, die Atembewegung im Kontakt mit der Sitzfläche (beziehungsweise dem Boden) zu erspüren. Wenn die Luft einströmt, werden Sie den Kontakt deutlicher spüren können. Genießen Sie im Kontakt mit der Sitzfläche oder dem Boden die Wellen der Atembewegung. Sinken Sie tiefer in die Entspannung. Die Atmung bewegt Ihren ganzen Körper. Das Zwerchfell senkt sich und drückt die inneren Organe durch eine sanfte Massage ein wenig nach unten. Die Bewegung setzt sich bis zum Beckenboden fort. Diese natürliche Massage unterstützt die inneren Organe der Bauchhöhle in ihrer Tätigkeit. Spüren Sie noch einmal den Kontakt mit der Sitzfläche (oder dem Boden), und während dies geschieht, strömt die Luft durch die Nase ein. Sie werden also bei jeder Einatmung von der Nase bis zum Beckenboden bewegt. Nehmen Sie diese ineinandergreifende Bewegung in Ihrem Körper wahr. Genießen Sie die entstehende Weite noch drei weitere Male.
Nun wandern Sie zu Ihrem Herzen. Wenn Sie ausatmen, entspannt sich das Zwerchfell und unterstützt in der Aufwärtsbewegung das Herz in seiner Funktion. Können Sie Ihr Herz spüren? Versuchen Sie, ihm zuzulächeln wie einem guten alten Freund oder einer lieben Freundin. Bedanken Sie sich bei Ihrem Herzen, dass es so liebevoll für Sie schlägt: „Vielen Dank, mein liebes Herz, dass du so wunderbar schlägst.“ Möglicherweise ist Ihnen diese Vorstellung und Formulierung zunächst fremd. Nehmen Sie es als Vorschlag, und probieren Sie es aus. Wohlige Wärme. Genießen Sie es, sich innerlich zu spüren. Genießen Sie das Gefühl der inneren Lebendigkeit. Stellen Sie sich nun vor, dass Sie das Zwerchfell in seiner Bewegung begleiten. Sie begleiten wach das Ab und Auf der Zwerchfellbewegung und kommen so mit Ihrer Aufmerksamkeit in Ihrer Körpermitte an. Sie geben sich dem Genuss des Augenblicks vollständig hin. Wenn Sie gut mit sich in Kontakt sind, können Sie mit dem Mentaltraining beginnen.

Abschluss

Zum Abschluss sowohl der Atemzentrierung als auch des Mentaltrainings wandern Sie wieder zu Ihrer Körpermitte. Spüren Sie ganz bewusst dreimal Ihre Atembewegung. Zuletzt fangen Sie an, sich zu räkeln und zu strecken.

Dehnen Sie sich. Gähnen Sie nach Herzenslust. Reiben Sie Ihre Füße und Hände kräftig aneinander, und bringen Sie auf diese Weise Ihren Kreislauf wieder in Schwung.

4.2. Arbeitsweise

„Arbeite an deinem Inneren. Da ist die Quelle des Guten, eine unversiegbare Quelle, wenn du nur immer nachgräbst."
Marc Aurel

Die grundlegende Übungshaltung

Sie lässt sich beschreiben als wach loslassend, offen, nicht bewertend, neugierig, geduldig, den Augenblick und sich selbst in diesem Augenblick akzeptierend, nichts erzwingen wollend, dem Körper vertrauend.

Die Ansprache

Wollen Sie sich, Ihr Inneres im mentalen Training ansprechen? Und wenn ja, wie? „Wie geht es mir?" Oder mit Ihrem Vornamen: „Wie geht es dir, liebe Elisa?" Finden Sie heraus, wie Sie am besten, am freundlichsten mit sich ins Gespräch kommen. Achten Sie auf Ihre Tagesstimmung und entscheiden Sie dann, wie und ob Sie sich direkt ansprechen wollen. Sie können auch sagen: „Ich nehme das Leben in mir wahr" oder Ihre Aufmerksamkeit auf die Einatmungsbewegung richten und so in Ihrem Innenleben ankommen. Seien Sie wach und interessiert an dem, was in Ihrem Inneren stattfindet. Diese Grundeinstellung ermöglicht es Ihnen, vielfältige sinnliche Eindrücke zu sammeln.

Sie können laut mit sich sprechen oder unhörbar in sich hinein. Auf jeden Fall sollten Sie sich emotional mit Ihren Gedanken verbinden. Wenn wir laut mit uns sprechen, werden unsere Ansagen zusätzlich durch den Gehörsinn aufgenommen. Sie können dadurch verstärkt werden und bestimmter wirken. Das In-sich-Hineinsprechen hat möglicherweise eine innerlichere Qualität. Nehmen Sie Ihre Tagesverfassung, Ihr Thema und den Charakter Ihrer Gedanken wahr, und lassen Sie sich bei Ihrer Entscheidung von Ihrer Intuition leiten. Wenn ich müde bin, kann es passieren, dass ich bei innerlichem Sprechen einschlafe. Lautes Sprechen hingegen hält mich eher wach. Nehmen Sie wahr, was Sie wann brauchen. Innerhalb ein und desselben Mentaltrainings können durchaus beide Varianten vorkommen.

Ob innerlich sprechend oder hörbar – der Ton macht die Musik. Wie wollen Sie angesprochen werden: freundlich, zärtlich, sonor, energisch, entschieden …? Verbinden Sie sich mit dem, was Sie sprechen, und fragen Sie in sich hinein. Nehmen Sie durch die Atembewegung immer wieder die Verbindung zu Ihrem Körper auf, denn mit dem wollen Sie in Dialog treten.

Antworten tauchen auf

Lassen Sie Ihren Körper zu Ihnen sprechen. Antworten aus dem Kopf kommen schnell und reichlich, denn wir wissen ja schon sehr viel. Die Antworten aus der Körpermitte, mal vom Bauch aus, mal vom Herzen, brauchen hingegen Zeit. Wir sind es nicht gewohnt, die Körpermitte zu befragen.

Es entsteht ein Zwischenraum, in dem zunächst nichts vorhanden ist, in dem man erst einmal nicht weiterweiß – wie ein leeres Blatt – Stille. Nicht immer fühlt man sich darin behaglich. Wir spüren weiterhin unseren Körper durch die Atemwahrnehmung, sind in unserem Rhythmus und auf diese Weise im Kontakt mit uns. Nun darf sich zeigen, was sich zeigen möchte. „Diesen Schritt nennen wir auf Englisch ‚receiving', also Empfangen."[29] Manchmal empfangen wir auch nichts. Das darf auch sein. Schluss mit dem Anspruchsdenken! Mit der Zeit lernen wir die Leere, die Momente des „Nichts", lieben.

4.3. Wahrnehmen, was uns bewegt

Beobachten

Im Zustand der Entspannung und Zentrierung öffnet sich das weite Feld der mentalen Arbeit. Dank der geschlossenen Augen und der auf die Atmung gerichteten Aufmerksamkeit verändert sich die Gehirnwellenaktivität. Wir sind tiefer mit uns selbst in Kontakt. Es handelt sich um einen Zustand lebhafter Bewusstheit.

In einer wahrnehmenden, betrachtenden, freundlichen, nicht wertenden Haltung lässt sich nun feststellen, was da alles munter vor sich hinplappert und uns ununterbrochen beeinflusst. Hören Sie den inneren Reden, die Sie führen, zu, ohne sich mit ihnen weiterdenkend zu verstricken. Wir versuchen auch nicht, die auftauchenden Gedanken zu verhindern, sondern sie zügig zu erkennen und loszulassen, indem wir sie nicht weiterverfolgen.

Manche der zum Vorschein kommenden Vorstellungen, man könnte sie auch Filme nennen, werden immer wieder abgespult. Jack Kornfield rät, eine Hitparade unserer Filme anzulegen und ihnen humorvolle Titel zu verleihen, um uns nicht immer wieder damit zu identifizieren.[30] Wir können auch zählen, wie oft die gleichen Filme ablaufen.

Durch die gewonnene Distanz kommen wir zur Einsicht, dass es „nur“ Gedanken sind, mit denen wir uns nicht zu identifizieren brauchen. Sie sind nicht mehr unsere Wahrheit, sondern schlicht als Gedankengebilde erkannt. Wenn Gefühle auftauchen, nehmen Sie diese wahr. Versuchen Sie sie zu benennen: „Da zeigt sich meine Trauer.“ „Oh, da taucht die Angst wieder auf.“… Spüren Sie die Angst oder Trauer … für einen Moment. Vielleicht umarmen Sie sie in Gedanken. Diese Gefühle wollten schon lange bewusst wahrgenommen werden. Dann lassen Sie sie los. Meist lösen sie sich eh von allein auf, weil wir sie wahrgenommen haben, weil wir sie nicht weggedrückt haben.

Das bewusste Wahrnehmen führt dazu, dass wir zunehmend weniger von unserem sonst unbewusst ablaufenden Gedanken- und Gefühlsprogramm gesteuert werden. So entsteht nach und nach innere Freiheit. Zudem schärfen wir auf diese Weise unser Differenzierungsvermögen. Wer sich selbst sensibler wahrnimmt, wird auch in der Lage sein, andere sensibler wahrzunehmen, ein Aspekt, der für unsere Kommunikation von Belang ist.

Wenn wir diese Übung täglich praktizieren, lernen wir mit der Zeit unsere Gedanken- und Gefühlswelt genauer kennen. Ich war erschrocken, wie oft dieselben Gedanken und Filme auftauchten. Weil ich keine Lust hatte, mir immer wieder das Gleiche anzusehen und anzuhören, habe ich angefangen, meine inneren Einstellungen genauer zu betrachten. Ich identifizierte einzelne Einstellungen, die dazu führten, dass ich mich unwohl, klein und schlecht fühlte, und mich letztlich an meiner Weiterentwicklung hinderten. Allmählich gelang es mir, leidbringende Gedanken zu verabschieden. Außerdem erledigte ich viele Dinge zügiger, denn es missfiel mir, immer wieder dasselbe zu denken. Ein wunderbarer Effekt dieser Übung. Eingeschliffene Muster lassen sich so Schritt für Schritt erkennen und verändern. Darüber hinaus entstehen zunehmend mehr Lücken, Zwischenräume zwischen den Gedanken, Momente der Stille und Leere, die wir schätzen lernen. Wir dürfen in diesen Augenblicken einfach sein. Unerwartet tauchen aus der Stille, aus dem Nichts dann und wann klare Vorstellungen und Gedanken auf, die uns beflügeln.

Selbstvertrauen

Indem wir unseren Atem spüren, verliert das unentwegte Geplapper unseres Geistes langsam seine Vormachtstellung. Wir nehmen wahr, wie Gedanken kommen und gehen. Wir spüren unseren Körper mehr und sammeln Erfahrung damit, unterschiedliche Gefühle, die auftauchen, wahrzunehmen. Vielleicht integrieren wir auf diese Weise, nach und nach, auch Gefühle, die wir tendenziell unbewusst weggedrückt haben. Wir verbinden uns mit jeder wahrgenommenen Atembewegung mit unserem Zentrum und beginnen im wahrsten Sinne des Wortes allmählich eine grundlegend tiefe Verbundenheit zu empfinden. Durch Verbundenheit und Vertrautheit wächst innere Stabilität, die es uns ermöglicht, uns selbst zu halten. Dieser uns innewohnenden Kraft dürfen wir vertrauen. Es ist die Kraft, uns selbst anzunehmen, uns selbst zu vertrauen.

Bekanntlich haben wir nicht alles in der Hand, aber wenn wir gut mit uns verbunden sind, verfügen wir über die besten Voraussetzungen, um unterschiedlichsten Situationen unseres Lebens mit mehr Selbstvertrauen zu begegnen. Auf diese Weise werden wir klar erkennen, was wir nicht ändern können, und es annehmen – und was wir ändern können, und es anpacken.

ÜBUNG: AUTOSUGGESTION – INNERE SONNE

Das Sonnengeflecht, der Solarplexus, liegt unterhalb des Zwerchfells. Es versorgt die inneren Organe im Bauchraum. Dies brachte mich auf die Idee, mir dort die persönliche innere Sonne vorzustellen, um dieses Nervenzentrum anzuregen. Sowohl im Autogenen Training als auch im Yoga wird mit dem Solarplexus gearbeitet. Im Yoga betrachtet man das Sonnengeflecht als Sitz eines der Energiezentren. Legen Sie Ihre Hände auf den oberen Bauch zwischen Zwerchfell und Bauchnabel, und spüren Sie die Atembewegung. Stellen Sie sich dann vor, wie sich Licht und Energie vom Sonnenzentrum unter Ihren Händen ausbreitet. Ihre innere Sonne scheint. Mit jeder Einatmung leuchtet die Sonne auf und erhellt den Körper von innen. Das Licht oder die Energie senden Sie vom Zentrum aus in verschiedene Körperteile. Sie können wärmende, heilende, entspannende, stärkende, erhellende … Energie von diesem Zentrum in verschiedene Regionen ausstrahlen lassen. Welche Vorstellung gefällt Ihnen oder unterstützt Ihren Körper oder einzelne Körperteile heute? Wenn Sie sich diesen Vorgang verbunden mit der Atembewegung eine Zeitlang vorgestellt haben, fühlen Sie sich anders.

Das Bild der inneren Sonne dient auch dazu, sich und der ureigenen Energie von Grund auf zu vertrauen und darauf zu bauen.

4.4. Der Dialog mit sich selbst

„Nun sind wir aber – und ich lege als erste dazu ein Bekenntnis ab –
diese geprägten Wesen. Mußten lernen, bevor wir wußten.
Wurden geprägt, bevor wir die Prägung auch nur beurteilen konnten.
Und schon gar nicht wissen konnten, wie sich verhalten dazu.
Wir sind Gemachte, die versuchen müssen, die eigene Machart herauszufinden.
Und die Konstruktionsgeheimnisse aufzudecken.“[31]

Leit/dgedanken ans Licht bringen

Unsere Vorstellungen bestimmen unser Verhalten. Ohne Distanz zu ihnen bleiben wir Gefangene derjenigen Vorstellungen, die uns geprägt haben. Durch die Zentrierung auf die Atemwahrnehmung gewinnen wir immer wieder Abstand, Raum, um bewusst zu fühlen und zu begreifen, was ein aufsteigender Gedanke konkret mit uns macht, welche Auswirkungen er auf unser Befinden und Verhalten hat. Wenn wir feststellen, dass uns der wahrgenommene Gedanke einengt, uns keinen Spielraum ermöglicht, uns weiterzuentwickeln, uns klein hält, also uns oder anderen schadet, können wir ihn verkürzt als „leidbringend“ titulieren. Einen Gedanken, dem wir unbewusst Macht geben, uns heute Leid zuzufügen, können wir als Leit/dgedanken bezeichnen. Er leitet uns, lässt uns aber leider auch leiden.

Oft sind Leit/dgedanken tief vergraben in unserem Unterbewusstsein und bereits zu Glaubenssätzen geronnen, zu Grundannahmen, und zwar einschränkenden, die nicht mehr hinterfragt werden und uns unbewusst antreiben. Vermutlich sind sie in unserer Kindheit entstanden, als Teil unserer damaligen Überlebensstrategie. Diese Gedanken haben uns damals geholfen, etwas Unaushaltbares zu überleben. Werden Gedanken regelmäßig unbewusst gedacht, werden daraus Glaubenssätze. Diese sind Teil des Glaubenssystems, welches aus unseren Einstellungen, Gefühlen, Überzeugungen, Empfindungen und Bewertungen besteht. Als Erwachsene erst können wir sie bewusst wahrnehmen. Nun können wir sie würdigend dem Überstandenen zuordnen. Wenn wir sie nicht erkennen, können sie unsere Weiterentwicklung hemmen. Spielerisch können Sie sich den Vorgang, Gedanken einzeln zu betrachten, ungefähr so vorstellen: Sie „fischen" im Fundus. Der Theaterfundus ist ein riesiger Raum, meist sind es Hallen, in welchen zehntausende von alten Kleidungsstücken auf mehreren übereinander angebrachten Systemen hängen, dicht gedrängt. Manchmal wird ein solches Kostümteil herausgefischt mit langer Stange. Dann kommt es ans Licht, wird betrachtet, entstaubt und anprobiert. Wenn wir im entspannten Zustand bewusst den Fundus unserer Gedanken wahrnehmen, gelingt es, einzelne auftauchende Gedanken zu erkennen und präsent zu betrachten. Wenn Sie einen Gedanken wahrnehmen, dem Sie bereits mehrfach begegnet sind, fragen Sie sich: Wie fühle ich mich, wenn ich den Gedanken denke? Was geschieht mit der Atmung bei diesem Gedanken? Welche Energie setzt er frei? Baut er mich auf? Schränkt er mich ein? Hilft er mir weiter? Inwieweit schafft er Leid?

Es ist wichtig, Leit/dgedanken als solche wahrzunehmen. Denn das sind Gedanken, denen wir unbewusst Macht geben, indem wir sie als Wahrheit denken. Wenn wir sie als bloße Gedanken identifizieren, lösen wir sie aus dem Unterbewussten heraus. Bewusstsein ist schon die halbe Katharsis.

Wenn wir uns dafür sensibilisieren, erkennen wir zahlreiche leidbringende Gedanken, die das Produkt unserer Prägung sind. Sie sind Bestandteil unserer individuellen, aber auch der gesellschaftlichen Mentalität. Tief verwurzelt und weit verbreitet sind folgende Glaubenssätze, die Verena König in ihrem Buch *Bin ich traumatisiert?*[32] herausstellt:

- Ich bin nicht erwünscht und willkommen.
- Ich bin allein und verloren.
- Ich bin nicht genug.
- Die Welt ist gefährlich und Menschen sind unberechenbar.
- Ich muss es alleine schaffen. Auf niemanden ist Verlass.
- Ich gehöre nicht dazu.
- Eigene Bedürfnisse zu haben ist falsch. Ich bin falsch.
- Ich muss etwas tun, um geliebt zu sein.
- Ich kann nichts ändern, es nützt alles nichts.

das habe ich gut gemacht!

2 sekunden später
eigenlob stinkt

Vielleicht kommt Ihnen der eine oder andere Gedanke vertraut vor, das würde mich nicht wundern, und vielleicht dachten Sie nicht daran, traumatisiert zu sein. Ich stelle als Coach und Seminarleiterin andauernd fest, dass diese Glaubenssätze sehr weit verbreitet sind unter uns „gesunden" Leistungserbringenden. Es lohnt sich, sich damit zu beschäftigen. Ich bin keine Psychologin und möchte daher nicht tiefer auf das Thema Traumatisierung eingehen, zeige jedoch in diesem Kapitel, wie wir mit Glaubenssätzen arbeiten können. Das Buch von Verena König möchte ich ausdrücklich empfehlen, um zu verstehen, was Trauma bedeutet und wie wir traumasensibler mit uns selbst und anderen umgehen können. Wer sich dem Vorgang, *geprägt zu werden*, durch Literatur annähern möchte, empfehle ich Franz Kafkas „Brief an den Vater".

Wenn wir unsere Aufmerksamkeit für leidbringende Gedanken sensibilisieren, werden sie sich in unterschiedlichen Ausformungen und Gewändern zeigen. Sie begegnen uns in Poesiealben, Filmen und Romanen, auf dem Fußballplatz, in der Ausbildung, in den Medien, wir hören sie von Nachbarn und Freunden … Hier eine Kostprobe. Ich schlage Ihnen vor, die Gedanken langsam zu lesen, um zu spüren, wie sie auf Sie wirken:

- „Das war schon immer so."
- „Geiz ist geil!"
- „Nur wer Erfolg hat, ist was wert."
- „Auge um Auge, Zahn um Zahn."
- „Frauen sind sensibel." „Sie ist halt unsere Pechmarie."
- „Ein Mann weint nicht." „Du bist halt mein kleiner dummer Junge."
- „Sei wie das Veilchen im Moose, bescheiden, sittsam und rein und nicht wie die stolze Rose, die immer bewundert will sein."

Diese Beispiele zeugen von Einstellungen. Je nachdem in welchem Alter sie jemandem begegnet sind und von wem sie ausgesprochen oder unausgesprochen im Raum standen, wirkten sie.

Wenn aus einstmals vielleicht sinnvollen Auffassungen durch Anhaftung behindernde Glaubenssätze und Denkmuster werden, hemmen sie die Weiterentwicklung. So ist unser Schulsystem immer noch, wider alle bessere Erkenntnis, auf Pauken von Inhalten und auf Bewertungssysteme von richtig und falsch fixiert, statt die natürliche Lernfreude der Kinder zu unterstützen. Viele Frauen unterschätzen systematisch ihren Anteil am Erfolg, weil sie gefangen sind in der jahrtausendealten Vorstellung, Zuträgerinnen und Unterstützerinnen des herrschenden Geschlechts zu sein. Und wie sieht es mit der fixen Idee „einer jährlichen Wachstumsrate von so und so viel Prozent“ aus? Mit der Einstellung „Leistung um jeden Preis“?

Um den Hintergrund leidbringender Einstellungen besser zu verstehen, schauen wir nun auf Voreinstellungen, die uns alle betreffen. Es sind Voreinstellungen, die unser Denken und Handeln bestimmen. Diese werden in den Neurowissenschaften untersucht und als Bias bezeichnet. Es handelt sich um subjektive Verzerrungen der Wahrnehmung und Erinnerung und folglich von unseren Meinungen und Handlungen. Die Neurowissenschaftlerin Maren Urner charakterisiert sie so: „Was der Objektivität im Wege steht: unser aller Steinzeithirn, das sich eben nicht rein logisch und anhand von Fakten und bestimmten Zusammenhängen überzeugen lässt, sondern uns aufgrund bestimmter Funktionsweisen so oft einen Strich durch die Rechnung macht. Dieser Strich oder ganze Strichlisten sind die zahlreichen kognitiven Biases, unter deren Einfluss unser Gehirn ständig arbeitet.“[33]

Es ist sehr hilfreich, diese Voreinstellungen zu kennen. Daher werde ich hier ein paar aus der „Liste“ vorstellen. Zum tieferen Verständnis empfehle ich Maren Urners Buch *Raus aus der ewigen Dauerkrise* oder andere weiterführende Literatur zu dieser Thematik.

Negativitäts-Bias

Diese Voreinstellung sorgt dafür, dass wir alle wesentlich stärker auf Negatives als auf Positives achten. Wir sind die Nachkommen von Menschen, denen diese Ausrichtung dazu verhalf, in der Wildnis zu überleben. Lange trainiert, ist es ein Automatismus geworden.

Heute ist es notwendig, positiv Erlebtes und Erfahrenes immer wieder ins Bewusstsein zu rufen und zu teilen, um unser aller Nervensystem zu beruhigen und nicht durch verzerrte Wahrnehmung falsche Schlüsse zu ziehen.
▶ *Präsenz in der Führung, Tagesrückschau …*

Impact- oder Auswirkungs-Bias,
die Überschätzung von negativen Auswirkungen

Die Neigung, unbewusst Negatives überzubewerten, führt zudem dazu, dass wir sowohl die Dauer als auch die Intensität der Auswirkungen von Negativem überschätzen. Dies hat Folgen im beruflichen und privaten Alltag. Wir werden verunsichert durch unsere selektive Wahrnehmung und bekommen bestätigt, was wir als Kind vielleicht erfahren haben: In dieser kleinen Welt der Familie war ich nicht geborgen. Zudem wird von Politikern und Politikerinnen sowie den Medien durch „Angstmache“ Verunsicherung geschürt. „Lähmende Angst“ oder auch „Angst macht dumm“, sagt der

Volksmund treffend. „Angst essen Seele auf" heißt ein bekannter Film von Rainer Werner Fassbinder. Beseeltes mutiges Denken erst ermöglicht es, neue Wege zu finden und klug zu beschreiten. Der bewusste Umgang mit dem Negativitäts-Bias hilft uns, immer wieder zuversichtlich ins Handeln zu kommen.

Konfirmations-Bias oder Bestätigungsfehler
Diese Voreinstellung lässt uns Aussagen eher für wahr und richtig halten, wenn sie zu unseren bisherigen Überzeugungen passen. Dieses Vorurteil führt zum Beispiel dazu, dass in Auswahlverfahren nach wie vor weiße Männer von weißen Männern unbewusst ausgewählt werden. Die sogenannte Gläserne Decke ist die Folge. Ausnahmen bestätigen die Regel. Diese Voreingenommenheit führt auch dazu, dass wir ein bestimmtes Gruppendenken und -verhalten gegenüber anderen Menschen, je nachdem, ob sie dazugehören oder nicht, an den Tag legen. Starke Gruppenzugehörigkeiten führen leicht zu Ausgrenzungen und Abwertungen aller Art. Einmal gedachte Gedanken verfestigen sich durch stetiges Wiederholen der stets gleichen Sichtweise. So bauen sich die Erzählungen des So-und-so-Seins in der Welt auf. Es ist so wichtig, andere Sichtweisen neugierig kennenzulernen – zuzuhören.

Autoritäts-Bias
Jahrtausendelang erlebten unsere Vorfahren, wie brutal mit ihnen umgegangen werden konnte, wenn sie nicht gehorchten. Kein Wunder, dass Spuren von Autoritätshörigkeit davon zurückgeblieben sind in unserer Bewertung von Autoritäten. Wir neigen dazu, die Kommunikation auf Augenhöhe zu verlassen. Auch haben wir die Tendenz, Menschen, die Experten oder Expertinnen auf einem Gebiet sind, mehr Expertise in anderen Fachgebieten zuzutrauen.

Status-quo-Bias
Er beschreibt den Drang, an Altem festzuhalten. Das Gehirn ist eine Art Gewohnheitstier. 90 bis 95 Prozent unserer Handlungen sind Gewohnheiten. Dabei gehen wir bevorzugt den Weg des geringsten Widerstandes – ein wenig, wie bei einem lästigen Gegenstand, der im Weg liegt und um den wir mit wenig Energieaufwand einen Bogen machen können, statt ihn beiseite zu räumen. So sind Gewohnheiten zunächst Teil des Energiesparmodus. Langfristig geht die „Milchmädchenrechnung" jedoch nicht auf, denn das viele Drumherum-Bewegen hat schließlich einen viel höheren Energiever-

brauch zur Folge. Das erinnert mich an den Umgang mit der Klimakrise. Gleichzeitig sichern Gewohnheiten in der Logik unseres Steinzeithirns unser Überleben. Wir halten an ihnen fest, weil sie bis hierhin dafür gesorgt haben, dass wir überlebt haben. Nur helfen die alten Strategien des Steinzeitgehirns heute nicht weiter, denn es mobilisiert in Angstsituationen die biologischen Stressreaktionen Fight, Flight oder Freeze. Genau diese Reaktionen sind kontraproduktiv für kreative neue Lösungsfindungen. Wollen wir wirklich kämpfen, in den Krieg ziehen? Wo sollen wir denn hinlaufen? Und so tun, als wären wir nicht da, verändert die Situation wohl kaum.

Wir können uns das so vorstellen: Unser Gehirn ist ständig damit beschäftigt, Vorhersagen zu treffen, weil es versucht, Ungewissheit und Unsicherheit – ehemals Gefahr – zu minimieren. Unser Hang zu Gewohnheiten und zum Festhalten am Status quo ist Teil dieses Bestrebens.

Was bringt es, dies alles zu wissen? „Das war halt schon immer so!" Ja, es bleibt auch so, wenn wir nicht bewusster agieren. Dagegen sträubt sich der Status-quo-Bias. Doch bedenken wir, unser Gehirn ist enorm gewachsen seit der Steinzeit. Den Teil, der es uns ermöglicht, bewusster zu agieren, gilt es endlich bewusster einzusetzen. Dies ist ein so wesentlicher Schritt, um ausgetretene, für unsere Zivilisation gefährliche Handlungsweisen zu ändern. Ich wünsche mir, dass wir als Einzelne bewusst schauen und uns fragen, welche Gedanken uns heute weiterhelfen.

Im Kapitel „Unbegrenzte Aussicht" gehe ich darauf ein, welche Wertvorstellungen durch Präsenz entstehen und wie diese in die Gesellschaft hineinwirken können.

Es wird immer wieder nötig sein, uns die Bias ins Gedächtnis zu rufen. Am besten erinnern wir uns gegenseitig daran, denn nur allzu leicht bemerken wir selbst es nicht, wenn Voreinstellungen unsere Wahrnehmung und unser Handeln bestimmen.

Kurzfassung, um den dunklen, dichten Leit/dgedankenwald zu lichten:

Erster Schritt: Persönliche und gesellschaftliche Leit/dgedanken ans Licht bringen.

Zweiter Schritt: Erkennen, welches Leid solche Gedanken verursachen.

Dritter Schritt: Leidgedanken freundlich verabschieden.

Vierter Schritt: Fragen: „Welche Leitgedanken könnten mir, könnten uns, stattdessen hilfreich sein?"

Dies ist, wie Sie zu Recht vermuten, kein einmaliges Unterfangen, sondern ein unser ganzes Leben begleitender Prozess, der immer wieder unsere Aufmerksamkeit erfordert. Zur Veranschaulichung gebe ich Ihnen ein Beispiel: Wenn Sie ein konkretes Anliegen haben, wie zum Beispiel einen wichtigen Auftritt, der Ihnen Unbehagen bereitet, dann spielen Sie die Situation im mentalen Training durch: Wo findet das Ganze statt? Wie sieht der Raum aus? Welche Details fallen Ihnen ein? Welche sind wichtig? Zum Beispiel, wo Sie sich platzieren, oder technische Details. Wer kommt? Welche Beziehung haben Sie zu den Anwesenden? Wen müssen Sie überzeugen? Gibt es Verbündete? Gibt es jemanden, der besonders schwierig für Sie ist? Wie können Sie diese Person am besten abholen? Was haben Sie vor anzuziehen? Wie eröffnen Sie Ihre Rede? Was ist Ihre Hauptbotschaft? Wie spannen Sie den Bogen vom Anfang bis zum Ende? … Je mehr Details Sie einbeziehen, desto plastischer wird Ihre Vorstellung. Manchmal bricht Ihnen schon jetzt der Angstschweiß aus. Was befürchten Sie? Stellen Sie sich vor, was schlimmstenfalls passieren könnte. Es ist sinnvoll, die Ängste jetzt anzusehen, den Angstschweiß jetzt zu erleben, damit die Angst Sie nicht bei Ihrem Auftritt überfällt. Was vorher abgearbeitet wird, belastet Sie weit weniger, wenn es so weit ist. Fragen Sie sich, was für eine innere Einstellung hinter der Angst verborgen liegt. Vielleicht tauchen Leidgedanken auf wie: „Ich bin ja nicht so wichtig, dass ich vor andere treten kann", „Sei nicht wie die stolze Rose …", „Das war noch nie eine Stärke von mir", „Ich kann das nicht gut" … Wenn Sie einen solchen Gedanken entdecken, betrachten sie ihn und spüren Sie, was er mit Ihnen macht. Er lässt Sie vielleicht schwach oder ängstlich werden. Ist das hilfreich? Wenn ein Gedanke Ihr Vorhaben sabotiert, wird es Zeit, sich von ihm zu verabschieden. Es ist nur ein Gedanke, ein Geisteszustand, der in wenigen Sekunden wieder verblasst, außer Sie öffnen ihm nun Tür und Tor. Dann betritt er die Bühne und spielt sich auf. Achtung, Sie haben ihn erkannt, nun liegt es an Ihnen, ihm keine Aufmerksamkeit mehr zu schenken. Lassen Sie den Leidgedanken los. Vermutlich wird er Ihnen sonst Ihren Auftritt vermasseln, denn er kann Sie zum Beispiel dazu drängen, den Auftritt möglichst schnell hinter sich bringen zu wollen.

Wir selbst sind es, die einen Gedanken denken, nicht denken oder einen anderen Gedanken denken können; dies darf uns immer wieder klarwerden.

Nun fragen Sie sich: „Welcher Gedanke kann mir hilfreich sein in dieser Situation?" Wiederholen Sie die Frage sanft und freundlich, damit Ihr Innenleben sich angesprochen fühlt. „Welcher Gedanke kann mir helfen in der Situation?" Lassen Sie die Frage in sich schwingen. Das Arbeiten mit dem Unterbewussten verträgt keinen Druck, keine Anspannung. Wenn ein Gedanke auftaucht – zum Beispiel „Ich bin ruhig und gelassen", „Ich genieße meinen Auftritt" oder „Ich liebe und akzeptiere mich, so wie ich bin" –, probieren Sie ihn aus. Ein hilfreicher Gedanke löst Anspannungen, ruft ein Lächeln hervor, schafft inneren Freiraum, tut einfach gut. Sie können sich zum Vergleich ja noch einmal die alte verabschiedete Einstellung „überstreifen", um den Unterschied eindrucksvoll zu spüren. Haben Sie den Mut, zu denken, was Ihnen richtig guttut! So gelingt es Ihnen, hemmende Vorstellungen durch wohltuende Bilder und Gedanken zu ersetzen.

Jede Vorstellung, jeder Gedanke hat Folgen, Folgen für unsere Stimmung, wie wir im Kapitel „Atmen" bereits gesehen haben. Jede Stimmung verändert die Qualität der Atembewegung und hat so Einfluss auf die uns zur Verfügung stehende Energie, den Klang unserer Stimme und auf unsere Ausstrahlung.

Zum Abschluss spielen Sie Ihren bevorstehenden Auftritt noch einmal durch. Genießen Sie ihn in der Vorstellung. Der Fokus liegt auf dem, was Sie tun, nicht auf den Reaktionen der Beteiligten. Stellen Sie sich vor, wie Sie lustvoll auftreten, sprechen und sich Pausen beim Sprechen gönnen … Jede berufliche Situation und jede Lebenssituation lässt sich auf diese Weise bearbeiten.

Tipp: Gezieltes Synchronisieren von Gedanken und Atembewegung

Nutzen Sie die Einatmung und die Ausatmung gezielt, um Gedanken zu verankern oder um sie loszuwerden. Die Einatmungsbewegung führt uns, wenn wir sie aufmerksam begleiten, in unseren Körper hinein. Diese Qualität nutzen wir für Fragen und zum Verankern hilfreicher Gedanken. Wir stellen unsere Fragen dadurch konkret in den Bauchraum, in die Weite, die Ausdehnung, hinein. Hilfreiche Gedanken verankern wir so in unserem Zentrum.

Bei der Ausatmung lässt die Zwerchfellspannung nach, Luft strömt aus. Diese Qualität nutzen wir, um leidbringende Gedanken in uns zu lösen. Wir atmen sie aus und geben sie dadurch bewusst ab. Sie dürfen verblassen. Dies ist, wie Sie zu Recht vermuten, kein einmaliges Unterfangen, sondern ein unser ganzes Leben begleitender Prozess, der immer wieder unsere Aufmerksamkeit erfordert.

Hilfreiche Gedanken

„Die größte Entscheidung deines Lebens liegt darin,
dass du dein Leben ändern kannst, indem du deine Geisteshaltung änderst.“
Albert Schweitzer

Ich finde den Gedanken von Albert Schweitzer hilfreich. Es braucht unsere Entschiedenheit, um zu freier denkenden und damit handelnden Wesen zu werden. Gedanken sind, wie schon im vorangegangenen Kapitel beleuchtet, Ausdruck unserer Geisteshaltung, oder anders formuliert, unserer inneren Haltung. Sie sind der hörbar wirkende Teil unseres Glaubenssystems. Wohlwollend uns selbst zuhörend, werden wir sie Stück für Stück erkennen und bearbeiten können. Um den eigenen Horizont immer wieder zu erweitern, schauen wir nun nach Gedanken, welche die Kraft haben, uns hilfreich auf unserem Weg und konkret in einer Situation zu unterstützen. Neue Gedanken fühlen sich gegenüber Gedanken, die bereits Teil unseres Glaubenssystems geworden sind, vermutlich erst mal fremd an. Als Schauspielerin bin ich mit jeder Rolle mir, zunächst, fremden Gedanken begegnet. Stück für Stück durch verstehendes, fühlendes Wiederholen näherte ich mich den Gedanken an. Zudem nahm ich wahr, wie ein Gedanke in mir resonierte und wie ich ihn nach und nach auf meine Weise zum Ausdruck brachte. Ich möchte Ihnen vorschlagen, Gedanken bewusst auszuprobieren.

Hilfreiche Gedanken unterstützen uns bei der Verfolgung unserer Anliegen und bauen uns auf. Wir können sie selbst entwickeln oder uns von überlieferten konstruktiven Gedanken inspirieren lassen oder auch beide Wege zugleich beschreiten. Zur Anregung führe ich einige vielfach erprobte Gedanken für Ihre mentale Hausapotheke an. Wenn Sie Lust haben, probieren Sie einen, der sie besonders anspricht, aus. Schließen Sie dafür zunächst die Augen, und denken oder sprechen Sie ihn mehrere Male laut aus. Wie fühlen Sie sich dabei? Erspüren Sie, was der Gedanke in Ihnen auslöst.

Immer wieder wohlwollend nehme ich mich und meine Handlungen wahr. –
Durch das Hineinwachsen in eine Grundhaltung des Wohlwollens öffnet sich der Weg zu Verständnis und Heilung. Wenn wir uns selbst wohlwollend begegnen, können wir auch anderen wohlwollend begegnen.
Ich bin ein wundervoller Mann. / Ich bin eine wundervolle Frau. –
Ich bin ein Wunder, einzigartig. Ich schätze mich wert, darf mich überraschen und mich über mich wundern.

Täglich wachse ich weiter. –
Damit Lust und Mut mich unterstützen.
Ich wachse über mich selbst hinaus. –
Ich gebe mir die Erlaubnis, mich groß zu denken, groß zu sein.
Ich lebe nur einmal, also packe ich es an. –
Ich schiebe nichts, was mich belastet, auf.
Ich helfe und lasse mir helfen. –
Der Mensch ist verletzlich, und es ist gut, sich gegenseitig zu helfen und Hilfe anzunehmen.
Das ist mein Leben. –
Ich übernehme Verantwortung für mich selbst.
Ich bin da. –
Ich bin mir meiner Einmaligkeit und der des Augenblicks bewusst.
Schritt für Schritt. –
Ich mache eins nach dem anderen, dies ist befriedigend und führt zum Erfolg.
Ich genieße Augenblick für Augenblick. –
Sehr hilfreich bei Zeitdruck und vollem Terminkalender.
Ich bin so, wie ich bin. –
Ich nehme mich selbst an. Wer, wenn nicht ich selbst, sollte das tun?
Es ist so, wie es ist, und es ist gut so, wie es ist. –
Erst das Annehmen dessen, was ist, ermöglicht Veränderung.
Es darf leicht sein. –
Gegenentwurf zur weit verbreiteten Vorstellung von Arbeit und Leben.

Wenn es Ihnen schwerfällt, einen Gedanken wie „Ich bin wundervoll" zu denken, weil Sie eine große Diskrepanz zwischen diesen Worten und Ihrem Gefühl empfinden, dann fangen Sie an, sich zu akzeptieren, wie Sie sind. Denn erst dadurch werden Veränderungen möglich.

Bestimmen Sie, was Sie denken, sonst werden Sie gedacht. Erkennen Sie, was Sie sein können, und schenken Sie dieser Vorstellung Raum. So werden Sie Ihren eigenen Weg gehen. Dieser darf auch außerhalb der gesellschaftlichen „Norm" verlaufen. Achten Sie auf das, was Sie denken, denn jeder Gedanke schafft Wirklichkeit. Pflanzen Sie hilfreiche Gedankensamenkörner! Kultivieren Sie sie durch beharrliche, beseelte Wiederholung, verleihen Sie ihnen durch Fokussierung Kraft, und ernten Sie die Früchte.

In vielen Seminaren durfte ich erleben, wie überraschend leicht es den meisten Teilnehmenden fiel, sich auf die mentalen Übungen einzulassen, und welch kreatives Potenzial zutage trat. In letzter Zeit habe ich, mit ihrer Erlaubnis, angefangen, anregende, hilfreiche Gedanken zu sammeln. Mein Dank gilt den „Entdeckerinnen“ und „Findern“.

Diese konstruktiven Gedanken sind Antworten auf die Frage: „Welcher Gedanke kann mir in einer konkreten, für mich schwierigen Situation helfen?“ Für Sie, liebe Leserinnen und Leser, habe ich hier eine kleine Auswahl der in vielen Seminaren erprobten Gedanken zusammengestellt:

> **„Ich habe es selbst in der Hand.“**
> **„Wenn du glaubst, es geht nicht mehr – dann kommt von irgendwo ein Lichtlein her.“** (Volksweisheit)
> **„Ich bin bei mir, ich schaffe das!“**
> **„Ich wachse mit jedem Schritt. Das gilt auch für Rückschritte.“**
> **„Ich freue mich auf das, was kommt.“**
> **„Probier’s mal mit Gemütlichkeit …“** (Dschungelbuch)

Falls Sie ein gewisses Unbehagen empfinden, autosuggestiv mit hilfreichen Gedanken zu arbeiten, möchte ich bitten, Folgendes zu bedenken: Machen wir uns nicht gerade dann etwas vor, wenn wir die „eigenen“, meist unbewussten Gedanken als die einzig echten, denkbaren, nicht manipulativen verstehen? Jeder Gedanke, der in uns – meist unbewusst – aufsteigt, beeinflusst uns, sei es positiv oder negativ. Suggestion bedeutet im Englischen auch Vorschlag, Hinweis oder Anregung. Vielleicht dürfen wir es so verstehen: Wir unterbreiten uns bewusst Vorschläge. Vorschläge können wir prüfen, annehmen oder ablehnen und neue kreieren.

Sieben Regeln

Bei der Formulierung nützlicher Gedanken beherzigen Sie bitte Folgendes:

- *Authentizität*
  Lediglich Gedanken, die Ihnen gefallen, die Sie berühren, denen Sie Glauben schenken, die Sie inspirieren, tragen Früchte.

- *Formulieren Sie stets einfach, statt kompliziert!*
  Zum Beispiel: „Ich stelle mir vor, erfolgreich zu sein“ lautet vereinfacht: „Ich bin erfolgreich.“ Die zweite Formulierung ist stärker und klarer. Probieren Sie es aus.

- *Differenzierung zwischen Wille und Vorstellungskraft*
  Wille und Vorstellungskraft entfalten unterschiedliche Energien in uns. Dessen sollten wir uns bewusst sein. Der Wille erzeugt Kraft, eine Art Antriebskraft, die notwendig ist, um etwas in Bewegung zu setzen. Die Qualität des Antriebs ist ohne Zweifel wichtig. „Wo ein Wille ist, ist auch ein Weg", so klingt es im Volksmund. Wenn wir allerdings zu stark auf den Willen bauen, wird das Handeln anstrengend werden. Zum Glück besitzen wir auch die Gabe der Vorstellungskraft oder Phantasie, die uns mühelos neue Vorstellungsräume öffnet.
  Wenn uns etwas leicht vorkommt, ist dies ein Indiz für die Kraft der Vorstellung. Bei einem vom Willen getragenen Gedanken werden wir Anstrengung erleben. Denken Sie daher „Ich bin erfolgreich" und nicht „Ich will erfolgreich sein". Bitte nehmen Sie sich nun einen Moment Zeit, und probieren Sie beide Formulierungen aus. Spüren Sie den Unterschied. Spüren Sie die muskuläre Anspannung bei der Formulierung „Ich will …".
  Meist macht sie sich im Kiefergelenk bemerkbar. Angespannte Kiefergelenke wirken sich wiederum auf die Atembewegung aus. Ein weitverbreitetes Phänomen unserer Zeit ist das „Festbeißen". Da steht uns wohl der Wille im Weg. Ein chinesisches Sprichwort besagt, dass der Wille den Eingang ins Paradies versperrt.
  Beim Arbeiten mit der Kraft der Gedanken ist es wichtig, folgenden Merksatz zu beherzigen: Die Kraft des Willens unterliegt der Vorstellungskraft!

- *Formulieren Sie positiv!*
  Also nicht „Ich habe keinen Stress", sondern zum Beispiel „Ich bin gelassen".

- *Bleiben Sie im Hier und Jetzt, auch wenn das, was Ihr Gedanke aussagt, zunächst noch eine reine Behauptung ist!*
  Wir behaupten uns durch diesen Gedanken in der Situation. Nicht „Ich bleibe gelassen", sondern „Ich bin gelassen".

- *Sprechen Sie laut, deutlich und beseelt!*
  Wir sprechen wie ein guter Berater oder eine liebevolle Freundin zu uns. Das verstärkt die Autosuggestion. Laut ist dies natürlich nicht in allen Situationen möglich, aber wenn wir allein sind schon.

- *Nutzen Sie die Musikalität der Sprache!*

Zum Beispiel durch Reime und humorvolle Assoziationen. In der Oberstufe des Autogenen Trainings nennt man hilfreiche Gedanken *formelhafte Vorsätze*, darunter finden Sie Beispiele wie diese:
„An jedem Ort, zu jeder Zeit Ruhe und Gelassenheit."
„Ich kann jetzt auf mich bauen, ich lerne mir vertrauen."

Überlieferte hilfreiche Gedanken

„Haltet diese Gedanken Tag und Nacht griffbereit."
Epiktet

Natürlich müssen wir nicht alles selbst erfinden. Es gibt Denkerinnen und Denker, die Gedanken brillant auf den Punkt gebracht haben. Sowohl unterstützende als auch sabotierende Gedanken wurden bezaubernd klar formuliert. Schenken Sie Zitaten zum Beispiel aus der Philosophie und Literatur sowie Volksweisheiten und Liedern Ihre Aufmerksamkeit. Legen Sie sich Ihre persönliche Gedankensammlung an, und ergänzen Sie diese, wann immer Sie einem inspirierenden, hilfreichen Gedanken begegnen.

Gleich werde ich Ihnen Ausschnitte aus meiner Sammlung zur Verfügung stellen. Meist erfassen wir beim ersten Lesen nicht die ganze Bedeutung, die in den zitierten Worten in verdichteter Form enthalten ist. Es gibt drei Gründe, warum wir Zitate, an die wir uns erinnern möchten, auswendig lernen sollten:

- um memorierend nach und nach einen Gedanken in seiner Tiefe zu erfassen,
- um ihn in einer bedrängenden Situation griffbereit zu haben und
- um ihm in Anbetracht unterschiedlicher Situationen neue Aspekte abgewinnen zu können.

Techniken und weiterführende Gedanken zum Auswendiglernen und zum Umgang mit Zitaten finden Sie im Kapitel ▶ *Rhetorische Präsenz, Die Gedächtniskunst.*

Aus meiner Sammlung:

„So bös sind die Menschen oft gar nicht. Sie sind oft einfach nur mit sich selbst beschäftigt." *Friedrich Nietzsche*
Sehr hilfreich, um das Verhalten anderer besser zu verstehen.

„Doch lächelnd die Wahrheit sagen / was hindert daran." *Horaz*
Wir müssen nicht ernst, verbissen, betroffen sein, wenn wir beispielsweise ein Feedback geben.

„Der Klügere gibt nach! Eine traurige Wahrheit, sie begründet die Weltherrschaft der Dummheit." *Marie von Ebner-Eschenbach*
Allerhöchste Zeit, sich einzumischen! Diesen Gedanken sollte man bei Veranstaltungen beherzigen, bei denen es sinnvoll ist, sich öffentlich einzuschalten, und bedauerlicherweise sich viel zu häufig Dauerredner und Selbstdarsteller breitmachen.

„Nicht die Dinge selbst, sondern nur unsere Vorstellungen über die Dinge machen uns glücklich oder unglücklich." *Epiktet*
Eine entscheidende Erkenntnis, die sich in zahlreichen Situationen als dienlich erweist.

„Gib jedem Tag die Chance, der schönste deines Lebens zu werden."
Marc Twain
Selbstverantwortung übernehmen.

„Wer nicht genießt, ist ungenießbar." *Konstantin Wecker*
Kommentar überflüssig.

„Es ist das Mitgefühl, das uns jenseits der Gefühllosigkeit zur Heilung führt." *Anton Tschechow*
Dies gilt sowohl für die persönliche Heilung als auch für das Befrieden von Konflikten in der Welt.

„Wenn du es eilig hast – geh langsam." *Altes deutsches Sprichwort*

„Gott schenkte uns die Zeit – von Eile hat er nichts gesagt."
Gelesen am Gesims einer Holzhütte in den Bergen.

„Ich habe keine Zeit, mich zu beeilen." *Igor Strawinsky*
Angemessener Umgang mit der Zeit.

„Es geht mir von Tag zu Tag, in jeder Hinsicht, immer besser und besser.“[34]
Dieser einfache Satz von Émile Coué, des Begründers der Autosuggestion, hilft bei seelischen und körperlichen Beschwerden. Er ist auch präventiv einsetzbar.

„Ich liebe und akzeptiere mich.“[35]
Dies ist ein wesentlicher Gedanke von Louise L. Hay. Sie arbeitet mit ihren Klienten an der Eigenliebe, denn erst wenn wir uns so annehmen, wie wir gerade sind, können wir uns weiterentwickeln.

„Geschöpfe, die den Wert ihres Daseins empfinden, die ins Vergangene froh zurückblicken, das Gegenwärtige genießen, und in der Zukunft Himmel über Himmel in unbegrenzter Aussicht entdecken; Menschen, die sich mit allgemeiner Freundschaft lieben, deren Glück durch das Glück ihrer Nebengeschöpfe vervielfacht wird, die in der Vollkommenheit unaufhörlich wachsen – o wie selig sind sie!“[36]
Dies ist die Formel für ein gelingendes Leben. Präzise beschreibt Heinrich von Kleist den Umgang mit uns selbst, mit der uns zur Verfügung stehenden Zeit und unseren Mitmenschen. Ich wünsche mir, dass viele Menschen diese Haltung zum Leben für sich entdecken und kultivieren. Die Kraft dieser Gedanken wird uns in Momenten, in denen der eigene Wert abhandenzukommen droht, ermutigen, ihn wiederzuentdecken. ▶ *Rhetorische Präsenz, Auswendig lernen und Sprache be-greifen.*

„Möge ich mit Herzenswärme erfüllt sein – möge ich gesund sein. Möge ich mich friedlich und gelassen fühlen – möge ich glücklich sein.“[37]
Aus dem Buddhismus stammende Formulierung der wesentlichen Eigenschaften, um glücklich und gesund zu sein. Gelesen bei Jack Kornfield.

„Hast du dich selber auf die rechte Art lieb, so hast du alle Menschen lieb, wie dich selbst.“ *Meister Eckhart*

„Mitgefühl, ein wenig gelebtes Gefühl, fängt beim Mitgefühl für sich selbst an.“ *Meister Eckhart*

„Alternde Menschen sind wie Museen. Nicht auf die Fassade kommt es an, sondern auf die Schätze im Innern.“ *Jeanne Moreau*
Der Gedanke lässt mich entspannt und lustvoll altern und dabei Schätze ansammeln.

„The brain runs on fun.“ *Englisches Sprichwort*
Widerspricht wohl der allgemein vorherrschenden Vorstellung vom Umgang mit sich selbst.

Sich Fragen stellen

„Es handelt sich darum, alles zu leben.
Wenn man die Fragen lebt, lebt man vielleicht allmählich, ohne es zu merken,
eines fremden Tages in die Antworten hinein.“
Rainer Maria Rilke

Allgemeine offene Fragen
Sie können eine offene Frage an Ihr Inneres richten und sich überraschen lassen, ob sie Resonanz findet. Die Frage ist wie eine ausgeworfene Angelschnur. Ob ein Fisch anbeißt und wenn ja, welcher, werden Sie durch entspannte Gelassenheit herausfinden. Was auch immer anbeißt, es ist genau richtig in diesem Moment. Die einfachsten Bedürfnisse, die hierbei ans Licht kommen, sind genauso wertvoll wie überraschende Einsichten. Mal ist es amüsant, mal erhellend oder traurig.

Ich frage den Coachee zum Beispiel: „Wie geht es Ihnen?“ und fahre dann fort: „Bitte lassen Sie die Frage erst über die Einatmungsbewegung hineinströmen in Ihren Körper, in Ihre Körpermitte, und dort stellen Sie sich diese Frage selbst.“ Auf diese Weise geben wir dem Körper eine Chance zu antworten, andernfalls antwortet im Nu der Kopf. Stellen Sie sich vor, Sie erhalten einen Zettel mit dieser Frage, fahren dann mit einem imaginären Aufzug ein paar Stockwerke hinunter in Ihrem Körper und stellen sie dort geduldig Ihrem Zentrum. Und danach warten Sie ab. Vielleicht kommt etwas, vielleicht auch nicht. Wiederholen Sie die Frage freundlich. Falls Ihnen dabei eine andere Formulierung in den Sinn kommt, wählen Sie diese, und lassen Sie auftauchende Antworten zu. Dieser Vorgang bedarf Ihrer liebevollen, geduldigen Zuwendung zu sich selbst. Verweilen Sie bei sich, und lassen Sie sich überraschen. Auch wenn „nichts“ antwortet, ist etwas Wesentliches passiert – Sie haben einen Moment bei sich verweilt und sich gespürt. Das ist viel wert. Verfahren Sie bitte auf diese Weise mit den Fragen, die Sie sich selbst stellen.

Im Folgenden noch ein paar Vorschläge:

Gibt es irgendetwas, was ich wissen sollte? Diese Frage ist eine Eröffnung, eine Einladung, die angenommen werden kann oder auch unbeantwortet bleiben darf. Beides kann stimmig sein. Vielleicht löst sich aus dem Untergrund ein Gedanke wie dieser: „Ruf mal wieder deine Mutter an“ oder „Ich bin besorgt um …“, „Lächle mal wieder“. Was immer sich zu erkennen gibt, nehmen wir dankbar und freundlich an und bewerten es nicht.

Was wünsche ich mir? Was ist mein Bedürfnis? Was ist wesentlich und wichtig für mich? Worum geht es? Fragen, die wir gern vergessen. Welche Vorstellungen tauchen auf?

Fehlt mir etwas? Manchmal ist es so, dass allein die Tatsache, dass wir nach unserem Wohlergehen fragen, uns ein Lächeln auf die Lippen zaubert. Wir nehmen die Hinwendung zu uns selbst dankbar und erfreut auf. Das allein kann schon genügen.

Wenn sich etwas zu erkennen gibt, was Sie tiefer ergründen möchten, können Sie dem durch weitere Fragen und Assoziationen nachgehen.

Durch Fragestellungen fokussieren

Sie können auch themenzentriert arbeiten. Dabei lenken Sie Ihre Aufmerksamkeit auf bestimmte Projekte, Probleme oder Beziehungen und untersuchen diese fragend. Sie werden sozusagen ihre eigene Therapeutin, ihr eigener Berater.

Entdecken Sie Ihre Fragen, und lassen Sie die Leere, die Stille in sich zu. Es gibt eine Grenze zwischen dem, was wir bereits wissen und aussprechen können, und dem, was wir noch nicht formulieren können, weil der rechte Gedanke erst noch zum Vorschein kommen muss. Diese Grenze ist interessant, in dieser Grauzone entwickelt sich Neues. „Denn dieses Dort-an-der-Grenze-Verweilen ist eine Art Denken.“[38]

Die Grenze des Nichtwissens aufzusuchen ist ein produktiver Akt. An dieser Grenze stellen wir uns Fragen und lauschen geduldig, inwieweit sie auf Resonanz in uns stoßen. Das, was noch nicht sagbar, aber vielleicht bereits spürbar ist, darf sich einen Weg suchen, darf einen Ausdruck finden – in Form eines Bildes, einer Vorstellung oder eines Gedankens.

Prinzipiell gilt, dass Fragen, Vorstellungen oder Gedanken am wirksamsten sind, wenn sie Ihrer persönlichen Phantasie entspringen. Nutzen Sie Ihr kreatives Potenzial. Die folgenden Beispiele sind als Anregung zu verstehen.

- *Gibt es derzeit eine Situation, die mich belastet? Wer ist an der Situation beteiligt? Was ist es, was ich eigentlich befürchte? Wie sieht das Worstcase-Szenario aus?* Es ist sinnvoll, die pessimistischen Erwartungen vorab im Geist durchzuspielen. Sie können dann nicht mehr enttäuscht werden, weil Sie sich einen solchen Ausgang ja schon vorstellen konnten. Nun fragen

Sie weiter: *Was hält mich noch an der Vergangenheit fest? Welche innere Einstellung habe ich zu der Situation oder Person oder zu dem Thema? Hilft meine Haltung mir weiter? Verändert sich dadurch die Situation? Welcher Gedanke, welche Vorstellung könnte mir nützlich sein? Was wäre, wenn alles gelöst wäre?* Lassen Sie doch mal die freie „Monika" – hier setzen Sie Ihren Vornamen ein – kommen. Wie würde sie agieren?

- *Wie soll ich mich in einer bestimmten Situation entscheiden? Soll ich dieses oder jenes tun? Was passiert, wenn ich mich für das eine entscheide, und was erwartet mich, wenn ich das andere wähle? Was sehe ich noch nicht?* Malen Sie sich in Ihrer Vorstellung beide Szenarien in Ruhe aus, und lassen Sie sie auf sich wirken. *Ist das wirklich so? Was möchte ich tief in meinem Innern tun? Was hindert mich daran? Gibt es vielleicht eine oder mehrere weitere Optionen? Wozu dient das Ganze? Gibt es etwas, was mir besonders wichtig ist, etwas, zu dem ich von ganzem Herzen ja sagen kann? Lässt sich auf dieses Ja weiter aufbauen?*

- *Bin ich die Person, die ich sein möchte? Warum nicht? Was fehlt mir dazu? Was kann ich dafür tun? Wie würde ich aussehen, wie mich fühlen, wenn ich der Mensch wäre, der ich sein möchte?* Oft bewegen sich unsere Gedanken lediglich zwischen den Polen „weniger" und „mehr des bereits Bekannten", anstatt völliges Neuland zu betreten. ▶ *Präsenz in der Führung, „Werde, die du bist" – „Werde, der du bist".*

- *Wie stelle ich mir mein Leben heute, in einem halben Jahr, in drei Jahren etc. vor?* Wenn wir unterschiedliche Ideen für die Zukunft durchspielen – auch absurde –, erkennen wir unsere Möglichkeiten. *Was wird wohl auf mich zukommen? Was muss ich heute tun, damit ich künftig zufrieden zurückblicken kann? Was steht in meiner Macht? Und was steht nicht in meiner Macht? Was gilt es anzunehmen, zu akzeptieren, und was kann ich verändern? Wie kann es leichter gehen? Welche Worte, welche Sprachbilder wähle ich, um treffend zu formulieren, worauf ich mich konzentrieren möchte?* ▶ *Präsenz in der Führung, Ausblick auf das kommende Jahr.*

Freie Assoziation

Im Dialog mit uns selbst können wir uns fallen lassen und auf Entdeckungsreise gehen. Es ist eine Reise in den *Weltinnenraum*, wie Yoko Ono es in den

Textminiaturen, welche diesem und dem folgenden Kapitel vorangestellt sind, skizziert. Vorstellungsbilder, Klangvorstellungen und Empfindungen tauchen auf. Welche Vorstellungen, welche Empfindungen sind es heute? Was lösen sie in mir aus? Was erzählen sie mir?

Solche Bilder werden häufig eher empfunden als „gesehen". Achten Sie darauf, in Verbindung mit Ihrem Bauch zu bleiben, sonst entsteht „Kopfkino". Die Atemwahrnehmung hilft, sich immer wieder zu verankern.

Welche Vorstellungen inspirieren Sie persönlich? Welche aktivieren beispielsweise Ihre Selbstheilungskräfte? Welche machen Ihnen Mut? Welche lassen Sie Ihre Fülle und Größe erfahren?

Perspektivwechsel

Wie blicken wir in die Welt? Wie sehen wir uns? Welcher Ausschnitt wird wahrgenommen? Wir können unser Leben und einzelne Situationen darin wie Szenen in einem Schauspiel betrachten und aus verschiedenen Perspektiven untersuchen. Auf diese Weise entsteht zwischen uns als Beobachtern und unseren inneren Konflikten ein Abstand, dessen es bedarf, um unsere eingespielten, wiederkehrenden Verhaltensmuster erkennen zu können. Indem wir unterschiedliche Blickwinkel einnehmen, lockern und lösen wir Schritt für Schritt die Identifikation mit diesen Mustern und der eigenen (einzigen) Sichtweise. Sie kennen vermutlich Vexierbilder. Aus verschiedenen Richtungen betrachtet, bieten sie jedes Mal einen vollkommen anderen Anblick. Jeder ist für sich betrachtet stimmig. Es gibt kein Falsch oder Richtig, ebenso wenig wie den objektiven Blick. Der Pessimist schenkt Negativem seine Aufmerksamkeit und vermutet dahinter ein System. Der Optimist richtet sein Augenmerk auf das, was ihn positiv beeinflusst, und geht ebenfalls von einem zugrundeliegenden Ordnungsprinzip aus. Indem wir uns selbst, eine andere Person oder Situation aus unterschiedlichen Blickwinkeln betrachten, erweitern sich unsere Vorstellungen, und gleichzeitig werden dabei andere Energien spürbar, die wir erforschen können. In unserer Vorstellung ist vieles möglich, was in der Realität nicht möglich ist – nutzen wir dieses Potenzial. Das Spiel mit den Perspektiven darf auch absurde Züge annehmen, denn dadurch stören wir unsere gewohnte Sichtweise. Brauchen wir nicht Störungen, damit sich etwas verändern kann?

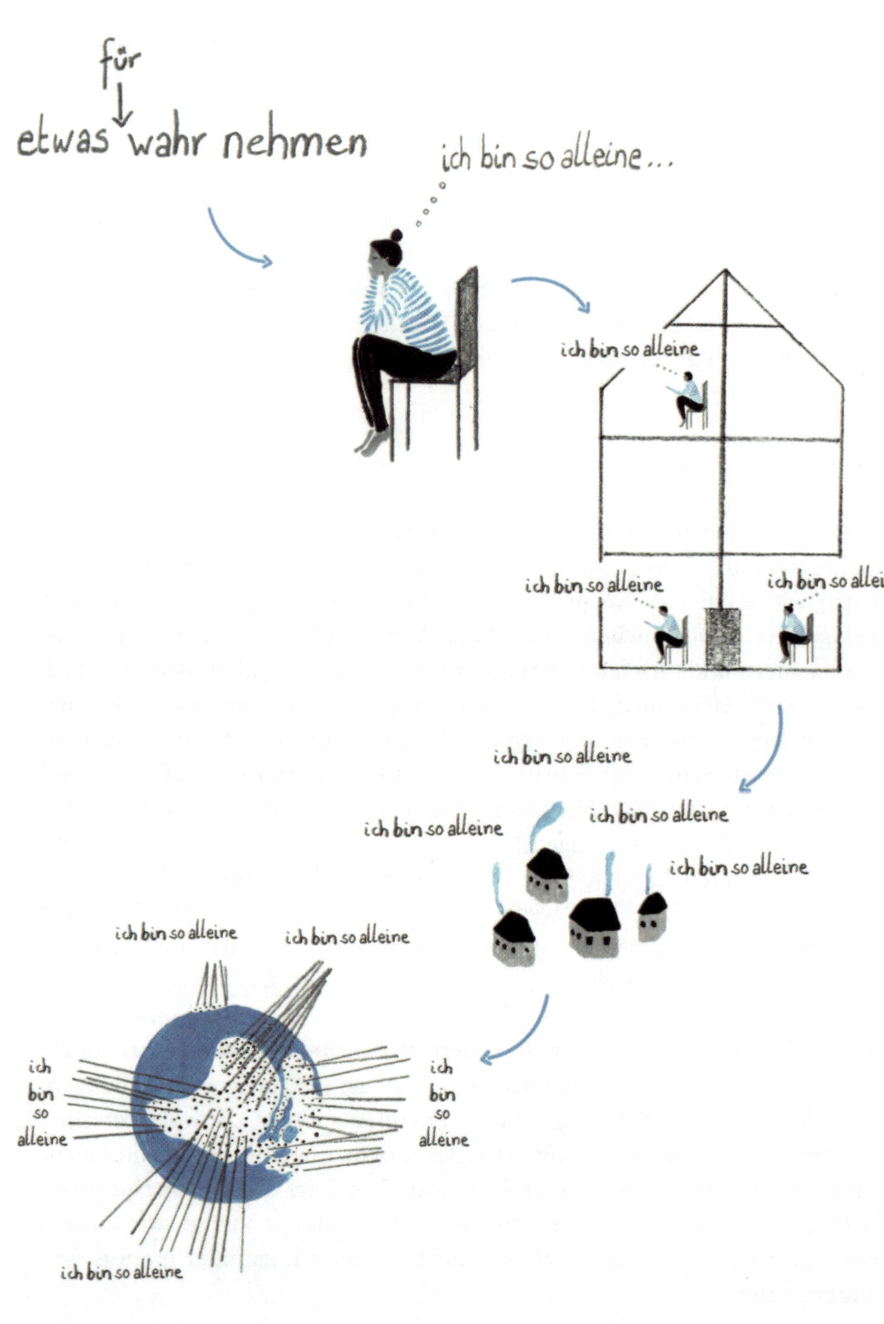

für
etwas wahr nehmen
ich bin so alleine …
ich bin so alleine
ich bin so alleine
ich bin so alleine
ich bin so alleine
ich bin so alleine
ich bin so alleine
ich bin so alleine
ich bin so alleine
ich bin so alleine
ich bin so alleine
ich bin so alleine
ich bin so alleine

ÜBUNG: STELLEN SIE SICH VOR, SIE FÜHREN REGIE

Wählen Sie eine Aufgabe oder eine Situation aus, die Sie derzeit beschäftigt. Dabei helfen Ihnen die drei klassischen Eckpfeiler jedes Dramas: Ort, Personen und Handlung. Stellen Sie sich diese drei Aspekte Ihrer ausgewählten Situation möglichst genau vor: Wo findet das Ganze statt? Wer ist beteiligt? Worum geht es? Worin besteht beispielsweise der Konflikt?

Aus welchen Perspektiven können Sie eine Szene, Aufgabenstellung oder Ähnliches betrachten? Aus der Nahaufnahme (Film), vom Zuschauerraum aus oder aus der Vogelperspektive ...? Welche Rolle haben Sie inne, die eines Beteiligten oder Außenstehenden? Wollen Sie Ihre Aufgabe von einer anderen Person erledigen lassen, um weitere Handlungsoptionen kennenzulernen? Möchten Sie für das Hin und Her in sich, die gegenläufigen Tendenzen, verschiedene Figuren kreieren, um klarer zu erkennen, in welche Richtung Sie gehen wollen? In der Vorstellung können Sie sich auch in Rollen erleben, die Sie im realen Leben nicht übernehmen.

Wie beleuchten Sie die Szene? Heben Sie etwas hervor, oder lassen Sie etwas verschwinden? Was heben Sie hervor? Was lassen Sie verschwinden? Wie sind die „Darsteller“ gekleidet: bunt – schwarzweiß – transparent – verstaubt ...? Überzeichnen Sie etwas, um es zum Beispiel grotesk erscheinen zu lassen? Sie können die ganze Szene in eine andere Umgebung oder Zeit versetzen. Was passiert dadurch? Sie können eine Szene auch in Zeitlupe oder im Zeitraffer durchspielen, lauter und leiser, kleiner und größer, heller und dunkler oder sie verblassen lassen.

Sie kann sich zu guter Letzt in einer Schuhschachtel ereignen, und wenn Sie genug wahrgenommen haben, schließen Sie den Deckel und stellen den Karton ins Regal.

So können wir, unserer Phantasie und unseren Eingebungen folgend, spielerisch Situationen aus verschiedenen Perspektiven betrachten, unterschiedlich belichten und erhellen und dabei Gedanken und Vorstellungen sichten und lichten. Die in der „Innenwelt“ gewonnenen Einblicke und Erkenntnisse helfen bei der Problemlösung in der Außenwelt. Sie führen zu einer gelasseneren, humorvolleren Grundhaltung.

Erwartungen

> „Wenn du also dazu kommst,
> daß du um nichts mehr Leid noch Kummer trägst
> und daß dir alles eine reine Freude ist,
> dann ist das Kind in Wahrheit geboren.“[39]
> *Meister Eckhart*

Ohne Frage benötigt man Selbstdisziplin, wenn man an sich arbeiten will. In manchen Berufen, etwa bei Bühnenkünstlern und Sportlern, wird sie vorausgesetzt. Das Üben und Trainieren ist ihnen im Lauf der Jahre selbstverständlich geworden, wohl wissend, dass sich sowohl physische als auch mentale Fähigkeiten trainieren lassen und beides konstruktiv ineinandergreift. Mir ist aufgefallen, dass Menschen, die über Selbstdisziplin verfügen, kaum Schwierigkeiten haben, allein zu arbeiten. Personen, die darin nicht geübt sind, hingegen haben eher Probleme damit. Durch Mentaltraining können Sie Selbstdisziplin erlernen, entweder allein oder mit Hilfe eines Lehrers, der Sie durch klare Instruktionen und Termine unterstützt.

Ich kann in diesem Rahmen die vielfältigen Möglichkeiten, die das mentale Arbeiten eröffnet, nicht erschöpfend darstellen. Manche Gebiete wie die Aktivierung von Selbstheilungskräften habe ich kurz gestreift. Für alle gilt jedoch, dass der bewusste Umgang mit unseren Vorstellungen, unserer Geisteshaltung, das Bewusstsein erweitert und sich positiv auf unsere Entwicklung auswirkt. Mentale Präsenz als möglichst waches Gegenwärtigsein in jedem Augenblick unserer begrenzten Lebensspanne ist in meinen Augen sehr erstrebenswert. Dabei geht es ausdrücklich nicht darum, perfekt zu sein, sondern darum, sich selbst zuzulassen. „Wir haben ein Grundrecht auf Unvollkommenheit!“, so hat es der Psychoanalytiker Friedrich Markert einmal auf den Punkt gebracht. Er meint damit die Tatsache, dass jeder Mensch unvollkommen ist und dass es gut ist, dies, durchaus auch mit Bedauern, anzuerkennen. Goethe würde vielleicht sagen: Nach den Sternen strebt man, man hat sie nie in Händen. Und der Künstler Nam June Paik formuliert es pointiert so:

> **“When too perfect**
> **lieber Gott böse”**

Sie kennen nun einige Anwendungsgebiete des Mentaltrainings und Möglichkeiten, wie Sie selbstständig Erfahrungen sammeln können.

Einbindung in den Alltag

Wie können Sie hilfreiche Gedanken im Alltag erinnern, verfeinern und festigen? Ich stelle Ihnen zum Abschluss drei Techniken zum Verankern hilfreicher Gedanken vor. Weitere Anregungen finden Sie im Kapitel ▶ *Präsenz in der Führung, Ideensammlung zur Implementierung im Alltag.*

- *Hilfreiche Gedanken optisch verankern* – Was wir nicht vergessen wollen, schreiben wir auf, in To-do-Listen, in Tagebüchern, oder wir lassen es uns beispielsweise von einem Handysignal ins Gedächtnis rufen. Einer meiner Coachees ließ sich von seiner Tochter ein Bild malen, in welchem der Gedanke, an den er sich erinnern wollte, auftauchte. Dieses Bild hängt nun in seinem Büro.
  Wie können Sie die Gedanken, die Sie als hilfreich empfinden, optisch darstellen? Wie wäre es mit Kalligraphie oder Geheimschrift? Oder einfach einem schönen Büchlein, in dem Sie wertvolle Gedanken sammeln.

- *Hilfreiche Gedanken akustisch verankern* – Haben Sie oft Kopfhörer im Ohr? Begeistern Sie sich für Hörbücher, zum Beispiel bei Autofahrten? Dann hören Sie vermutlich gerne zu. Sie können sich auch selbst zuhören, wenn Sie sich eine akustische Gedächtnishilfe schaffen und Ihre Sammlung nützlicher Gedanken aufnehmen.

- *Hilfreiche Gedanken gehend verankern* – Wenn wir einen Gedanken gefunden haben, der uns offensichtlich guttut, können wir ihn uns einprägen, indem wir ihn mit dem alltäglichen Vorgang des Gehens verbinden. So werden hilfreiche Gedanken bewusst zu Begleitern im Alltag.
  Hierzu gebe ich Ihnen eine Übung an die Hand. In der ersten Phase verbinden wir uns mit dem Gedanken und eignen ihn uns rhythmisch an. In der zweiten Phase stimulieren wir uns ganz bewusst für eine bestimmte Situation.

ÜBUNG: EINEN HILFREICHEN GEDANKEN GEHEND VERANKERN

Erste Phase: Sie wählen einen für Sie hilfreichen Gedanken aus, den Sie verankern wollen.
Die Übung baut auf der Übung „Füße, Füße, Füße" auf, welche ich im Kapitel „Körperliche Präsenz" vorgestellt habe.
Ergänzend kommt nun Folgendes hinzu: Wir verbinden das Abrollen der Füße mit einem nützlichen Gedanken. Wir „schreiben" sozusagen

die Worte, Schritt für Schritt, auf den Boden. Mehrsilbige Worte können in Silben zerlegt werden.
Ein Beispiel: „Ich genieße jeden Moment!"
Aufteilung in drei Schritte: „Ich genieße – jeden – Moment!"
Oder in fünf Schritte: „Ich – ge – nieße – jeden – Moment!"
Oder in sechs Schritte: „Ich – ge – nie – ße – jeden – Moment!"
Probieren Sie die verschiedenen Möglichkeiten aus, bis Sie die für Sie stimmige Version gefunden haben, bei der Sie den Moment am stärksten genießen können. Wichtig dabei ist das Synchronisieren des abrollenden Fußes und der ausgesprochenen Silben oder des Wortes. Sie verbinden sich bei diesem Vorgang ganz konkret mit dem Gedanken.
Wenn Sie Ihren eigenen hilfreichen Gedanken ausprobieren, vertrauen Sie Ihrem Gefühl. Sie spüren, wie er am stimmigsten für sie klingt. Währenddessen fängt er auch schon langsam in Ihnen zu arbeiten an. Setzen Sie diesen Vorgang fort, bis Sie das Gefühl haben, ihn in sich verankert zu haben. Dann denken Sie den Satz, statt ihn laut auszusprechen, aber nach wie vor im erarbeiteten Rhythmus und im Kontakt mit dem Boden.
Ein Tipp: Machen Sie die Übung auch im Freien. Je nachdem, ob wir aufwärts- oder abwärtsgehend einen Gedanken in den Boden schreiben, werden unterschiedliche Energien freigesetzt. Außerdem eröffnet die Natur, die jeweilige Landschaft mit ihren sinnlichen Eindrücken, einen zusätzlichen Raum in uns, und so verbinden wir mit dem Gedanken noch eine weitere Dimension.

Zweite Phase: Hier geht es um die Anwendung im Alltag. Wir können nun den Gedanken jederzeit mit dem Gehen verbinden. Niemand sieht oder hört, was wir tun, uns jedoch tut es gut. Und was uns selbst guttut, sorgt für eine angenehme Ausstrahlung. Ein Beispiel: Auf dem Weg zu einem schwierigen Kollegen denken Sie Schritt für Schritt: „Ich – genieße – jeden – Moment!"

Diese Übung mag auf den ersten Blick ein wenig befremdlich anmuten, aber aus Erfahrung weiß ich, dass sie gut funktioniert. Bitte bedenken Sie, dass es auf die Qualität der Gedanken ankommt, die Ihnen auf Ihren Wegen durch den Sinn gehen. Die Frage lautet daher immer: Ist dies ein hilfreicher Gedanke? Jeder Gedanke versetzt uns in eine Stimmung, aus der heraus wir entsprechend agieren. Im Kapitel ▶ *Rhetorische Präsenz, Die Gedächtnis-*

kunst, Gehen und memorieren, Gehen und konzipieren komme ich nochmals auf die besondere Beziehung zwischen dem Gehvorgang und Gedankengängen zurück.

★ ★ ★

KAPITEL 5

CARD PIECE VI

Find a card in your Weltinnenraum.

CARD PIECE VII

Open a window of one of the houses
in your Weltinnenraum.
Let the wind come in.

1964 spring
Yoko Ono

5 PRÄSENZ IN DER STIMME

„So hat man nicht nur darauf zu sehen, dass die Rede beweisend und überzeugend sei, sondern man muss auch sorgen, sich selbst und den Beurteiler in eine bestimmte Verfassung zu bringen. Denn es macht für die Überzeugungskraft viel aus, dass die Hörer selbst gerade in einer gewissen Stimmung sind."
Aristoteles

Es ist die Stimme, die Schwingung der Stimme, welche die Fähigkeit besitzt, sowohl den Vortragenden als auch die Zuhörenden in eine gewisse Stimmung zu versetzen. Stimme und Stimmung sind eng miteinander verknüpft. Was Aristoteles formulierte, ist unterdessen durch Studien belegt: Die Wirkung der Stimme trägt zur Überzeugungskraft wesentlich bei. Die Schwingung der Stimme erzeugt eine Stimmungslage: Sie kann verstimmen, umstimmen oder heiter stimmen. Wir können bestimmen, zustimmen und abstimmen. Etwas stimmt oder stimmt nicht, das spüren wir intuitiv. „Der Ton macht die Musik", heißt es auch. Das bedeutet nichts anderes, als dass wir unabhängig von Inhalten eine Stimmung erzeugen und auf diese Weise den „Beurteiler in eine bestimmte Verfassung bringen".

Ich stelle mir den sinnlichen Vorgang so vor: Der Klang einer Stimme wird vom Ohr des Zuhörenden aufgenommen. Durch die feinen Gehörgänge gelangt ihre Schwingung zu seinem Trommelfell und versetzt nun dieses in Schwingung. So berühren wir einander innerlich – ein Vorgang, der unsere Aufmerksamkeit verlangt.

Ich erlebe immer wieder, dass jemand mit seiner Stimme unzufrieden ist, dass Stimmen gepresst, zu hoch, selten zu tief, manchmal zu leise klingen, dass der eigenen Stimme unbewusst nicht genügend Resonanzraum zur Verfügung steht und sie dadurch weder voll noch harmonisch klingen kann. Manche Personen hingegen nehmen zu viel Raum mit ihrer Stimme ein, auch dies kann als unangenehm empfunden werden. In der Fachsprache nennt man diesen Vorgang „Drücken". Der Sprechende drückt, weil seine Stimmlippen zu angespannt sind, und „erdrückt" damit die Zuhörenden. Ein voll klingender, schwingender Ton indes wird übereinstimmend als angenehm und überzeugend erlebt. Weshalb ist das so?

Ein voller Klang entsteht, wenn wir die Schwingung in den Resonanzräumen unseres Körpers zulassen. Im Sprechenden erzeugt dies ein angenehmes Gefühl, denn Resonanz zu erleben beglückt. Und das Auditorium nimmt intuitiv wahr, inwieweit sich der Vortragende öffnet, seine Klangräume zulässt und sich zur Verfügung stellt. Wenn wir die Schwingung in uns zulassen, werden sich die Zuhörenden uns und unseren Themen gegenüber öffnen.

Zunächst gilt es daher, den eigenen Körper als Instrument zu begreifen und dessen Funktionsweise zu verstehen. Wie Sie Ihr Instrument stimmen können, zeige ich Ihnen anhand einiger ausgewählter Übungen, die im Rahmen dieses Buches vermittelbar sind. Manche davon sind sehr einfach und sollten leicht in Ihr tägliches Tun integrierbar sein, andere erfordern Ihre volle Aufmerksamkeit. Für Menschen, die noch nie Stimmübungen gemacht haben, wird es einiges zu lachen geben. Auch das Lachen lockert. Es lockert nicht nur das Zwerchfell, sondern den ganzen Menschen und hat somit einen guten Einfluss auf den Stimmklang. Denn durch die Lockerung kann der Ton leichter schwingen und mehr Resonanz erzeugen.

Präsenz in der Stimme bedeutet, die in jeder Stimme schlummernden berührenden, bewegenden, überzeugenden Qualitäten bewusst zuzulassen.

1. Der Körper – unser Instrument

Übersetzt bedeutet das lateinische *per sonare*, dass etwas hindurchklingt. Im Französischen heißt der Ton *le son*. Die Person erklingt also. Klang ist persönlicher, charakteristischer Ausdruck.

Wir können die menschliche Stimme mit einem Saiteninstrument vergleichen, etwa einer Gitarre, einer Geige oder einem Flügel. So wie diese Instrumente Saiten haben, die gezupft, gestrichen oder angeschlagen werden, so haben wir im Kehlkopf zwei Stimmlippen, die vom ausströmenden Atem in Schwingung versetzt werden.

Der primäre Resonanzraum befindet sich zwischen Stimmlippen und Mundlippen. Die Qualität des Tons wird jedoch zusätzlich durch die Schwingungsübertragung im gesamten Körper beeinflusst. Bei der Gitarre übertragen die Stege die Schwingung ins Holz. Im menschlichen Körper überträgt das Bindegewebe die Schwingung bis in die Knochen. Somit steht uns als Resonanzraum für die Stimme der ganze Körper vom Scheitel bis zur Sohle zur Verfügung.

Dies ist nicht nur ein netter Vergleich, denn die Beschaffenheit der Stimmlippen, die Größe des Klangkörpers und vor allem der Umgang mit dem „Instrument“ erzeugen den spezifischen Klang. Sich selbst wirklich als Instrument zu verstehen und in einer dem Klang dienenden Weise mit sich umzugehen verändert die Art unserer Aufmerksamkeit. Es geht nun nicht mehr darum, eine Information möglichst schnell loszuwerden und ihr allein unsere Aufmerksamkeit zu schenken, sondern darum, den Ton, der die Information trägt, im Instrument zum Schwingen zu bringen, das heißt, sich selbst in Schwingung zu versetzen beziehungsweise Schwingungen in sich zuzulassen. Dies hat sowohl Folgen für die „Pflege“ des Instruments als auch für unsere Aufmerksamkeit während der Klangerzeugung.

2. Drei wesentliche Faktoren, die den Klang der Stimme beeinflussen

Wenn wir unseren Körper als Instrument genauer kennen, können wir ihn in Gesprächssituationen bewusster einsetzen. Betrachten wir deshalb die drei wesentlichen, sich wechselseitig beeinflussenden Faktoren des Stimmklangs: die Inspiration, die Körperhaltung und den Kontakt.

2.1. Inspiration und Klangqualität

Die Klangerzeugung beginnt mit der Inspiration, der Einatmung. Denn durch die Einatmungsbewegung können wir unser Instrument bewusst richtig einstellen.

- Die Inspiration öffnet den Resonanzraum für den Ton. Wenn wir die Einatmungsbewegung ungehindert zulassen, spannt sich das Zwerchfell an und senkt sich zeitgleich ab, so dass der Bauch sich ein wenig nach vorn wölbt. Auf diese Weise öffnen wir bewusst den Resonanzraum für unsere Stimme, und der Ton klingt voll. Häufig jedoch wird die Atemluft rasch eingesogen, in der irrigen Annahme, es komme lediglich auf den gesprochenen Inhalt an. Dabei verspannt sich das Zwerchfell. Das merken wir daran, dass die Bauchdecke einsinkt, anstatt sich zu heben. ▶ *Atmen, Die drei Hauptursachen für verkehrtes Atmen.* Hier kommt auch die Eitelkeit ins Spiel: Der Bauch wird gern ein wenig eingezogen, wenn wir vor andere treten. Dies ist aber kontraproduktiv für den Stimmklang. Ein tieferer, dunklerer, seriöser anmutender Stimmklang verdankt sich einem uneingeschränkt zugelassenen Einatmungsimpuls, der den Resonanzraum öffnet. Wir spüren, wie unser Bauchraum sich weitet, verbinden uns dadurch sinnlich-bewusst mit unserem Zentrum und sprechen oder handeln aus diesem heraus. In vielen Kampfkünsten wird das Handeln aus dem *hara*, wörtlich aus dem Japanischen übersetzt: dem Bauch, trainiert. Im übertragenen Sinn ist damit die Gesamtverfassung des Menschen gemeint. Wir wirken und sind, wenn wir den tieferen Klang in uns zulassen, wie ein mit sich selbst verbundener Mensch, und das überzeugt.

- Die Zwerchfellfunktion ist mit der Kehlkopffunktion gekoppelt. Immer wenn das Zwerchfell sich in der Einatmungsbewegung nach unten anspannt, senkt sich automatisch der Kehlkopf, und die Stimmlippen öffnen sich organisch in Form einer Ellipse. Das ist optimal! Wenn wir hingegen die Luft einziehen, senkt der Kehlkopf sich nicht. Es entsteht zusätzlicher Druck im Kehlkopf, der sich auf die Stimmlippen überträgt und dazu führt, dass das Sprechen anstrengend wird. Wer häufiger mit zu viel Druck auf den Stimmlippen spricht, läuft Gefahr, dass sich darauf Knötchen bilden.

- Sänger nennen das Zwerchfell auch „Stütze“, denn die Zwerchfellspannung stützt den Ton. Der Ton oder die Worte werden durch die Zwerchfellspannung bewusst geführt und klingen dadurch sicher. Diese Sicherheit empfinden Sie selbst, und auch die Zuhörenden nehmen sie wahr.

Der Atem ist unser ständiger Begleiter, ob er sich auch als unser treuester Freund zu erkennen gibt, hängt von unserem Verhältnis zu ihm ab.

Denken Sie, auf eine einfache Formel gebracht, „Bauch dick!“, bevor Sie sprechen. Weisen Sie so Ihrem Zwerchfell freundlich die Richtung, und gönnen Sie sich selbst zuallererst eine durch den natürlichen Einatmungsimpuls ausgelöste Inspiration. Optimalerweise beginnt ein Redebeitrag also mit einer Pause. Im Weiteren finden Sie Übungen für die Resonanzräume und die Atemführung, durch welche Sie die Qualität der Inspiration bewusst erfahren können. Die Arbeit an der Stimme bietet uns die großartige Gelegenheit, unseren Atemrhythmus und somit uns selbst zuzulassen und diesen Vorgang zu kultivieren. Außerdem trainieren wir auf diese Weise das Zwerchfell. Das kommt unserer Spannkraft zugute und versetzt uns in Schwingung.

2.2. Der Einfluss der Körperhaltung auf die Klangqualität

Die Körperhaltung und die damit verbundene Muskelspannung wirken sich unwillkürlich auf unsere Stimmung und die Stimmung unseres Instruments aus. Sind wir mental angespannt, trifft dies auch für unsere Muskeln, einschließlich des Zwerchfells, zu, und die Folgen für unser Instrument sind dieselben: Die Stimme klingt tendenziell zu hoch, metallen und eng. Das Sprechen strengt an, und die Atmung ist eingeschränkt. Sind wir unterspannt, kann der Ton dumpf und schwerfällig klingen. Für einen optimalen Stimmklang benötigen wir das ganze Instrument, also die Aufrichtung des Körpers in muskulärer Wohlspannung.

Im Kehlkopf befinden sich die Stimmlippen, welche, vom ausströmenden Atem in Schwingung versetzt, die Stimme erzeugen. Die Grundfrequenz bei Männern beträgt rund 130 Hertz, während sie bei Frauen bei ungefähr 190 Schwingungen in der Sekunde liegt. Je höher die Schwingung, desto höher der Ton. Der Ton wird nun im Hals und Mundraum verstärkt und geformt. Die umliegenden Faszien – das Bindegewebe –, Muskeln und Knochen werden ebenfalls in Schwingung versetzt, und diese kann, wenn die Muskelspannung es erlaubt und die Gelenke durchlässig sind, sich vom Scheitel bis zur Sohle fortpflanzen. Alles in unserem Körper ist durch Faszien miteinander verbunden. Sie umhüllen Knochen, Muskeln und die inneren Organe wie ein Gitternetzwerk und erlauben es dem Ton, im Körper weiterzuschwingen.

Im Kapitel „Körperliche Präsenz“ habe ich die verschiedenen Möglichkeiten, in muskulärer Wohlspannung zu gehen, zu stehen und zu sitzen, und ihren Einfluss auf die Stimme thematisiert. Die dort eingeführte Übung „Füße, Füße, Füße“ präpariert unser Instrument bereits beim Gehen optimal für das Sprechen. An dieser Stelle hingegen möchte ich spezifische Fehlhaltungen, die den Stimmklang beeinträchtigen, genauer untersuchen.

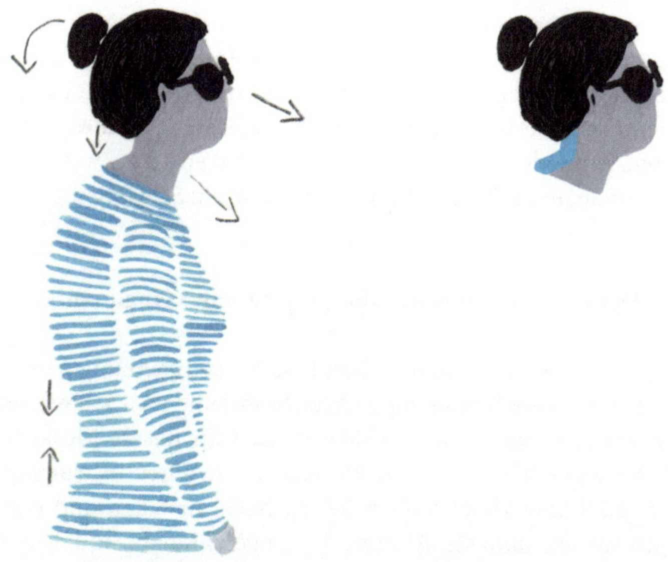

Kopfhaltung mit nach oben gerecktem Kinn

Am häufigsten tauchen beim Sprechen Probleme im Halsbereich auf. Viele neigen dazu, ihr Kinn leicht nach vorn und oben zu recken. Dies kann an der Sitzhaltung liegen. ▶ *Körperliche Präsenz, Präsenz im Sitzen.* Meist geschieht es jedoch, um das Gesagte zu unterstreichen. Man möchte den Zuhörenden etwas näherbringen – doch es sollte nicht der Kopf sein. Manche Brillenträger haben sich ebenfalls diese klangbeeinträchtigende Kopfhaltung angewöhnt.

Zum einen entsteht dadurch Druck auf den Kehlkopf, der das Sprechen anstrengender macht. Zum anderen werden die Halswirbel durch die übermäßige Muskelspannung leicht gequetscht und blockieren so die Durchlässigkeit für die Schwingung des Tons. Der Ton wird also eher im Kopfraum resonieren als im viel größeren Körperraum. Die Stimme klingt dabei höher. Außerdem verlassen wir bei dieser Kopfhaltung den direkten Blickkontakt auf Augenhöhe. Diese feine hierarchische Verschiebung verändert die Kommunikation.

Der Hals ist das Bindeglied, welches den Kopf (Kopfresonanzraum) mit dem vergleichsweise großen Torso (Körperresonanzraum) verbindet. Wird gerade hier die Schwingung blockiert, ist es für den Ton schwierig, den gro-

Optimale Kopfhaltung

ßen Körperresonanzraum zu erreichen. Professionelle Sprecher und Sänger wissen sich auch in schwierigsten Körperhaltungen zu helfen. Bei Ungeübten jedoch wird der Klang hörbar darunter leiden.

Um eine klare Vorstellung von der bestmöglichen Kopfhaltung für den Stimmklang zu bekommen, sehen Sie sich die obige Abbildung an.

Der Kopf balanciert leicht beweglich auf dem obersten Wirbel der Wirbelsäule, dem Atlas. Die Halswirbelsäule ist aufgerichtet und durchlässig für Bewegungsimpulse und die Schwingung der Stimme. Der Kehlkopf kann sich ebenfalls ungehindert bewegen.

Stellen Sie sich eine Marionette vor, welche durch Fäden bewegt wird. Die Aufhängepunkte sind so gewählt, dass die Puppe möglichst leicht geführt werden kann. Der Aufhängepunkt für den Kopf befindet sich relativ weit hinten auf der gedachten Verlängerung der Wirbelsäule. Die Vorstellung einer Marionette hilft, um den Kopf optimal aufzurichten. Sie dürfen ruhig über Ihr Doppelkinn jammern, aber bitte freuen Sie sich gleichzeitig darüber, wie voll Ihre Stimme nun erklingt.

Verschiedene, häufig schon zur Gewohnheit gewordene Fehlhaltungen des oberen Rückens führen ebenfalls zu Ausgleichsbewegungen der Halswirbelsäule.

Diesen Fehlhaltungen kann durch gezieltes Körpertraining und eine veränderte *Innere Haltung* begegnet werden. Langfristig könnten sonst sehr schmerzvolle Bandscheibenvorfälle auftreten.

Auch Fehlhaltungen des unteren Rückens beeinträchtigen die Halswirbelsäule, da die Wirbel miteinander verbunden sind. Meist führt ein Hohlkreuz zum Anheben des Kopfes wie im ersten Bild. Ein Hohlkreuz wird durch den parallelen Stand forciert.

Probieren Sie den Standbein-Spielbein-Stand und den parallelen Stand noch einmal aus, und achten Sie nur auf Ihre Halswirbelsäule. ▶ *Körperliche Präsenz, Präsenz im Stehen*. In Seminaren wird der Unterschied bei jedem Teilnehmer hörbar. Die einfache Veränderung des Stands verdeutlicht, was es heißt, sich wirklich als Instrument zu begreifen.

Achten Sie beim Stehen darauf, dass die Gelenke der Beine durchlässig sind. Auch die *Kniekehlen* haben Spielraum. Durchgestreckte Kniekehlen erzeugen Druck im *Kehlkopf*.

Eine Seminarteilnehmerin hat das Präparieren des eigenen Instrumentes wie folgt auf den Punkt gebracht: „Bauch dick, Doppelkinn. Ich bin eine Königin!“ Dies ist einfach zu merken und jederzeit gut zu erinnern.

2.3. Der Kontakt

Der Kontakt zu sich, den Zuhörenden und zu den vermittelten Inhalten beeinflusst ebenfalls den Stimmklang.

- Den Kontakt zu sich stellen Sie her, indem Sie sich im Gehen, Stehen, Sitzen und beim Atmen bewusst wahrnehmen. Die Einatmungsbewegung bringt Sie direkt in Ihr Zentrum. Ihre Stimme wird dann verbunden und authentisch klingen und folglich die Zuhörer überzeugen. ▶ *Präsenz in der Stimme, Übungen zum Stimmen des eigenen Instruments für jeden Tag, Übung: Zentrierung durch Atemwahrnehmung.*

- Der Kontakt zu den Zuhörenden kommt über den Blickkontakt zustande. So nehmen Sie bewusst wahr, zu wem Sie sprechen, Sie schenken den Anwesenden Ihre Aufmerksamkeit und registrieren, wie Ihre Inhalte ankommen. Außerdem wird Ihre Stimme auf diese Weise die der Situation

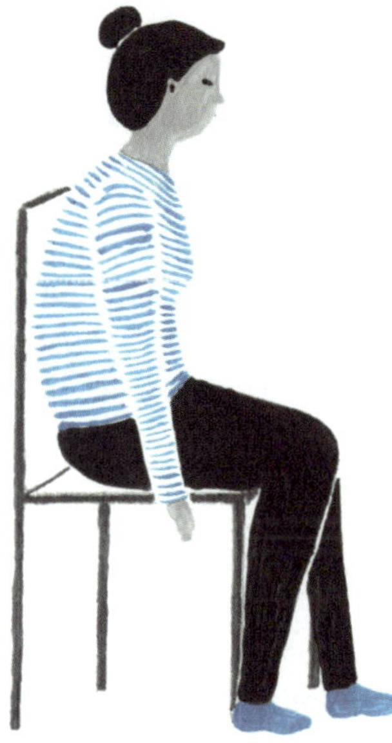

unterspannung

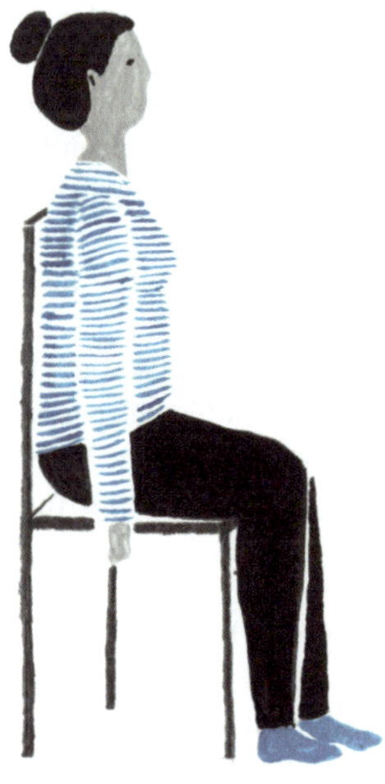

überspannung

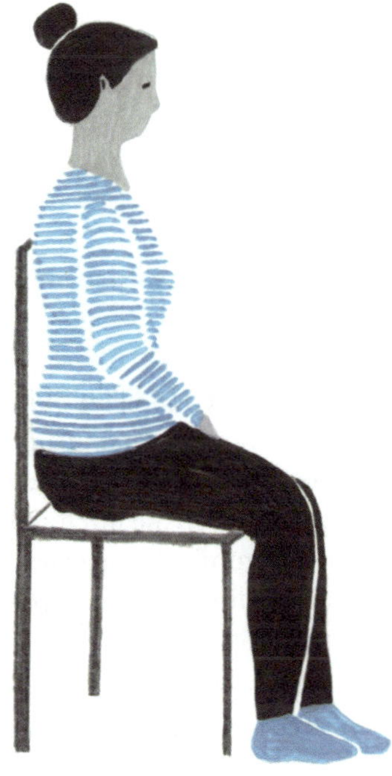

wohlspannung

angemessene Lautstärke entfalten. ▶ *Präsenz in der Stimme, Häufig auftauchende Fragen.*

- Wie verbunden sind Sie mit Ihrem Material? Sind Sie in Kontakt mit dem, was Sie vermitteln, oder spulen Sie es lediglich ab? Ob Sie das, was Sie aussprechen, wirklich denken, ist deutlich hörbar. Wenn Sie keinen Kontakt dazu haben, hat ihn auch kein anderer. ▶ *Präsenz in der Sprache.*

3. Häufig auftauchende Fragen

3.1. Spreche ich in meiner Stimmlage?

Wir alle haben einen persönlichen Grundton, den man als Indifferenzlage bezeichnet.

ÜBUNG: INDIVIDUELLER GRUNDTON

Sie finden Ihren persönlichen Grundton am besten, indem Sie an ein leckeres Essen denken. Stellen Sie sich das wohlige Gefühl im Bauch vor. Reiben Sie ihn mit den Händen, und begleiten Sie dies mit einem „mmmmh". Lassen Sie den Klang sich in Ihrem Bauchraum entfalten. Wie klingt der Ton? Sprechen Sie in dieser Stimmlage ein Wort, einen Satz. Wie hört sich das an? Vermutlich klingt die Stimme tiefer als sonst. Die Vorstellung des Genusses weitet uns, entspannt uns, und der Ton findet seinen eigentlichen Klang.

Falls es mit der Vorstellung des leckeren Essens nicht geklappt hat, können Sie auch Folgendes ausprobieren: Nicken Sie entspannt mit dem Kopf und stimmen ein „hmmmm" dazu an. Beim Sprechen kreist die Stimme in der Regel bis zu einer Quinte um diesen Ton.

3.2. Was mache ich, wenn meine Stimme zu leise ist?

Ihre Stimme ist vermutlich nicht leise, sie klingt nur leise, weil Sie die Gewohnheit entwickelt haben, so zu sprechen. Betrachten wir ein paar Faktoren, um herauszufinden, woran es liegen könnte. Häufig sind sie miteinander verknüpft.

- Wie gehen Sie mit Ihrem Instrument um? Überprüfen Sie die drei Faktoren Inspiration, Körperhaltung und Kontakt. ▶ *Präsenz in der Stimme, Drei wesentliche Faktoren, die den Klang der Stimme beeinflussen.*

- Mit welcher *Inneren Haltung* sprechen Sie? Wollen Sie andere erreichen? Fürchten Sie sich vor einem großen Auditorium? Sind Sie vielleicht der Auffassung, lautes Reden schicke sich nicht? Halten Sie sich für nicht wichtig? … Überprüfen Sie Ihre Gedanken. Sollten Sie auf behindernde Einstellungen stoßen, wird es Zeit, sich davon zu verabschieden. Mehr dazu im Kapitel ▶ *Mentale Präsenz, Leit/dgedanken ans Licht bringen.*

- Wenn Sie lauter sprechen wollen, fragen Sie sich einmal: Wen schaue ich an, wenn ich spreche? Möglicherweise können Sie von der folgenden handwerklichen Regel profitieren: In Sprechsituationen ist es von entscheidender Bedeutung, mit den Menschen zu sprechen, nicht über sie hinweg, durch sie hindurch, mit dem Boden oder der Decke. Der Blickkontakt verändert die Lautstärke und das, was man unter direktem oder indirektem Ton versteht. Wenn Sie in direktem, verständlich lautem Ton sprechen wollen, schauen Sie den Menschen, wie im Zweiergespräch, in die Augen. Ihre Stimme kann sich dadurch ganz klar verorten. Der Blick baut gewissermaßen eine Brücke zu Ihrem Gegenüber auf, und Ihre Sinne können sich nun auf die Distanz zwischen ihm und Ihnen einstellen. Dazu sprechen Sie so lange mit einer der anwesenden Personen, bis Sie den Kontakt spüren.
  Die Zuhörenden werden auf diese Weise bewusst von Ihnen wahrgenommen. Wahrnehmung ist die erste Stufe der Wertschätzung. Und Menschen, die direkt angesprochen und wahrgenommen werden, spiegeln dies auch zurück. Natürlich können Sie nicht 200 Anwesende auf einmal wahrnehmen. Deswegen fangen Sie konkret mit einer Person in der Mitte der letzten Reihe an. Da sie am weitesten entfernt ist, befinden sich alle anderen innerhalb des Klangfeldes und können gut verstehen, was Sie sagen. Lernen Sie dann Augenpaar für Augenpaar kennen, dabei ist der Einzelne immer Stellvertreter für alle anderen.

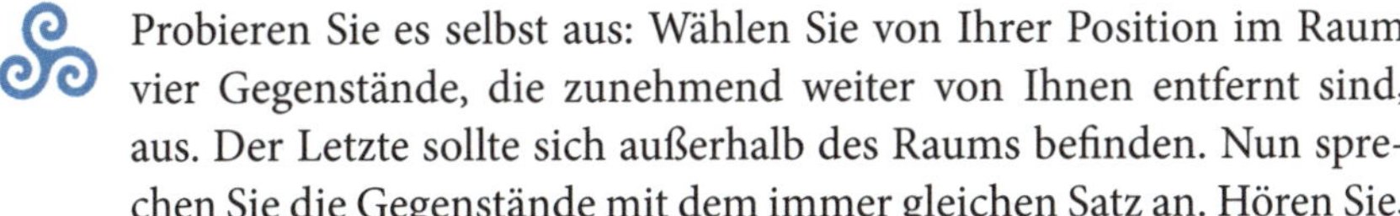

ÜBUNG: DER BLICKKONTAKT BESTIMMT DIE LAUTSTÄRKE

Probieren Sie es selbst aus: Wählen Sie von Ihrer Position im Raum vier Gegenstände, die zunehmend weiter von Ihnen entfernt sind, aus. Der Letzte sollte sich außerhalb des Raums befinden. Nun sprechen Sie die Gegenstände mit dem immer gleichen Satz an. Hören Sie, wie Ihre Stimme automatisch voluminöser klingt? Achten Sie bewusst auf Ihre Kopfhaltung, und lassen Sie die natürliche Inspiration zu. Häufig nimmt die Aktivität im Kopf wieder zu, wenn wir lauter werden wollen – dies ist aber kontraproduktiv. Wenn hingegen der Blick eine konkrete Brücke schafft, fällt es uns viel leichter, laut zu sprechen. Wiederholen Sie diesen Vorgang, damit Sie bewusst mit unterschiedlicher Lautstärke sprechen können.

Ein Hase der gern Bücher las fand ein
dickes Buch im Gras er setzte sich ins Gras
und las das dicke Buch, im Buch stand das:

Ein Hase der gern Bücher las fand
ein dickes Buch im Gras er setzte
sich ins Gras und las das dicke
Buch, im Buch stand das:

Ein Hase der gern Bücher las
fand ein dickes Buch im Gras
er setzte sich ins Gras und
las das dicke Buch, im Buch
stand das:

So wie sich das Schriftbild verändert, wenn wir den Schriftgrad verändern, so verändert sich auch die Sprache, wenn wir lauter sprechen: Die einzelnen Worte nehmen durch die Dehnung der Vokale mehr Raum ein.

4. Übungen zum Stimmen des eigenen Instruments für jeden Tag

Ein Musiker stimmt sein Instrument, bevor er zu spielen beginnt. Wir sind unser eigenes Instrument. Um nicht verstimmt zu sein, ist es sinnvoll, Verspannungen zu lösen und uns zu zentrieren.

Jedes Stimmen beginnt mit der Wahrnehmung des Instruments. Was braucht Ihr Körper gerade heute, um Schwingung zuzulassen? Erst einmal Räkeln und Strecken? Sind Sie vielleicht zu angespannt? Wenn wir zu angespannt sind, was oft der Fall ist, dann ist es nötig, Spannung zu lösen. Dafür gibt es Übungen. Sind wir unterspannt, können wir unsere Spannung und Energie durch Übungen erhöhen. Was wir brauchen, ist Wohlspannung, ein permanentes Ausbalancieren von Spannung.

Ich habe Ihnen hier ein paar sehr effektive, einfache Übungen zusammengestellt. Verspannungen und Verschleimung der Atemwege treten jeden Tag aufs Neue auf und sollten daher regelmäßig beseitigt werden. Die folgenden Übungen dienen der täglichen, lustvollen Stimmhygiene.

ÜBUNG: GÄHNEN

Sie werden jetzt vielleicht lachen, aber Gähnen, am besten lautes Gähnen, verbunden mit Räkeln und Strecken, ist eine sehr effiziente Atem- und Stimmübung, bewirkt es doch einen natürlichen Spannungsausgleich im ganzen Körper sowohl bei Unter- als auch bei Überspannung.

Diese Basisübung sorgt für einen gut eingestellten Stimmapparat. Nutzen Sie jedes natürliche Gähnen oder provozieren Sie künstliches durch weites Öffnen des Unterkiefers. Wenn Ihnen das Gähnen schwerfällt, was nicht verwunderlich ist, wurde es doch uns allen des guten Benehmens wegen aberzogen, arbeiten Sie daran, es bewusst wiederzuentdecken, denn es führt zum Ausgleich des Kohlendioxid- und Sauerstoffgehalts im Blut.

Anregung: Stellen Sie sich zum Beispiel vor, Sie wären eine Schlange und öffneten langsam, aber unglaublich weit Ihr Maul. In der Regel löst dieser Vorgang den gewünschten Effekt aus. Dann gähnen Sie bitte herzhaft und laut, so laut Sie können. Schauen Sie sich bei Hunden, Katzen oder Babys ab, wie das geht. Sie werden erstaunt feststellen, wie der ganze Körper das Gähnen unterstützt.

„Die Menschheit ist so atemlos, weil sie nicht mehr ausatmen kann."
Karlfried Graf Dürckheim

ÜBUNG: LIPPENFLATTERN

Lippenflattern ist ein kraftvoller, entschiedener Ausatmungsvorgang, der sich in den Alltag integrieren lässt. Oft sind die Lippen und umliegenden Muskeln zu angespannt. Diese lockern wir ganz leicht, indem wir wie ein kleines Kind „Auto" spielen. Dabei lassen wir die Lippen flattern. Es klingt ein wenig nach „bbbbbrrr". Probieren Sie dies bitte

zuerst in Ihrer Stimmlage aus, dann auch so tief und so hoch, wie es Ihnen möglich ist. Im Laufe des Tages bemerken wir immer wieder Anspannungen – muskulär wie emotional. Diese können Sie durch „Lippenflattern" lösen. Es tut so gut, Anspannungen zu lösen. Wenn wir nichts dagegen tun, blockieren sie uns. Was wir brauchen, ist Mut. Mut, im öffentlichen Raum Freiräume zu nutzen für Übungen wie diese. Suchen Sie solche Gelegenheiten, es gibt mehr, als Sie vielleicht annehmen: An jeder lauten Straße können Sie so laut werden, wie Sie wollen, ohne dass jemand Sie hört. So wie die Redner der Antike gegen das Rauschen des Meeres antraten, um Ihre Stimmen zu trainieren, so können wir Städter den Lärm der Stadt als Tarnung nutzen.
Pferde und andere Tiere haben noch den natürlichen Impuls, Spannung abzubauen – sie schnauben.

ÜBUNG: SUMMEN

Am Morgen sind die Nasen- und Nebenhöhlen oft verschleimt. Die Schwingung des Summens löst Verschleimung. Summen Sie am besten gleich im Bad unter der Dusche und dann auf Ihrem morgendlichen Weg.
Ich summe im Laufe des Tages immer wieder vor mich hin. Das tut gut.

ÜBUNG: ABKLOPFEN DES KÖRPERS

Klopfen Sie sich vom Scheitel bis zu den Zehen im Stehen mit Ihren Händen locker ab, und bilden Sie dazu einen Ton. Versuchen Sie, mit jeder Pore Ihrer Haut in Berührung zu kommen. Gähnen Sie dabei auch laut hörbar, und nehmen Sie wahr, wie Sie beim Abklopfen den Ton beeinflussen. Der Ton, zum Beispiel ein a, o oder u, klingt je nachdem, welchen Resonanzraum Sie gerade abklopfen, anders. Zwischendurch lassen Sie die Lippen flattern. Je offener, weiter und schwingender Ihr Resonanzraum wird, desto leichter kommt die Stimme. So lösen Sie Verspannungen, sorgen für mehr Resonanz und wecken Ihren Körper auf. Ihr ganzer Körper ist dabei geschmeidig in Bewegung.

ÜBUNG: ZENTRIERUNG DURCH ATEMWAHRNEHMUNG

Diese Übung hilft Ihnen, sich zu entspannen und zu sammeln. Sie nehmen Ihren Atemrhythmus wahr und lassen ihn dabei immer bewusster zu. Durch dieses Zentrieren verbinden Sie sich mit sich selbst.

Führen Sie diese Übung durch, wann immer Sie bei sich selbst ankommen wollen, zum Beispiel vor einer Präsentation. Sie öffnen auf diese Weise zugleich Ihre Resonanzräume für den Stimmklang, und Ihre Sprache wirkt anschließend verbundener und selbstverständlicher.

Sie können bei der Übung liegen oder sitzen. Im Liegen kann sich Ihre Bauch- und Rumpfmuskulatur entspannen, dadurch ist die Atembewegung deutlicher wahrnehmbar.

Im Liegen: Legen Sie sich auf den Rücken. Die Arme und Beine sind entspannt. Achten Sie darauf, dass die Halswirbelsäule gestreckt ist, gegebenenfalls nehmen Sie Ihren Kopf in Ihre Hände und legen ihn dann noch einmal ab.

Im Sitzen: Setzen Sie sich aufrecht, jedoch nicht steif hin. Sie können sich auch von der Rückenlehne unterstützen lassen. (Siehe die Abbildung zur optimalen Kopfhaltung auf Seite 175.) Achten Sie darauf, dass Sie während der Übung nicht in sich zusammensinken.

Legen Sie nun die Hände auf den Bauch, und schließen Sie die Augen. Das Schließen der Augen ermöglicht eine aufmerksame Wahrnehmung der Innenräume. Nehmen Sie Ihre Hände im Kontakt mit Ihrem Bauch wahr. Die Atmung bewegt den Raum unter Ihren Händen. Spüren Sie es. Die Bauchdecke weitet sich und schwingt zurück. Die Einatmung kommt von allein. Unhörbar strömt die Luft durch Ihre Nase ein.

Sie begleiten bewusst diese Bewegung und verbinden sich so mit Ihrem Atemfluss. Wenn Ihre Gedanken Sie von der Wahrnehmung der Atembewegung ablenken oder wenn Sie die Atembewegung genauer untersuchen wollen, zählen Sie während der Einatmungsphase „1, 2, …“ und bei der Ausatmungsphase „1, 2, …“. Lassen Sie die Ausatmung verebben, so dass an ihrem Ende ein Moment des Nichts entsteht. Dann wird die nächste Inspiration ganz natürlich von allein folgen. Wie lange ist die Einatmungsphase und wie lange ist die Ausatmungsphase heute? Nehmen Sie ungefähr sechs Atemphasen auf diese Weise wahr. Und dann noch einmal circa sechs mit der Idee, die Atembewegung in jedem Augenblick zu genießen. Verändert sich Ihre Atembewegung, sobald Sie sie genießen? Sobald wir den Vorgang genießen, weitet sich die Atembewegung. Sie wird weicher, runder, weiter und voller.

Variation: Sie lassen das Zählen weg. Genießen Sie jeden Moment Ihrer Atembewegung. Nach einer Weile werden Sie wahrnehmen, wie Sie sich mit ihr verbunden haben.

5. Übungen für die Resonanzräume und die Atemführung

Mit Hilfe der folgenden Übungen können Sie Ihre Resonanzräume kennenlernen und sie immer wieder neu beleben. Die Schwingungen der Stimme lösen Verspannungen, welche den Ton beeinträchtigen, und öffnen Ihre Resonanzräume. Resonanz entsteht in einem lebendigen, belebten, schwingungsaktiven Körper. Der Zwerchfellmuskel wird dabei durch die geführte Ausatmung trainiert und gestärkt. Das wiederum führt zur Steigerung Ihrer Lungenkapazität. Das Loslassen von zu viel Spannung, muskulärer wie geistiger Natur, wird geübt und kultiviert.

Diese Stimmübungen verlangen Aufmerksamkeit. Nur wenn Sie sie innerlich wach begleiten, sind sie wirksam. Außerdem lernen Sie dabei, feine Unterschiede in der Körperspannung, Atembewegung und Körperhaltung wahrzunehmen, denn sie sind hörbar. Zunehmend eröffnet sich ein Reichtum an Nuancen.

Pro Übung kalkulieren Sie circa zehn Minuten ein, außerdem achten Sie auf bequeme Kleidung und eine angenehme Raumtemperatur. Zu Ihrer Kontrolle und um die Wahrnehmung für Ihre Stimmqualität zu schärfen, können Sie sich vor und nach jeder Übung etwas vorlesen. Wählen Sie dazu bitte nur einen kurzen Absatz, und hören Sie sich selbst genau zu. Es ist interessant, die feinen Unterschiede in der Muskelspannung, der Atembewegung und Haltung zu erkennen. Fragen Sie sich: Wieso klingt die Stimme jetzt voller oder verbundener? Was hat sich in mir verändert? Wie und wo kann ich das spüren?

Der Begriff „Rhythmus“ kommt aus dem griechischen *réein*, das „fließen“ bedeutet. Wollen wir in unserem Rhythmus, also im Fluss, sein, im *flow*, dann gilt es, diesen bewusst zuzulassen. Den dreiphasigen Atemrhythmus habe ich im Kapitel „Atmen“ bereits behandelt. ▶ *Atmen, Körper, Der Atemrhythmus.*

Ihn zu kennen, zu verstehen und zu leben bedeutet Klangqualität und Lebensqualität. Die folgenden Resonanzraumübungen basieren auf dem dreiteiligen Atemrhythmus, daher möchte ich, bevor ich die Übungen beschreibe, noch einmal auf seine Funktion zurückkommen.

Funktion der ersten Phase: Die Einatmung - die Inspiration
Entscheidend ist, dass wir lernen, die Einatmung geschehen zu lassen. Sie erfolgt ganz von allein, wenn wir unmittelbar davor loslassen, das heißt die Zwerchfellentspannung zulassen. Sobald wir willentlich in die Einatmung

eingreifen, vermindern wir die Kraft des Zwerchfells und nehmen ihm sozusagen den Wind aus den Segeln.

Das Maß, in dem wir uns selbst vertrauen, spiegelt sich in der Einatmung wider. Wenn wir den Einatmungsimpuls mehr und mehr zulassen, lernen wir, dem eigenen Rhythmus zunehmend zu vertrauen. Den optimalen Zeitpunkt für die Einatmung steuert der Körper selbst im zentralen Nervensystem.

Die willentliche, von uns selbst gesteuerte Einatmung führt beim Laien zu flacher Atmung. Sie ist an einem hörbaren Einatmungsgeräusch zu erkennen. In der Einatmungsphase sind wir also, im Vertrauen auf den Körper, passiv. Dies bedeutet für viele eine echte Herausforderung.

Funktion der zweiten Phase: Geführte Ausatmung

Die Ausatmung ist ein aktiver Vorgang, sobald wir sprechen oder singen. In den Stimmbildungsübungen artikulieren Sie einen Ton in einer für Sie angenehmen Stimmlage, gewissermaßen als Stellvertreter für die Sprache. In dieser aktiven Phase gilt es, diesen Ton unter innerlicher Beteiligung vom Anfang bis zum Ende zu gestalten. Dabei gehen Sie bitte ökonomisch mit Ihrer Luft um und verbrauchen höchstens zwei Drittel der Ihnen zur Verfügung stehenden Kapazität. Bilden Sie den Ton gleichmäßig intensiv, denn sonst wird er am Anfang kräftig sein und gegen Ende abfallen. Stützen Sie ihn bewusst gegen Ende durch Ihre Zwerchfellspannung. Beenden Sie ihn, indem Sie den Mund schließen.

Die Fokussierung auf einzelne Körperregionen ermöglicht es Ihnen, diese mit der Schwingung Ihrer Stimme zu beleben. So lassen sich gezielt Blockaden oder Verspannungen lösen.

Funktion der dritten Phase: Pause

Die kleine Pause, das Abspannen des Zwerchfells, das Loslassen nach der Aktivität, kommt bei vielen Menschen zu kurz. Atemtechnisch betrachtet, ist dies der Moment, in dem sich Muskelspannungen lösen und biochemische Stoffwechselprozesse einsetzen. Die Zwerchfellentspannung geht mit einer Ruhephase für die Lunge einher. Restluft strömt dabei fast unmerklich durch die Nase aus, der Mund ist geschlossen. Die Pause ist lebendig. Ein Moment des Nichts, der Leere entsteht, aus dem von selbst der Einatmungsimpuls auftaucht.

Wenn Sie zum Beispiel aus innerem Zeitdruck heraus die Pause überspringen, werden Sie auch die Einatmung aktiv forcieren. Somit sind Sie in einem Zweierrhythmus und ununterbrochen aktiv. ▶ *Atmen, Der Atemrhythmus, Pause.*

In der Atem- und Stimmarbeit können wir die Kostbarkeit der Pause erfahren und den natürlichen Rhythmus wiederfinden. Dies führt zu innerer Gelassenheit, denn wir lernen, ihm zu vertrauen.

BASISSTIMMÜBUNG – DREITEILIGER ATEMRHYTHMUS

Diese Übung können Sie sitzend oder liegend ausführen. Halten Sie ein Gummiband bereit. Fixieren Sie ein Ende mit der auf der Körpermitte unterhalb der Rippen liegenden linken Hand. Unter ihr verläuft das Zwerchfell quer durch Ihren Körper. Die linke Hand bleibt während der ganzen Übung mit dieser Stelle in Kontakt.

1. Phase, Einatmung: Sobald die Einatmung in Ihrer Körpermitte einsetzt, dehnen Sie mit der rechten Hand das Gummiband kraftvoll weit nach unten. Ihre Handbewegung imitiert das sich senkende Zwerchfell.

2. Phase, Ausatmung: Sobald die Ausatmung beginnt, formulieren Sie ein „oooohhh“ und reduzieren die Spannung des Gummibandes allmählich. Die geführte Ausatmung wird mit der geführten Bewegung Ihrer rechten Hand gekoppelt. Solange Sie den Ton bilden, bleibt das Gummiband unter Spannung. Nutzen Sie den Resonanzraum bis zum Beckenboden, damit der Ton voll klingt. Um Verspannungen zu losen, bewegen Sie leicht die Wirbelsäule oder das Becken. So helfen Sie dem Ton, sich zu entfalten. Natürlich müssen auch die Lippen aktiv mitmachen: Bilden Sie wirklich ein „ooo“? Um den Ton zu beenden, schließen Sie bewusst den Mund und stoppen die geführte Bewegung des Gummibandes.

3. Phase, Loslassen: Jetzt lassen Sie die Spannung des Gummibandes los. Restluft strömt vielleicht noch aus der Nase. Eine organische Pause entsteht.

1. Phase, Einatmung: Erneut strömt Luft ein. Dies geschieht von allein. Sobald Sie den Einatmungsimpuls wahrnehmen, spannen Sie das Gummiband wieder an. Diese Bewegung darf groß sein. …

Wiederholen Sie den Vorgang einige Male. Gönnen Sie sich eine kleine Pause, und wiederholen Sie ihn erneut drei- bis viermal.

Um es noch einmal zusammenzufassen: Die Bewegung des Gummibandes imitiert mit dem Gespanntwerden bei der Einatmung, mit der geführten Spannungsreduktion während der Tongebung und dem Abspannen in der Pause die Zwerchfellbewegung, geht jedoch, was den Bewegungsradius betrifft, weit über den tiefsten Punkt des Zwerchfells hinaus. Diese Übung regt die Zwerchfelltätigkeit an und lässt Sie den Atemrhythmus bewusst erfahren. Sie lernen die Qualitäten folgender Prozesse kennen: wie es ist, etwas geschehen zu lassen, eine Aktion bewusst durchzuführen und loszulassen. Diese Übung kann uns bei zu großer Anspannung immer wieder helfen, in einen gesunden Atem- und Lebensrhythmus zurückzufinden. Der natürliche Atemrhythmus ist grundlegend für das wichtigste Mittel in der Rhetorik: *die Pause.*

Lesen Sie vor und nach der Übung eine kleine Textstelle, und hören Sie selbst, wie sich die Qualität Ihrer Stimme und Sprache verändert.

Die Stimmübung, die Sie anschließend kennenlernen, aktiviert den Gasaustausch und richtet den Brustraum innerlich durch erhöhte Lungenaktivität auf.

Die Ausstrahlung eines Menschen hängt mit der Lebendigkeit des Brustraumes zusammen. Optimismus, Offenheit und Zuversicht strahlen wir aus, wenn der Brustraum sich lebendig öffnet. Außerdem haben wir mehr Energie durch die erhöhte Lungenaktivität.

ÜBUNG: **BRUSTRAUM**

Setzen Sie sich auf einen Hocker oder Stuhl. Klopfen Sie mit Ihrer rechten Hand den linken Brustkorb und somit den linken Lungenflügel von der Lungenspitze bis zum unteren Ende der Lunge ab. Klopfen Sie auch den Raum unter Ihrem linken Arm und die linke Flanke ab. Die Schultern und den Rücken bearbeiten Sie, so weit Sie mit dem Arm kommen. Wenn Sie gähnen müssen, gähnen Sie laut und herzhaft! Durch das Abklopfen aktivieren Sie die Alveolen, die Lungenbläschen. Wenn Sie die linke Seite durchgearbeitet haben, legen Sie Ihre rechte Hand auf die linke Lungenspitze. Spüren Sie das Schlüsselbein und die Kuhle darunter? Nehmen Sie die Atembewegung unter Ihrer Hand wahr. Bei der Einatmung wird der Kontakt deutlicher, bei der Ausatmung lässt er nach. Nehmen Sie sich Zeit, dies zu spüren.

Forcieren Sie die Atmung nicht. Dann fädeln Sie die Stimme ein. Jetzt arbeiten Sie mit dem dreiteiligen Atemrhythmus. Einatmend öffnet sich der Raum unter Ihrer Hand, die Ausatmung nutzen Sie für ein stimmhaftes „wwwwww". Das klingt ungefähr wie ein Nebelhorn. Beenden Sie den Ton, indem Sie Ihre Lippen schließen. In der folgenden Pause strömt die Restluft unhörbar durch die Nase aus.
Wiederholen Sie diesen Vorgang einige Male. Freunden Sie sich mit dem dreiteiligen Atemrhythmus an. Wird eine der Phasen übergangen, geraten Sie aus dem Rhythmus.
Lassen Sie kurz Ihre Lippen flattern. Klingt das „www" danach kräftiger? Nehmen Sie jede Phase bewusst wahr. Machen Sie, wann immer Sie wollen, eine Pause, und setzen Sie dann erneut an. Achten Sie bitte darauf, dass die Einatmung von selbst unhörbar beginnt! Nur bei der Tongebung sind Sie aktiv. Sie können Ihre rechte Hand auch an eine andere Stelle des linken Lungenflügels legen und den Raum unter Ihrer Hand mit der Schwingung beleben.
Nun lassen Sie beide Arme neben Ihrem Körper herabhängen. Schließen Sie die Augen, und spüren Sie nach, was Sie bewegt haben. Wie fühlt der linke Lungenflügel sich im Vergleich zum rechten an? Genießen Sie den gewonnenen Raum.
Nun machen Sie das Gleiche auf der rechten Seite. Mit der linken Hand klopfen Sie zunächst den rechten Lungenflügel ab, und mit dem dreiteiligen Atemrhythmus erobern Sie ihn dann.

Meiner Erfahrung nach ist der untere Rückenbereich diejenige Körperregion, die uns am wenigsten im Bewusstsein ist, die unser Selbstbewusstsein jedoch deutlich stärken kann. Ergänzend zur Übung „Gehen mit Rückenbewusstsein" im Kapitel „Körperliche Präsenz" zeige ich Ihnen, wie Sie den Lendenbereich aktivieren und stimmlich erobern können. Dank der Übung wird er deutlicher spürbar. Ihr Rücken kann Ihnen dann in unterschiedlichen Situationen Halt geben, denn er ist in Ihrem Bewusstsein ein aktiver Teil Ihres Körpers geworden.

ÜBUNG: LENDENBEREICH

Klopfen Sie zunächst den unteren Rücken mit Ihren Händen locker ab, dabei lassen Sie ein „oooohhh" erklingen. Der Ton wird durch das Abklopfen beeinflusst. Hören Sie das? Dann suchen Sie mit Ihren Handrücken den Kontakt zum unteren Rücken. (Wenn wir die Handflächen nehmen, besteht die Gefahr, dass wir uns in den Schultern

verspannen.) Nehmen Sie zunächst wieder die Atembewegung wahr. Sobald Sie diese spüren, fädeln Sie den dreiteiligen Atemrhythmus bewusst ein.
Die Einatmung kommt von allein! Nehmen Sie sie im Kontakt mit Ihren Händen wahr. Die Bewegung des Zwerchfells öffnet den Resonanzraum. Stellen Sie sich vor, dass Sie mit der Schwingung des Tons den Raum unter Ihren Händen massieren. Ausatmend formulieren Sie wahlweise ein stimmhaftes „wwww“ oder ein „ooohh“. Wenn Sie den Ton bewusst in den Resonanzraum setzen, bleibt das Zwerchfell länger gespannt und somit der Lendenbereich geweitet. Die Tongebung beenden Sie, indem Sie den Mund schließen und die Restluft durch die Nase ausströmen lassen.
Dieser Resonanzraum mag zunächst nicht so leicht zugänglich sein. Lassen Sie sich Zeit, und probieren Sie es dann erneut.
Nehmen Sie im Anschluss an die Übung Ihren Rücken wahr: im Sitzen, Stehen und Gehen. Wie fühlt er sich an? Können Sie nun die Einatmung im Lendenbereich wahrnehmen?

Ich werde im Kapitel „Präsenz in der Kommunikation“ darauf zurückkommen. In vielen Kommunikationssituationen, in denen wir „Rückgrat brauchen“, können wir von einem bewussten unteren Rücken profitieren.

ÜBUNG: LENDENBEREICH – PARTNERÜBUNG

Diese Übung ist eine ideale Partnerübung, da der untere Rücken für unsere Hände nicht so leicht zugänglich ist. Dabei sitzt die eine Person, die aktiv tönende, auf einem Hocker und die zweite, die behandelnde Person, kniet hinter ihr. Sie kann, um ihre Knie zu entlasten, ein Kissen unterlegen. Zum Lockern klopft die behandelnde Person der sitzenden zunächst den unteren Rücken ab. Anschließend legt sie ihre Handflächen auf diese Körperpartie und versucht, die Atembewegung der vor ihr sitzenden Person wahrzunehmen. Erst wenn der Atemrhythmus deutlich im Kontakt mit den Händen spürbar ist, beginnt die sitzende Person die Arbeit mit der Stimme im dreiteiligen Atemrhythmus. Als behandelnde Person geben wir eine Rückmeldung, was wir dabei spüren und was nicht.
Behandelnde Person: Bei der Einatmung lassen wir die Hände auf dem unteren Rücken des oder der Sitzenden liegen. Während der Tongebung können wir durch weiteres Abklopfen den Ton in diesen Resonanzraum locken und Letzteren dadurch lockern. Wir unter-

stützen so die Schwingung in diesem Raum. Die Pause begleiten wir, indem wir die Hände ruhig nachspüren lassen.
Tönende Person: Nehmen Sie bei der Einatmung die Hände der hinter Ihnen knienden Person auf Ihrem unteren Rücken wahr. Dorthin senden Sie bei der Ausatmung ein stimmhaftes „wwww“ und später auch ein „oooh“. Beim Schließen des Mundes strömt Restluft durch die Nase aus. Diesen Vorgang wiederholen Sie drei- bis viermal, dann machen Sie eine kurze Pause und spüren nach. Wiederholen Sie die Übung, bis Sie das Gefühl haben, dass Ihr unterer Rücken lebendiger, wacher geworden ist.
Im Anschluss tauschen Sie die Rollen und sammeln in der neuen Position Erfahrung. Dies ist ein wunderbarer Dialog zwischen den Händen und dem unteren Rücken. In beiden Positionen begleiten wir die Atembewegung achtsam.

Die folgende Übung hilft, den Resonanzraum vom Kopf bis zum Beckenboden zu erschließen. Wir können dabei wiederum erleben, wie der Klang in uns entsteht und nicht außerhalb von uns. So werden die Übungen unser Verständnis der Klangerzeugung nach und nach wandeln.

ÜBUNG: BECKENRAUM

Setzen Sie sich aufrecht auf einen stabilen Stuhl oder Hocker, entweder mittig oder etwas näher an der Kante. Ihre Füße stehen beckenbreit, eher noch etwas breiter, auf dem Boden. Nun kreisen Sie mit Ihrem Becken langsam um die eigene Achse. Spüren Sie, wie die Druckpunkte Ihres Gewichts sich in der Bewegung verlagern. Wie klein und wie groß kann die Bewegung sein? Je größer die Kreisbewegung ist, desto stärker wird sich der Bewegungsimpuls durch die Wirbelsäule fortsetzen und auch andere Körperteile mit einbeziehen. Häufig löst das Kreisen einen Gähnimpuls aus. Gähnen Sie herzhaft. Wechseln Sie dann die Richtung. Wie fühlt sich die Bewegung in diese Richtung an? Wenn Sie geschmeidig geworden sind und sich mit der Bewegung angefreundet haben, „fädeln“ Sie wieder den dreiteiligen Atemrhythmus ein.
Während der Tongebung, in der Ausatmung, setzen Sie die Kreisbewegung fort. Dabei lassen Sie ein „uuuooaa“ erklingen. In der anschließenden Pause und bei der Einatmung verweilen Sie an dem Punkt des Kreises, an welchem Sie angekommen sind. Folgende Anregungen können hilfreich sein, damit der Ton kräftig und voll erklingt:

- Nutzen Sie Ihre Lippen und Ihren Mundraum, um die Vokale deutlich zu artikulieren.
- Stellen Sie sich vor, es entstehe eine Art Klangsäule von Ihrem Becken bis zum Mund.
- Achten Sie darauf, dass die Bewegung führt: Sie beginnt, und der Ton folgt ihr.
- Wenn Sie gelegentlich das Gefühl haben, den Resonanzraum nicht richtig erschließen zu können, klopfen Sie sich zwischendurch ab.
- Nehmen Sie die unterschiedliche Qualität der drei Phasen der Atmung wahr.
- Es kommt nicht darauf an, viele Kreise zu ziehen, sondern wach den Klangraum zu erobern. Vielleicht dauert eine Tongebung nur einen Viertelkreis, mal weniger, mal mehr.
- Lassen Sie den Klang zu. Der Ton kann unangestrengt sehr voll klingen. Manchmal ist man über das eigene Stimmvolumen überrascht und schreckt zurück. Wenn Sie den Ton im Beckenraum verankert haben, können Sie sich zusätzlich vorstellen, den ganzen Raum um Sie herum mit der Schwingung Ihres Klangs zu füllen. Die Übung bleibt die Gleiche.
- Genießen Sie den Klang, und wechseln Sie die Kreisrichtung. Wenn Sie die Übung beendet haben, stehen Sie auf und gehen ein paar Schritte im Raum umher. Wie ist Ihr Gang? Ist er beschwingter, geschmeidiger?

Wir erweitern den Resonanzraum nun im Stehen bis zu den Fußsohlen, so wird Ihnen Ihr ganzes Instrument zur Verfügung stehen. Im Standbein-Spielbein-Stand nehmen wir den Kontakt der Fußsohlen zum Boden wahr. Geben Sie Ihr Körpergewicht an den Boden ab. Spüren Sie Ihr ganzes Gewicht auf dem Standbein. Sehr häufig lassen wir genau dies nicht zu, da wir zu angespannt sind.

ÜBUNG: FÜSSE

Lesen Sie eine Zeile aus irgendeinem Text stehend laut vor. Wiederholen Sie den Vorgang, und hören Sie sich dabei genau zu, um sich das Volumen und den Klang Ihrer Stimme einzuprägen.

Dann geben Sie bewusst Ihr ganzes Gewicht an Ihre Füße ab. Stünden Sie auf Sand, wäre der Abdruck Ihrer Füße deutlich zu sehen. Wiederholen Sie nun die vorhin gelesenen Zeilen, indem Sie direkt zu Ihren Füßen sprechen. Bei der Einatmung öffnen Sie in Ihrer Vorstellung den Resonanzraum bis zu Ihren Füßen und nutzen ihn dann beim Sprechen. Das heißt, sprechend spüren Sie den Kontakt Ihres Standbein-Fußes zum Boden. Wie klingt Ihre Stimme jetzt? Merken Sie, wie sich bei dieser Vorstellung Ihre Muskelspannung und damit die Spannung in Ihrem Instrument verändert?

Variation: Lesen Sie sich stehend ein paar Sätze Ihrer Wahl laut vor, und nehmen Sie sich dann ein wenig Zeit, um Ihre Füße zu massieren. Kneten Sie sie durch, bewegen Sie die Zehen und den Ballen. In den Füßen befinden sich nach der chinesischen Medizin Punkte, die mit den inneren Organen korrespondieren. Wenn wir die Füße massierend pflegen, pflegen wir unseren ganzen Organismus gleich mit. Tänzerinnen und Tänzer arbeiten bewusst mit den Füßen. Im Anschluss an die Massage stellen Sie sich wieder hin. Einatmend nehmen Sie Ihre Füße wahr und sprechen wieder zu ihnen. Dabei verwenden Sie dieselben Sätze wie zu Beginn. Hat sich der Klang Ihrer Stimme verändert?

Welpenjaulen ist eine sehr effektive Übung, um die Kopfresonanz anzuregen. Eine Sprechstimme ohne Kopfresonanzanteil klingt etwas dumpf. Brillanz im Ton entsteht, wenn Obertöne mitschwingen. Der hier aktivierte Resonanzraum befindet sich zwischen den Augen an der Nasenwurzel.

ÜBUNG: KOPF

Stellen Sie sich vor, Sie wären ein kleiner Welpe, der träumt. Ziehen Sie die Nase hoch, räkeln Sie sich, jammern und tönen Sie wie ein junger Hund. Der Mund bleibt dabei immer geschlossen. Sie werden ganz unangestrengt erstaunlich hohe Töne von sich geben. Träumen Sie verschiedene Situationen, zum Beispiel, wie Sie Ihre Hundemutter rufen, weil Sie Hunger haben. Ihr Welpenjaulen wird lauter werden. Machen Sie sich einen Spaß daraus! Sobald wir spielen, verändert sich die Dynamik des Tons von zart bis kräftig; auch die Tonlänge variiert von staccato, also kurzen Tönen, bis legato, lang gedehnten Tönen.

6. Entfaltung der Persönlichkeit

Stimmübungen verhelfen der Stimme zu einem freien und unmittelbareren Klang. Auch ihr emotionaler Ausdruck erweitert sich. Viele Menschen leben eher einen zweiteiligen Atemrhythmus mit aktiver Aus- und Einatmung und damit einhergehender emotionaler Schwingungsarmut. Weil Pausen fast gänzlich fehlen, geschieht „nichts" von allein. Dies laugt auf Dauer aus. Stimmarbeit ist ein Angebot an unseren Körper, dem natürlichen Dreierrhythmus wieder zu vertrauen und die Pause als wertvollen, notwendigen, uns auch schützenden Teil dieses gesunden Rhythmus wiederzubeleben. Die Übungen in diesem Kapitel können zur Entfaltung Ihrer Persönlichkeit beitragen. Gewiss wird die Freude daran nicht lange auf sich warten lassen.

Natürlich wird Stimmbildung am besten von Person zu Person vermittelt. Wenn Sie Lust auf mehr bekommen, suchen Sie nach Stimmbildungsunterricht in Ihrer Nähe. Ich gönne mir immer wieder Einzelstunden und genieße es intensiv, an meinem Instrument zu arbeiten. Die Beschwingtheit und Berührung, die Stimmarbeit mit sich bringt, lässt sich kaum übertreffen.

Anregung am Rande: Singen!
Was für ein Verlust an Lebensqualität, dass wir in unserer Kultur das gemeinsame Singen mit anderen so gut wie gar nicht mehr pflegen und auch kaum noch für uns selbst singen. Singen aktiviert unser Zwerchfell stärker als Sprechen, weil wir länger und intensiver mit dem Ton arbeiten.

Mir stellte sich irgendwann die Frage, wie ich das Singen wiederentdecken könnte. Geht es Ihnen auch so? Dann fragen Sie sich: Welche Lieder, Songs oder Chansons würde ich gerne singen? Singend erleben wir Gefühle wie Lebensfreude und Melancholie, angelehnt an die Tonarten Dur und Moll.

„Geschöpfe, die den Wert ihres Daseins empfinden, die ins Vergangene froh zurückblicken, das Gegenwärtige genießen, und in der Zukunft Himmel über Himmel in unbegrenzter Aussicht entdecken; Menschen, die sich mit allgemeiner Freundschaft lieben, deren Glück durch das Glück ihrer Nebengeschöpfe vervielfacht wird, die in der Vollkommenheit unaufhörlich wachsen, – o wie selig sind sie!"[40]

★ ★ ★

KAPITEL 6

„Sprache ist erst einmal geführter Atem."

Will Quadflieg

6
PRÄSENZ IN DER SPRACHE

„Der Redner ist einer, der bewirkt,
dass die Menschen mit den Ohren zu sehen vermögen."
Arabisches Sprichwort

Damit unsere Zuhörer „zu sehen vermögen", was wir aussprechen, müssen wir nicht nur anschauliche Beispiele wählen und treffende Vergleiche ziehen, sondern auch in der Lage sein, einzelne Worte erklingen zu lassen. Denn auch das prägnanteste Beispiel wird seine Wirkung verfehlen, wenn es monoton, undeutlich oder atemlos vorgetragen wird. Daher erörtere ich in diesem Kapitel zuerst die Präsenz in der Aussprache, dann das Vermögen, das Gesagte im Augenblick auch wirklich zu denken, und zuletzt die Möglichkeit, den eigenen Sprachstil zu verfeinern.

1. Präsenz in der Aussprache

Die Fähigkeit, ein Wort beim Aussprechen erklingen und für die Anwesenden plastisch werden zu lassen, erfordert Präsenz in der Aussprache. Mit unserer Sprachbehandlung, unserem Umgang mit der Sprache, appellieren wir aber nicht nur an die Vorstellungskraft des Publikums, wir können auch die tiefere Bedeutung oder die Herkunft eines Begriffs anklingen lassen.

Wie gelingt es uns, die in einem Wort implizierten Sinngehalte zur Geltung zu bringen? Ein Wort oder ein Gedanke kann sich lautlich entfalten, wenn wir mit genügend Luft und ohne Hast dem Vorgang des Aussprechens Raum geben. Die Stimm- und Sprecherziehung widmet sich hauptsächlich „Luft und Raum".[41] Der Umgang mit beidem wird geschult durch geführte Ausatmung und aktive Artikulation und unterstützt durch Gesten, welche die Rumpfmuskulatur lockern und somit die Durchlässigkeit der Resonanzräume erhöhen.

1.1. Innere Haltung

Machen wir uns bewusst, wie die *Innere Haltung* die Sprachbehandlung beeinflusst.

- In Diskussionen und bei Präsentationen empfinden Rednerinnen und Redner oft Zeitdruck. Ob von außen oder selbst auferlegt, entscheidend ist, wie wir damit umgehen. Hier gilt eine einfache Regel: Je weniger Zeit uns zur Verfügung steht, desto klarer formulieren wir das Wesentliche. Wenn wir zum Beispiel immer wieder eine zwanzigminütige Präsentation vorbereiten, der Vorstand uns aber in der Regel nur zehn Minuten einräumt, dann ist es sicher klug, das Wesentliche parat zu haben und nicht die auf zwanzig Minuten angelegte Präsentation im Eiltempo durchzuziehen.

- Die Überbewertung des Inhalts führt beim Sprechenden dazu, dass er dem Stimmklang und der Betonung, also dem Sprachausdruck, kaum Aufmerksamkeit schenkt. Die Vorstellungskraft der Zuhörenden wird jedoch durch die Art, wie wir einen Gedanken formulieren, angeregt.

- Um Gedanken, bildlich gesprochen, zu überreichen, bedarf es eines Moments der Übergabe und einer Gelegenheit, sie in Empfang zu nehmen. Schnelles Sprechen ohne Punkt und Komma verhindert einen gelungenen Austausch. Redner, die über kein Bewusstsein für diesen Vorgang der Vermittlung verfügen, verlieren diejenigen aus dem Blick, an die sie sich zu wenden glauben.

1.2. Körperhaltung

Vergegenwärtigen wir uns nun, wie sich die Körperhaltung, insbesondere die Aufrichtung der Wirbelsäule, auf die Sprachbehandlung auswirkt.

- Jemand, der sich aufrichtet, traut sich durch die Aufrichtung mehr zu und fängt an, sich freier und selbstbewusster auszudrücken.
- Durch die Aufrichtung kann sich das Zwerchfell frei bewegen. So kommt es zu organischen Pausen beim Sprechen – zu mehr Luft.
- Erst die Aufrichtung des Oberkörpers ermöglicht Gesten, welche Betonung in die Sprache bringen.

1.3. Sprachbehandlung

Unsere Sprache besteht aus einzelnen Worten, die aus Vokalen und Konsonanten gebildet werden. Vokale und Konsonanten haben jeweils einen eigenen Charakter und eine spezifische Funktion.

Entwicklungsgeschichtlich betrachtet, produzieren Babys zunächst Vokale. Vokale sind direkter Ausdruck von Gefühlen. Nach und nach werden sie mit Konsonanten zu Silben und Worten ergänzt: „Mama, Papa, Baba …"

Die fünf Vokale a, e , i, o, u sind sogenannter selbst tönender Sprachklang. Der Klang schwingt in den Resonanzräumen unseres Körpers, vorausgesetzt, wir lassen dies zu. ▶ *Präsenz in der Stimme, Drei wesentliche Faktoren, die den Klang der Stimme beeinflussen.*

Die Klangfarbe und das Volumen hängen davon ab, ob die Resonanzräume offen sind. Die individuelle Schwingung des Tons erzeugt in uns und unseren Zuhörern eine Stimmung. Vokale sind dabei die Empfindungsträger. Sie transportieren die Stimmung.

Konsonanten haben einen geräuschhaften Charakter und steigern unsere Ausdrucksfähigkeit. Sie lassen sich in drei Gruppen unterteilen:

Klinger, Reibelaute und Verschlusslaute.

Die Klinger l, m, n, ng, w, r, j klingen mit den Vokalen mit. Sie werden daher auch als „Singsilben" bezeichnet. Je reicher eine Sprache an Vokalen und Klingern ist, als desto runder, stimmungsvoller und klingender erleben wir sie. Charakteristisch für romanische Sprachen ist die Häufung von Vokalen und Klingern, während akkumulierte Reibe- und Verschlusslaute eine Eigenheit der germanischen Sprachen darstellen.

Die Reibelaute ch, s, z, sch, f, v, pf sind stark geräuschhaft. Wenn Sie sie laut aussprechen, können Sie es deutlich hören.

Die Verschlusslaute k, g, q, d, t, p und b werden auch Explosivlaute genannt. Die Ausatmungsluft wird bei Explosivlauten zurückgestaut, und durch das Lösen des Verschlusses kommt es zu einer feinen „Explosion". Artikulieren

Sie zum Beispiel ganz langsam ein „p", um diesen Vorgang deutlich zu empfinden: Erst staut sich die Luft im Mundraum hinter den geschlossenen Lippen, und dann explodiert das „p". Explosivlaute rhythmisieren die Sprache. Außerdem sorgt die präzise Artikulation für zusätzlich einströmende Luft direkt nach dem Explosivlaut. Die deutsche Sprache verfügt über viele Explosivlaute und somit über viele Gelegenheiten, ganz nebenbei wieder ein wenig Luft zu schöpfen.

Das h dient dem Anhauchen der Vokale oder deren Dehnung. In der Gesangs- und Sprechausbildung gibt es für jeden Vokal eine Fülle von Resonanzraumübungen und für jeden Konsonanten ein spezifisches Artikulationstraining. Sie wiederzugeben würde den Rahmen dieses Buches sprengen.

Ich möchte Ihnen hier lediglich zwei sehr effektive Artikulationsübungen mit auf den Weg geben: die „Korkenübung" und als unauffälliges Training für zwischendurch die „Aktivierung der Zunge".

Mit Hilfe der Korkenübung lässt sich die Artikulation aller Laute deutlich verbessern:

- Die Artikulationswerkzeuge – die Lippen, die Zunge, das Gaumensegel etc. – arbeiten anschließend präziser. Die Aussprache wird genauer und klarer, jedoch nicht überartikuliert.
- Sie werden durch die artikulierte Aussprache automatisch deutlichere Pausen beim Sprechen machen.
- Durch die präzisiere Artikulation der Verschlusslaute t, d, p, b, g, k, wird die Luftzufuhr gesteigert.
- Die sogenannte „Maske", ein Bereich der Kopfresonanz, wird aktiviert, wodurch hellere Obertöne mitschwingen. Ihre Stimme klingt dann angenehm lauter und durchdringender.

ÜBUNG: KORKENSPRECHEN

Es gibt zwei Möglichkeiten, mit dem Korken zu arbeiten.

Einfache Korkenübung
Sie nehmen einen Weinkorken – ein Sektkorken wäre zu groß – und halten ihn mit Ihren Zähnen fest. Der Korken ragt circa einen Zentimeter in Ihren Mund hinein. Nun sprechen Sie einzelne Worte langsam aus, so dass Sie jeden Laut genau hören können. Oft übergehen wir die Endsilben, zum Beispiel bei Worten, die auf „en" enden. Ein t

ist ein t und kein d. Üben Sie drei bis fünf Minuten. Dabei kommt es nicht auf Quantität, sondern auf Präzision an. Bei der Wiederholung eines Wortes können Sie schneller werden. Die Grenze ist jeweils die Verständlichkeit der einzelnen Laute.

Sie trainieren auf diese Weise zum einen Ihre Artikulation, und zum anderen schulen Sie ihr Gehör und nicht zuletzt Ihre Selbstbeobachtung. Erst wenn Sie ein Gespür für den Klang der Worte entwickeln und der Sinnlichkeit der Sprache Raum geben, wird sich Ihre Einstellung zum Umgang mit der Sprache allmählich ändern. So entwickelt sich aus einer allein an Inhalten ausgerichteten Sprachbehandlung eine, die um die sinnliche und anschauliche Qualität der Sprache weiß und ihr Ausdruck verleiht.

Die Korkenübung können Sie zu Ihrer Kontrolle mit einem Vorspiel und einem eindrucksvollen Nachspiel verbinden. Lesen Sie sich oder anderen vor der Übung ein paar Zeilen eines Textes zweimal laut vor. Dieselbe Stelle lesen Sie noch einmal nach der Übung. Ich bin sicher, Sie und Ihr Gegenüber werden eine deutliche Veränderung hören. Bitte nehmen Sie auch wahr, wie sich nun Ihr Mundraum beim Artikulieren anfühlt.

Erweiterte Korkenübung

Sie fördert das Verständnis der Musikalität der Sprache. Sprechlebendigkeit beruht auf verschiedenen Tempi. Wir untersuchen staccato und legato, also die kurz betonende und lang gebundene Vortragsweise, sowie largo und presto, das langsame und schnelle Sprechen.

Mit dem Korken im Mund sprechen Sie ungefähr sieben mehrsilbige Worte auf drei unterschiedliche Arten aus. Jedes Mal wird die Aussprache durch eine spezifische Armbewegung unterstützt.

Achten Sie dabei bitte auf überflüssige Kopfbewegungen. Der Kopf sitzt locker auf dem obersten Wirbel, dem Atlas. Die Halswirbelsäule bleibt aufgerichtet. Der Kehlkopf ist dadurch optimal aufgehängt.

- *Staccato:* Sprechen Sie ein mehrsilbiges Wort Silbe für Silbe aus, zum Beispiel „Scho – ko – la – den – eis". Dazu bewegen Sie den rechten oder linken Unterarm bei jeder Silbe nach unten. Zwischen den Silben kehrt der Unterarm ohne Hast in seine Ausgangsposition zurück. Eine organische Pause entsteht.
- *Largo und legato:* Artikulieren Sie dasselbe mehrsilbige Wort langsam und gebunden. Achten Sie darauf, die Vokale deutlich zu dehnen: „Schooookoolaadeeneihs". Dabei öffnen Sie beide Arme von Ihrer Kör-

permitte aus in einer großen Geste langsam weit nach außen – den rechten Arm nach rechts, den Linken gleichzeitig nach links.

- *Presto und legato:* Sprechen Sie dasselbe Wort nun so schnell wie möglich aus. Bevor Sie beginnen, strecken Sie einen Arm über dem Kopf aus. Wenn Sie das Wort aussprechen, lassen Sie den Arm locker nach unten fallen. Achten Sie darauf, den Arm wirklich loszulassen. Schnelligkeit verlangt Lockerheit!

Die Armbewegungen unterstützen die Aussprache. Im ersten Fall dienen sie der präzisen Trennung der Silben, und durch die kleinen Pausen zwischen den Silben üben Sie sich bereits darin, dem wichtigsten Stilmittel der Rhetorik, der Pause, Raum zu geben. Die ausladende Armbewegung beim Binden und Dehnen der Sprache bekräftigt Ihre übertrieben deutliche Artikulation, die Spuren in Ihrer Aussprache hinterlässt, und das Fallenlassen der Arme zuletzt fördert Lockerheit und Schnelligkeit in der Aussprache.

Anwendungsmöglichkeiten der Korkenübung:

- Wenn Sie direkt vor wichtigen Anlässen Ihre Artikulationswerkzeuge mit dieser Übung präparieren, werden Sie lockerer und prononcierter sprechen. Zudem fühlen Sie sich gut vorbereitet und dadurch sicherer.
- Bei täglichem Training verbessern Sie Ihre Aussprache insgesamt deutlich. Dies ist vor allem für jene interessant, die zu Mundfaulheit, zum Nuscheln, neigen, oder auch für ausländische Kolleginnen und Kollegen. Gerade bei Telefonkonferenzen werden dies alle Beteiligten zu schätzen wissen!
- Sprechen Sie Ihren eigenen Namen oft mit dem Korken, damit man ihn, wenn Sie sich vorstellen, gut versteht.
- Zur Gesprächsvorbereitung eignen sich wesentliche Stichworte und Kernaussagen sowie schwer auszusprechende Namen von Teilnehmenden der Veranstaltung als Material.
- Auch mit Fremdwörtern oder Begriffen, die wir schludrig aussprechen, wird unser Mundraum auf diese Weise vertraut. Nach einiger Übung werden sie mühelos sauber artikuliert.

ÜBUNG: AKTIVIERUNG DER ZUNGE UND DES ZWERCHFELLS

Wenn wir lange am Computer arbeiten, schläft die Zunge allmählich ein. Um sie wieder für das Sprechen zu aktiveren, probieren Sie Folgendes:

Die Zungenspitze liegt leicht angespannt hinter den oberen Schneidezähnen, so als wollten Sie ein t aussprechen. Dabei sitzen Sie aufrecht, eine Hand ruht auf dem Bauch. Sie werden bemerken, dass sich beim Artikulieren des t auch die Bauchdecke ein wenig strafft. Das liegt daran, dass sich das Zwerchfell anspannt. Halten Sie diese Spannung kurz, und sprechen Sie dann das t aus. Wiederholen Sie diesen Vorgang einige Male, indem Sie mit dem Rhythmus, der Lautstärke und dem Tempo spielen. So regen Sie die Zunge und das Zwerchfell an. Anschließend werden Sie artikulierter und lebendiger sprechen.

Psychische Belastungen erzeugen Anspannungen in der Muskulatur. Besonders betroffen davon sind die Atem- und Kiefermuskulatur, also Bereiche, die für die Spracherzeugung maßgeblich sind. Im Lichtenberger Institut für angewandte Stimmphysiologie begegnete ich vor einigen Jahren der allerbesten Übung, die ich kenne, um solche Anspannungen zu lösen.

ÜBUNG: VERSPANNUNGEN IM KIEFERBEREICH LÖSEN

Legen Sie die Kuppen von Daumen und Mittelfinger der von Ihnen bevorzugten Hand sanft aufeinander. Stellen Sie sich nun vor, dass die Finger auseinanderstreben, während sie sich weiterhin berühren. Beobachten Sie, was dabei mit Ihrem Kiefergelenk und Ihrer Atmung geschieht. Lassen Sie die Vorstellung wieder los, und führen Sie die Übung dann erneut aus. Vermutlich werden Sie spüren, wie sich die Spannung im Kiefergelenk löst und ein überraschend weiter Raum sich öffnet.

Wenn Sie bewusst das Gegenteil erleben möchten, drücken Sie die Fingerkuppen aufeinander.

Diese Übung verbessert die Artikulation, denn Sie werden nun entspannter sprechen. Außerdem ist sie ausgesprochen hilfreich für Menschen, die unter stressbedingter Anspannung der Kiefermuskulatur leiden und deshalb möglicherweise eine Schiene tragen müssen. Praktizieren Sie diese Übung mehrfach am Tag, vor allem vor dem Einschlafen. Vermutlich werden Sie in absehbarer Zeit die Schiene durch die Übung ersetzen können.

Im Kapitel „Körperliche Präsenz“ habe ich Gesten bereits thematisiert. Ich habe nach der optimalen Körperhaltung für Gesten gefragt und Anregungen gegeben, wie man Gesten in Gang setzen kann. Hier liegt der Fokus auf dem Zusammenhang zwischen Gesten und Sprechlebendigkeit.

ÜBUNG: SPRECHLEBENDIGKEIT DURCH GESTEN

Machen Sie sich die unterstützende Wirkung von Gesten auf die Betonung bewusst, indem Sie Folgendes ausprobieren: Zunächst sprechen Sie zweimal einige wenige Sätze laut aus, ohne dabei zu gestikulieren. Sie können sich zum Beispiel vorstellen: Name, Unternehmen und Funktion. Hören Sie sich dabei gut zu, um nachher eine Vergleichsmöglichkeit zu haben. Formulieren Sie denselben Gedanken dann mit Gesten. Drei Aspekte sind dabei wichtig:

- Nehmen Sie die Hände vor den Bauch, ungefähr auf Bauchnabelhöhe, und lassen Sie sie von hier starten. Wahrscheinlich stellen Sie fest, dass Ihre Atmung sich vertieft und den Resonanzraum für einen volleren und tieferen Stimmklang öffnet.
- Die Bewegung führt! Das bedeutet, dass die Bewegung der Hände der Sprache dezent vorausgeht. Dadurch bilden Ihre Gesten eine Einheit mit Ihren Gedanken. Im umgekehrten Fall stolpern sie den Worten unverknüpft hinterher.
- Die Hände dürfen sich frei bewegen. Es geht nicht darum, bestimmte Gesten zu produzieren, denn dies sähe künstlich aus. Verändert sich Ihre Aussprache? Ihre Betonung? Der Stimmklang? Machen Sie die Übung ein weiteres Mal mit anderen Sätzen.

Im Allgemeinen lockern Gesten die Muskulatur und bringen das Skelett in Bewegung, dadurch wird der Resonanzraum durchlässiger, und Ihre Stimme kann freier schwingen und kräftiger klingen. Die Sprache wird plastischer und die Betonung akzentuierter. Vermutlich lassen Sie auch mehr Pausen zwischen den Gedanken zu.

1.4. Tipps

Lesen Sie Gedichte laut. Ich arbeite im Coaching gerne mit Gedichten, denn Dichtung ist verdichtete Sprache – sie verlangt eine klare Aussprache und den bewussten Umgang mit Pausen. Sie können deutlich hören, ob ein Wort Wirklichkeit wird. Entdecken Sie die Möglichkeit langer Spannungspausen. Achten Sie auf den Wechsel von Konsonanten und Vokalen. Nehmen wir als Beispiel „Mondnacht“: Sie können das Wort so aussprechen, dass kaum eine Assoziation entsteht, oder Sie genießen erst die beiden Vokale und formulieren dann das d und t präzise. So entsteht durch die bewusste Artikulation eines einzelnen Wortes eine spezifische Atmosphäre – eine

Mondnacht. Das aufmerksame, laute Lesen weckt oder verstärkt Ihren Sinn für eine sinnliche, klangliche Sprachbehandlung. Sie werden vielleicht einwenden, dass im beruflichen Umfeld abstraktere Begriffe vorherrschen. Da haben Sie natürlich Recht, aber gerade sie benötigen unsere Vorstellungskraft, damit sich die in ihnen enthaltene Bedeutung dem Adressaten mitteilen kann. Ich erlebe oft, wie geringschätzig und hastig Begriffe aus dem eigenen Fachgebiet ausgesprochen werden. Manchmal verstehen „Fachleute" nicht, warum sie schlecht verstanden werden. Liegt es vielleicht an der Sprachbehandlung? Also lesen Sie laut Gedichte – das kann Spaß machen –, und schenken Sie jedem Fachbegriff Ihre Wertschätzung und Aufmerksamkeit. Falls Ihnen Lyrik zu fremd erscheint, lesen Sie Ihren Kindern vor oder wählen Sie Zitate. Am besten legen Sie sich bei dieser Gelegenheit eine zu Ihren Themenfeldern passende Sammlung von Zitaten an, die Sie laut – mit und ohne Korken – lesen. Lernen Sie die für Sie wichtigsten eines nach dem anderen auswendig. ▶ *Rhetorische Präsenz, Auswendig lernen und Sprache be-greifen.*

2. Sprechend präsent sein

Die Sprache ist Medium des Denkens und dient der Kommunikation. Wenn wir beim Sprechen präsent sind, entwickeln wir unsere Gedanken im Kontakt mit dem Gegenüber. Dieser Kontakt basiert auf Blickkontakt und dem Gespür für die Situation. ▶ *Körperliche Präsenz, Präsent auftreten.*

Wenn wir es uns erlauben, öffentlich laut zu denken, stellen sich automatisch organische Pausen ein. Wir hören auf, in unseren Gedanken vorauszueilen, und lassen dadurch die Zuhörenden an unserem Denkprozess teilhaben. Dies setzt Vertrauen in die eigene Fähigkeit, laut zu denken, voraus, über die wir in der Regel bereits verfügen, denn im engsten Kreis und unter Freunden machen wir ganz selbstverständlich von ihr Gebrauch. Hier lassen wir die Inspiration zu. Wenn wir uns trauen, frei zu atmen, werden beseelte, inspirierte Gedanken auftauchen. Ersetzen Sie die Vorstellung „Ich muss einen Vortrag halten" durch das Vorstellungsbild „Ich denke öffentlich laut nach". Denken Sie beide Gedanken bewusst. Spüren Sie den Unterschied?

Öffentliches lautes Denken – oder anders gesagt: der Prozess des natürlichen Denkens – geht mit zwei Vorteilen einher: Es reduziert Stress, weil wir darauf vertrauen, dass uns die richtigen Gedanken kommen, und unser Vortrag wird durch die organischen Pausen spannender.

Heinrich von Kleist beschreibt in seinem Aufsatz „Über die allmähliche Verfertigung der Gedanken beim Reden“, wie er seine Gedanken zu ordnen pflegt. Seine Methode besteht darin, laut nachzudenken und laut auszusprechen, was ihn bewegt. Er erklärt, dass das Gegenüber, an das er sich wendet, ihm allein durch seine Anwesenheit fokussierte Aufmerksamkeit abverlangt. Noch dunkle, vage Vorstellungen können auf diesem Wege zu klaren Ideen heranreifen. Kleist analysiert in diesem Aufsatz auch Mirabeaus Rede zum Auftakt der Französischen Revolution:

„Mir fällt jener ‚Donnerkeil‘ des Mirabeau ein, mit welchem er den Zeremonienmeister abfertigte, der nach Aufhebung der letzten monarchischen Sitzung des Königs am 23. Juni, in welcher dieser den Ständen auseinander zu gehen anbefohlen hatte, in den Sitzungssaal, in welchem die Stände noch verweilten, zurückkehrte, und sie befragte, ob sie den Befehl des Königs vernommen hätten? ‚Ja‘, antwortete Mirabeau, ‚wir haben des Königs Befehl vernommen‘ – ich bin gewiß, daß er bei diesem humanen Anfang noch nicht an die Bajonette dachte, mit welchen er schloß: ‚ja, mein Herr‘, wiederholte er, ‚wir haben ihn vernommen‘ – man sieht, daß er noch gar nicht recht weiß, was er will. ‚Doch was berechtigt Sie‘ – fuhr er fort, und nun plötzlich geht ihm ein Quell ungeheurer Vorstellungen auf – ‚uns hier Befehle anzudeuten? Wir sind die Repräsentanten der Nation.‘ – Das war es, was er brauchte! ‚Die Nation gibt Befehle und empfängt keine.‘ – um sich gleich auf den Gipfel der Vermessenheit zu schwingen. ‚Und damit ich mich Ihnen ganz deutlich erkläre‘ – und erst jetzo findet er, was den ganzen Widerstand, zu welchem seine Seele gerüstet dasteht, ausdrückt: ‚so sagen Sie Ihrem Könige, daß wir unsere Plätze anders nicht, als auf die Gewalt der Bajonette verlassen werden.‘ Worauf er sich, selbstzufrieden, auf einen Stuhl niedersetzte.“[42]

Die sprachliche und gedankliche Lebendigkeit, die sich ergibt, wenn wir der spontanen Gedankenentwicklung vertrauen, fasziniert immer wieder aufs Neue.

3. Informationen auf den Punkt bringen

Angesichts des Zeitdrucks und der Informationsflut im beruflichen Umfeld sind wir dankbar, wenn jemand es versteht, in seiner Mitteilung nur das Wesentliche eines Themas zu kommunizieren. Meine Seminarteilnehmer und Coachees treten immer wieder mit dem Bedürfnis an mich heran, diese Fertigkeit zu erlernen.

Um zielgruppenorientiert zu kommunizieren, knüpfen Sie an den Kenntnisstand des Gegenübers an. Welche Informationen werden benötigt, um weiterarbeiten zu können, auf dem neuesten Stand zu sein, eine Problem- oder Aufgabenstellung zu erfassen oder eine Entscheidung zu treffen?

Stellen Sie sich im Vorfeld folgende Fragen:

- Was sind die wesentlichen Punkte, die Sie Ihrem Adressaten vermitteln wollen? Halten Sie sie schriftlich in einem Satz fest. Überprüfen Sie nun Ihren Gedanken: a) Ist das wirklich die entscheidende Information? b) Identifizieren Sie überflüssige Füllwörter. c) Können Sie klarer, einfacher, verständlicher formulieren?
- Handelt es sich um einen komplexen Sachverhalt, versuchen Sie, sich die entscheidenden Schritte sehr präzise zu vergegenwärtigen. Nutzen Sie nichtlineare Strukturmodelle wie Mindmaps. Skizieren Sie Ihre Erkenntnisse für Ihren Gesprächspartner.
- Welche zusätzlichen Hintergrundinformationen müssen Sie ihm geben, um ihn abholen zu können?
- Welche Fragen haben Sie? Was ist für Sie selbst wichtig: Was brauchen Sie von Ihrem Gegenüber? Was ist Ihr Ziel?
- Fassen Sie den gesamten Sachverhalt zusammen, möglichst in drei Sätzen.

In der Situation selbst widersetzen Sie sich bewusst jedem Druck. ▶ *Körperliche Präsenz, Optimale Ausgangsposition im Sitzen: Königliche Aufrichtung.* Kommunizieren Sie ruhig und entspannt, arbeiten Sie bewusst mit Pausen zwischen den einzelnen Informationen. Dann wird Ihr Gegenüber die komprimierten Informationen besser aufnehmen und einordnen können. ▶ *Präsenz in der Kommunikation, Organische Pausen im Prozess der Kommunikation* / ▶ *Körperliche Präsenz, Präsenz im Blickkontakt.*

4. Angemessenheit

Auf jede Gesprächssituation und jeden Redegegenstand müssen wir uns gedanklich und sprachlich angemessen einlassen. Ob es gelingt, eine Verbindung zu den Adressaten herzustellen, hängt davon ab, inwieweit die

Elemente unseres Redebeitrags bei ihnen etwas Vertrautes berühren. Von dieser gemeinsamen Verständnisbasis ausgehend, führen wir dann neue Perspektiven ein, die ihren bisherigen Erfahrungsraum erweitern. Metaphern und Vergleiche sind hilfreich, um Fachwissen verständlich zu transportieren. Erfolgreichen Rednern und Rednerinnen gelingt es, viele Menschen anzusprechen. Bewusst oder unbewusst arbeiten sie mit wohlbekannten Sprachbildern. „Wir kommunizieren hauptsächlich dadurch miteinander, daß wir ähnliche innere Bilder anstoßen, die auf ähnliche Erfahrungen verweisen."[43]

Metaphern sind bildhafte Übertragungen. Wir übersetzen eine spezifische Erfahrung in ein allgemein bekanntes Sprachbild, um sie mühelos mit anderen zu teilen und um besser verstanden zu werden. Dazu müssen wir Worte finden, die bei verschiedenen Menschen Ähnliches anstoßen.

Sich verstehen heißt „die gleiche Sprache" sprechen. Doch Vorsicht, es geht dabei nicht um falsche Anpassung. Das Ohr reagiert leicht beleidigt, wenn wir uns künstlich angleichen und beispielsweise einen Dialekt oder Slang nachahmen. Angemessenheit bedeutet, einsichtig und klug zu agieren, um den eigenen Vorstellungen Gehör zu verschaffen. Dazu kann es auch notwendig sein, provozierend aufzurütteln.

5. Das Kultivieren der sprachlichen Ausdrucksfähigkeit

Wer seine sprachlichen Ausdrucksmöglichkeiten verfeinern möchte – eine sinnvolle Bestrebung, wenn wir weiterwachsen wollen –, sollte darüber hinaus langfristig an seinen Gedankengängen feilen, das heißt sich eingehend mit Themen, die ihn interessieren, und ihrer Einbettung in größere Zusammenhänge beschäftigen. Halten Sie nach Gelegenheiten Ausschau, die Sie dazu anregen, sich zu artikulieren, sei es mündlich durch Wissensvermittlung im Gespräch und durch öffentliche Reden oder schriftlich durch Artikel. Denn um etwas zu lehren, müssen Sie die tieferen Zusammenhänge eines Themas kennen, das Wesentliche benennen, interessante Bezüge herstellen und treffende Formulierungen finden. Dabei kommen Ihnen eindrückliche Vergleiche, Metaphern und Zitate, die Ihre Aussagen ergänzen, unterstützen und perspektivisch erweitern, zustatten.

Das Kultivieren der sprachlichen Ausdrucksfähigkeit ist ein wundervoller, fordernder Prozess. Legen Sie sich für Ihre Themen, wenn Sie es nicht bereits getan haben, ein Archiv inspirierender Gedanken, Fachartikel etc. an, ergänzt um die soeben erwähnten hilfreichen Ingredienzien: Bilder, Metaphern, humorvolle Assoziationen und Ähnliches. Die Beschäftigung mit Synonymen bereichert zudem Ihren Wortschatz und hilft, Formulierungen zu präzisieren. „Den Stil verbessern – das heißt den Gedanken verbessern und nichts weiter“, so formulierte es Friedrich Nietzsche.

So wie ein vorzüglicher Wein das Ergebnis eines Reifeprozesses ist, so ist auch die Klarheit der Gedanken das Resultat der Reife.

* * *

KAPITEL 7

Inspiration

7
RHETORISCHE PRÄSENZ

„... die Pflicht des Redners ist es, die im Redegegenstand liegenden Überzeugungsmöglichkeiten zu finden.“
Aristoteles

Rhetorik ist die Lehre vom wirkungsvollen Gestalten eines Redebeitrags und die Kunst, die Zuhörenden in Vorstellungsräume hineinzulocken, sie von Aussagen zu überzeugen und zu Handlungen zu bewegen – letztendlich, sie zu gewinnen. Zu den bekanntesten und einflussreichsten Philosophen der Geschichte zählt Aristoteles. Die *Rhetorik*, eines seiner Hauptwerke, ist eine systematische Darstellung der Redekunst. Darin definiert er drei Überzeugungsmittel:

ETHOS – die Glaubwürdigkeit des Redners
LOGOS – das Argument
PATHOS – den emotionalen Zustand des Hörers

Ich greife das Dreigestirn auf und zeige, wie wir unser Überzeugungspotenzial in allen drei Hinsichten steigern können.

Die Glaubwürdigkeit des Redners oder der Rednerin basiert auf körperlicher und stimmlicher Präsenz. Die Verbindung, die wir zu uns selbst haben, spielt dabei eine wesentliche Rolle. Wie Sie diese Präsenz herstellen können und welch entscheidende Funktion dabei der Redepause zukommt, betrachte ich im Folgenden gemeinsam mit Ihnen.

Aristoteles hält das Argument für das wichtigste Überzeugungsinstrument. Ich habe jedoch beobachtet, dass auch die besten Argumente nur dann gehört werden, wenn Person und Stimme des Vortragenden stimmig erscheinen. Die Person eröffnet sozusagen den Raum für das Argument. Sie kann sich wie ein großes Tor weit oder nur einen Spalt breit öffnen. Der Öffnung entsprechend, wird ihrer Argumentation Gehör geschenkt. Doch verstehen Sie mich bitte nicht falsch, ich bin unbedingt für eine gute inhaltliche Vorbereitung, die für einen logischen Aufbau des Redebeitrags, überzeugende Argumente, Konzentration auf das Wesentliche und Anschaulichkeit sorgt.

Wenn Aristoteles vom emotionalen Zustand des Hörers spricht, so erinnern Sie sich bitte an den Einfluss der Stimme. Der Klang der Stimme erzeugt immer eine Stimmung. Die Stimmung ist entscheidend für den emotionalen Zustand der Hörer. In diesem Kapitel geht es aber auch darum, was wir während der Redevorbereitung und Redegestaltung zusätzlich tun können, um unsere Zuhörerschaft zu erreichen.

1. Ethos

1.1. Wie lässt sich Glaubwürdigkeit herstellen?

Wir glauben einem Menschen, wenn wir ihm vertrauen. Die Fähigkeit, uns selbst zu vertrauen und in wenigen Augenblicken das Vertrauen anderer zu gewinnen, können wir bewusst entwickeln. In einer Gesellschaft, in der Begegnungen und Situationen unentwegt wechseln, ist dies eine unverzichtbare Kompetenz. Wie glaubwürdig jemand erscheint, hängt damit zusammen, wie stark er sich selbst vertraut und wie verbunden er mit sich selbst ist. Dieses Selbstvertrauen basiert auf angstfreier Atmung. ▶ *Mentale Präsenz, Selbstvertrauen.*

ÜBUNG: ATMEND SICH VERTRAUEN

Wenn Sie durch bewusstes Wahrnehmen der natürlichen Atembewegung mit Ihrem Körper Kontakt aufnehmen, fühlen Sie sich nicht nur verbunden mit sich selbst, sondern wirken auch verbindlich. Folgende Übungen, die Sie bereits kennengelernt haben, unterstützen Sie bei der gegenwärtigen Aufgabe: ▶ *Atmen, Geist, Übung: Verbunden sein* / ▶ *Präsenz in der Stimme, Basisstimmübung – Dreiteiliger Atemrhythmus.*

> Denken Sie bei der Einatmung: „Ich vertraue" oder verkürzt einfach „Vertrauen". Vielleicht ist es Ihnen gerade angenehmer, einatmend „Ich" und ausatmend „vertraue" zu denken. Probieren Sie es aus. Was für Sie stimmiger ist, was Ihnen guttut, ist in diesem Moment richtig.

Interessanterweise wurde in den großen Rhetorik-Schulen der Antike das Wissen um den Atem angeblich nur Eingeweihten weitergegeben, weil man wusste, wer etwas vom Atem versteht, versteht etwas von Macht. Es handelt sich hier um die Macht, andere durch die eigene Persönlichkeit zu gewinnen. „Wer sich selbst wahrnimmt, wird wahrgenommen."

Wir leben heute zum Glück in Zeiten demokratisierter Wissenstradierung; dennoch ist die Kenntnis des Atems alles andere als Gemeingut. In diesem Sinne verfolge ich mit meinem Buch ein zutiefst demokratisches Anliegen. Es ist der Versuch, ein Geheimnis, Hintergründe und Wechselwirkungen mit allen zu teilen. Die bewusste Wahrnehmung der Atembewegung und ihre vielfältigen praktischen Wirkungen habe ich in den vorangehenden Kapiteln bereits thematisiert. Nun machen wir uns die Inspiration unter dem Aspekt der eigenen Glaubwürdigkeit zunutze. Dazu möchte ich Sie auffordern, unmittelbar bevor Sie Ihren Redebeitrag beginnen, sich die Zeit zu nehmen, die nötig ist, um die natürliche Einatmung – und damit sich selbst – zuzulassen. Auf die gleiche Weise verfahren Sie nach Möglichkeit immer wieder mal während Ihrer Rede.

Das mag Ihnen jetzt beim Lesen kurios vorkommen, aber die Wirkung in der Praxis ist phänomenal. Subjektiv werden Sie die Zeitspanne, bis die Inspiration von selbst einsetzt, erst mal als lang empfinden, weil Sie nicht daran gewöhnt sind. Von außen betrachtet, wirkt die Einatmungsbewegung jedoch ganz organisch. Gerade weil Sie sich atmend zulassen, vertraut Ihnen Ihr Auditorium. Diese Rückmeldung erhalten Seminarteilnehmer und -teilnehmerinnen regelmäßig von anderen Teilnehmenden. Es bedarf der Übung, bis die alten Atemgewohnheiten überwunden sind. Wie gesagt, optimalerweise fängt ein Redebeitrag mit einer Einatmungsbewegung, einer akustischen Pause, an. Die freie, souveräne Atembewegung ist die Voraussetzung, um Pausen zu gestalten. Mehr dazu finden Sie im Kapitel ▶ *Körperliche Präsenz, Präsent auftreten.*

1.2. Die Pause – Das wichtigste Mittel, um rhetorisch präsent zu sein

> „Vom Tun oder Nichtstun eines scheinbar Nichtigen hängt oft das Gelingen des Wichtigsten ab, drum soll man auch im Kleinen behutsam und umsichtig sein."
>
> *Francesco Guicciardini*

Der bewusste Umgang mit „scheinbar Nichtigem", mit den Pausen, lässt Sie souverän und glaubwürdig wirken. Die Pause sorgt darüber hinaus für Spannung, Sprechlebendigkeit und hörbare Gliederung. Viele Rhetorikbücher enthalten nur wenige Angaben zum Thema „Atmen und Pausen", beispielsweise: „Denken Sie daran, zu atmen!" Für mich waren Sätze wie dieser ein maßgeblicher Grund, dieses Buch zu schreiben, denn Pausen sind nicht bloß irgendein Stilmittel, sondern gestalten jeden Redebeitrag grundlegend und geben dem Gesagten das nötige Gewicht. Wenn wir uns trauen, Pausen zu machen, können wir öffentlich sprechen. Zunächst sollten Sie die Funktion von Pausen verstehen und dann den Mut entwickeln, sie zuzulassen.

Dies läuft der verbreiteten Gewohnheit, ohne Punkt und Komma zu reden, zuwider. Viele fürchten Pausen regelrecht. Dahinter steckt möglicherweise die Sorge, sie gerieten in Verdacht, nicht weiterzuwissen, oder die Angst vor der Stille. Oder aber sie halten sich selbst, bewusst oder unbewusst, für nicht wichtig genug, um Raum für sich zu beanspruchen und einzunehmen.

Ich hoffe, die dreizehn gewichtigen Gründe, die für Pausen sprechen, werden Sie überzeugen und ermutigen.

- Pausen sind natürliche Pausen, die durch die Einatmungsbewegung entstehen. Hierin liegt die Aufforderung, die natürliche Inspiration zuzulassen!
- Sie unterstützen die persönliche Glaubwürdigkeit. Im Augenblick der Pause bauen wir darauf, dass es genügt, einfach zu sein. Wer so dem eigenen Rhythmus vertraut, dem vertrauen auch die Zuhörenden.
- Wir werden optimal mit Sauerstoff versorgt und können uns daher gut konzentrieren. So beugen wir „Denkblockaden" vor.
- Wenn das Zwerchfell sich, dem natürlichen Atemimpuls gehorchend, optimal senkt, öffnet es zugleich den Resonanzraum für Ihre Stimme. Die Stimme klingt voller und tiefer als bei hastiger Einatmung. Sie erzeugen dabei eine angenehme, offene Stimmung. Ihr Beitrag klingt stimmig, und Sie können durch den Klang der Stimme bestimmen.
- Durch den organischen Einatmungsimpuls bleiben Sie mit sich selbst ver-

bunden. So entsteht von allein eine emotionale – hörbare – Verbundenheit mit Ihrem Thema.

- Sie steigern durch Pausen den Effekt Ihrer Aussagen: Die Pause *vor* einem neuen Gedanken erzeugt Spannung, die Pause *danach* erhöht seine Wirkung.
- Sprechlebendigkeit entsteht durch Pausen und emotionale Verbundenheit. Nuancierte Betonung ergibt sich so ganz natürlich. Um lebendig und abwechslungsreich zu akzentuieren, arbeite ich in der Regel nur an der Pausentechnik und den Gesten.
- Pausen geben uns Gelegenheit, wahrzunehmen, wie das Gesagte angekommen ist. Kommunikation entsteht im stillen Dialog mit den Zuhörenden, ein wichtiger Vorgang, der Aufmerksamkeit verlangt.
- Durch Pausen verleihen Sie Ihrem Vortrag eine hörbare Struktur, vergleichbar der optischen Gliederung eines Textes durch Hervorhebungen, Leerzeilen und Absätze. Sie kämen doch auch nicht auf die Idee, jemandem schriftliche Ausführungen ohne Punkt und Komma anzubieten, oder?
- Die sogenannten Urlaute oder Füllwörter, wie „ääh", „mmh", Schnalzen oder Ähnliches, verschwinden von allein, wenn Sie Pausen machen. Denn ein „ääh" besetzt immer genau die Stelle, an der eine Pause erforderlich wäre.
- Denkpausen geben den Zuhörenden Gelegenheit, das Gesagte aufzunehmen und zu verarbeiten. Wenn Sie sich ein mitdenkendes Auditorium wünschen, sollten Sie die Pausen gelegentlich etwas verlängern, denn dann hat es Zeit mitzudenken.
- In Pausen können Sie den roten Faden weiterspinnen. Was wollen Sie in diesem Augenblick als Nächstes thematisieren? Ist es notwendig, nachzuhaken oder vielleicht etwas zu überspringen?
- Souveränes „freies Sprechen" wird erst durch das Weiterdenken in der Pause möglich.

Kurzum: Wer die Inspiration und dadurch die Pause zulässt, wird inspiriert sprechen.

Damit Sie sich diese Punkte vor wichtigen Terminen ins Gedächtnis rufen können, rate ich Ihnen, sie zu kopieren und bei Bedarf einen Blick darauf zu werfen.

Wie oben erwähnt, kann uns Furcht vor dem Augenblick der Stille davon abhalten, Pausen zuzulassen. Der amerikanische Komponist und Künstler John Cage pointiert diesen Augenblick in seinem *Vortrag über nichts*. Hier ein kleiner Ausschnitt. Die Leerstellen sind von ihm als deutlich hörbare Pausen festgelegt. Wenn Sie möchten, lesen Sie diese Zeilen laut. Ich schlage vor, jede Leerstelle durch eine entspannte Inspiration bewusst zu gestalten. Achtung, der Text fängt mit einer Leerstelle an. Probieren Sie es aus:

„Wir brauchen nicht diese Stille zu fürchten. – Wir können sie lieben.“[44]

Die Pausen, die hier gestaltet werden wollen, befinden sich an ungewöhnlichen Stellen. An diesem Beispiel können wir erleben, wie wir Pausen durch bewusste Atemführung füllen und Spannung erzeugen können. Wir werden sie in der Tat mit der Zeit „lieben können“, spüren wir doch, dass wir es in der Hand haben, durch sie die Aufmerksamkeit der Zuhörenden zu bündeln und zu steuern, so als gingen unsichtbare Fäden von unseren Händen aus. Auf diese Weise entsteht Führung.

„Das Wichtigste in der Musik sind die Pausen“, so Beethoven. Darin stimmen ihm vermutlich alle Musiker zu. In der Notation sind daher unterschiedliche Zeichen gebräuchlich, die die Länge der Pause präzise festlegen. Auch beim Improvisieren wie im Jazz spielt der Umgang mit Pausen, das Timing, eine entscheidende Rolle.

Es braucht Übung, um dem Moment der Pause, der Inspiration, bewusst zu vertrauen. Timing entwickelt sich dann wie von selbst. Der Mut zur Pause ermöglicht es Ihnen schon bald, vor anderen frei atmend zu sprechen. Einmal gelernt – unabhängig von Inhalten –, immer einsetzbar.

Tipps für die Praxis:

- Ein Redebeitrag beginnt am besten mit einer natürlichen Inspiration, der eine natürliche Atempause, das Abwarten des Einatmungsimpulses, vorausgeht. Damit führen Sie die Pause als stilistisches Element für sich und die Zuhörenden ein. Dieser Moment fällt den meisten am schwersten und muss deshalb geübt werden.
- Lassen Sie am Satzende eine organische Einatmungspause folgen.
- Vor einem neuen inhaltlichen Abschnitt sollten Sie eine längere Pause entstehen lassen. Bitte fangen Sie nicht an, Sekunden zu zählen. Sie haben jetzt Gelegenheit, auf Ihrem Laptop entspannt weiterzuklicken, ja den Vorgang des Klickens präsent zu gestalten, einen Schluck Wasser zu trinken oder einfach das Gesagte sich in Ruhe setzen zu lassen. Bei alldem führt der Atemrhythmus.
- Satzzeichen, sofern Sie ein ausgearbeitetes Manuskript vor sich haben, und neue Gedankeninhalte können für Pausen genutzt werden.

- Falls Sie ein Redemanuskript oder Karteikarten verwenden, können Sie die Pausen darauf vermerken, am besten durch einen deutlichen Strich, dessen Dicke die Länge der jeweiligen Pause symbolisiert, oder durch das Wort „Pause!“. Das Notierte wirkt wie ein Kurzbefehl.
- Achtung: Pausen machen heißt ausdrücklich nicht, langsam zu sprechen. Das wird gerne verwechselt.
- Bleiben Sie in den Pausen möglichst im Blickkontakt mit den Anwesenden, das erhöht die Spannung und belässt die Führung bei Ihnen. Wenn Sie die Pause benötigen, um sich im Skript zu orientieren, halten Sie innerlich Kontakt mit den Zuhörenden.
- Vorsicht beim Sprechen mit Mikrophon: Die erzwungene Einatmung ist hörbar, daher ist es in dieser Situation besonders wichtig, die natürliche, unhörbare Inspiration zuzulassen.
- Bei Textstellen, die Sie aus Ihrem Skript zitieren, sollten Sie immer wieder bewusst Pausen mit Blickkontakt einbauen, vor allem am Anfang und am Ende. Am besten lernen Sie den Beginn und den Schluss der Textpassagen auswendig.

1.3. Freies Sprechen

Wenn Sie sich mit Pausen angefreundet haben, können Sie jederzeit frei sprechen, denn circa ein Viertel eines Redebeitrags besteht aus Pausen. Bei der natürlichen Inspiration fällt Ihnen zudem ein, was Sie als Nächstes sagen wollen. Wenn Sie so weit sind, können Sie jede Chance zu einer Stegreifrede getrost ergreifen.

Ein alter hilfreicher Trick: Behaupten Sie drei Aspekte
Ein Beispiel: Sie werden spontan aufgefordert, vor versammelter Mannschaft einen Sachverhalt darzulegen. Jetzt sammeln Sie sich erst einmal und atmen in Ruhe ein. Dann beginnen Sie mit den Worten: „Ich möchte drei Aspekte hervorheben.“ (Es können auch zwei oder mehr als drei sein.) Noch wissen Sie nicht, welche, aber der Ansatz, unterschiedliche Gesichtspunkte zu beleuchten, ist meistens praktikabel. So gewinnen Sie Zeit, und Ihre Stegreifrede hat eine Gliederung: erstens, zweitens, drittens. Die Zuhörenden empfinden dies als Hilfestellung und haben sofort das Gefühl, dass Sie wissen, wovon Sie reden. Dadurch vertraut man Ihnen. In der entstandenen Pause ist Ihnen vermutlich ein Aspekt eingefallen. Wenn nicht, erinnern Sie sich laut denkend an die Situation, über die Sie sich äußern sollen: „Wenn

ich mich an das Netzwerktreffen erinnere, fällt mir zunächst auf …“ Schon ist der erste Aspekt gefunden. Sich erinnern heißt aus zeitlichem Abstand betrachten. Er hilft uns dabei, zu erkennen, was wesentlich war. Vertrauen Sie den Pausen, und ich bin sicher, Ihnen wird das Passende einfallen.

Von den Zuhörenden bekommen Sie Aufmerksamkeit geschenkt – bitte nehmen Sie dieses Geschenk an. Wenn Sie beim Sprechen Ihren Geist sich entfalten lassen, werden Sie Ihr Publikum begeistern.

2. Logos – das Argument

Wie schon erwähnt, misst Aristoteles dem Argument in der Rhetorik die größte Bedeutung bei. Er legt Wert darauf, dass Aussagen im Sinne einer Beweisführung plausibel sind, und rückt damit die Rhetorik in die Nähe der Logik. Der Logos erfährt seit der Antike in der westlichen Kultur hohe Aufmerksamkeit. In allen Bildungsinstitutionen werden heute Techniken gelehrt, verfeinert und trainiert, die das logische Denken fördern. Wir alle haben gelernt, komplexe Zusammenhänge zu erfassen, unterschiedliche Sichtweisen zu verstehen und hoffentlich auch eigene Positionen zu entwickeln und zu vertreten. Es gibt dazu ausgezeichnete Rhetorikbücher, die dies im Detail behandeln. Daher erlaube ich mir, mich an dieser Stelle auf Grundlegendes zu beschränken.

2.1. Vorüberlegungen

„Kein Wind ist demjenigen günstig, der nicht weiß, wohin er segeln will.“
Michel de Montaigne

Wie können Sie selbst klar erkennen, worum es Ihnen zum Beispiel in einer Besprechung geht? Dazu sollten Sie drei Fragen in der Vorbereitungsphase klären:

- Welche Funktion übernehme ich in einer bestimmten Situation?
- Was will ich mit meinem Redebeitrag erreichen?
- Wie lautet meine Botschaft, meine Kernaussage oder mein Anliegen?

Wäre es Usus, diese Fragen im beruflichen Alltag vor einem Termin zu durchdenken, fiele manche Besprechung kürzer aus.

ÜBUNG: KLÄRUNGSPROZESS

Es hat sich als hilfreich erwiesen, diese drei entscheidenden Fragen schriftlich für sich zu beantworten. Wenn Sie Ihre Gedanken vor Augen haben, lassen sich Ungenauigkeiten im Denken, die Sie auf versteckte Widerstände aufmerksam machen, leicht erkennen. Zum Beispiel: „Eigentlich möchte ich mich bedanken für die erfolgreiche Zusammenarbeit." Warum „eigentlich"? „Eigentlich" kann man sich nicht bedanken. Vielen Menschen fällt es schwer, sich klar und deutlich auszudrücken. Klären Sie, was zu klären ist, zunächst mit sich selbst, erst dann können Sie andere überzeugen. Diese Übung schärft Ihren Sinn für präzise Formulierungen und verhilft zu Klarheit.

2.2. Der rote Faden

Sobald Sie Ihre Botschaft und Kernaussagen in Ihren Vorüberlegungen formuliert haben, können Sie, daran anknüpfend, den roten Faden ausrollen und sich fragen, aus welcher Perspektive Sie sie präsentieren wollen. Bedenken Sie, es gibt stets mehrere Möglichkeiten, einen Sachverhalt darzustellen. Entscheiden Sie sich für den interessantesten. Unter welchem Aspekt bergen Ihre Aussagen für den Zuhörerkreis, an den Sie sich wenden wollen, eine Überraschung in sich? Diesen Blickwinkel wählen Sie für die Gliederung Ihrer Botschaft. Nun finden Sie die passenden Argumente und ordnen diese. Manches Argument lässt sich durch eine Grafik veranschaulichen. Es geht darum, Geschichten zu erzählen, nicht darum, Fakten aneinanderzureihen. Außerdem beziehen Sie in Ihre Redevorbereitung potenzielle Kontrahenten und Verbündete mit ein.

Auf Fragen der Gliederung und auf Figuren der Wiederholung, welche mit zur Vorbereitung gehören, werde ich im Abschnitt über das Pathos näher eingehen. Zuvor gebe ich Ihnen noch ein paar Anregungen und Techniken zur Aktivierung der Gedächtnisleistung.

2.3. Die Gedächtniskunst

„Das Gedächtnis ist die Quelle persönlicher Identität."
James Joyce

Die Gedächtniskunst war bei den Römern ein wichtiger Bestandteil der Rhetorik.

Für Quintilian, einen bedeutenden Rhetoriklehrer, ist das Gedächtnis die Schatzkammer der Beredsamkeit. Mit den darin gespeicherten Schätzen können wir elegant spielen und sprachlich glänzen. Doch leider füllen sich Schatzkammern nur im Märchen von allein. Im wirklichen Leben ist es ein aktiver kreativer Prozess. Freiräume im Kopf lassen erkennen, was wesentlich ist. Daher entziehen wir uns bewusst der Informationsüberflutung und entscheiden immer wieder aufs Neue, womit wir uns beschäftigen wollen und womit nicht. Konzentriert auf das Wesentliche, bauen wir Präsenzwissen auf und verfügen über genügend Spielraum, um neue Verknüpfungen in unserem Denken herzustellen. Das Interesse, Sachverhalte präzise zu erfassen und auf den Punkt zu bringen, und der Drang, Zusammenhänge zu erforschen, sind die Triebkraft hierfür. Dabei treffen wir auch auf spannende Gedanken, die andere entwickelt haben und die wir uns zu eigen machen und im Gedächtnis verankern können.

Gedächtnistraining bedeutet keineswegs stures Auswendiglernen. Bekanntlich funktioniert unsere Aufnahmefähigkeit am besten, wenn wir uns mit Dingen beschäftigen oder Dinge entdecken, die unsere Neugier wecken und uns Freude bereiten. Dann tauchen mit Leichtigkeit zunehmend präzisere Gedanken auf, die zu Verknüpfungen und Assoziationen Anlass geben. Auf diese Weise sammeln wir Material für unsere Schatzkammer, das wir sorgsam behandeln sollten. Wie und wo bewahren wir es auf, um mühelos darauf zurückgreifen zu können? Hier spielen Ordnungssysteme eine wichtige Rolle.

Vergegenwärtigen wir uns die Schritte im Einzelnen:

- *Materialauswahl:* Tragen Sie Tatsachen, Gedanken und Geschichten, beeindruckende Vergleiche, ungewöhnliche Bilder und humorvolle Assoziationen etc., die zu Ihren Themen passen, zusammen, egal ob sie von Ihnen stammen oder von anderen.
- *Ordnen des Materials:* Legen Sie – auf Ihrer Festplatte und in Ihrem Kopf – eine Ordnung an, die es Ihnen langfristig erlaubt, bei Bedarf Ihr gesam-

meltes Material wiederzufinden und daraus, je nach aktuellem Redeanlass, eine passende Auswahl zu treffen.

- *Auswendiglernen:* Dieser Vorgang erfordert Konzentration und innere Anteilnahme. Einige Techniken stelle ich im Weiteren vor.
- *Memorieren*: Damit ist das aktive Erinnern des Erlernten gemeint. *Use it or loose it.* Erst durch tiefes Verstehen, durch Verknüpfen mit bereits Vertrautem und durch Wiederholung wird das Erarbeitete im Langzeitgedächtnis abgespeichert. „Je intensiver wir uns mit Inhalten beschäftigen, desto eher hinterlassen sie Spuren im Gedächtnis."[45] Daher wenden Sie, was Sie gelernt haben, so schnell wie möglich an. Ein offenes Ohr dürfte sich unschwer finden lassen.

Wir können die natürliche Gedächtnisleistung durch verschiedene Techniken, durch bewusstes Vorgehen, stärken. Ich beschreibe Ihnen im Folgenden ein paar hilfreiche Methoden.

Mindmaps

Mindmaps ermöglichen es uns, Zusammenhänge zu begreifen. Wenn wir Gedankenlandkarten erstellen, lassen sich kompliziert oder verworren erscheinende Vorgänge bisweilen entknoten. Ihre Komplexität tritt anschaulich zutage. Wir regen durch Mindmaps und andere grafische Darstellungsarten unsere visuelle Vorstellung und Kreativität an. Die gedankliche Auseinandersetzung mit einem Thema, die beim Mindmapping stattfindet, dient seiner Präzisierung und Verankerung im Gedächtnis. Beim späteren Aktivieren des Stoffs wird uns die visuelle Erinnerung unterstützen. Ein klares Bild ersetzt eine unübersichtliche Reihung von Stichworten.

Auswendig lernen und Sprache be-greifen

Zitieren können wir nur, wenn wir uns treffende Formulierungen genau eingeprägt haben. Schauspieler haben viel Erfahrung darin, sich fremde Gedanken im wahrsten Sinne des Wortes einzuverleiben. Es ist sinnvoll, einzelne Passagen laut sprechend zu lernen.

Lesen Sie bitte folgenden Text:

„Geschöpfe, die den Wert ihres Daseins empfinden, die ins Vergangene

> froh zurückblicken, das Gegenwärtige genießen, und in der Zukunft Himmel über Himmel in unbegrenzter Aussicht entdecken; Menschen, die sich mit allgemeiner Freundschaft lieben, deren Glück durch das Glück ihrer Nebengeschöpfe vervielfacht wird, die in der Vollkommenheit unaufhörlich wachsen, – o wie selig sind sie!“[46]

Nach dem ersten Lesen haben wir eine erste Ahnung, worum es in diesem Text geht. Vielleicht weckt er als Ganzes unser Interesse, vielleicht ist es nur eine Textstelle, oder aber wir können uns erst mal nicht für ihn erwärmen. Um den Text genauer zu verstehen, können wir ihn natürlich mehrfach lesen, vor allem laut, oder einzelne Teile kontemplieren, also innerlich betrachten und bewegen und lauschen, welche Bilder und Zusammenhänge sich uns erschließen.

Ich zeige ihnen nun eine eindrückliche Methode zum Auswendiglernen, die zudem hilft, Gedankengänge und einzelne Begriffe präzise und in ihrer Vielschichtigkeit zu erfassen. Sie werden dabei körpersprachlich ausgedrückt. Versuchen Sie, die ausgesprochenen Worte und Gedanken mit Gesten und Bewegungen zu begleiten, die deren Sinn oder Sinnlichkeit plastisch hervortreten lassen. Es werden Bewegungen und Gesten gesucht, die die Verben, Adjektive und Substantive zum Leben erwecken. Nicht alle Worte brauchen dabei eine eigene Bewegung, doch die für das Verständnis zentralen schon. Manchmal lässt sich auch ein ganzer Gedanke in einer einzigen Bewegung ausdrücken.

Arbeiten Sie genau, Wort für Wort und dann Satz für Satz. Probieren Sie mutig Bewegungen, die Ihnen dazu einfallen, aus. Die Erfahrungen, die Sie dabei machen, hinterlassen Spuren im Langzeitgedächtnis.

Diese wundervolle Textpassage von Kleist habe ich selbst auf diese Weise erarbeitet und dabei auswendig gelernt. Im Tun entdeckte ich, wie präzise Kleist mit der Sprache umgeht. Feinheiten, die ich beim Lesen und Wiederlesen nicht wahrgenommen hatte, erschlossen sich mir durch die körpersprachliche Herangehensweise. Ich gehe den Prozess am Beispiel des Anfangs für Sie durch:

Wie lässt sich folgender Gedanke in Körpersprache übersetzen: „Geschöpfe, die den Wert ihres Daseins empfinden“? Welche Bewegung machen meine Hände oder mein Körper, um „Geschöpfe“ oder „Wert ihres Daseins“ auszudrücken? Ich überlasse meine Hände sich selbst und beobachte, was sich entwickelt. „Geschöpfe“ lassen sich für mich nicht wirklich greifen. Eine fließende Bewegung entsteht. Fließend, flüchtig, eine vorübergehende Erscheinung – ja schön –, das Wort „Menschen“ hätte sicherlich eine andere Bewegung, eher eine Form, mit sich gebracht. Kleist schreibt interessanterweise „Wert *ihres* Daseins“ nicht *des* Daseins. Das bemerke ich, weil meine Hände sich auf mich zubewegen. Dann suche ich eine Geste für das Verb „empfinden“. Ich lege meine Hände aufs Herz. Für Verben finden wir häufig leichter eine Bewegung, die uns auf Anhieb stimmig erscheint. Die Geste „Hände aufs Herz“ lässt mich einen Moment lang das Wort „empfinden“ wirklich empfinden. Es kommt zu einer persönlichen Erfahrung. Wie weise, denke ich, dass hier „empfinden“ steht. „Geschöpfe, die den Wert ihres Daseins empfinden“. Das sinnliche Erfahren löst eigene Empfindungen und Assoziationen aus.

Gehen wir weiter: „die ins Vergangene froh zurückblicken“. Das ist einfach. Ich wende mich froh um und spreche laut diesen Gedanken aus. Natürlich war nicht alles froh in meiner Vergangenheit, doch ich kann heute froh darauf zurückblicken, denn ich habe vieles überwunden und daraus gelernt, geht es mir beim Probieren durch den Kopf.

Und nun: „das Gegenwärtige genießen“. Ich genieße eine große, öffnende Bewegung, die mir spontan dazu einfällt.

Dann: „und in der Zukunft Himmel über Himmel in unbegrenzter Aussicht entdecken“. Ich blicke zum Himmel, suche die unbegrenzte Aussicht und entdecke: Hier steht nicht genießen, sondern „entdecken“. Es bedarf der Eigeninitiative, um in der Zukunft den Himmel zu sehen, um etwas zu entdecken. Entdecken ist ein aktiver Vorgang. Wunderbar! Wie treffend, es so auszudrücken. Es erfreut mich …

Auf diese Art setzte ich den körpersprachlichen Findungsprozess fort. Zwischendurch wiederholte ich, was ich gefunden hatte. Beim Wiederholen gestaltete sich manches neu, anderes bewährte sich.

Auf diese Weise machen wir die in Begriffen oder Gedanken enthaltenen Bedeutungsdimensionen und sedimentierten Erfahrungen sinnlich erlebbar. Wann immer uns selbst dies gelingt, wird später auch unser Gegenüber, wenn wir darüber sprechen, diese Erfahrung machen können.

Auf die beschriebene Art können wir auch eigene Gedanken prüfen und präzisieren, denn wir spüren dabei, ob wir das treffende Verb oder den passenden Begriff gefunden haben.

Im Englischen sagt man *to learn by heart* zum Auswendiglernen – etwas tief mit dem Herzen verstehen. Genau das findet hier statt. Texte, die wichtig für mich sind und die ich über Jahre behalten möchte, präge ich mir so ein.

Gehen und memorieren

Die deutsche Sprache weist uns immer wieder auf die Verbindung von Gedanken und Gehen hin. Wir sprechen von Gedankengängen, stellen fest: *Ich habe mich verrannt!* oder *lassen uns etwas durch den Kopf gehen* und fragen: *Wo war ich stehengeblieben?*

Das aus dem Lateinischen stammende Wort „memorieren" bedeutet in Erinnerung bringen. Wir können das Memorieren mit dem Spazierengehen sinnvoll verbinden. Das Gelernte kann dann gehend in Gang gebracht und erinnert werden, am besten auf freiem Feld oder an einer befahrenen Straße, damit wir uns trauen, laut zu rezitieren. Irgendwann stellen sich die gelernten Gedanken von selbst ein, wenn wir sie brauchen. Außerdem erinnern wir das auf sehr angenehme Weise gehend und verweilend in der Natur Memorierte später zusammen mit den sinnlichen Eindrücken, die die aufgesuchten Orte in uns hinterlassen haben.

Physiologisch betrachtet, stabilisiert der Rhythmus des Gehens den Rhythmus des Gehirns und regt uns so zu einer intensiveren Denkleistung an. Denn die Taktfrequenz des Gehirns ist von außen beeinflussbar. So verwundert es nicht, dass interessante Gedankengänge oft beim Joggen, Spazierengehen, Wandern oder Lustwandeln auftauchen.

Gehen und konzipieren

Das Gehen eignet sich hervorragend, um zum Beispiel die Gliederung eines Vortrags zu entwerfen. Die Gedanken kommen dabei in Bewegung, und die Außenwelt kann überraschende Impulse geben: So kann es geschehen, dass das kraftvolle Gezwitscher einer Amsel Ihren Gedanken eine andere Richtung weist.

Außerdem können wir die Konzeption eines Vortrags an einen imaginären oder realen Weg anlehnen, dessen einzelne Etappen wir später sinnbildlich mit unserer Argumentation verknüpfen. Auch bei den Zuhörenden gehen unsere Inhalte eine Verbindung mit der von uns gewählten sinnbildlichen Vorstellung ein. Wenn wir Informationen in Wegbeschreibungen, Bilder und Geschichten einbinden, werden sie nicht nur interessanter, sondern bleiben auch besser in Erinnerung.

3. Pathos – Wie können wir den emotionalen Zustand der Zuhörerschaft im Auge behalten?

Richten wir nun unser Augenmerk auf diejenigen, welche unbewusst gern übersehen werden – die Zuhörenden. Sie erreichen und berühren sie, im wahrsten Sinne des Wortes, über den Klang Ihrer Stimme und durch die Beziehung, welche Sie durch Blickkontakt herstellen. Auch der Inhalt wird das Auditorium bewegen, wenn Sie es verstehen, eine Brücke von seinen Vorkenntnissen zu Ihren Erkenntnissen zu schlagen. Leider verlassen sich viele Rednerinnen und Redner allein auf die Inhalte und schenken den Zuhörenden weder bei der inhaltlichen Vorbereitung ihres Vortrags noch in ihrer Wahrnehmung vor Ort wirklich Aufmerksamkeit. Öffentliches Sprechen ist aber in gewisser Weise immer auch ein pädagogischer Akt. Es liegt in der Hand der Rednerinnen oder Redner, das Publikum mit einzubeziehen.

Im Mittelalter zählte die Rhetorik noch zu den Sieben Freien Künsten, einer Reihe von Studienfächern, zu denen unter anderem auch Grammatik, Logik und Geometrie gehörten. Wer sie beherrschte, verfügte nach damaligem Standard über Bildung. Mit Beginn der Aufklärung jedoch verlor die *Kunst* der Beredsamkeit an Bedeutung, und die *Theorie*, der sogenannte „Sachinhalt einer Nachricht",[47] der unterdessen tendenziell überschätzt wird, rückte ins Zentrum. Vor diesem Hintergrund wird die unbewusste Haltung mancher Sprecher und Sprecherinnen, sich als sachliche Informationsvermittler zu verstehen, verständlich.

Hinzu kommt, dass bisweilen im Dunkeln bleibt, welche Beziehung die sprechende Person zu den Inhalten, die sie weitergibt, hat. Infolge der Überbewertung der Sachlichkeit wird die eigene Perspektive unterschlagen. Immer wieder erleben wir, dass die Darlegung bloßer Fakten und Informationen zu viel Raum einnimmt. Wer den Fokus ausschließlich auf die „objektive" Wissensdarstellung legt, darf in der Regel nicht mit einer nachhaltigen Wirkung seines Vortrags rechnen. Die Forderung, die emotionale Dimension zu berücksichtigen, trägt der Tatsache Rechnung, dass es letztlich um Beziehung geht: zum eigenen Thema und zu den Zuhörenden. Sie mündet in eine Erzählhaltung, in die Haltung, eine Geschichte zu erzählen.

Selbst bei wichtigen offiziellen Anlässen wie Preisverleihungen, Jubiläen und Premierenfeiern können wir herbe Überraschungen erleben. Manchmal ist die Eitelkeit des Redners so groß, dass er den Redeanlass, zum Beispiel jemanden zu ehren, aus den Augen verliert und stattdessen die Gelegenheit dafür nutzt, sein gesamtes Fachwissen auszubreiten – sehr zum Ärger des Jubilars und der Veranstaltungsteilnehmer. Redebeiträge sollen dem Anlass oder der Aufgabenstellung gerecht werden und die Anwesenden in eine der Situation angemessene Stimmung versetzen.

Ich habe verschiedene großartige, berührende und bewegende Reden gehört. So unterschiedlich ihr Anlass und Charakter auch waren, hatten sie doch eines gemeinsam: Sie verstanden es, die Zuhörenden für den Redegegenstand zu interessieren. Das in den Reden zum Leben Erweckte, bewegt die Gemüter; so werden aus Hörenden Bewegte, die selbst wieder etwas in Bewegung bringen.

Der Aufbau einer Beziehung zu den Zuhörenden verläuft in zwei Phasen:

- In der Vorbereitungsphase eines Redebeitrags werden die Inhalte auf das jeweilige Publikum und den Anlass abgestimmt. Wir stimmen uns ein.
- Während des Auftritts gilt unsere Aufmerksamkeit dann dem Kontakt mit den Anwesenden.

3.1. Zu klärende Fragen in der Vorbereitungsphase

Wer sind Ihre Zuhörerinnen und Zuhörer? Die Frage klingt zwar einfach, doch wenn sie übergangen wird, kann dies drastische Folgen haben. Ich war selbst Zeugin eines nachhaltigen Fauxpas: In einem großen Saal hatten sich die Angestellten eines Unternehmens versammelt. Einer der Vorstände war angekündigt. Er sprach das Auditorium, das zu 98 Prozent aus Frauen bestand, wiederholt mit „liebe Kollegen" an. Es handelte sich wohl um eine Standardrede, welche die Besonderheit der Situation außer Acht ließ. Der Herr nahm offensichtlich nicht wahr, zu wem er sprach. In diesem Fall wäre es besser gewesen, die Rede hätte nie stattgefunden. Diese Missachtung vergrößerte die Diskrepanz zwischen Belegschaft und Führungsetage.

Analysieren Sie Ihre Zielgruppe: Welche thematischen Vorkenntnisse sind zu erwarten? Welche Sprache spricht Ihr Publikum? Beides bestimmt Ihre Sprachwahl, die Wahl der Beispiele und die Frage, wie detailliert Sie Ihren Gegenstand darstellen sollten. Was kann die Zuhörenden an Ihrem Thema interessieren? Welche Erwartungen haben sie? Mit welchen Informationen lassen sich Brücken zu bereits Vertrautem schlagen? Wie können Sie die Zuhörerschaft als Ganzes, wie können Sie gegebenenfalls einzelne Personen oder Gruppen abholen? Wählen Sie Metaphern und Vergleiche zur Veranschaulichung einer Aussage zielgruppenorientiert aus.

inhalt

inhalt

Mit welchen Argumenten hoffen Sie wen zu gewinnen? Um ein Thema voranzubringen, brauchen Sie Verbündete. Das ist nicht nur bei Meetings wichtig. Ist mit Widerstand zu rechnen? Um welche Gegengründe könnte es sich handeln? Welche Argumente könnten diese entkräften?

Sollte Ihre Biographie Verbindungslinien zum Veranstaltungsort oder -datum aufweisen, können Sie überraschende Verknüpfungen herstellen. Wenn Sie sich als Mensch, das heißt Ihre Verbindung zum Thema des Vortrags und zu dessen äußeren Umständen, mit einbeziehen, gewinnen Sie das Interesse der Zuhörerschaft, schließlich sind wir Menschen neugierige Wesen, und ebnen ihr auf diese Weise einen Zugang zu Ihren Inhalten. Mit Hilfe persönlicher Bezüge lässt sich manches anschaulicher und eindrücklicher beschreiben.

Durch Ihre Beschäftigung mit den Zuhörenden im Vorfeld stellen Sie bereits eine mentale Verbindung zu ihnen her, außerdem legen Sie den Grundstein für die emotionale Basis, auf welcher Sie mit dem Publikum verbindlich ins Gespräch kommen werden. Darin drückt sich Ihre Wertschätzung aus, die auch als solche wahrgenommen wird. Da die Rednerin oder der Redner jeweils führt, liegt es in ihrer oder in seiner Hand, die Beziehung zum Publikum aufzubauen.

3.2. Einleitung, Hauptteil und Schluss

Auch die Gliederung einer Rede hat Einfluss auf die emotionale Verfasstheit der Zuhörerschaft. Der Anfang und das Ende eines Redebeitrags verdienen sowohl in verbaler als auch in nonverbaler Hinsicht unsere besondere Aufmerksamkeit. In der Einleitung holen wir das Publikum ab, stellen eine Verbindung zu ihm her und kündigen an, worüber wir sprechen werden. Die Zuhörenden wissen dann, was auf sie zukommt, und können sich leichter und bewusster auf unsere Ausführungen einlassen. Wir stimmen sie und uns selbst ein. Danach folgen wir der angekündigten Agenda, und am Ende fassen wir zusammen. Dieser einfache Dreischritt ist hilfreich und kann auch auf Unterpunkte angewandt werden.

Zeitlich gesehen nimmt zwar der Hauptteil, die Ausführung des Themas, den meisten Raum ein, doch von der Wirkung her haben die Einleitung und der Schluss zusammen genommen größeres Gewicht.

Am Schluss resümieren wir die wesentlichen Punkte unseres Vortrags. Wir entlassen die Zuhörenden bewusst mit der Essenz unserer Erkenntnisse, unseren Schlussfolgerungen und den herausgearbeiteten Konsequenzen, mit einer Aufforderung oder unseren Hoffnungen. Bekanntlich bleibt das Ende einer Rede besonders gut haften.

Einen Bogen vom Anfang bis zum Ende der Rede zu spannen bedeutet, dass Sie bereits zu Beginn deren Ende vor Augen haben.

3.3. Die Magie der Drei

„Erfolg beginnt mit drei Buchstaben: Tun!“
Johann Wolfgang Goethe

Unserem Harmonieempfinden liegt in vielerlei Hinsicht ein Dreiklang zugrunde. *Aller guten Dinge sind drei.* Die Gliederung von Redebeiträgen spiegelt dies wider. Auch zur Orientierung können wir immer wieder die Zahl Drei anbieten: drei Themen, drei Punkte oder Ähnliches. Dreiteilige Argumentationsschritte erweisen sich ebenfalls als sinnvoll und einprägsam.

Die Orientierung im Raum basiert auf den drei Raumdimensionen Höhe, Tiefe und Breite. Wir kennen drei Grundfarben: Rot, Blau und Gelb. In der Natur beobachten wir das Wachsen, die Fruchtbarkeit und das Vergehen. Um einfältige Schwarzweißmalerei oder ein Entweder-oder-Denken abzulegen,

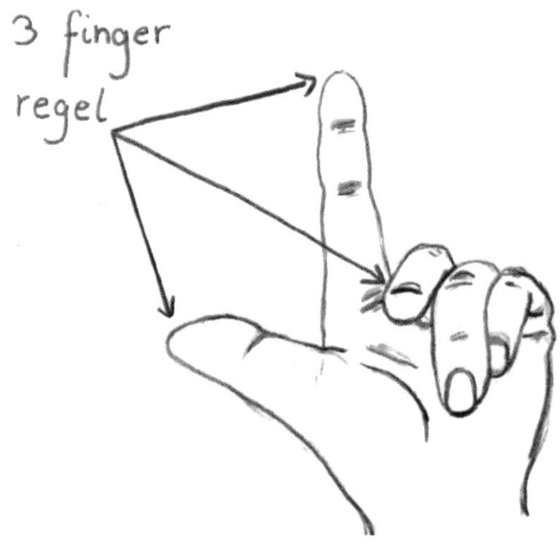

bedarf es einer dritten Ebene. So verwundert es nicht, dass die Zahl Drei in vielen Kulturen bedeutsam ist. Im Christentum kehrt sie in der Dreifaltigkeit wieder, die Harmonik der abendländischen Musik beruht auf Dreiklängen, und in der Mythologie begegnen wir der Drei auf Schritt und Tritt, denken Sie zum Beispiel an die drei Wünsche, die in zahlreichen Märchen eine Rolle spielen. Und ich wünsche mir hier, dass Sie die Einleitung, den Hauptteil und das Ende in Ihrer Redevorbereitung gebührend bedenken.

3.4. Figuren der Wiederholung

Gedanken, die wir wiederholen, prägen sich besser ein. Gedanken, die wir wiederholen, können wir jedes Mal in differenzierterer Form vortragen. Die Zuhörenden knüpfen an das Erinnerte an. Wenn wir einzelne Worte wiederholen, verleihen wir ihnen besonderen Nachdruck und regen die Vorstellungskraft des Publikums an. So prägt sich das Wiederholte tiefer ein und hinterlässt Spuren im Gedächtnis.

Das Stilmittel der Wiederholung finden wir in allen Kunstformen: in der bildenden Kunst, der Literatur, im Tanz und in der Musik. Fällt Ihnen ein Lied ein mit einem Refrain? Der Refrain ist eine weitverbreitete Form der Wiederholung, durch die sich Melodien und Texte so einprägen, dass wir sie am Ende mitsingen können. In einer klassischen Symphonie werden wir durch Exposition, Durchführung und Reprise (frz. *reprendre* – wiederaufnehmen) mit den musikalischen Themen vertraut. Durch die vielfältigen

Variationen eines Themas oder mehrerer Themen eröffnet sich klanglich ein neuer Kosmos. Dies gilt für alle Formate. Sprechend können wir Zuhörende in unseren Kosmos gedanklich hineinführen. Nach und nach entsteht eine eindrückliche Ausarbeitung unseres Themas. Dabei ist die Hörerschaft förmlich auf Wiederholung angewiesen, denn ohne sie wäre der Vortrag für sie nichts weiter als eine lose Ansammlung von Argumenten. Durch erweiternde Wiederholungen aus verschiedenen Perspektiven erschließen sich Themen in ihrer Tiefe. Auf diese Weise werden Inhalte interessant und spannend. Erst die Wiederholung stiftet Verbindungen zwischen einzelnen Komponenten. Erst indem wir Dinge miteinander in Beziehung setzen, verstehen wir sie. So gibt Wiederholung Halt. Wir freuen uns auch, wenn wir etwas wiedererkennen. Mehrfache Bezugnahmen auf eine Eingangsthese können eine gliedernde Funktion übernehmen. Zu guter Letzt lassen sich Kernaussagen durch Rekapitulation verankern. *Steter Tropfen höhlt den Stein.* Was bliebe ohne die Wiederholung?

Können Sie meine Arbeitsthese „Wer sich selbst wahrnimmt, wird wahrgenommen“ unterdessen nachvollziehen? Konnten Sie mit dem inzwischen gelüfteten Geheimnis der Präsenz – der Atemwahrnehmung und der zugelassenen natürlichen Atmung – auf den verschiedenen Anwendungsgebieten Erfahrungen sammeln? Sind Sie mit dem Wahrnehmen und Zulassen Ihres Atems vertrauter? Ist es mir gelungen, durch Figuren der Wiederholung und praktische Übungen meine These bei Ihnen zu verankern?

Wie lautet Ihre Botschaft, Kernaussage oder Arbeitsthese? Und wie können Sie sie variieren? Wiederholen Sie Ihre Hauptbotschaft, sei es wörtlich oder abgewandelt. Und bedenken Sie: „Weniger ist mehr!“, denn: „Lieber einen kräftigen Nagel wiederholt einschlagen als mit zwanzig Reißzwecken hantieren, die gleich wieder aus der Wand herausfallen.“

Schauen wir uns im Folgenden die vielfältigen Möglichkeiten, mit Wiederholungen umzugehen, genauer an.

Wörtliche Wiederholung

Worte werden durch Mehrfachnennung verstärkt und wirken dadurch besonders eindringlich.

„Die erste Pflicht der Regierung wäre gewesen: Aufklärung, Aufklärung, Aufklärung!“ Gregor Gysi, Rede aus dem Jahr 2013

„Yes we can!“ Barack Obama, oft und einprägsam wiederholt im Wahlkampf und danach

Erweiterte Wiederholung
„Millionen von Menschen der Welt können im Augenblick meine Stimme hören. Millionen verzweifelter Menschen.“ Schlussrede aus dem Film *Der große Diktator* von Charlie Chaplin

Variierte Wiederholung
„Die Mehrheit hat recht –, darf nicht dahin mißdeutet werden, daß die Minderheit kein Recht habe.“ Marion Gräfin Dönhoff, Ansprache „Gerechtigkeit üben, Toleranz praktizieren“, Mai 1994
„Wenn es einen Glauben gibt, der Berge versetzen kann, so ist es der Glaube an die eigene Kraft.“ Marie Freifrau von Ebner-Eschenbach
„Es ist einfach, glücklich zu sein. Schwer ist nur, einfach zu sein.“ Eckart von Hirschhausen

Alliteration
Darunter versteht man eine Klangfigur, die durch Verwendung gleicher Anlaute Rhythmik und Resonanz erzeugt. Die Alliteration dient dem Nachdruck und der Verklammerung der betroffenen Wörter.
„Durch Greifen begreifen und durch Begreifen reifen.“
Christoph Wilhelm Aigner
„Was Peter über Paul sagt, sagt mehr über Peter als über Paul.“

Anapher
Damit ist die Wiederholung eines oder mehrerer Worte am Satzanfang gemeint. Darüber hinaus nutzt der folgende Text die variierte Wiederholung als Klammer.
„Verehrte Anwesende! Sie wissen, im Schillerschen Drama sagt Wallenstein in jener Nacht, die seine letzte werden sollte, als er mit forschendem Blick die Sterne betrachtete, um in ihnen den Lauf der künftigen Dinge zu enträtseln: ‚Der Tag ist nah, und Mars regiert die Stunde.‘ Das paßt auch auf die heutigen Zeiten. Noch regiert Mars, der blutige Kriegsgott, die Stunde. Noch ist die Macht bei denjenigen, die sich allein auf einen Wald von Mordwaffen stützen, um das arbeitende Volk in seinem gerechten Aufstieg niederzuhalten. Noch werden Kriege vorbereitet, noch wird das Parlament beherrscht, und immer mehr Militärvorlagen kommen, noch wird das Volk bis auf den letzten Tropfen ausgesogen durch den nimmersatten Moloch Militarismus. Noch regiert Mars die Stunde. Aber, wie Wallenstein sagte: ‚Der Tag ist nah, der Tag, der uns gehört.‘“ Rosa Luxemburg, Rede „Gegen Militarismus und imperialistischen Krieg“

Epipher
Bei der seltenen Wiederholung von Worten oder Wortgruppen am Satzende entsteht ein eindringlicher Rhythmus.
„Doch alle Lust will Ewigkeit, will tiefe, tiefe Ewigkeit!“
Friedrich Nietzsche

Sprichwörter, geflügelte Worte, Redensarten
Im Unterbewusstsein sind zahlreiche Sprichwörter, geflügelte Worte und Redensarten gespeichert. Verwenden wir sie, wird etwas Vertrautes in uns und anderen aktiviert. Das können wir auch als eine Form der Wiederholung begreifen. Wir werden so zu Vertrauten, die die gleiche Sprache sprechen. Berücksichtigen Sie aber, dass jede soziale Gruppe ihren eigenen Sprachschatz und Sprachstil kultiviert.

Sprichwörter sind vollständige Sätze mit *lehrhaftem* Inhalt.
„Eine Umarmung sagt mehr als tausend Worte.“
„Morgenstund hat Gold im Mund.“

Geflügelte Worte sind sprichwörtliche Redensarten, deren Autoren noch identifiziert werden können.
„Da steh ich nun, ich armer Tor! Und bin so klug als wie zuvor.“
Aus Goethes *Faust*
„Etwas Besseres als den Tod findest du überall.“
Aus dem Märchen „Die Bremer Stadtmusikanten“
„Stand der Dinge“. Filmtitel von Wim Wenders

Eine Redensart ist ein Satzteil, der in einen Satz eingekleidet werden muss.
„Eulen nach Athen tragen“
„um den heißen Brei herumreden“
„Land in Sicht“
„Ernst der Lage“
„Maß aller Dinge“

Ob Wiederholungen eindrücklich, eindringlich, aufdringlich oder gar ermüdend wirken, haben Sie selbst in der Hand. Um ein Gespür für Figuren der Wiederholung zu entwickeln, lohnt es sich, bekannte Reden oder Gedichte daraufhin zu analysieren und dann laut zu lesen. Möglicherweise bekommen Sie dabei Lust, damit zu experimentieren.

3.5. Der Kontakt mit dem Publikum in der Redesituation

Dabei spielt die nonverbale Kommunikation eine entscheidende Rolle. Die Wahrnehmung des Publikums erfolgt über unsere Sinne. In den meisten Situationen ist der Sehsinn ausschlaggebend. Der Sehsinn ist das wichtigste Sinnessystem des Menschen. Er liefert bis zu 80 Prozent der Informationen über die Außenwelt und beschäftigt ein Viertel des Gehirns. Nehmen Sie sich, bevor Sie zu sprechen beginnen, Zeit, die Menschen wahrzunehmen, die bereit sind, Ihnen Ihre Aufmerksamkeit zu schenken. Durch diese erste Pause entsteht eine Atmosphäre der gegenseitigen Wertschätzung und Aufmerksamkeit. Auf diese Weise sprechen Sie im Anschluss mit den Menschen und nicht zu den Menschen. Kommunikation entfaltet sich im Dialog mit dem Publikum. Deshalb halten Sie beim Sprechen den Blickkontakt mit Einzelnen aufrecht, bis Sie das Gefühl haben, wirklich Kontakt hergestellt zu haben. Erst dann wandern Sie weiter zu einer anderen Person. So führen Sie gewissermaßen lauter Zweiergespräche, egal wie viele Menschen anwesend sind. Im kleineren Rahmen ist dies natürlich intensiver möglich als in einem größeren, wo die Gesichter schwerer zu erkennen sind. Trotzdem haben Sie es auch hier mit Individuen zu tun und nicht mit einer anonymen Masse. Sie können sich helfen, indem Sie sich in der letzten Reihe, die Sie ohnehin kaum sehen können, ein paar Freunde vorstellen. Das erfreut Ihr Herz, und schon werden Sie freundlicher und persönlicher sprechen. Schwieriger wird es, wenn Sie von Scheinwerfern geblendet werden. Dann bleibt Ihnen nichts anderes übrig, als sich die Menschen hinter dem Licht vorzustellen. Dies gilt gleichermaßen für die Online-Kommunikation. Sie schauen in die Kamera und stellen sich die Menschen, zu denen Sie sprechen, vor.

Auch während Sie nach Gedanken suchen, bleiben Sie am besten im Blickkontakt mit einer Person. Ihre Gedanken finden Sie weder in der Luft noch auf dem Fußboden, auch wenn der eine oder die andere gewohnheitsgemäß dort mit den Augen sucht. Gedanken lassen sich genauso gut im Blickkontakt entwickeln. Dabei erfahren Sie zugleich, wie die Zuhörenden gestimmt sind, wie Ihre Worte angekommen sind. Das ist wichtig, um ein Gespür dafür zu entwickeln, ob Sie bisher Ausgeführtes vertiefen oder voranschreiten sollten. Gegebenenfalls können Sie auf fragende Blicke eingehen. Oft tauchen erhebliche Formulierungsprobleme gerade dann auf, wenn Rednern oder Rednerinnen nicht klar ist, welche Richtung sie einschlagen sollen. Ihnen fehlt der empathische Blickkontakt, der ihnen Aufschluss über den nächsten Schritt geben könnte. Hier helfen nur Selbstbeobachtung und die Beobachtung der Zuhörerschaft weiter.

Im Kapitel „Präsenz in der Stimme“ bin ich auf den Einfluss des Blickkontakts auf das Volumen und die Unmittelbarkeit der Stimme eingegangen, und im Kapitel „Körperliche Präsenz“ habe ich Grundlegendes zum Blickkontakt ausgeführt und Übungen hierzu vorgestellt. ▶ *Körperliche Präsenz, Präsenz im Blickkontakt.*

★ ★ ★

KAPITEL 8

**„Es gibt zwei Schweigen.
Da ist zum einen das tote Schweigen, das Schweigen der Toten, das niemandem hilft, und es gibt das andere Schweigen, das ein höchster Moment der Kommunikation ist – der Moment, wenn Menschen, die normalerweise durch alle erdenklichen natürlichen menschlichen Schranken voneinander getrennt sind, wahrhaftig zusammen sind.“**

Peter Brook

8
PRÄSENZ IN DER KOMMUNIKATION

„Man kann nicht nicht kommunizieren!“[48]

In beruflichen Gesprächen, oft auch in privaten, schenken viele Menschen hauptsächlich den Inhalten, über die sie sich austauschen, und vielleicht noch ihrem Gegenüber ihre Aufmerksamkeit. Dadurch beschränken sie sie auf den Kopf, auf das Denken, Sehen und Hören, und verlieren beim Kommunizieren leicht den Kontakt zum eigenen Körper, zum Körpersinn und somit zur Intuition.

Kommunikation gestaltet sich aus sich heraus, sobald Sie Ihren Körper in die Interaktion mit einbeziehen. Das mag paradox in Ihren Ohren klingen, aber es ist wirklich so: durch Ihre vermehrte Körperwahrnehmung gewinnt der Kommunikationsprozess. Sie nutzen dabei Ihren Körper als Resonanzraum in dreifachem Sinn: erstens als Resonanzraum für die Situation: Wenn Sie Ihren Körper wahrnehmen, bekommen Sie augenblicklich ein Gespür für die Situation, das Ihren Verstand mit zusätzlichen wertvollen Informationen versorgt, die Sie beispielsweise bessere Entscheidungen treffen lassen. Zweitens werden Sie im Zustand der Verbundenheit mit Ihrem Körper aus sich heraus sprechen, mit der richtigen Wortwahl und einer stimmigen Körpersprache. Die Bewegungsimpulse, welche sich in Haltung, Gestik und Mimik widerspiegeln, entstammen dem Körperzentrum und fördern eine organische, authentische Körpersprache. Und drittens nutzen Sie Ihren Körper als Resonanzraum für Ihre Stimme: Wenn Sie natürlich atmen, erzeugt sie Wohlklang und eine angenehme Stimmung. Sie finden sozusagen in jeder Situation den passenden Ton.

Die in den vorangehenden Kapiteln erörterten Bausteine der Präsenz werden bei der Behandlung der Präsenz in der Kommunikation in sinnvoller Weise zusammengefügt. Ich beschreibe im Folgenden, wie Sie, wenn Sie präsent sind, den komplexen Prozess der Kommunikation aktiv vorantreiben können. Dabei greife ich auf das, was ich im Theater gelernt habe, zurück: auf das Wissen, dass es immer wieder der Körper selbst ist, der uns in unterschiedlichsten Situationen weiterhelfen kann. Einige wichtige Erkenntnisse und Beobachtungen aus der Kommunikationspsychologie, die in dieses Kapitel einfließen, werden von mir auf den Umgang mit dem eigenen Körper übertragen.

Das Kapitel ist in zwei große Themenblöcke aufgeteilt. Es werden zunächst sechs grundlegende Aspekte erörtert: erstens das Eisbergmodell, eine wichtige Säule der Kommunikationstheorie; zweitens die Grundhaltung, zu der auch das aktive und passive Zuhören zählen; drittens die Körpersprache – mitsamt den spezifischen Unterschieden zwischen Männern und Frauen – und wie man sie lesen kann; viertens der Körper als Resonanzraum der Situation; fünftens wichtige Fertigkeiten im Kommunikationsprozess: Selbstklärung, organische Pausen im Verlauf der Kommunikation, eine Distanzierungstechnik für jede Situation und Timing; und schließlich sechstens spezifische Aspekte der Online-Kommunikation.

Im zweiten Block werde ich verschiedene Situationen im beruflichen Alltag, die häufig Gegenstand in Seminaren und Coachings sind, untersuchen. Vom ersten Eindruck bis zur Verabschiedung werden siebzehn Situationen unter die Lupe genommen.

1. Das Eisbergmodell

Auch wenn dieses Modell vielen Lesern bekannt sein dürfte, möchte ich gerne mit Ihnen einen Blick darauf werfen – zum einen, weil es eher selten auf die Alltagskommunikation übertragen wird, und zum anderen, weil es anschaulich zeigt, wie die Kommunikation von der Art, wie wir etwas tun, maßgeblich beeinflusst wird. Zuerst soll die Herkunft des Modells beleuchtet werden, dann seine Weiterentwicklung.

Die Eisbergmetapher wurde erstmals von Ernest Hemingway in den 1930er Jahren verwendet, als er seinen Schreibstil am Beispiel der Frage, wie

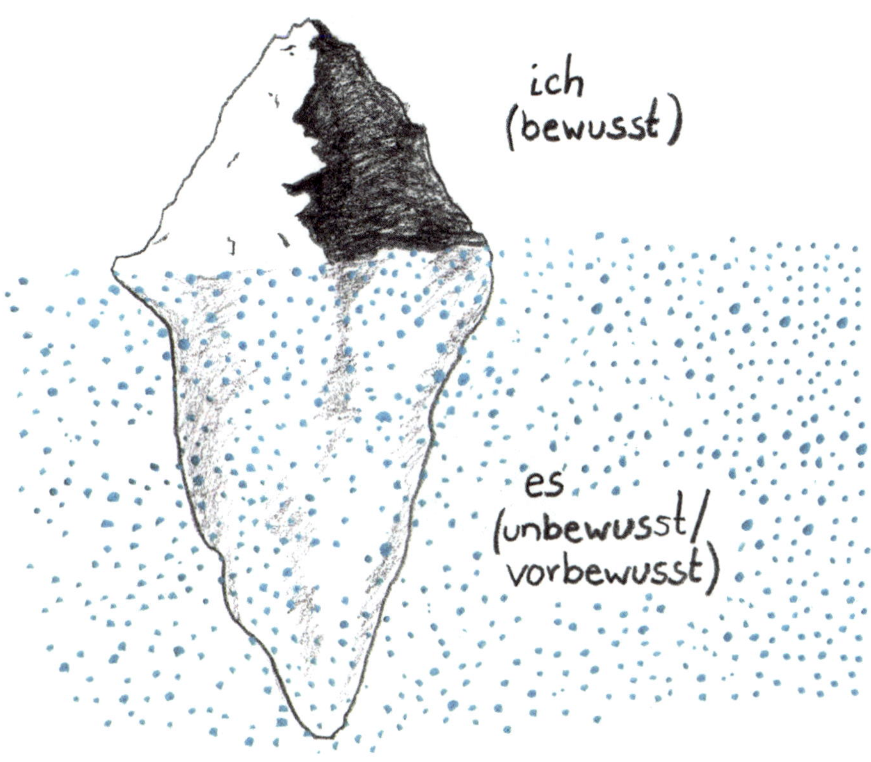

er mit den Protagonisten seiner Geschichten umgehe, wie folgt charakterisierte: Es genüge, wenn, wie bei einem Eisberg, ein Achtel über Wasser zu erkennen sei. Der Autor kennt vermutlich auch die Teile des Eisbergs unter Wasser, aber er muss nicht alles benennen – es schwingt sowieso mit.

Sigmund Freud gelangte durch Beobachtung seiner Patientinnen und Patienten zu der Annahme, dass das Handeln im Alltag nur zu einem geringen Teil bewusst gesteuert werde.

Das Eisbergmodell nach Philip Zimbardo und Floyd Ruch illustriert die bewussten und unbewussten Anteile der zwischenmenschlichen Kommunikation. Es gehört heute zu den wesentlichen Säulen der Kommunikationstheorie.

Paul Watzlawick formulierte fünf Grundregeln der menschlichen Kommunikation. Die zweite lautet: Jede Kommunikation hat einen Inhalts- und einen Beziehungsaspekt. Dem oberen Teil der Abbildung, der dem sichtbaren Bereich des Eisbergs entspricht, ist der Inhaltsaspekt (rational) zugeordnet und dem unteren Teil, dem unsichtbaren Bereich des Eisbergs, der Beziehungsaspekt (emotional).

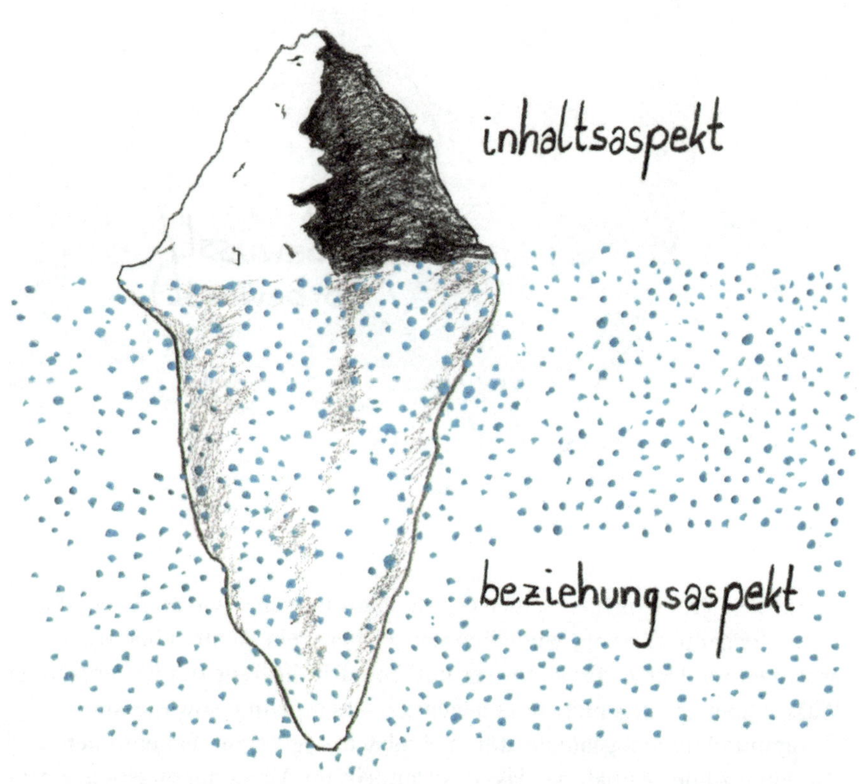

1.1. Beziehungsaspekt

Bezogen auf unser Thema, Präsenz in der Kommunikation, zählen zum Inhaltsaspekt das Thema, der Gesprächsanlass, verbal oder in grafischer Form präsentierte Fakten und Daten, ausgesprochene Gedanken und Gefühle, also alles, was ein Mensch bewusst aussagt.

Der Beziehungsaspekt hingegen wird weitgehend vom unbewussten, nonverbalen Kommunikationsanteil bestimmt. Nonverbal sind all jene Aspekte, die ich im Vorangehenden untersucht habe: Körperhaltung, *Innere Haltung*, Klang der Stimme sowie Körpersprache und Mimik. Der nonverbale Anteil gibt Auskunft über die Hintergründe einer Themenwahl oder eines Gesprächsanlasses, also über die vordergründig nicht sichtbaren Interessen, individuellen Eigenarten, Stimmungen, Ängste, Wünsche, Gefühle und inneren Konflikte.

Friedemann Schulz von Thun gelangte bei seiner Weiterentwicklung des Eisbergmodells nach Watzlawick zu den vier Seiten einer Nachricht, dem Kommunikationsquadrat, und den vier Ohren des Empfängers. In seiner Trilogie *Miteinander reden* finden Sie viele nützliche Erkenntnisse aus der Kommunikationspsychologie.

Der Sachinhalt macht nun ein Viertel der Nachricht aus, während die Beziehungsebene weiter ausdifferenziert wird: in die Selbstkundgabeseite, also das, was jemand bewusst oder unbewusst von sich preisgibt; in die Beziehungsseite, gemeint ist hier die Beziehung zum Gegenüber: was man von ihm hält, wie man zu ihm steht; und in die Appellseite, zu der gerechnet wird, was jemand bewusst oder unbewusst seinem Gegenüber mitteilt.

Der Einfluss der Beziehungsebene auf die Alltagskommunikation wird leicht unterschätzt. Vielen Konflikten und Missverständnissen liegt ein unerkannter, dieser Ebene zugehöriger Aspekt zugrunde. Daher ist für mich die Frage vordringlich, wie wir uns aus der gewohnheitsmäßigen inhaltlichen Fixierung beim Kommunizieren lösen können.

Ein altes Sprichwort besagt: „Wie man in den Wald hineinruft, so schallt es heraus." Das *Wie* hat mit unserem Umgang mit uns selbst und anderen, also mit unserer inneren Einstellung und der daraus resultierenden Körperhaltung, zu tun. Neben der inneren Einstellung, die situationsbedingt variabel ist, gibt es eine Grundhaltung, die sich im Laufe des Lebens entwickelt hat und über mehr oder minder große Zeiträume stabil bleibt. Dieser Grundhaltung und ihrer Folgen für die Kommunikation sollten wir uns bewusst werden.

2. Die Grundhaltung

> „Das Ziel der Weisheit ist, dass man den Dingen nur so viel Macht über sich einräumt, als man selbst es will, und dass man sein Schicksal nicht mehr von außen empfängt, sondern es nimmt, als Atemzug aus eigenem Interesse."
>
> *Hermann Hesse*

Halten Sie sich für einen aktiven oder passiven Menschen? Wann fühlen Sie sich als Spieler oder Spielerin, und wann sitzen Sie auf der Zuschauerbank? Unsere Grundhaltung gestaltet unseren persönlichen Handlungsspielraum. Sie ist stark von dem Umfeld, in dem wir aufgewachsen sind, geprägt. So ist in der angelsächsischen Kultur beispielsweise die Eigenverantwortlichkeit deutlich stärker ausgebildet als in Deutschland. Unsere Grundhaltung ist jedoch nichts Starres. Meistens wandelt sie sich, bedingt durch unsere Erfahrungen. Außerdem können wir bewusst an ihr arbeiten.

Mir ist erst im Lauf der Jahre bewusst geworden, wie entscheidend die Grundhaltung ist. Ich stelle fest, dass man, grob gesagt, von zwei Typen ausgehen kann: Die Vertreter des einen Typus verstehen sich selbst als Akteure, die ihr Leben selbst gestalten, egal in welcher Position, in welchem Beruf und unter welchen Lebensumständen; und die Vertreter des anderen empfinden sich als passiv und haben tendenziell das Gefühl, von außen, von den Lebensumständen etc., bestimmt zu werden. Natürlich kennt auch der Passivere Momente der Aktivität und umgekehrt. Statt von Aktivität und Passivität können wir auch von einer Grundhaltung der Selbstverantwortlichkeit für die eigenen Lebensumstände und das eigene Befinden und von einer Grundhaltung, andere dafür verantwortlich zu machen, sprechen. Unserer Grundhaltung entspringt unser Verhalten: die Art, wie wir einen Raum betreten, wie wir ihn für uns nutzen, wo und wie wir uns platzieren, wie wir kommunizieren, wie die Stimme klingt und ob wir unser Gegenüber anblicken oder nicht. Wenn wir uns als Spieler begreifen, haben wir Lust mitzuspielen, wenn wir uns als Zuschauer verstehen, halten wir uns eher aus allem heraus und denken vielleicht: „Ich bin gar nicht in der Position, mich hier einzubringen." Unserer Grundhaltung liegen Erfahrungen mit verschiedenen Strukturen und Systemen, in die wir hineingeboren wurden, zugrunde: mit unserem Elternhaus, mit dem Schul- und Ausbildungssystem etc. Sobald wir diese Systeme von außen betrachten und uns dazu bewusst verhalten, werden wir bereits aktiv.

Es gibt kaum einen stärkeren Einfluss auf unsere Lebensgestaltung als unsere Grundhaltung. Jeder, der anderen etwas beizubringen versucht, weiß, wie unterschiedlich Menschen sich Lehrinhalten nähern. Manche ergreifen sofort, was ihnen geboten wird, stellen Verbindungen zwischen dem Lehrstoff und anderen Wissensgebieten oder eigenen Erfahrungen her und fordern mehr. Andere, deren *Innere Haltung* Ansichten begünstigt wie „Ich bin schon zu alt", schneiden sich von Möglichkeiten ihrer Selbstentfaltung ab und nehmen stattdessen auf der Zuschauerbank des Lebens oder auf dem Sofa Platz. ▶ *Mentale Präsenz, Leit/dgedanken ans Licht bringen.*

Aktivität lässt sich zum Glück stimulieren. Dazu müssen wir Aufgaben übernehmen, die uns herausfordern, aber nicht überfordern. Denn nur dann, wenn wir sie erfolgreich bewältigen, werden wir mit Glückshormonen belohnt.

Eine unserer vordringlichsten Aufgaben ist es, uns im Alltag immer wieder aufzurichten – innerlich und körperlich. Begreifen Sie die Wirbelsäule als zentrale Säule Ihres Hauses, Ihres Körpers. Wenn Sie sich selbst nicht aufrichten, wer sollte das für Sie übernehmen? Durch stetiges Wiederholen bauen Sie zunehmend Rückenmuskulatur auf, welche die Aufrichtung erleichtert, bis sie Ihnen zur Selbstverständlichkeit wird. Im Kapitel „Körperliche Präsenz" bin ich auf das Aufrichten der Wirbelsäule beim Gehen, Stehen und Sitzen eingegangen.

Bei vielen Menschen, die ich in Coaching-Prozessen über einen längeren Zeitraum begleitete, durfte ich miterleben, wie sich ihre körperliche und ihre *Innere Haltung* veränderten und welchen Einfluss dies auf ihr Berufs- und Privatleben hatte. Persönliches Wachstum ist das schönste Geschenk, das wir uns machen können. Und unter dem Gesichtspunkt der Kommunikation ist eine aktive Grundhaltung die optimale Basis für einen konstruktiven Dialog.

2.1. Aktives Zuhören – Passives Zuhören

Aktivität oder Passivität, so wie ich sie verstehe, hat nichts mit ununterbrochener Geschäftigkeit oder permanenter Untätigkeit zu tun, denn man kann zum Beispiel aktiv oder passiv zuhören. Erinnern Sie sich an eine Situation, in der Sie einer Gruppe von Leuten etwas erläutert haben. Wen sprachen Sie intuitiv gerne an? Diejenigen, die Sie anblickten, oder die anderen, die in sich versunken dasaßen?

Die Art, wie wir zuhören, hat deutliche Folgen:

Aktives Zuhören	Passives Zuhören
Für uns selbst:	
Wir sind in Kontakt mit uns und fühlen uns wach, wohl, beteiligt. Wir können uns abgrenzen und unsere Sichtweise vertreten.	Wir sind häufig nicht in Kontakt mit uns. Wir fühlen uns zunehmend müde und lassen uns in der Situation leicht in andere Sichtweisen hineinziehen.
Für unser Gegenüber:	
Es nimmt uns als ansprechbares, zuhörendes, verstehendes Gegenüber wahr.	Es nimmt uns als unbeteiligtes Gegenüber wahr.
Für unsere Beziehung:	
Durch Wertschätzung und Respekt bauen wir eine Beziehung auf.	Durch Unaufmerksamkeit und mangelnde Wertschätzung ignorieren wir die Beziehung.

Aktives Zuhören ist eine Kernkompetenz der Gesprächsführung, die gleichzeitig uns selbst, unserem Gegenüber und der Beziehung zugutekommt, erst recht bei ausgedehnten Besprechungen, bei denen es manchmal schwerfällt, aufmerksam zu bleiben, also geistig und körperlich präsent zu sein. Wenn wir uns immer wieder aufrichten und dezent mit unserer Wirbelsäule spielen, das heißt für einen präsenten Zustand sorgen, können wir auch über einen langen Zeitraum aktiv zuhören. Vielleicht schwindet dann auch das Gefühl, dass eine Sitzung sich endlos hinzieht, außerdem sparen wir uns durch die Aufrichtung der Wirbelsäule das Fitnessstudio am Abend.

Aktives Zuhören ist auch ein wichtiges Element in der Gesprächstherapie nach Carl Rogers. Es fördert das Verstehen im Therapieprozess. Der Therapeut gibt das auf der verbalen Ebene Verstandene und das auf der nonverbalen Ebene Wahrgenommene mit eigenen Worten wieder. Diese Technik können wir in Kommunikationssituationen, in denen Verständigungsschwierigkeiten auftreten, nutzen. So sind wir am Telefon auf eine gut verständliche Stimme und Aussprache bei unserem Gesprächspartner angewiesen, denn es entfällt der visuelle Eindruck, der uns bei der Entschlüsselung einer Botschaft unterstützt. Hinzu kommt die Qualität der technischen Übertragung, die problematisch sein kann. Um sicherzugehen, dass wir richtig verstanden haben, können wir mit eigenen Worten wiederholen, was bei uns angekommen ist: „Ich habe verstanden, dass Sie …“, und nachfragen: „Ist das richtig?“ Dies fördert den Verständigungsprozess in Situationen, in welchen wir nicht sicher sind, was unser Gesprächspartner uns mitteilen wollte.

3. Körpersprache

Wir alle senden unbewusst körpersprachliche Signale aus, und ebenso unbewusst empfangen und deuten wir die unseres Gegenübers. Wie sonst ist es beispielsweise zu erklären, dass wir uns auf überfüllten Bürgersteigen nicht ständig anrempeln? Ausschlaggebend dafür, wer seinen Weg fortsetzt und wer ausweicht, sind die Statur, Körperhaltung und Blickrichtung sowie der Umgang mit dem vorhandenen Raum. Das heißt jedoch nicht, dass eine Person, die über diese Merkmale Entgegenkommenden unbewusst signalisiert, dass das Ausweichen deren Angelegenheit sei, ihren Weg stets zwingend geradeaus fortsetzt. Wir können andere auch höflich passieren lassen.

Entscheidend ist, dass wir die Signale, ohne darüber nachdenken zu müssen, entschlüsseln.

Die unbewusst enkodierte und dekodierte nonverbale Kommunikation ist viel älter als die verbale. Der Homo sapiens beherrscht sie seit rund 200.000 Jahren. Machen wir uns die Aussagekraft der Körpersprache an einem Beispiel klar: Ein König tritt anders auf als ein Bettler. In unserer Vorstellung tauchen augenblicklich zwei unterschiedliche Bilder mit spezifischen Merkmalen auf. Ich frage Sie: Wo befindet sich in Ihrer Vorstellung der König im Raum und wo der Bettler? Welche Körperhaltung nehmen sie ein? Wie ist die Blickrichtung? In der folgenden Aufstellung geht es hauptsächlich darum, woran man den sogenannten höheren Status einer Person erkennt:

- *Umgang mit dem Raum:*
  Symmetrie wird nicht nur in der Kunst als schön empfunden. Wenn Sie einen Bürgersteig, roten Teppich, eine Tür, einen Raum oder Ähnliches mittig betreten und beschreiten beziehungsweise durchschreiten, unterstützt der Raum Sie darin, Ihre eigene Größe zu erleben und sich lustvoll zu entfalten. Wenn Sie sich an den Rand drängen lassen, sich am Rand aufhalten oder Ecken aufsuchen, fühlt es sich anders an, und Sie werden auch anders wahrgenommen.

- *Körpersymmetrie*:
  Der Kopf, die Schultern etc. sind mittig. Die Krone oder das Diadem würde sonst zu Boden fallen. Alles Schiefe erscheint tendenziell als instabil und unsicher und wird auch so interpretiert. ▶ *Präsenz in der Kommunikation, Unterschiede zwischen männlicher und weiblicher Körpersprache.* Die Körperhaltung ist aufgerichtet, in Wohlspannung, das heißt, der Grundtonus der Muskulatur ist optimal. Durch Gesten wird Raum eingenommen. Symmetrische und synchrone Bewegungen erzeugen ein Gefühl der Ordnung und eine Stimmung, die als stimmig erlebt wird und zur Interaktion einlädt.

- *Blickrichtung und Kontakt*:
  Der Blickkontakt erfolgt bewusst und auf Augenhöhe. Er wird nicht gescheut.

- *Umgang mit der Zeit*:
  Gelassenheit, innere Ruhe und bewusste Pausen wirken souveräner als gehetztes Verhalten und Unruhe.

- Neben körpersprachlichen Signalen spielen, in manchen Kreisen, Statussymbole wie Autos, Kleidung, Schuhe, Schmuck und Uhren eine Rolle. Ein maßgeschneiderter Anzug kommt allerdings nur dann richtig zur Geltung, wenn sein Träger die entsprechende Körpersprache beherrscht.

Lassen wir den gesellschaftlichen Status jetzt beiseite, denn ich möchte jede und jeden ermutigen, sich voll und ganz zu entfalten, Raum einzunehmen und auf Augenhöhe zu kommunizieren.

Zur Symmetrie, von der soeben mehrfach die Rede war, sei noch ergänzt, dass symmetrische Körper und synchrone Bewegungen von unseren Vorfahren unter dem Gesichtspunkt der Partnerwahl und Fortpflanzung seit je unbewusst als Zeichen von Gesundheit und innerer Stabilität interpretiert worden sind.

Wenn wir uns klarmachen, dass die Körpersprache tief in uns verankert ist, verstehen wir auch besser, warum Männer und Frauen sich unterschiedlich verhalten. Männer und Frauen aus anderen Kulturen erfuhren und erfahren zudem eine andere Prägung. All dies gilt es zu berücksichtigen. Die seit Menschengedenken vorherrschende geschlechtsspezifische Sozialisation wird nicht in ein paar Jahrzehnten abgestreift. Die unterschiedliche Erfahrung von Männern und Frauen seit Jahrtausenden prägt die Kommunikation bis in die Gegenwart. Da Männer und Frauen heute in ähnlichen Funktionen zusammenarbeiten, ist es wichtig, die körpersprachlichen Signale des anderen Geschlechts zu verstehen und die eigenen zu reflektieren. Wir können voneinander lernen und uns gemeinsam weiterentwickeln.

3.1. Unterschiede zwischen männlicher und weiblicher Körpersprache und zwischen dem Kommunikationsstil von Männern und Frauen

Die Gemeinsamkeiten zwischen Frauen und Männern sind, das möchte ich vorausschicken, bedeutend größer als ihre Differenzen! Die derzeit zu beobachtenden Unterschiede im Kommunikationsverhalten treffen allerdings oft Empfindlichkeiten beim anderen Geschlecht und erfordern daher unsere Aufmerksamkeit. Über das berufliche Zusammenspiel von Frauen und Männern gibt es noch kaum Erfahrungswerte, die einen längeren Zeitraum abdecken.

Zu Beginn des zwanzigsten Jahrhunderts wurde es Frauen im deutschsprachigen Raum ermöglicht, zu studieren, zu wählen und autonom Geld zu verdienen. Laut dem Bürgerlichen Gesetzbuch waren Ehefrauen bis 1977 in der Bundesrepublik verpflichtet, ihren Mann um Erlaubnis zu bitten, wenn sie arbeiten wollten. Anfänglich waren Frauen im Berufsleben noch Exotinnen, welche auf großen Widerstand stießen. Nach und nach erwarben mehr weibliche Jugendliche höhere Bildungsabschlüsse, auch absolvierten mehr eine praktische Berufsausbildung, so dass der Anteil der Frauen an der berufstätigen Bevölkerung kontinuierlich stieg.

Bis zu einer wirklichen gesellschaftlichen Gleichstellung der Geschlechter wird wohl noch etwas Zeit vergehen müssen. Gleichstellungsbeauftragte sowie der Gleichstellungstag zeugen davon. Zu eingefleischt und häufig unreflektiert sind die Vorstellungen darüber, wie eine Frau beziehungsweise ein Mann zu sein hat. Wir alle tragen sie mehr oder minder stark, mehr oder minder bewusst in uns, und dementsprechend fließen sie in unser Handeln ein. Zudem werden überholte Rollenbilder und -klischees in vielen Medien noch immer verbreitet.

Für Frauen kommt erschwerend hinzu, dass die Kommunikations- und Entscheidungsstrukturen, die wir derzeit vorfinden, historisch von männlich tradiertem Denken und Kommunikationsverhalten geprägt worden sind. Wenn heute vereinzelt Frauen in Führungspositionen aufsteigen, spüren sie dies meist sehr deutlich. Ausnahmen bestätigen die Regel: Frauen, die ganz selbstverständlich mit männlich tradiertem Verhalten umgehen können, berichten mir, dass sie beispielsweise mehrere Brüder haben, einen starken Vater als Vorbild, der sie so ernst nahm wie einen Jungen, oder als eines der ersten Mädchen aufs Jungengymnasium gingen. Noch müssen Frauen die Spielregeln der männlich tradierten Machtspiele erlernen, um bewusst mitspielen zu können. Damit will ich nicht blinder Anpassung an solche Strategien das Wort reden, im Gegenteil: Ich halte einen bewussten Umgang mit den geltenden Spielregeln für sinnvoll.

Viele Männer, mit denen ich im Coaching zu tun hatte, erleben Frauen in Führungszirkeln als Bereicherung. „Das Klima verändert sich positiv, und es wird konstruktiver", sagen sie regelmäßig. Dass bisher nur wenige Frauen in Spitzenpositionen berufen wurden, liegt unter anderem an den unreflektierten Auswahlkriterien und -verfahren und den darin implizierten Vorbehalten, die dafür sorgen, dass Männer von Männern bevorzugt werden. Männliche Kandidaten entsprechen den unbewussten Vorstellungen jener, die Macht haben: „So einem wie ich kann ich vertrauen." Die Beteiligten sollten sich diese Praxis bewusst machen und strukturelle Veränderungen herbeiführen.

Wenn hier von männlich und weiblich tradiertem Kommunikationsverhalten und der jeweils zugehörigen Körpersprache die Rede ist, so meine ich damit allgemein beobachtbare Eigenheiten. Natürlich verhält sich nicht jeder Mann und nicht jede Frau so. Doch einzelne Züge dürfte wohl jede und jeder von uns einmal an sich bemerkt haben. Jüngere Männer und Frauen hatten teilweise bereits andere Vorbilder. Bei ihnen können die angesprochenen Unterschiede geringer ausfallen oder gar nicht mehr vorhanden sein.

Um die nonverbalen Signale des anderen Geschlechts bewusster wahrnehmen und seine verbalen Äußerungen besser deuten zu können, ist es hilfreich, Denk- und Verhaltensmuster zu beobachten und zu reflektieren. So vermeiden wir Irrtümer und fühlen uns nicht unnötig persönlich angegriffen oder missverstanden. Unbewusst erwarten wir, dass andere unsere Sprache sprechen und ähnlich ticken wie wir. Indem wir Verhaltensweisen anderer bewusst wahrnehmen und manches spielerisch ausprobieren, um diese entweder einfühlsam zu erspüren oder/und unser Ausdrucksrepertoire zu erweitern, gewinnen wir Handlungsspielraum. Wir brauchen zum Beispiel beides, die Fähigkeit, umsichtig Entscheidungen zu treffen, und die Gabe, diese entschieden umzusetzen.

Der männliche und weibliche Verhaltenskodex befähigte unsere Vorfahren, ihre Rollen geschlechts- und standesgemäß zu erfüllen. Durch die klare Rollenzuschreibung kam die Frage nach eigenen Bedürfnissen in der Regel erst gar nicht auf. Wir haben zwar heute theoretisch die Möglichkeit, ein von eindeutigen Rollenzuschreibungen befreites Leben zu führen; doch solange Männer und Frauen, vom Funktionsmodus bestimmt, sich wenig Raum nehmen, ihre persönlichen Bedürfnisse, Wünsche und Vorstellungen zu spüren, haften sie Klischees an.

In Hundeschulen lernen Hunde, mit der Körpersprache ihrer Artgenossen umzugehen, damit ein großer Hund auch mit einem kleinen spielen kann. Auch wir sollten uns dieser lustvollen Aufgabe mit unseresgleichen stellen. Es lässt sich leichter, charmanter und konstruktiver kommunizieren, wenn das Gegenüber Signale erhält, die es versteht, ja förmlich braucht, um aufzublühen. Wer lernfähig ist, ist hier deutlich im Vorteil und kann entspannter mitspielen.

Es gibt Haltungen, sowohl körperlicher als auch geistiger Natur, die im Coaching und in Seminaren immer wieder an die Oberfläche kommen. Oft zu beobachtende Einstellungen und damit einhergehende Verhaltensweisen bei Männern speisen sich aus der Tradition des maskulinen „Sich-Behauptens“. In der weiblichen Tradition sehe ich zwei Vorstellungsbilder: das der „Zugewandten“ und das der „Sinnlichen“.

Die von mir gewählten Bezeichnungen und Bilder sind als Hilfsmittel gedacht, die das Verhalten zuspitzen und illustrieren.

3.2. Die männlich tradierte Haltung

Den militärischen Stand, das Sich-Behaupten, können wir als Sinnbild verstehen, aus dem sich männlich tradierte Ausdrucksweisen ableiten lassen. Die männlich tradierte Haltung zielt darauf ab, durch Körpersprache Raum zu beanspruchen und mit großen Schritten, parallelem breitem Stand, wenig sichtbaren Gefühlsregungen bestimmenden Einfluss auszuüben. Im Gerangel auf dem Schulhof soll sich zeigen, wer der „Stärkere“ ist. *Ober sticht Unter* spiegelt sich im Kommunikationsverhalten unreflektierter erwachsener Männer wider. Das Sich-Messen mit anderen reicht von spielerischem Frotzeln bis zu verbissenem Ernst und manifestiert sich zum einen körperlich durch platzbeherrschendes Gebaren (ein direkter Schlagabtausch ist in unserer heutigen Kultur eher selten), zum anderen durch intellektuelle Gefechte. Männer sind darin erfahren, auch mal zu unterliegen, und nehmen es sportlich: „Shit happens.“

Verglichen mit Frauen melden sie sich im beruflichen Umfeld häufiger zu Wort. Sie artikulieren ihre Vorstellungen klar und deutlich und geben daher oft Themen und Fakten vor. Ihre Redebeiträge können ausufern, wenn es um die Rangordnung innerhalb der Männerwelt geht oder sie einer Frau imponieren möchten. Ihre Vorschläge werden häufig nicht als solche, sondern als Ansage formuliert. Männer scheuen sich nicht, andere zu unterbrechen. Bei Diskussionen gehen sie auf Konfrontationskurs, um Entscheidungen voranzutreiben oder aus purer Lust, sich mit anderen zu messen. Dominanz war zu Zeiten der Urhorde überlebenswichtig. Ihre Botschaft lautet: „Ich bin aktiv! Ich will ein Revier, eine Frau gewinnen – siegen.“ Offensichtlich ist diese Information immer noch in den Genen vorhanden. Das vorrangige Ziel, sich zu behaupten, führt dazu, dass Männer sich etwas zutrauen, manchmal sich auch überschätzen, ganz nach dem Motto „Wer nicht wagt, der nicht gewinnt“. Etwas zu wagen wird traditionell Männern zugeschrieben. Gleichwohl zeigt ein Blick in die Geschichte, dass einzelne Frauen, die jenseits normierter gesellschaftlicher Vorstellungen dachten und handelten, ausgesprochen viel gewagt haben.

Das Kommunikationsmuster des Sich-Behauptens drückt sich in Form einer Rangordnung aus und spiegelt sich bis heute weltweit in den hierarchischen Organisationsformen wider. Von oben nach unten lassen sich Entscheidungen zügig treffen. Dass dabei manches übersehen wird, nimmt man(n) beziehungsweise unsere Gesellschaft bislang noch weitgehend in Kauf.

August Sander, Der junge General, Fotografie von 1915 © VG Bild-Kunst

Im Folgenden unterbreite ich Frauen ein paar Vorschläge, wie sie mit männlich tradierten Ausdrucksweisen besser zurechtkommen können beziehungsweise welche Qualitäten sie selbst ausprobieren und zulassen dürfen.

Umgang mit Pokerface

Wichtig ist vor allem, dass Sie sich nicht verunsichern lassen, wenn Sie zum Beispiel vor einem männlichen Vorstand präsentieren. Männer, denen beigebracht wurde, dass es unprofessionell sei, Gefühle zu zeigen, geben wenig Rückmeldung. Man lässt sich nicht in die Karten schauen. Das richtet sich nicht gegen Sie. Hinter der Maske kann sich alles Mögliche verbergen, auch

	Männlich tradiertes Verhalten in der Kommunikation	Erweiterung des männlichen Kommunikationsverhaltens
Körperhaltung	Der parallele Stand kommt aus dem Militär und bedeutet Haltung annehmen, eine von außen befohlene Haltung.	Die Standbein-Spielbein-Position ermöglicht eine aufgerichtete Haltung ohne überflüssige Anspannung, eine Haltung, die sich bei Menschen organisch einstellt, wenn sie sich wohl fühlen.
Innere Haltung	Sie kreist ums Kämpfen, Sich-Behaupten, Siegen, darum, eine Sache allein zu stemmen.	Es geht darum, durch Persönlichkeit zu überzeugen, gelassener zu kommunizieren, gemeinsam Lösungen zu finden und zu tragen. Die Hierarchien werden flacher, es gilt, andere zu gewinnen.
Mimik	Ein Held zeigt keine Gefühle, sondern setzt ein Pokerface auf.	Sie lassen Gefühle zu. Frauen unterstützen andere, etwa durch Zunicken oder auch ein Lächeln. Das schafft ein wertschätzendes Klima. Probieren Sie es aus.
Sprache	Sie zeichnet sich durch klare Aussagen, Behauptungen, Ansagen und Anweisungen aus. Häufig werden auch Vorschläge als Ansage oder Anweisung formuliert.	Sie suchen den Dialog. Kennzeichnen Sie Vorschläge als solche, dann können Frauen auch Gegenvorschläge machen, und man findet gemeinsam heraus, was am besten passt. Ansonsten kann es leicht passieren, dass eine Frau, die nicht nein sagen kann, tut, was Sie ansagen, aber mit einem Gefühl der Überrumpelung.

	Männlich tradiertes Verhalten in der Kommunikation	Erweiterung des männlichen Kommunikationsverhaltens
Körpersprache	Sie beanspruchen übermäßig viel Raum und verdrängen andere. In der Öffentlichkeit mit den Händen im Nacken und breitbeinig dazusitzen ist eine Unart.	Sie nehmen den vorhandenen Raum wahr und lassen anderen ihren Raum.
Hören	Während andere sprechen, wird die eigene Argumentation ausgearbeitet. Wenn ein Problem auftaucht, werden sofort Lösungen vorgeschlagen.	Sie hören zu und beziehen sich mit Ihren Argumenten auf den Beitrag des Gesprächsteilnehmers. Sie wollen erst wirklich verstehen, worum es sich handelt. Vielleicht geht es lediglich darum, zuzuhören.
Kommunikationsstil	Sie platzieren sich rangorientiert.	Sie dienen einer Aufgabe oder Sache, pflegen Austausch und vernetzen sich mit anderen.
Orientierung	Sie orientieren sich an Ordnung und Regeln.	Sie orientieren sich an der Situation und an Ordnung und Regeln.

Aufmerksamkeit. Vertreten Sie also beharrlich Ihre Themen. Sie können bewusst auch ein Pokerface aufsetzen oder im parallelen Stand Ihre Ergebnisse präsentieren, wenn Ihr Gegenüber diese Körpersprache spricht, und schon versteht man sich. Wenn Sie sich irritieren lassen, kippt der Respekt, der eben noch vorhanden war.

Mehr wagen
Treffen Sie klare Aussagen, fallen Sie auch mal ins Wort, mischen Sie sich ein, und platzieren Sie aktiv Ihre Themen. Lassen Sie sich nicht verdrängen, sondern nehmen Sie bewusst den eigenen Raum ein. Kämpfen kann lustvoll sein, entdecken Sie diese Facette, und spielen Sie mit. Sie sind auch gut vorbereitet, wenn Sie achtzig Prozent des Pensums bewältigt haben. Frauen in Machtpositionen werden von Männern häufig unterschätzt. Nutzen Sie dies, um mutig Projekte in die Wege zu leiten. Hören Sie genau hin: Ist die Ansage Ihres Kollegen oder Vorgesetzten in Wirklichkeit vielleicht ein Vorschlag? Machen Sie bei Bedarf einen Gegenvorschlag.

3.3. Die weiblich tradierte Haltung

Interessanterweise sind zwei Sinnbilder notwendig, um das weiblich tradierte Rollenverständnis und den damit einhergehenden Ausdrucksstil zu beschreiben: *die Sinnliche* und *die Zugewandte* – die Muse und die Mutter. Beide standen dem Mann zur Seite.

Die weiblich tradierte Haltung zeichnet sich durch Einfühlungsvermögen, Zugewandtheit, Unterstützung anderer und eine entsprechende Körpersprache aus: Die Schritte fallen eher klein und unbestimmt aus, der Stand ist schmal und die Mimik zustimmend und ermunternd. Die Botschaft, die dadurch vermittelt wird, lautet: „Vor mir braucht man(n) keine Angst zu haben – ganz im Gegenteil: Ich will gefallen, verstehen, helfen und am liebsten verstanden werden, ohne mich artikulieren zu müssen."

Tendenziell konfliktscheuer, berücksichtigen Frauen, wenn sie Probleme besprechen, gerne verschiedene Perspektiven, um zu einer möglichst sicheren, allen Interessen gerecht werdenden Lösung zu gelangen. Der Austausch steht im Zentrum ihres Sprechens, nicht die Dominanz durch Sprache. Im beruflichen Umfeld übernehmen sie eher die von Männern vorgegebenen Themen, als dass sie selbst welche bestimmen, weil sie die Konfrontation meiden. Ihre Fähigkeiten liegen im genauen Hinhören und Fragenstellen. Ihr Kommunikationsstil ist beziehungsorientiert. Harmonie und Gemeinschaft sind wichtiger als die persönliche Stellung. Klare Ansagen fallen daher oft schwer, ebenso das Neinsagen. Die Sprache von Frauen ist durchsetzt mit Möglichkeitsformen, „vielleicht", „wahrscheinlich" etc., und dem Konjunktiv. Sie neigen dazu, sich zu unterschätzen. Davon können Personalentwickler und Personalentwicklerinnen ein Lied singen. Eine Frau bewirbt sich in der Regel erst dann auf eine Stelle, wenn sie mindestens alle Voraussetzungen dafür erfüllt. Männer wagen in dieser Hinsicht deutlich mehr.

Bei Frauendarstellungen in der bildenden Kunst stoßen wir häufig auf die sogenannte S-Kurven-Komposition, sei es in stehender Position wie bei der Venus von Sandro Botticelli, sitzend wie bei den Odalisken auf Kanapees oder liegend. Die Kunstwerke stammen weitgehend von Männern. Bleibt die Frage, was zuerst da war: das Modell, das sich von selbst so drapierte, oder der Maler, der es inszenierte?

Ich gab einmal in einem Seminar den Männern die Aufgabe, auf diese Weise zu stehen. Manche probierten es gar nicht erst aus. Andere brachen sofort wieder aus der Position aus, mit der Begründung: „So kann man(n) doch nicht stehen – schrecklich instabil."

Die kurvenreiche Aufrichtung hat klare Folgen: Sie macht kleiner. Unsere Körperachse, die Wirbelsäule, ist in der S-förmigen Komposition anschaulich verbogen. Diese Haltung wirkt verführerisch einladend. Sie verkörpert eine Einladung, genommen zu werden, statt aktiv zu nehmen. Der Stand führt zu Passivität, zu Handlungsunfähigkeit. Die eng nebeneinander gestellten Füße wirken im Berufsalltag mädchenhaft und unsicher. Eine Frau, die so steht, nimmt sich nicht ihren Raum. Treten Sie also aus der Komposition heraus, und positionieren Sie sich selbst. Die eigene Größe zulassen heißt sich aufrichten – sich stellen.

Die schräge Kopfhaltung, die sich oft in der weiblichen Körpersprache wiederfindet, setzt hinter jeden ausgesprochenen Gedanken ein Fragezeichen und entwertet somit unbewusst das eigene Argument. Den meisten ist nicht bewusst, dass die Körperhaltung einen starken Einfluss darauf hat, wie wir uns artikulieren. Frauen, die in Form einer S-Kurve sitzen oder stehen, werden deutlich mehr Konjunktive und infrage stellende Wörter wie „vielleicht" verwenden.

Sandro Botticeli, Die Geburt der Venus, Uffizien, Florenz

ÜBUNG FÜR FRAUEN

Bitte beobachten Sie sich selbst. Was macht die S-Kurven-Haltung, wenn Sie sie einnehmen, mit Ihnen? Wann nehmen Sie diese Körperhaltung oder die schiefe Kopfhaltung gewöhnlich ein? Nehmen Sie wahr, wie häufig Sie diese Haltung in Ihrem persönlichen Umfeld, in der Werbung, in Filmen und anderen Medien wiederfinden. Gewöhnen Sie sich an, den Kopf gerade zu halten, zum Beispiel, wenn Sie eine klare Ansage machen oder Ihre Argumente zusammenfassen.

Die Fotografie einer bürgerlichen Familie um 1915 ist faszinierend. Die Frauen wenden sich darauf den Männern zu und die Männer der Kamera, dem Betrachter oder der Außenwelt. So überspitzt dargestellt hatte ich die Rollenverteilung zuvor noch nicht gesehen. Dieses Foto ist hundert Jahre alt. Seitdem hat sich sehr viel bewegt. Heute präsentieren sich Familien der Außenwelt anders. Deutliche Spuren der *Inneren Haltung* von anno dazumal und des Verhaltens, das ihr entspringt, lassen sich jedoch bis heute verfolgen.

Bürgerliche Familie um 1915

In Seminaren bitte ich die Teilnehmenden oft, sich mit drei ihrer Stärken vorzustellen. Mit Abstand am häufigsten sagen Frauen: „Ich bin hilfsbereit." Jahrtausendelang standen der Mann, die Familie und die häuslichen Aufgaben im Zentrum des Lebens einer Frau. Die Vorstellung, dass es ihre Aufgabe sei, andere Menschen zu stützen und zu unterstützen, sitzt tief. Anderen zu helfen ist ohne Frage eine Qualität. Sie beruht auf einer mitfühlenden Haltung, die dem Leben auf unserem Planeten dienlich ist.

Vor diesem Hintergrund möchte ich Frauen eine Anregung geben: Wie wäre es, wenn Ihre Fähigkeit, Zuwendung und Unterstützung zu gewähren, nun Ihnen selbst zugutekäme? Noch heute fällt es vielen Frauen sehr schwer, ihre Bedürfnisse wahrzunehmen, sich Zeit zu nehmen für sich und eigene Wünsche und Vorstellungen zu entwickeln.

Und den Männern lege ich ans Herz: Sorgen Sie dafür, dass Frauen in Ihrem Umfeld Zeit für sich finden, indem Sie beispielsweise die Hälfte der häuslich und familiär anfallenden Aufgaben übernehmen.

Nein sagen lernen
Der tief verankerte Wunsch, es „allen" recht zu machen, hat einen Preis: Es fällt Frauen oft schwer, nein zu sagen. Habituell unterstützen Frauen nickend und freundlich lächelnd die Redebeiträge anderer. Sie trainieren durch das ständige Nicken ihre Bereitschaft, ja zu sagen. Wenn dann jemand kommt und ihnen eine zusätzliche Aufgabe übertragen will, schlägt die Gewohnheit zu nicken zu. Hinterher ärgert *frau* sich darüber und bereut womöglich ihre kampflose Zustimmung. Erschwerend kommt hinzu, dass es Frauen besonders schwer fällt, Männer zu enttäuschen.

Tipp für Frauen:

Natürlich ist es konstruktiv, anderen aufmunternd zuzunicken, aber ist es auch immer angebracht? Nehmen Sie die eigene Programmierung unter die Lupe. Wenn Sie eine Geste nicht mehr nur aus Gewohnheit ausführen, sondern hin und wieder auch bewusst, fällt es leichter, bei verschiedenen Anlässen innezuhalten und zu überlegen, ob Sie wirklich ja sagen wollen.

Tipp für Männer:

Wenn eine Frau ja sagt und Sie das Gefühl haben, dass es sich eher um ein reflexhaftes als um ein überlegtes Ja handelt, fragen Sie nach und betrachten Sie zusammen die Konsequenzen, die das Ja mit sich bringt.

Sich aktiv einmischen – mitspielen
Hierarchische Kommunikation ist rangorientiert und in vielen männerdominierten Führungsrunden zu beobachten. Erst wird um die wichtigen strittigen Plätze gekämpft, bevor es um Sachthemen geht. Wie im Rudel. Das Rudel funktioniert erst, wenn die Rangordnung geklärt ist. Bevor die Jungs sich sortiert haben, ist es zwecklos, einen wertvollen inhaltlichen Vorschlag zu unterbreiten. Das erste Thema auf der Agenda hat es daher häufig schwer. Falls die Rangordnung nicht im Smalltalk geklärt wurde, wird das erste Thema dazu benutzt. So viel zur Sachlichkeit!

Tipp für Frauen:

In der Anfangsphase einer Besprechung sollten auch Sie sich platzieren und nicht denken: „Lass die Jungs mal spielen", denn sonst landen Sie automatisch auf dem letzten Platz. Es geht um Macht und Respekt, beides kommt nicht von ungefähr: Verschaffen Sie sich auf Ihre Weise Respekt.

Zum Thema „Mitspielen“ zählt auch Folgendes: Frauen beschreiben immer wieder, dass sie zu wenig zu Wort kommen. Liegt es vielleicht daran, dass sie interessiert Fragen stellen und dann die Angesprochenen gewähren lassen, sei es im Meeting oder beim Mittagessen? Gute Fragen zu stellen ist eine unterstützende Geste. Wenn Frauen sich selbst und ihre Projekte wertschätzender behandeln, werden auch sie sich ungefragt selbst ins Spiel bringen und über das, was sie beschäftigt, sprechen.

Eine Aufforderung an die Männer: Sie dürfen natürlich konstruktive Fragen stellen!

Zum Schluss noch ein Rätsel: Ein schmaler Weg. Drei Personen kommen einer einzelnen entgegen. Eine der drei Personen muss Platz machen, damit die entgegenkommende Person, ein Mann, passieren kann. Die Dreiergruppe besteht aus zwei Männern und einer Frau. Wer wird Ihrer Meinung nach ausweichen?

Ja, so ist es. In den allermeisten Fällen gibt die Frau nach und tritt zur Seite oder zurück. Diese alltägliche Beobachtung verweist auf eine auffallende Eigenschaft vieler Frauen: Sie haben das Gesamtbild im Blick, sind lösungsorientiert und können ihre Interessen, wenn es die Situation verlangt, den Umständen anpassen.

Das ist eine Fähigkeit, die Frauen sich ins Gedächtnis rufen sollten, wenn ein Mann vor allem seine Abteilung, seinen Vorteil oder Ähnliches im Auge hat und seine Anliegen mit Vehemenz vertritt. Machen Sie sich die Qualität, „das Ganze im Blick zu haben“, bewusst. Lassen Sie sich durch den Eifer des Mannes nicht einschüchtern, benennen Sie mutig den größeren Zusammenhang und das übergeordnete Ziel, das es zu erreichen gilt.

Die Rollenverteilung ist in Bewegung geraten. Nutzen wir diese Chance. Wir alle haben die Möglichkeit zu wachsen. Damit beende ich den kleinen Exkurs in die Welt der geschlechtertypischen Verhaltensweisen.

3.4. Körpersprache lesen

Immer wieder bekomme ich zu hören, dass Körpersprache doch ganz einfach zu entschlüsseln sei. Meiner Meinung nach ist eher Vorsicht geboten. Wir haben im Laufe unseres Lebens unbewusst eine Grundhaltung ausgebildet, die das Spektrum unserer körpersprachlichen Ausdrucksmöglichkeiten bestimmt. So wird ein Mensch, bei dem sich innerlich Resignation verfestigt hat, selbst wenn er Freude bekundet, körpersprachlich leicht niedergeschlagen wirken, obwohl er für seine Verhältnisse womöglich große Freude empfindet. In diesem Fall hätte eine rasche Beurteilung mit Sicherheit danebengelegen.

Vor einigen Jahren saß in einem meiner Seminare ein Herr – die Beine übereinandergeschlagen, die Arme verschränkt, den Kopf leicht geduckt, die Augenbrauen hochgezogen. Bis zur Pause verharrte er in dieser Haltung, die leicht als ablehnend interpretiert werden konnte. Ich schenkte ihm dieselbe Aufmerksamkeit wie allen anderen Seminarteilnehmern, die sich rege beteiligten, gleichwohl beschäftigte mich seine Haltung. Ich fragte mich, wie ich in Kontakt mit ihm kommen könnte. In der ersten Kaffeepause stellte er sich dann überraschend kurz neben mich und bemerkte anerkennend knapp: „Sehr interessant, wirklich sehr interessant." Das hat mich tief beeindruckt. Seitdem bin ich noch zurückhaltender bei der Einschätzung körpersprachlicher Signale, insbesondere wenn ich jemanden nicht kenne. Was jedoch nicht heißt, dass Körperhaltung und Körpersprache keine Geschichte erzählen; sie geben, wie in der Einleitung dieses Kapitels beschrieben, sehr viel darüber preis, wie ein Mensch mit sich umgeht. Genau deshalb reagiert kein Mensch exakt wie der andere.

Ich empfehle Ihnen daher, stets die ganze Person in ihrer Besonderheit wahrzunehmen, anstatt schematische Maßstäbe anzulegen, und bitte Sie, nicht vorschnell zu urteilen. Wenn Ihnen dies gelingt und Sie Ihr Gegenüber respektieren, entsteht wie von selbst ein guter Kontakt.

ÜBUNG: NACHAHMUNG

Wenn Sie mehr über die Befindlichkeit eines Menschen erfahren möchten, können Sie typische Bewegungen imitieren. Das ist eine klassische Übung aus der Welt des Theaters, welche auch Laien in der Regel keine Mühe bereitet. Wir alle haben am Anfang unseres Lebens durch Imitation gelernt.

Versuchen Sie, wie eine bestimmte Person zu gehen, zu stehen, zu sitzen, wie diese zu sprechen oder sich zu verhalten. Sie können auch durch die Nachahmung charakteristischer Gesichtszüge nachempfinden, was sie bewegt. Gehen Sie dabei möglichst exakt vor, zunächst präzise in der Beobachtung bestimmter Details und dann genau in deren Imitation. Wie verändert sich dabei Ihre Art, zu atmen, zu denken, zu fühlen? Sie bekommen auf diese Weise eine Idee davon, wie sich eine bestimmte Person womöglich fühlt – wie sie empfindet.

Der Einblick in das Lebensgefühl eines anderen Menschen, den Sie durch Nachempfinden gewonnen haben, ermöglicht es Ihnen, ihn besser zu verstehen und leichter mit ihm ins Gespräch zu kommen. Diese Übung kann zum Beispiel bei einem Konflikt zwischen Ihnen und einer anderen Person hilfreiche Perspektiven eröffnen. Sie können sie aber auch nutzen, um sich Züge, die Ihnen bei anderen positiv auffallen, anzueignen.

4. Der Körper – Resonanzraum der Situation

„Es brauchte Zeit, bis mir aufging, dass Stirn, Augen, Wimpern, Brauen, Pupille, Lippe, Mundwinkel, Kinn, Hinterkopf, Nacken, Arme, Beine, Handgelenke, Finger, Rückgrat, Hals, Haaransatz, Leib und Becken mitspielen müssen, um kommunizieren zu können."

Fritz Kortner

Wir alle können deutlich spüren, ob es sich bei einem Redebeitrag um eine bloße Behauptung, eine Floskel oder um etwas Aufgesetztes handelt. Ebenso sagt uns unser Gefühl, ob eine Äußerung authentisch ist. Wie aber können wir selbst authentisch agieren? Die Antwort lässt sich nur schwer in Worte fassen. Es folgt der Versuch, diesen subtilen und komplexen Vorgang zu beschreiben.

Unser Körper interagiert ununterbrochen mit uns selbst und der Außenwelt: mit dem uns umgebenden Raum, den Menschen und Dingen. Wir sind aufeinander bezogene Wesen. Meist schenken wir diesen komplexen Interaktionen keine Beachtung, weil wir ja „rein fachlich unterwegs" sind. Wir sind mit Kopf-Arbeit beschäftigt: Wir bereiten uns inhaltlich vor, widerlegen beim Zuhören, was wir gerade hören, befassen uns mit Organisatorischem, beispielsweise mit den neuesten Mails, und häufig kreisen die Gedanken, bewusst oder unbewusst, um Themen, die mit der konkreten Situation nichts zu tun haben.

Wenn wir hingegen in einer Situation mit unserem Körper in Kontakt sind, werden wir unserer Stimmung und der Atmosphäre um uns herum gewahr. Wir stellen unseren Körper der Situation als Resonanzraum zur Verfügung: Wir spüren uns, nehmen unsere Bedürfnisse und Anliegen wahr; wir nehmen auch die anderen und ihre Stimmungen und Anliegen wahr und können dann aus unserem Körper heraus tun, was aus der Situation heraus getan werden soll. Wir spüren also, was die Situation verlangt.

„Der Körper kennt die Sprache – aber immer in einer Situation. Der Körper ist in der Situation, und die Situation ist auch im Körper, in einem Felt Sense (etwas Konkretes, das man im Körper unmittelbar spürt). Gefühle sind nicht innere Dinge, sondern das in die Umwelt weitergehende, fortzusetzende Körperleben. Wenn Sie jetzt im Augenblick auf Ihren Körper von innen achten, finden Sie das Gefühl der jetzigen Situation“[49] – das, was Sie gerade jetzt lesend, denkend, vor sich hin träumend spüren in Ihrem Körper – „vielleicht sind auch Leute da, neben denen Sie jetzt sitzen, und auch andere Situationen, die Ihr Körper – beklemmend oder herzaufgehend – mit dabei hat. Von innen gefühlt, ist der Körper auf die Welt hin ausgedehnt und auf das, was noch nicht passiert ist, aber passieren kann. Sprache, Körper und Situation sind ein und dasselbe, wie wir sehen. … man muss immer das Netz von Sprache, Körper und Situation mitdenken. Begriffe und Konzepte allein sind deshalb nie die einzige Ordnung unseres Verhaltens. Begriffe/Konzepte setzen immer nur den Sprach-Körper-Prozess fort.“[50]

Diese Beschreibung des Verhaltenswissenschaftlers und Philosophen Eugene T. Gendlin erklärt, warum es manchen Menschen gelingt, authentisch die passenden Worte zu finden. Diese Menschen lassen sich selbstbewusst und präsent auf die jeweilige Situation ein.

Wie funktioniert dies konkret?

4.1. Mit allen Sinnen kommunizieren

Durch die Wahrnehmung der Atembewegung lenken Sie Ihre Aufmerksamkeit auf sich. Sie kommen mit Ihrem Innenleben in Kontakt. ▶ *Körperliche Präsenz, Präsenz im Sitzen, Übung: Herstellen von Präsenz im Sitzen.* Sie spüren nun bewusst, was in Ihrem Körper vorgeht, und können ihn als Resonanzraum für die Situation erleben. Sie spüren, welche Gefühle, welche Stimmungen Sie bewegen. Sie nehmen Ihr Bauchgefühl wahr. Gefühle, die Sie wahrgenommen haben, können integriert werden und auf die Art, wie Sie sich artikulieren, Einfluss nehmen. Ihre Wahrnehmungsfähigkeit nach innen erhöht auch die Wahrnehmung nach außen und die Empathie für Ihr Gegenüber. Außerdem entsteht so eine entspanntere Zuhörhaltung, die es Ihnen erlaubt, besser zu sehen und zu hören. All das sind gute Voraussetzungen für eine konstruktive Kommunikation.

Ihr Körper als Resonanzraum der Situation, kann Sie auf vielfältige Weise unterstützen: Sie bereichern die Kommunikation, weil Sie sich auf die soeben beschriebene Weise als ganze Person, mit Herz, Bauch und Verstand und nicht nur intellektuell, in das Gespräch einbringen. Sie können dem Gesprächsverlauf und der Situation mehr Informationen entnehmen und in Ihren Beiträgen berücksichtigen. Was Sie sagen, wird überzeugender klingen. Dadurch, dass Sie Ihr Gegenüber mit allen Sinnen wahrnehmen, können Sie die Kommunikation empathischer und bewusster gestalten.

4.2. Spiegelung

Wenn Menschen sich verstehen, beginnen sich ihre Körperhaltungen anzugleichen. Beobachten Sie sich, wenn Sie mit Freunden zusammen sind. Sie sprechen vermutlich eine ähnliche Körpersprache. Man nennt diesen Vorgang Spiegelung, in der neurolinguistischen Programmierung heißt er *pacing*, Schritthalten. Durch Spiegelung oder Schritthalten können wir uns einer anderen Person oder Gruppe angleichen – sei es in der Körperhaltung, Gestik, Atemfrequenz oder Mimik; sei es stimmlich in der Stimmlage, Lautstärke und Sprechgeschwindigkeit oder sprachlich, indem wir einen ähnlichen Sprachstil pflegen.

Das können wir uns bewusst zunutze machen, um zum Beispiel in kurzer Zeit eine angenehme, vertrauensvolle Atmosphäre zu schaffen, Teil einer Gruppe zu werden oder einer Person näherzukommen. Es setzt ein dezentes, aufmerksames, subtiles, lustvolles Spielen mit wahrgenommenen körpersprachlichen Signalen voraus.

4.3. Nonverbal kommunizieren

Unsere Körper kommunizieren miteinander, unbewusst oder bewusst. Wir kommunizieren ganz selbstverständlich mit Worten, können uns aber auch bewusst nonverbal mit dem Körper verständigen. Wenn wir beispielsweise wahrnehmen, dass ein Gespräch sich verfestigt, Haltungen starr werden, nutzen wir die Körpersprache, um wieder Bewegung hineinzubringen.

Betrachten Sie die folgenden drei Beispiele als Anregung, körpersprachliche Signale punktuell bewusst einzusetzen.

Eine andere Sitzhaltung provozieren
Situation: Unser Gesprächspartner vor uns lehnt sich nach vorn und verharrt in dieser Haltung. Wir nehmen dies zunächst aus der *Königlichen Aufrichtung* heraus wahr. Vielleicht greift er uns an, vielleicht beharrt er

auf seiner Position, vielleicht ist er unsicher und „hält sich am Tisch fest". Wenn wir das Gefühl haben, es sei Zeit für eine Haltungsänderung, wenn Bewegung ins „Spiel" kommen soll, setzen wir uns selbst in Bewegung.

- Wir verändern die Haltung in der *Königlichen Aufrichtung* – legen einen Arm entspannt auf die Rücklehne.

- Wir verweisen auf eine Unterlage, in welche wir dann, nach vorn gebeugt, zusammen blicken können.

- Wir stehen auf und skizzieren etwas am Flipchart.

- Wir legen unsere Gedanken gehend dar (wenn es die Situation erlaubt).

- Wir spiegeln die Position des Gegenübers. ▶ *Präsenz in der Kommunikation, Spiegelung.* Nach einiger Zeit verlassen wir bewusst die gespiegelte Position. Häufig bewegt sich unser Gegenüber mit.

Kommunikation zwischen einer stehenden und einer sitzenden Person
Situation: Eine Person sitzt an ihrem Schreibtisch. Eine andere kommt dazu und bleibt vor der sitzenden stehen, um nur „kurz" etwas zu sagen. Wenn sie in die Intimsphäre eindringt, was oft unbewusst geschieht oder auch notwendig ist, um andere im Büro nicht zu stören, wird die Situation spätestens nach dreißig Sekunden unangenehm: denn es ist unmöglich, auf Augenhöhe zu kommunizieren. Unbehagen kann sich auf beiden Seiten breitmachen. Ein produktiver Dialog ist beinahe unmöglich. Die Körperhaltungen bestimmen den weiteren Gesprächsverlauf.

Die kontaktierte Person bleibt, aufgeschreckt von ihrer Arbeit, etwas hilflos sitzen und fühlt sich unwohl und gestört. Die stehende Person will nur schnell etwas loswerden oder ein paar Fragen stellen und bemerkt häufig nicht, dass ihr Gegenüber gar nicht oder kaum aufnahmefähig ist. Beide haben Möglichkeiten, die ungünstige Ausgangssituation körpersprachlich zu verändern.

Die sitzende Person kann die Situation verändern, indem sie

- aufsteht und auf Augenhöhe kommt
- sich zurücklehnt, den Arm über die Stuhllehne legt und sich gleichzeitig entschieden der stehenden Person zuwendet

- einen Platz anbietet (falls einer da ist).

Die stehende Person kann die Situation verändern, indem sie

- ganz bewusst nur ein paar Sekunden lang spricht, ansonsten um einen Gesprächstermin bittet
- um einen Platz bittet, falls einer da ist
- sich der sitzenden Person annähert: sich niederkniet oder -beugt. Dabei hat sie darauf zu achten, dass sie den Bildschirm der sitzenden Person nicht zu Gesicht bekommt, denn dort befinden sich vermutlich offene Dokumente
- in Anbetracht der ungünstigen Ausgangslage freundlich und unaufgeregt spricht. So signalisiert sie, dass sie die sitzende Person nicht überrumpeln möchte.

Umgang mit einer distanziert wirkenden Person
Situation: Wenn Sie jemanden treffen, der Ihnen kühl und distanziert in der *Königlichen Aufrichtung* gegenübersitzt, ist es sinnvoll, seine Position und Mimik erst mal dezent zu spiegeln. Alle anderen Haltungen wären schwächer, und es entstünde vom ersten Moment an ein Hierarchiegefälle. In dieser Haltung wird man sich eine Zeit lang respektvoll austauschen und wohlfühlen. Respektiert Ihr Gegenüber Sie, kann es sein, dass es seine Haltung lockert, wenn nicht, können Sie dies, falls es Ihnen nötig erscheint, versuchen, zum Beispiel, indem Sie auf eine Unterlage verweisen, in welche Sie dann nach vorn gebeugt zusammen blicken können. Die gleiche Blickrichtung lässt Sie einander näherkommen. Humor ist auch ein geeignetes Mittel, denn er entsteht ja erst aus der Distanz, und die Fähigkeit, etwas aus der Distanz zu betrachten, ist Ihrem Gegenüber vertraut. Auf diese Weise können Sie eine steife Situation auflockern.

5. Wichtige Fertigkeiten für den Kommunikationsprozess

5.1. Selbstklärung

Damit wir uns, wenn es so weit ist, ganz auf eine Situation einlassen können, bereiten wir uns am besten mental vor. Manchmal brauchen wir dazu nur innezuhalten, um für uns selbst zu klären: Welche Themen stehen an? Wie stehe ich dazu? Was möchte ich einbringen? Mit welchen Widerständen ist zu rechnen? Wer wird sich vermutlich unterstützend verhalten? Durch welche Argumente kann ich wen gewinnen? Was ist mein Minimal-, was mein Maximalziel? Benötige ich dazu Analysen, Schaubilder oder anderes Material? Jede Besprechung gewinnt, wird effektiver und interessanter, wenn eine Selbstklärung vorangeht.

5.2. Organische Pausen im Prozess der Kommunikation

Auf der Grundlage meiner Ausführungen über „Die Pause – Das wichtigste Mittel, um rhetorisch präsent zu sein" im Kapitel „Rhetorische Präsenz" werde ich nun die Wirkung von Pausen, also von Momenten der Stille, im Kommunikationsprozess beleuchten. Das bewusste Zulassen von Pausen verändert den Gesprächsverlauf erheblich und sorgt in Seminaren bei Rollenspielen, in denen wir den Umgang mit Pausen untersuchen, für Aha-Effekte, die sich in der Anwendung im Alltag reproduzieren lassen. Warum?

- Durch die Atmung entsteht eine Gesprächsatmosphäre: Werden die organischen Atempausen unterschlagen, wird eine stressige Atmosphäre erzeugt. Wird die Einatmung zugelassen und damit die organische Pause, entsteht eine angenehme Atmosphäre, in welcher es leichtfällt, zuzuhören und sich einzubringen. Die Atmosphäre ist für alle Beteiligten deutlich spürbar. ▶ *Atmen, Der Atemrhythmus.*
- Pausen ermöglichen Reaktionen: Rückmeldungen, Elemente eines lebendigen Kommunikationsprozesses, werden zugelassen. Das erhöht die aktive Anteilnahme der Zuhörenden. Ihre Reaktion kann in unhörbarem und unsichtbarem Verknüpfen des Gesagten bestehen, in nonverbalen Signalen wie Nicken, in einem fragenden Blick oder in verbalen Äußerungen. Werden Pausen unterschlagen, klingt nicht nur die Stimme des Vortragenden monoton, die Zuhörenden werden auch „zugetextet" und versinken

zunehmend in Passivität. ▶ *Präsenz in der Stimme.* Das Dialogische, gefördert durch Pausen, nicht das Monologische, macht einen gelingenden Kommunikationsprozess aus.

- Durch Pausen und Blickkontakt werden die Zuhörer nonverbal geführt.
- Besinnungspausen dienen dem Nachdenken und der Neuorientierung des Redners oder der Rednerin.
- Momente der Stille lassen wir im Zusammensein mit Vertrauten zu. Fremde werden schneller zu Vertrauten, wenn wir auch mit ihnen Momente der Stille teilen.
- Durch bewusste Pausen kann es zu überraschenden Wendungen und Einsichten beim Gegenüber kommen.

Erinnern Sie sich an das Zitat des großartigen Theaterregisseurs Peter Brook, welches ich diesem Kapitel vorangestellt habe?

„Es gibt zwei Schweigen. … Da ist zum einen das tote Schweigen, das Schweigen der Toten, das niemandem hilft, und es gibt das andere Schweigen, das ein höchster Moment der Kommunikation ist – der Moment, wenn Menschen, die normalerweise durch alle erdenklichen natürlichen menschlichen Schranken voneinander getrennt sind, wahrhaftig zusammen sind.“[51]

5.3. Eine Distanzierungstechnik für jede Situation

Es gibt Situationen, die uns emotional stark erregen, Momente, in welchen wir uns ärgern, wütend sind, uns verletzt fühlen, genervt sind. Um in solchen Situationen konstruktiv reagieren oder agieren zu können, brauchen wir Distanz. Wir verschaffen sie uns, indem wir innehalten und uns aus der Betroffenheit herauslösen.

Nehmen Sie dabei ganz bewusst Ihre Atembewegung wahr. Machen Sie sich einatmend bewusst „Hier bin ich – und da bist du“. Nun können Sie anfangen, durch Fragen herauszufinden, was Ihr Gegenüber mit seiner Äußerung gemeint hat, oder Sie beschreiben, wie Sie seine Worte empfunden haben. Der Freiraum, den Sie sich geschaffen haben, erlaubt es Ihnen, die Sache aus verschiedenen Perspektiven zu betrachten und in einen konstruktiven Dialog einzutreten.

Weitere Distanzierungsübungen finden Sie an späterer Stelle in diesem Kapitel: ▶ *Präsenz in der Kommunikation, Akzeptanz durch Distanz, Übung: Distanz durch Humor, Übung: Fabulieren.*

5.4. Timing

Egal, ob wir gut oder schlecht vorbereitet sind, sobald beispielsweise eine Besprechung eröffnet ist, hilft nur eines weiter: sich einlassen auf die Situation. Selbstvorwürfe sind kontraproduktiv. Am besten, wir bringen gleich zu Beginn zur Sprache, dass es uns nicht möglich war, uns vorzubereiten. So schaffen wir Transparenz und Spielraum für uns. Wir kommen gemeinsam mit den anderen Teilnehmern in der neuen Situation an. Es gibt natürlich auch Konstellationen, in denen wir uns bedeckt halten wollen.

In manchen Situationen ist es ratsam, nicht, wie gewohnt, rasch zu agieren. Wenn wir uns selbst mehr Aufmerksamkeit schenken, wie ich es an zahlreichen Stellen dieses Buches beschrieben habe, werden wir spüren, wann und wie wir uns am besten einbringen, weil wir aus uns heraus handeln.

„Fehler" in der Kommunikation bemerken wir meist erst hinterher. Dann erkennen wir, was wir sinnvollerweise hätten tun sollen. Häufig waren wir im Augenblick vor dem „Fehler" unaufmerksam und haben einen Kommentar, eine Stimmung, unsere eigene Stimmung nicht mitbekommen.

Auch äußere Faktoren beeinflussen das Timing: An einem sonnigen Tag oder nach gewonnenen Fußballländerspielen ist so mancher positiver, tatenfreudiger gestimmt als sonst oder nach schlechten Nachrichten.

Manchmal ist es klüger, ein Thema, an dem uns liegt, nicht zum geplanten Zeitpunkt vorzubringen, weil wir spüren, dass unser Beitrag auf unnötigen Widerstand stoßen oder unter den Tisch fallen könnte. Wir nehmen uns die Freiheit, unsere Agenda zu verändern. Dies lässt sich auf unterschiedliche Weise gut verpacken: „Angesichts der knappen Zeit schlage ich vor, das Thema XY zu vertagen." In einem Songtext von Kevin Johansen heißt es im Refrain: „Timing is the answer to success." Das optimale Timing ergibt sich aus der Situation, und dafür brauchen Sie Ihre Intuition – Ihr Gespür – Ihre Körperresonanz.

6. Aspekte der Online-Kommunikation

6.1. Grundlegende Betrachtungen des Settings

Die besonderen Möglichkeiten sind offensichtlich und schnell auf den Punkt gebracht: Menschen an verschiedenen Orten der Erde können mit geringem Aufwand zusammenkommen. Das spart Zeit und Umweltressourcen.

Allerdings braucht es ein hohes Bewusstsein im Umgang mit dem Setting, um in einen vertrauensvollen Dialog zu treten. Denn die menschliche Wahrnehmung ist grundlegend für unsere Fähigkeit, Kontakt aufzunehmen, in Resonanz zu kommen und eine Beziehung herzustellen. Siehe hierzu das Kapitel ▶ *Präsenz in der Kommunikation, Eisbergmodell.* Die stark reduzierte wechselseitige Wahrnehmung im virtuellen Raum erschwert den Beziehungsaufbau.

- Die Wahrnehmung der Körpersprache ist durch den Bildausschnitt stark reduziert. Selbst im Zweiergespräch ist sie weitgehend auf den Kopf und somit auf die Mimik, plus etwas Oberkörper, beschränkt.
- Die zwischenmenschlichen Wahrnehmungsmomente unter den Teilnehmenden und der damit verbundene Beziehungsaufbau entfallen.
- Die Erfahrung von körperlicher Resonanz ist nicht spürbar, da unsere Körper nicht in einem Raum sind.
- Direkter Blickkontakt ist nicht möglich. Entweder schauen wir in die Kamera und die Teilnehmenden fühlen sich wahrgenommen, oder wir schauen auf ihre Gesichter auf dem Bildschirm, dann fühlen sie sich nicht gesehen, während ihre Reaktionen für uns durchaus erkennbar sind. Solange das technisch nicht besser gelöst ist, zum Beispiel indem die Kamera in der Mitte der Bildfläche platziert ist, müssen wir uns entscheiden.

Um mit der eingeschränkten gegenseitigen Wahrnehmung so konstruktiv wie möglich umzugehen, folgen Gestaltungsvorschläge, die Sie zur Reflexion und zum Weiterdenken anregen möchten.

6.2. Bewusster Rahmen

Der Bildausschnitt ist Ihre Bühne.

- Richten Sie die Kamera auf Augenhöhe ein, denn dann werden Ihre Augen besser gesehen und Sie kommunizieren auf Augenhöhe. Nicht von oben herab und auch nicht unterwürfig von unten.
- Sie brauchen Licht von vorn: entweder Tageslicht oder zum Beispiel eine Ringlampe. Mit dieser werden Sie unabhängig von Wetter und Tageszeit gut sichtbar sein.
- Wählen Sie, dem Anlass entsprechend, einen passenden Hintergrund aus. Vielleicht auch farblich damit harmonierend ein Oberteil, das Sie zur Geltung bringt?

- Eine aufgerichtete Sitzhaltung erlaubt tiefere Atmung, wirkt souverän und ist am entspanntesten. So werden Sie auch zum aktiv Zuhörenden. Die Rückenlehne ist dein „Freund", lassen Sie sich von ihr unterstützen. Mehr dazu im Kapitel ▶ *Körperliche Präsenz, Präsenz im Sitzen.*
- Lassen Sie sich von verschiedenen Menschen ein Feedback zu Ihrem Setting und Ihrer Wirkung geben.

6.3. Mit sich selbst in Verbindung kommen

Nehmen Sie bewusst wahr: Sie sind in der virtuellen Kommunikation vermutlich der einzige Körper in dem physischen Raum, in dem Sie sich befinden. Im Großraumbüro sind Sie zwar nicht allein, doch die anderen Anwesenden nehmen an dem Meeting nicht teil. Daher gilt es, sich selbst bewusst wahrzunehmen und zu spüren. Das geht am besten durch die Wahrnehmung der eigenen Atmung. Sorgen Sie dafür, dass Sie sich wohlfühlen. Denn wenn wir uns unwohl fühlen, reden wir ohne Punkt und Komma. Dies erschwert die ohnehin schon eingeschränkte Kommunikation im virtuellen Raum zusätzlich. Durch das Spüren der Atembewegung im Bauchraum kommen Sie mit sich selbst in Verbindung. Auf diese Weise stellen Sie das Gefühl von Sicherheit im Innern her, Sie öffnen zudem den Resonanzraum für Ihre Stimme und die Situation. Machen Sie sich kurz bewusst, was Sie in der bevorstehenden Online-Veranstaltung erreichen wollen. Was möchten Sie klären, mitteilen, diskutieren, erfahren … Nutzen Sie dafür die Zeit, bevor Sie sich dem virtuellen Raum zuschalten. Fokussiert und im Kontakt mit sich selbst treten Sie dann dem Meeting bei.

Wenn Sie nichts in dem Meeting beitragen oder aktiv erfahren wollen, sollten Sie darüber nachdenken, ob es nicht vorteilhafter wäre, dieses Meeting im Kalender zu streichen. Diese Zeit lässt sich sicherlich sinnvoller verbringen.

Näheres dazu bietet das Kapitel ▶ *Körperliche Präsenz, Präsenz im Sitzen.*

6.4. Mit den anderen in Verbindung kommen

Die Verbindung mit anderen stellen Sie her, indem Sie in die Kamera blicken. Sie können auf diese Art und Weise beliebig vielen Menschen gleichzeitig in die „Augen" schauen. Wenngleich es sich für Sie abstrakt anfühlt, ist es doch die einzige Möglichkeit, eine Verbindung zu initiieren. Machen Sie sich bewusst, dass Menschen, die sich nicht wahrgenommen fühlen, abschalten. Das können Sie bei vielen Teammeetings beobachten. Ich gebe regelmäßig Kurse zu der Thematik. Die Teilnehmenden probieren darin aus, welcher Unterschied in der Kommunikation mit den anderen sich ergibt, wenn sie zum einen ihren Blick nur auf deren Bildchen oder zum anderen direkt in die Kamera richten. Überzeugen Sie sich selbst. Die Aufmerksamkeit der Zuhörenden verändert sich überraschend schnell. Der Unterschied ist bereits nach wenigen Augenblicken spürbar.

6.5. Den Dialog entwickeln

- *Wertschätzung*
  Wenn Menschen sich nicht wahrgenommen fühlen, erleben sie dies unbewusst oder bewusst als Desinteresse an ihnen, vielleicht sogar als respektlos. Teilnehmende steigen dann tendenziell aus oder werden passiv. Das Wichtigste ist daher, dass sie sich wahrgenommen und abgeholt fühlen. Dann folgen sie auch den Inhalten. Schauen Sie bei 80 bis 90 Prozent Ihres Redebeitrags in die Kamera. Teilnehmende sind dadurch aufgeschlossen und tendenziell aktiv.
  Sowohl bei der Begrüßung beispielsweise im Rahmen einer Präsentation als auch beim Einstieg in das Thema achten Sie bitte darauf, voll im Bild zu sein und den Zuhörenden Ihre Aufmerksamkeit zu schenken. Dadurch zeigen und öffnen Sie sich, was andere dazu bewegt, sich ebenfalls zu öffnen. In der Zeit werden Sie wahrgenommen und sichtbar als Person. Vertrauen kann so entstehen. Gemeinsam kommen alle in der Situation an und öffnen sich dieser. Erst dann teilen Sie Ihre Folien. Vor der Zusammenfassung und Verabschiedung stellen Sie sich erneut als Person den Teilnehmenden voll zur Verfügung.
  Wählen Sie Ihren Sitzplatz mit etwas Abstand vom Bildschirm. Dann werden die Kamera und die Bildchen der Teilnehmenden etwas näher in ein gemeinsames Blickfeld kommen.

- *Zuhören*
  Zuhören ist eine wesentliche Führungskompetenz. Es bedeutet, ausschließlich zuzuhören und nicht währenddessen E-Mails zu beantworten oder innerlich schon Gegenargumente zu formulieren. Entspannung sorgt dafür, dass wir deutlich besser hören. Wir bekommen feinere Schwingungen von den Sichtweisen anderer mit und können empathisch und

differenziert reagieren. Den Erregungszustand Ihrer Nerven können Sie selbst herunterregulieren, indem Sie Ihre Atembewegung im Bauchraum spüren. Weiterführendes hierzu erfahren Sie im Kapitel ▶ *Präsenz in der Kommunikation, Grundhaltung / Aktives Zuhören – Passives Zuhören*

- *Fragen stellen*
  Im virtuellen Raum braucht es intellektuelle Anregungen, damit die Teilnehmenden sich aktiv am Dialog beteiligen, denn die Möglichkeit, Anregungen über verschiedene Wahrnehmungskanäle, wie im Kontext eines Präsenz-Meetings, zu empfangen, fehlt. Schnell schweift die Aufmerksamkeit der Teilnehmenden daher ab in das eigene Umfeld und zu anderen Themen. Welche Fragen können Sie stellen, um in Verbindung zu bleiben, das Mitdenken anzuregen oder etwas von der Sichtweise anderer zu erfahren?
  Fragen Sie bitte nicht erst am Ende Ihres Beitrags, denn dann hat sich möglicherweise schon Passivität breitgemacht. Vor allem, wenn Sie zu wenige Pausen beim Sprechen eingelegt haben.

- *Pausen beim Sprechen*
  Die Aufmerksamkeit der Zuhörenden gewinnen Sie durch das bewusste Führen von Redebeiträgen, egal ob Sie moderieren oder eigene Gedanken darlegen. Zwei Faktoren sind dafür entscheidend: der schon erwähnte Blickkontakt und die Pausen beim Sprechen.
  Die Atmosphäre eines Meetings hängt in erster Linie davon ab, wie die einladende Person moderiert. Atmet sie frei und bedient sie sich organischer Pausen, entsteht Aufmerksamkeit. In dieser Atmosphäre können auch die Teilnehmenden frei atmen, entspannt folgen und mitdenken. Zwölf Argumente, warum Pausen das wichtigste Mittel sind, um rhetorisch präsent zu wirken, finden Sie unter ▶ *Rhetorische Präsenz, Die Pause.*
  Zudem brauchen Sie in der virtuellen Welt Zeit, um mit der unnatürlichen Kommunikationssituation bewusst umzugehen: Damit Sie die Reaktionen der Teilnehmenden wahrnehmen können, muss Ihr Auge von der Kamera zu den Teilnehmenden wandern und wieder zurück. Das erfordert zusätzliche Aufmerksamkeit von Ihnen.
  Viele weitere Gestaltungsmöglichkeiten bietet das Kapitel ▶ *Rhetorische Präsenz.*

7. Konkrete berufliche Situationen unter der Lupe

Kommunikation auf Augenhöhe, die auf gegenseitiger Wertschätzung beruht, ermöglicht einen respektvollen Austausch. Das halte ich für erstrebenswert. Ich habe für Sie Beispiele ausgewählt, die vom ersten Eindruck bis zur Verabschiedung reichen. An ihnen spiele ich exemplarisch durch, was wir zur Kommunikation auf Augenhöhe beitragen können, wie wir zu Führenden in einer Situation werden, anstatt uns ihr machtlos auszuliefern. Dabei verweise ich auf Übungen und Themen, die in den vorangehenden Kapiteln behandelt wurden, und zeige neue Anwendungsmöglichkeiten auf. Ich erhebe nicht den Anspruch, die geschilderten Konstellationen in ihrer inhaltlichen Komplexität vollständig zu durchdringen. Mein Fokus ist die Präsenz.

7.1. Der erste Eindruck

Zunächst *sehen* wir eine Person. Sie betritt einen Raum, einen Flur, eine Eingangshalle, Kantine oder die Bühne bei der Führungskräftekonferenz. Dann *hören* wir den Klang ihrer Stimme. Und schon haben wir innerlich, bewusst oder unbewusst, ein Urteil gefällt. Denn ob wir sie sympathisch oder unsympathisch finden, hängt mit unseren Erfahrungswerten zusammen.

Die Tatsache, dass der erste Eindruck über Sympathie oder Antipathie entscheidet, nennt man „psychorespiratorischen Effekt". Wir atmen gewissermaßen die Person ein, spüren ihre Schwingung, die Art, wie sie atmet, und imitieren sie innerlich. Wenn jemand zum Beispiel einen Kloß im Hals hat, müssen sich auch die anderen Anwesenden räuspern. Atmet jemand schnell und spricht er hoch, kreiert er eine unruhige, nervöse Atmosphäre.

Wir können zwar den Erfahrungswert des Auditoriums nicht ändern, aber wir können die Weise, wie wir auftreten, atmen und sprechen, beeinflussen. Wenn wir uns öffnen, schaffen wir ein offenes Klima.

Der Grad unserer Aufmerksamkeit, Achtung und Offenheit, also unserer Präsenz, trägt maßgeblich dazu bei, wie andere uns und unseren Themen begegnen. Sind wir uns dessen bewusst, so verstehen wir, dass die Kommunikation früher beginnt, als häufig angenommen wird. Machen Sie sich klar, dass eine bevorstehende Besprechung bereits auf dem Weg dorthin anfängt. Die „Füße-Füße-Füße"-Übung ist die beste Vorbereitung, um präsent, selbstbewusst, authentisch, wertschätzend und offen in eine neue Situation zu gehen. ▶ *Körperliche Präsenz, Präsenz im Gehen, Übung: „Füße, Füße, Füße".*

Ein altes Sprichwort sagt: „Wenn du es eilig hast, geh langsam.“ Ich sage mir: *Spür deine Füße, egal in welchem Tempo.*

Falls Sie zu spät kommen, halten Sie kurz vor der Tür inne. Bevor Sie sie öffnen, sammeln Sie sich. Treten Sie dann bewusst ein. Gerade zu spät Kommende werden aufmerksam wahrgenommen.

Der Handschlag

Zum ersten Eindruck gehört zumeist die Begrüßung per Handschlag. In Seminaren höre ich immer wieder, dass die Begrüßung mit Handschlag in manchen Unternehmen zu verschwinden droht oder man sich selbst nicht so recht traut, den Händedruck zu initiieren. Daher wirft man gerne nur noch ein kurzes „Hallo!“ in den Raum oder boxt sich mit den Fäusten, bevor man zur Sache kommt. Ich beobachte, dass die Geste des Händeschüttelns zu einer Art gesellschaftlicher Floskel verkommt und nur wenige sie präsent, mit ganzer Anteilnahme, leben.

Plädoyer für die Begrüßung mit Handschlag

Das Händeschütteln ist ein altes Begrüßungs- und Verabschiedungsritual. Rituale sind wichtig, denn sie geben Halt und Form, vorausgesetzt, wir erleben den Vorgang präsent. Jede Geste, jedes Wort kann leer sein oder erfüllt. Ob etwas erfüllt oder leer wirkt, hängt unmittelbar damit zusammen, wie anwesend, wie präsent wir an dem Geschehen Anteil nehmen. Bei der Begrüßung mit Handschlag lassen zwei Personen die jeweils andere in ihre persönliche Intimsphäre, ihren persönlichen Raum, eintreten. Es ist der Raum, der uns umgibt, wenn wir unsere Arme ausstrecken.

Wir spüren alle ziemlich genau die Grenze unserer Intimsphäre und ihre Verletzung, beispielsweise beim Aufzugfahren, und fühlen uns häufig unwohl, wenn ein enger Raum uns zwingt, unsere Intimsphäre zu verkleinern. Wenn genügend Platz vorhanden ist, respektieren wir die Intimsphäre der anderen. Dies ist für alle Beteiligten am angenehmsten.

Im Augenblick des Handschlags können wir den Grundstein für eine höfliche, auf gegenseitigem Respekt basierende Beziehung legen. Die Gelegenheit hierzu haben wir in der Regel nur am Anfang und am Ende einer Begegnung, daher bedürfen diese beiden Momente unserer vollen Aufmerksamkeit. Man kann diesen Vorgang mit dem Öffnen einer Tür vergleichen. Öffnen wir sie nur kurz und hastig, kommt niemand herein – die Geste ist zwar äußerlich betrachtet erfolgt, war aber sicherlich keine vertrauensbildende Maßnahme. Sie fand im Grunde gar nicht statt, war nur eine Floskel. Öffnen wir eine vergitterte Tür, dann geben wir einander zwar die Hand, aber mit ausgestrecktem Arm und sagen gleichzeitig: „Bleib mir vom Leib!" Öffnen wir die Tür aufmerksam und freundlich, nehmen wir einander achtsam wahr. Es entsteht ein Moment der gegenseitigen Achtung.

Die Bedeutung des Händeschüttelns zeigt sich auch in der Wertschätzung, die sie in den Medien erfährt. Nicht selten sehen wir, wie Politiker sich als Zeichen der Verbundenheit, der Versöhnung oder beim Abschluss eines Vertrags die Hand reichen. Diese Geste wird für die Pressefotografen mehrfach wiederholt.

Im evangelischen Gottesdienst ist ein Händedruck als Friedensgruß üblich geworden. Bereits im Neuen Testament wird in Paulus' Brief an die Galater erwähnt, dass ihm beim Abschied von Jerusalem die „rechte Hand der Freundschaft" gereicht wurde.

Wenn wir uns in der Welt umsehen, finden wir überall Begrüßungsriten. Die übliche Begrüßung in Indien ist der „Namaste"-Gruß. „Namaste" bedeutet: „Ich verbeuge mich vor dir", „Ich grüße das Göttliche, das Heilige in dir". Den Handschlag zu verweigern ist ein herber Affront!

Achtung: Nur wenn wir uns Zeit nehmen für die Begrüßung und aufmerksam sind, spüren wir es rechtzeitig, wenn unser Gegenüber uns seine Hand nicht reichen möchte, und können die angefangene Bewegung noch verändern, beispielsweise dahingehend, dass wir die Arme verschränken. Auf diese Weise stehen plötzlich zwei Menschen mit ähnlich abwehrender Körpersprache voreinander. Dabei kann man sich interessanterweise auch wieder ganz gut verstehen. Die Ablehnungsgründe sind vielschichtig. Häufig werden hygienische Gründe angeführt.

In Waldorf-Schulen werden alle Kinder morgens am Schuleingang von den Lehrerinnen und Lehrern mit Handschlag willkommen geheißen – eine Form der Wertschätzung und für die Kinder ein Signal: Jetzt bin ich in der Schule angekommen. Ich durfte beobachten, dass viele Erwachsene, die diese Erziehung genossen haben, ganz selbstverständlich und entspannt die Hand geben können. Übung macht den Meister oder die Meisterin. Manche Menschen können so wunderbar die Hand geben, dass man sich auf der Stelle geborgen fühlt.

In vielen Seminaren haben wir den Handschlag untersucht. Ich gebe hier die wesentlichen Beobachtungen und Tipps wieder. Die Qualität zeigt sich in den Details:

- Wenn Sie sich bewusst machen, welcher Wert in dieser Geste liegt, schenken Sie ihr hoffentlich mehr Beachtung.
- Nehmen Sie wahr, wie Sie gewohnheitsmäßig die Hand geben. Wie kann die Geste bewusster und dadurch wertschätzender ausgeführt werden? Vermutlich bedarf der Vorgang mehr Raum und fokussierter Aufmerksamkeit.
- Geben Sie Ihrem Gegenüber auch die Chance, Sie zu begrüßen? Eilen Sie weder körperlich noch innerlich schon zur nächsten Person, das ist respektlos.

- Lassen Sie sich von Vertrauten zu Ihrer Begrüßung mit Handschlag ein Feedback geben.

- Der Arm sollte locker sein und die Hand ganz in der Hand des Gegenübers liegen.

- Der Händedruck soll angemessen sein, nicht zu fest, nicht zu lasch.

- Auf der Baustelle gibt man sich kräftiger die Hand als in Büros.

- Schauen Sie Ihrem Gegenüber dabei entspannt in die Augen. Tipp: Sie können so lange schauen, bis Sie die Augenfarbe ihres Gegenübers erkennen.

- Die Berührung der Hände findet optimalerweise genau in der Mitte der Schnittmenge der Intimsphären statt. Ziehen Sie den Arm des anderen bitte nicht zu sich heran. Damit bewegen Sie ihn aus seiner Achse und demonstrieren Dominanz. Der andere reagiert dann mit Widerstand oder fühlt sich einfach nur unwohl. Das Heranziehen geschieht meist unterbewusst, wir wundern uns vielleicht nur, dass wir keine gute Stimmung erzeugen.

- Bitte achten Sie darauf, dass Sie aufgerichtet bleiben und nicht mit dem Kopf und dem Oberkörper dem anderen entgegenkommen – dies kann unterwürfig und anbiedernd auf ihn wirken. Vor allem große Menschen neigen oft aus Höflichkeit dazu, ohne zu bedenken, dass der Begrüßte sich dadurch bedroht fühlen könnte. Bei Barack Obama wirkt die leichte Verbeugung wertschätzend, entgegenkommend und tut seiner Würde keinen Abbruch. Das ist also auch möglich.

- Bei größeren Runden bis zu circa zwölf Personen ist es angebracht, jedem die Hand zu geben. Bitte tun Sie es nicht eilig. Konnten einige Personen noch nicht begrüßt werden, holen Sie das in der ersten Kaffeepause nach.

- Feuchte und kalte Hände können wir auf dem Weg zum nächsten Meeting auf der Toilette trocknen und unter warmem Wasser aufwärmen.

- Die Begrüßung ist ein wichtiges informelles Ritual, also richten Sie es so ein, dass Sie rechtzeitig da sind.

Handinneres

Innres der Hand. Sohle, die nicht mehr geht
als auf Gefühl. Die sich nach oben hält
und im Spiegel
himmlische Straßen empfängt, die selber
wandelnden.
Die gelernt hat, auf Wasser zu gehn,
wenn sie schöpft,
die auf den Brunnen geht,
aller Wege Verwandlerin.
Die auftritt in anderen Händen,
die ihresgleichen
zur Landschaft macht:
wandert und ankommt in ihnen,
sie anfüllt mit Ankunft.

Rainer Maria Rilke

Das persönliche Vorstellen

Zum ersten Eindruck gehört natürlich auch das persönliche Vorstellen. Leider können wir den Namen der Person, die sich uns vorstellt, oft nicht verstehen. Können andere unseren Namen verstehen? Für ein anstehendes Gespräch ist es in der Regel wichtig, dass wir wissen, wer wer ist und welche Funktion jemand innehat.

Tipps:

- Wenn Ihr Name häufig nicht verstanden wird oder Sie meinen, er sei schwierig zu artikulieren, schulen Sie seine Aussprache mit der Korkenübung. ▶ *Präsenz in der Sprache, Übung: Korkensprechen.*
- Nennen Sie erst Ihren Vornamen und dann Ihren Nachnamen. Denn es dauert immer einen Moment, bis wir aufnahmefähig sind: „Guten Tag, Martin Mustermann."
- Betonen Sie Ihren Nachnamen bis zur letzten Silbe. Lassen Sie ihn stimmlich nicht absinken.
- Achten Sie darauf, dass auch Ihr Gegenüber Zeit hat, sich vorzustellen, und Sie aufmerksam genug sind, sich seinen Namen zu merken.

In der Antike gab es den Nomenclator, einen Sklaven, der seinen Herrn begleitete, um ihm die richtigen Namen der Anwesenden zuzuflüstern. Die Sklaverei haben wir glücklicherweise weitgehend überwunden. Heute gilt es, sich selbst zu präparieren.

Platzwahl

Die Platzwahl nehme ich zum ersten Eindruck hinzu, denn Sie platzieren sich mit Ihrer Wahl auf eine weiter reichende Weise. Überlegen Sie, welcher Platz Ihrer Funktion bei einer Zusammenkunft angemessen ist. Nicht nur als Gastgeber können Sie ein Setting vorschlagen. Allein die Tatsache, dass Sie selbstbestimmt tun, was Sie tun, verändert Ihr Erleben und Ihre Wirkung auf andere. Hier eine Auswahl von Fragen:

- Welche Sitzanordnung ist der Situation adäquat?
- Über Eck oder gegenüber?
- Wo werden Sie gut gesehen?
- Von wo aus können Sie die Anwesenden am besten sehen?
- Wen möchten Sie bequem ansprechen können?
- Wie ist der Raum geschnitten?
- Wo befindet sich die Tür? Sitzen Sie nach Möglichkeit nicht mit dem Rücken zur Tür.
- Wie sind die Lichtverhältnisse für Sie optimal? Wählen Sie Ihren Platz dementsprechend.
- Wo haben Sie genügend Bewegungsspielraum?

Smalltalk

Wir dürfen davon ausgehen, dass sich viele Menschen in einem fremden Umfeld anfangs unwohl fühlen, beispielsweise in Kaffeepausen bei Konferenzen oder am Beginn einer Veranstaltung. Man ist mit den meisten Anwesenden noch nicht bekannt, noch nicht warm geworden und hat das Gefühl, alle anderen kennen sich. Die Unsicherheit ist der unvertrauten Situation geschuldet und nicht mit persönlicher Unsicherheit zu verwechseln. Dies darf uns Mut schenken, die Initiative zu ergreifen, das „Eis" zu brechen. In aller Ruhe. Eile ist kontraproduktiv, denn sie lässt uns nonverbale Signale übersehen. Zum Überwinden der Scheu hier ein paar Hilfestellungen:

- Treten Sie ganz bewusst auf. ▶ *Körperliche Präsenz, Präsenz im Gehen.* Das Spüren des Bodens gibt Ihnen die Sicherheit, um sich auf „unsicherem" Terrain sicher zu bewegen und auf Unbekannte zuzugehen.

- Grüßen Sie als Ankommender die anderen: „Guten Morgen!"

- Achten Sie darauf, wer Sie anblickt. Diesen Blick greifen Sie auf und gehen auf die Person zu.

- Wenn Leute schon in Grüppchen beieinanderstehen, achten Sie auf die Lücke im Kreis. Gehen Sie entspannt darauf zu. Die Person, die in Ihre Richtung blickt, wird Sie vermutlich wahrnehmen. Dies gleicht einer Einladung in den Kreis. Nun können Sie sich vorstellen.

- Manchmal sind alle beschäftigt, wenn Sie den Raum betreten. Viele sind mit ihrem Smartphone beschäftigt, andere vielleicht in einem Gespräch. Wenn Sie mit keinem der Anwesenden Blickkontakt aufnehmen können, stellen Sie erst mal in Ruhe Ihre Sachen ab und richten sich ein. Augenblicke später taucht vielleicht schon ein neuer Ankömmling auf, oder Sie kommen in Blickkontakt. Daraus lässt sich dann entspannt eine Begrüßung entwickeln.

- Kaffeemaschinen, Theken und Raucherecken sind beliebte Orte, um einen Smalltalk zu beginnen. Man hat ja immerhin ein gleiches Interesse. Dies lässt schon etwas Vertrauen entstehen.

- Gesprächsthemen gibt es zuhauf: Stellen Sie Fragen, oder sprechen Sie über das, was Sie gerade beschäftigt: die Anfahrt, die Veranstaltung und mögliche Erwartungen oder Ähnliches. In welcher Beziehung stehen Sie selbst und Ihr Gegenüber zu der Veranstaltung, zum Veranstaltungsort oder zur Stadt, in welcher sie stattfindet? Wir können auf Dialektfärbungen eingehen. Erzählen Sie von einer kleinen interessanten Beobachtung oder Begebenheit an diesem Tag, und schon bieten Sie Anknüpfungspunkte.

7.2. Vorstellungsrunde

Wenn ein neues Team zusammenkommt, beginnt der erste Termin sinnvollerweise mit einer Vorstellungsrunde. Hier erweist sich ein kurzer Beitrag oft als schwieriger als ein langer. Sich selbst zu präsentieren empfinden viele als besonders unangenehm. Sollte dies der Fall sein, geschieht Folgendes: Man will diese Pflicht so rasch wie möglich hinter sich bringen und lässt außer Acht, dass es den anderen dabei kaum möglich ist, das Gesagte wahrzunehmen. Somit wird auch die Person, die sich vorstellt, kaum wahrgenommen. Dies wäre jedoch kein sinnvoller Start in eine neue Zusammenarbeit.

Schauen wir uns zunächst die Informationen an, die in einer Selbstvorstellung enthalten sein sollten, und danach, wie wir diesen Gehör verschaffen und uns zeigen können. Fester Bestandteil einer Vorstellung sind: der Name und die künftige Rolle oder Funktion im Team. Wenn wir es dabei belassen, fällt nur ein kurzes, spartanisches Licht auf uns. Wir machen weder unseren Hintergrund noch unsere Verbindungen zu Kollegen etc. sichtbar und liefern dadurch kaum Anknüpfungspunkte. Das ist zu wenig.

Wählen Sie für den jeweiligen Kontext aus, was Ihnen angebracht erscheint. Lieber einen oder zwei Sätze zu viel als einen zu wenig – natürlich auf das Wesentliche beschränkt.

Mögliche weitere Anknüpfungspunkte bieten Ihre bisherigen Erfahrungen, die dem Projekt zugutekommen können, Ihre Ausbildung oder Ihr Studium, der berufliche Werdegang, auf den Punkt gebracht unter dem Aspekt Ihrer Qualifikation für die Mitarbeit in diesem Team, Bezüge zu einzelnen Personen in der Runde, zum Projekt und zum Unternehmen, Ihre Herkunft und familiären Eckdaten.

Tipps:

- Arbeiten Sie die eine oder andere Vorstellung vorher schriftlich aus, aber lernen Sie sie nicht auswendig. Es geht darum, auszuprobieren, welche Themen und Formulierungen möglich und sinnvoll sind. Durch diese Übung lernen Sie, sich klarer zu artikulieren. Denn Sie können das Geschriebene so lange korrigieren, bis es passt. Formulieren Sie kurze Sätze. Das Wesentliche darzustellen ist schwieriger, als lange zu schwafeln.

- Körperhaltung: Richten Sie sich auf im Kontakt zur Rückenlehne, wie beschrieben im Kapitel ▶ *Körperliche Präsenz, Präsenz im Sitzen, Optimale Ausgangsposition im Sitzen: Königliche Aufrichtung.*

- Kehren Sie immer wieder dahin zurück, sich selbst und die Atmosphäre zu spüren. ▶ *Präsenz in der Kommunikation, Aktives Zuhören – Passives Zuhören.*

- Pausen: Kurze Beiträge enthalten auf das Wesentliche komprimierte Informationen. Je kürzer ein Beitrag ist, desto wichtiger sind Pausen zwischen den einzelnen Punkten. Die natürliche Atempause gibt Ihnen Gelegenheit, sich die komprimierten Informationen vorzustellen, und den Anwesenden die Chance, sie aufzunehmen. Der Beitrag fängt mit der Inspiration an! Pause – erste Information – Pause – zweite Information – Pause – dritte Information – Pause – weiterführende Informationen. Die Ausführlichkeit der Vorstellung hängt vom Kontext ab.

- Blickkontakt: Nutzen Sie die Pausen und den Beginn eines neuen Gedankens, um mit Ihrem Blick zur nächsten Person weiterzuwandern. Auf diese Weise stellen Sie bewusst Kontakt her. Es wäre schön, wenn es gelänge, jeden in der Vorstellungsrunde einmal mit dem Blick zu begrüßen. Wandern Sie ruhig, ganz bewusst von einem Augenpaar zum nächsten, und verweilen Sie im Kontakt mit jeder Person so lange, bis Sie das Gefühl haben, wirklich mit ihr in Beziehung getreten zu sein. Interessanterweise gibt der Blickkontakt auch Halt. ▶ *Körperliche Präsenz, Präsenz im Blickkontakt.* Außerdem hat Ihre Stimme dann automatisch die angemessene Lautstärke. ▶ *Präsenz in der Stimme.*

- Stellen Sie Ihre Beziehungen zu anwesenden Personen dar. Es ist für alle hilfreich, das Netzwerk der bestehenden Kontakte zu kennen. Schaffen Sie Transparenz.

- Wenn es sich ergibt, können Sie spontan auf eine in der Runde gefallene Äußerung Bezug nehmen. Sie haben offensichtlich aufmerksam zugehört. Eine Form der Wertschätzung.

- Zum Abschluss ist es nett, auf die gemeinsame Zukunft hinzuweisen, zum Beispiel: „Ich freue mich auf die gemeinsame Zusammenarbeit mit Ihnen.“ Bitte sehen Sie aber davon ab, wenn einige vor Ihnen bereits diese Worte ausgesprochen haben.

- Beenden Sie Ihre Vorstellung bewusst und deutlich. Das ist für den Nächsten, der sich nach Ihnen vorstellen wird, hilfreich.

7.3. Gesprächsführung

Die Art und Weise, wie eine Besprechung eröffnet wird, bestimmt entscheidend das Gesprächsklima. Es ist sinnvoll, beziehungs- und zielorientiert zu kommunizieren. Die Gesprächsbeendigung verlangt ebenfalls erhöhte Aufmerksamkeit und Zeit, die Sie einplanen sollten. Sie geben den Rahmen vor. Dazwischen schenken Sie Ihre Aufmerksamkeit den Anwesenden, wobei Sie das Ziel und die Zeit im Auge behalten. Diesen Prozess lenken Sie am leichtesten, wenn Sie freundlich und bestimmt von der Stirnseite des Tisches aus agieren. Der Ton macht die Musik. Es ist unnötig, ja kontraproduktiv, Druck aufzubauen oder mit Strenge aufzutreten, denn unter Stress verzerrt sich die Wahrnehmung. Die Sinne werden beeinträchtigt, wir hören und sehen schlechter. Die Konzentrationsfähigkeit lässt nach, Ungeduld, Aggressivität und Unruhe nehmen zu. Das ist der Grund dafür, weshalb dauerhaft gestresste Menschen Informationen nur teilweise mitbekommen.

Ebenfalls kontraproduktiv sind Zeitdruck und inneres Getriebensein, das von unserem Umgang mit uns selbst erzählt. Um erfolgreich zu sein, müssen Sie beidem gegensteuern.

- Jeder Präsenztermin fängt mit dem Auftreten an. ▶ *Körperliche Präsenz, Präsenz im Gehen, Übung: „Füße, Füße, Füße“.*

- Stellen Sie eine Beziehung zu sich und zur neuen Situation her. Kommen Sie an, indem Sie sitzend mit Ihrem unteren Rücken Kontakt zur Rückenlehne suchen. ▶ *Körperliche Präsenz, Präsenz im Sitzen, Optimale Ausgangsposition im Sitzen: Königliche Aufrichtung.* Geben Sie Ihr Gewicht an die Sitzfläche ab. Spüren Sie atmend in sich hinein. Werden Sie präsent. Nehmen Sie dann die Atmosphäre im Raum wahr. Wenn die Person, die das Gespräch leitet, bewusst ankommt, gibt sie allen anderen, die in Gedanken noch abwesend sind, ebenfalls den nötigen Raum dafür. Dies ist für alle Beteiligten die optimale Gesprächsvorbereitung.

- Machen Sie sich Ihre Ziele bewusst. Gehen Sie in Gedanken die Agenda durch. Am besten ist es, wenn sie Ihnen schriftlich mit Ihren persönlichen Notizen vorliegt. ▶ *Präsenz in der Kommunikation, Selbstklärung.* Die Agenda haben optimalerweise alle Anwesenden im Vorfeld erhalten. Somit ist Augenhöhe bei der inhaltlichen Vorbereitung sichergestellt. Machen Sie sich klar, welche Punkte Sie heute besprechen wollen. Welche können vertagt werden, falls andere überraschend mehr Raum benötigen?

- Bauen Sie die Beziehung zu den anderen in der Runde bewusst auf. Innerlich klar, eröffnen Sie nun offiziell die Besprechung. Freundlich und bestimmt holen Sie mit bewusstem Blickkontakt alle Anwesenden mit den einleitenden Worten ab. ▶ *Körperliche Präsenz, Präsenz im Blickkontakt.* Indem Sie jeden bewusst wahrnehmen, schaffen Sie ein Klima der Offenheit und des gegenseitigen Respekts.

- Bleiben Sie auf der Beziehungsebene freundlich, auch und gerade wenn es inhaltliche Unstimmigkeiten gibt. Halten Sie die Sachebene und die Beziehungsebene auseinander. Begrüßen Sie die neue Situation und die Anwesenden mit einem Lächeln. Es tut Ihnen und den anderen gut. Sie können das Annehmen der Situation durch Freundlichkeit erleichtern und gleichzeitig auf der Sachebene klar und bestimmt verhandeln. Dieser Umgang mit Differenzen ist besonders bei schwierigen Themen ratsam.

- Kommunizieren Sie das Ziel der Veranstaltung. Stellen Sie die Agenda, die Ziele und den zeitlichen Rahmen vor, damit sich alle Anwesenden auf die anstehenden Themen einstellen können.

- Führen Sie durch Fragen. Einstiegsfragen, offene Fragen und fokussierte Fragen erhöhen die Aktivität der Anwesenden. Zu viele Ansagen führen zu Passivität und unausgesprochenem Widerstand. Das Mischungsverhältnis von Fragen und Ansagen ist abhängig von der Zielgruppe und den Themen.

- Pausen dienen sowohl dem beziehungsorientierten als auch dem zielorientierten Kommunizieren und fördern Aufmerksamkeit und ein vertrauensvolles Klima. Sie können in den Sprechpausen spüren, was virulent ist in der Runde. Dies ist gerade in der Anfangsphase hilfreich. ▶ *Präsenz in der Kommunikation, Organische Pausen im Prozess der Kommunikation /* ▶ *Rhetorische Präsenz, Die Pause – Das wichtigste Mittel, um rhetorisch präsent zu sein.*

- Sie sind dafür verantwortlich, dass die Agenda im Blickfeld bleibt. Redebeiträge, die auszuufern drohen, lenken Sie rechtzeitig wieder in die richtige Bahn, indem Sie den Stand der Verhandlung rekapitulieren und das gemeinsame Ziel wieder ins Bewusstsein rufen. Dies können Sie auch anschaulich auf einem Flipchart festhalten.

- Beenden Sie das Gespräch verbindlich. Dafür haben Sie bewusst ausreichend Zeit eingeplant. Welche Ergebnisse wurden erzielt? Was bleibt offen? Was ist zu tun? Legen Sie, falls nötig, das nächste Zusammentreffen fest. Danken Sie für die produktiv verbrachte gemeinsame Lebenszeit. Wohl wissend, dass viele Anschlusstermine haben, ist es sinnvoll, früher zu enden. Dies sollte möglich sein, wenn sich alle Beteiligten gut vorbereiten. In einer guten Gesprächskultur lässt sich dies kommunizieren.

7.4. Jour fixe

Der Jour fixe ist nicht nur ein hilfreiches Teambildungs- und Führungsmodul, das dem Erfahrungsaustausch und gemeinsamen Absprachen dient, sondern bietet auch die Möglichkeit, im vertrauten Kreis Problemstellungen zu besprechen, Stimmungen wahrzunehmen und Ideen einzubringen. Dazu bedarf es eines entspannten Klimas. Es gibt gute Erfahrungen damit, den Jour fixe im Sinne eines Gesprächskreises ohne offizielle Agenda zu leiten. Dies erweitert das Spektrum möglicher Gesprächsgegenstände, und „scheinbar" Unwichtiges kann Gehör finden.

Der Begriff „Jour fixe" stammt aus dem Gesellschaftsleben des achtzehnten Jahrhunderts. Er bezeichnet den regelmäßig stattfindenden offenen Besuchstag in gehobenen Haushalten zur Pflege des geistigen Austauschs und der Geselligkeit. Eine anregende Vorstellung, finde ich.

Vorbildfunktion der Führungskraft

Das Verhalten der Führungskraft spiegelt sich im Verhalten der Gruppe wider. Wenn Sie ein Klima der Wertschätzung, der Offenheit und Aufmerksamkeit schaffen wollen, ist es notwendig, wertschätzend, aufmerksam und offen mit sich selbst und den Kolleginnen und Kollegen umzugehen. ▶ *Rhetorische Präsenz, Ethos* / ▶ *Präsenz in der Kommunikation, Gesprächsführung.*

Macht eine Führungsperson größere inhaltliche Vorgaben und stellt sie kaum Fragen, wird das Team zunehmend passiver. Dann wird der Jour fixe eher eine Ansageveranstaltung.

Fragen stellen

Fragen regen zum Nachdenken an. Allerdings führen Fragen, die lediglich mit Ja oder Nein beantwortet werden können, schnell in eine Sackgasse. Deswegen nutzen Sie konstruktive W-Fragen: was, wer, wie, warum, wessen, wodurch, womit, welche … Mein Eindruck ist, dass wir tendenziell zu wenige Fragen stellen, weil wir den Sinn und die Intention einer Äußerung verstanden zu haben glauben, weil wir unter Zeitdruck stehen oder fürchten, durch Fragen könne der Anschein entstehen, als ob wir etwas nicht wüssten. Dabei können wir gerade durch Fragen die Aufmerksamkeit lenken. Durch Fragen ermuntern wir das Gegenüber, aktiv zu werden, wir erfahren mehr und spornen uns gegenseitig zum Weiterdenken an. Fragen regen weitere Fragen an, und das ist produktiv.

Eine Idee erfolgreich einbringen

Ein Jour fixe ist, wie bereits erwähnt, ein Rahmen, um eine Idee, einen Lösungsvorschlag oder Ähnliches vorzustellen. Gelegentlich kommt es vor, dass jemand von seiner Idee so überzeugt ist, dass er in seiner Euphorie die Anwesenden überrumpelt und es versäumt, sie abzuholen und einzubinden. Wenn nun sein Auditorium nicht so reagiert, wie er es unbewusst erwartet hatte, und die positive Resonanz ausbleibt, wird er enttäuscht sein. Das Ganze endet damit, dass die Euphorie und die gute Idee verpuffen.

Für eine gute Idee müssen Mitstreiter und Mitstreiterinnen gewonnen werden. Bedenken wir: Man kann nur in Resonanz gehen mit Dingen, die in einem sind. Deshalb sollte die Person, die für ihre Idee werben will, im Vorfeld überlegen, wie sie ihre Zuhörer und Zuhörerinnen mit ins Boot holen kann. Sie könnte zunächst bei einzelnen Kollegen vorfühlen, bevor sie ihre Idee einer Gruppe vorstellt.

Es ist schade, dass manch gute Idee in den Brunnen fällt, weil das Abholen oder das Timing nicht gestimmt hat. ▶ *Präsenz in der Kommunikation, Timing.*

Umgang mit einem Nein

Wenn eine Idee nicht gut platziert werden konnte, wenn sie auf Widerstände stieß oder die Zeit für sie noch nicht reif war, wir aber von einer Sache überzeugt sind, muss das Nein der Gruppe nicht das Scheitern unserer Initiative bedeuten. Ein Nein lässt sich auch so lesen: ***N**och **e**ine **I**nitiative **n**ötig.*

7.5. Diskussion

Eine Diskussion ist eine Untersuchung. Die Diskutanten erörtern ein Thema und betrachten es aus unterschiedlichen Perspektiven. Idealerweise geschieht dies mit wechselseitigem Respekt, das heißt mit Argumenten und der Bereitschaft, zuzuhören, Fragen zu stellen, zu verstehen und zu prüfen. Das Ziel einer Diskussion ist der Meinungsaustausch; sie kann auch dazu dienen, einen gemeinsamen Nenner zu finden oder eine Entscheidung zu treffen.

Zuhören und wahrnehmen

Versuchen Sie, unvoreingenommen in ein Gespräch zu gehen und anderen Blickwinkeln offen zu begegnen. ▶ *Präsenz in der Kommunikation, Aktives Zuhören – Passives Zuhören.* Negative Voreinstellungen können Sie vom wirklichen Zuhören abhalten. Während Ihr Gegenüber argumentiert, suchen Sie bereits Gegenargumente und verpassen daher seine Botschaft. ▶ *Körperliche Präsenz, Präsenz im Sitzen, Optimale Ausgangsposition im Sitzen: Königliche Aufrichtung.* Präsenz im Sitzen ermöglicht Distanz und Empathie. Vermeiden Sie die nach vorn gelehnte Zuhörposition, die unter anderem zu vorschnellem Reagieren verleitet. ▶ *Präsenz in der Kommunikation, Nonverbal kommunizieren.*

Beobachten Sie die Körpersprache der anderen Diskutanten. Hinter einer Argumentation können sich verschiedene Motive verbergen: politische Interessen, interne Absprachen etc. Versuchen Sie, wach und aufmerksam zu sein, um Ihre Argumente auch auf das abzustimmen, was Sie wahrnehmen.

Metaebene

Es gibt Diskussionen, in denen das eigentliche Thema zum Beispiel durch exzessive Selbstdarstellung und dominantes Sprechverhalten der Diskutanten verloren geht und schließlich alle aneinander vorbeireden. Dann ist es sinnvoll, die Gesprächskultur als solche auf der Metaebene zu thematisieren. Davor sollten Sie unbedingt den Diskussionsverlauf unaufgeregt und gelassen beobachten, um das Beobachtete dann ohne ärgerlichen Ton artikulieren zu können, mit dem Ziel, einen produktiven Diskurs in Gang zu bringen. Vielleicht gelingt es mit Humor.

Durchsetzen – Unterbrechen – Raum schaffen

Manche Menschen haben Schwierigkeiten, sich einzubringen. Sie warten häufig zu lange ab. Irgendwann ist der Zug abgefahren, oder jemand anderes hat formuliert, was einem auf der Zunge lag. Hier ist es wichtig, sich grundsätzlich als aktives Mitglied einer Gesprächsrunde zu verstehen. ▶ *Präsenz in der Kommunikation, Die Grundhaltung.*

Durch Nennung des Namens eine Person freundlich, aber bestimmt unterbrechen: Bei dominantem Sprechverhalten ist es sinnvoll, zu unterbrechen. Wenn jemand zum Beispiel einen endlosen Monolog führt, hat er offensichtlich kein Gespür für die Gesamtsituation. Er nimmt sich zu wichtig und/oder spielt ein Machtspiel oder handelt unbewusst. Das ist den Anwesenden gegenüber unhöflich. Sie handeln also ganz im Sinne der Veranstaltung, wenn Sie die Person unterbrechen, am besten höflich, indem Sie sie mit Namen ansprechen: „Herr Müller, ich habe verstanden, worauf Sie hinauswollen. Aus der Perspektive des Einkaufs gibt es Folgendes zu bedenken …“, „Dirk, angesichts der voranschreitenden Zeit sollten wir nun Arbeitspakete für jeden festlegen. Mein Vorschlag …“, „Frau Münch, ich bin bei Ihnen, wenn es um den Zeitrahmen geht. Ich sehe allerdings auch folgende Herausforderungen auf uns zukommen …“.

Interessanterweise klappt es fast immer, jemanden durch Nennung seines Namens zu unterbrechen und dann das Thema wieder zu kanalisieren. Die unterbrochene Person empfindet dies in der Regel nicht als Affront oder Unhöflichkeit. Die Namensnennung ist eine Form der Wertschätzung, welche als solche ankommt. Wichtig ist, den Adressaten oder die Adressatin dabei anzusehen. Es handelt sich hier um eine Art Verteilungskampf um Redezeit, und Ihr Gegenüber muss spüren, dass Sie es ernst meinen.

Ein Zeitfenster für den eigenen Redebeitrag öffnen durch drei Punkte:
Es gibt natürlich beharrliche Dauerredner, die dann ihrerseits kontern: „Frau XY, ich war noch nicht fertig mit meiner Ausführung. Lassen Sie mich Folgendes noch ergänzen …“. Nun gilt es, am Ball zu bleiben. Ein kleiner Machtkampf beginnt. Bleiben Sie höflich, klar und bestimmt. Verlieren Sie

Ihr Ziel, das Thema voranzubringen, nicht aus den Augen. Sie werden den Dauerredner also wieder freundlich unterbrechen müssen, am besten, indem Sie sich ein größeres Zeitfenster öffnen und eventuell andere mit einbeziehen. „Herr Müller, nach Ihrer Ergänzung beschäftigen mich drei Punkte: Erstens, wir müssen heute zu einer Entscheidung kommen, sonst läuft uns die Zeit für eine mögliche Umsetzung davon. Pause. Deshalb halte ich es, zweitens, für sinnvoll, zunächst noch offene Fragen zu erörtern. Pause. Und drittens: Wie kann es uns gelingen, das Thema in der vorgegebenen Zeit umzusetzen – dazu bitte ich um Einschätzungen und Vorschläge der Kolleginnen und Kollegen." Die Pause ist ein wichtiges Stilmittel, um die Führung zu übernehmen. ▶ *Rhetorische Präsenz, Die Pause – Das wichtigste Mittel, um rhetorisch präsent zu sein* / ▶ *Präsenz in der Kommunikation, Organische Pausen im Prozess der Kommunikation.*

Drei Punkte – es dürfen auch zwei sein – fallen Ihnen immer ein. Sie können sich auf diese Weise Raum schaffen und entspannt Ihre Argumente, Fragen oder Beobachtungen formulieren.

7.6. Umgang mit Hierarchie

Meiner Einschätzung nach hat mindestens eine von zwölf Personen zu viel Respekt vor Vorgesetzten und macht sich dadurch bedauerlicherweise kleiner und unsicherer, als sie ist. Es handelt sich um angstgetriebenes, konditioniertes Verhalten. Zu dieser Einschätzung komme ich, weil in jedem Seminar mindestens eine von zwölf Personen dieses Problem zur Sprache bringt oder weil sich dieses Verhalten im Seminar deutlich manifestiert. Es äußert sich zum Beispiel durch stimmliche Veränderungen (durch zu viel Druck, eine zu hohe oder zu leise Stimme), durch zu viel, aber auch, was seltener vorkommt, durch viel zu wenig Blickkontakt, in der Körpersprache, die steifer oder unterwürfiger wirkt als sonst, und in den Formulierungen, die vorsichtig ausfallen.

Stellen Sie sich einmal folgende Situation vor: Jemand wendet sich in einem Meeting fast ausschließlich an Sie, macht kaum Pausen, und Sie spüren körperlich den Druck, unter dem diese Person steht, während sie mit Ihnen spricht. Macht Ihnen das Spaß? Fühlen Sie sich „gebauchpinselt", weil sie sich kleiner macht? Oder wünschen Sie sich ein Gegenüber auf Augenhöhe?

Es wird viel über die Vorteile flacherer Hierarchien gesprochen. Vor dem Hintergrund, dass Unternehmen, deren Personal verantwortlich, angstfrei und aktiv mitarbeitet, vermutlich besser für die Zukunft aufgestellt sind, werden die derzeitigen Versuche, die Pyramide abzuflachen, verständlich. Umdenken ist ein tiefgreifender Prozess, gleichermaßen herausfordernd für Individuen wie für Kulturen.

Nicht jeder ist dazu bereit. Manche wünschen ihren Besitzstand zu wahren, auch wenn dies negative Auswirkungen auf die Zukunftschancen eines Unternehmens oder einer Kultur haben wird. Nach mir die Sintflut!

Es gilt daher, systemisch und individuell daran zu arbeiten, für die Zukunft gut aufgestellt zu sein, um die immer komplexer werdenden Aufgabenstellungen lösen zu können.

Was können wir als Individuen tun?

Uns immer wieder aufrichten! Körperlich und mental, um in die eigene Kraft zu kommen und überholte Hierarchie-Konzepte zu erkennen und zu entkräften. Alle Übungen in den Kapiteln „Körperliche Präsenz“ und „Mentale Präsenz“ können Sie dabei unterstützen. Fragen Sie sich, was Sie persönlich brauchen, um anderen auf Augenhöhe zu begegnen. Machen Sie sich bewusst, dass alle Menschen, unabhängig von ihrer Funktion, unsere Aufmerksamkeit, unseren Respekt und unser Mitgefühl verdienen. Probieren Sie aus, inwieweit zum Beispiel die Übung „Füße, Füße, Füße“ im Kapitel ▶ *Körperliche Präsenz, Präsenz im Gehen* oder die Übung „Hilfreiche Gedanken gehend verankern“ im Kapitel ▶ *Mentale Präsenz* Ihr Wohlbefinden steigert. Um Ihre Vorschläge klar zu platzieren oder eine Entscheidung einzufordern, arbeiten Sie mit den „Präsenzübungen für Blickkontakt“ im Kapitel ▶ *Körperliche Präsenz, Präsenz im Blickkontakt.* Sprechen Sie beim Üben die Person an, die im Hinblick auf Ihre Anliegen das Zepter schwingt.

Doch wer hat wirklich die Entscheidungsgewalt? Wer zieht die Strippen im Hintergrund? Wen müssen Sie mit ins Boot holen? Wie gewinnen Sie Ranghöchste für Ihr Vorhaben? Da Menschen unterschiedlich sind, Situationen sich unterschiedlich gestalten, sollten Sie Fragen wie diese immer wieder neu zu stellen. ▶ *Präsenz in der Kommunikation, Selbstklärung.* Hüten Sie sich aber davor, in einem Meeting immerzu die höchstrangige Person anzusprechen und die anderen Anwesenden – meist unbewusst – zu übersehen.

Bewusstsein für unterschwellig ablaufende Prozesse

In hierarchisch strukturierten Organisationen existiert eine Rangordnung. Zwei Aspekte führen dazu, dass Rangordnungen immer wieder neu austariert werden: Zum einen füllt nicht jeder oder jede die Position, die er oder sie innehat, aus, und zum anderen gibt es auf der gleichen Hierarchieebene verschiedene Positionen. Aufmerksame Spieler erkennen sofort die Lücken und loten sie präziser aus. Dies geschieht meist am Anfang eines Meetings. Wer nicht mitspielt, landet auf dem letzten Platz oder hat es nicht nötig, mitzumischen, weil seine Position unangefochten ist. Männer neigen aus den erörterten Gründen deutlich stärker zu solchen Machtspielen als Frauen. ▶ *Präsenz in der Kommunikation, Die männlich tradierte Haltung.*

In der Anfangsphase eines Gesprächs ist es nicht ratsam, ein Thema zu platzieren, denn es kann zerpflückt werden von einem, der zeigen will, was er draufhat. In jedem Gespräch laufen unterschwellige Prozesse ab. Die Beziehungsebene, Machtinteressen und strategische Überlegungen spielen eine Rolle, wenn es darum geht, welche Argumente wie gehört werden.

Bedenken Sie, dass manches nicht offen ausgesprochen wird. Daher ist es sinnvoll, sich immer wieder zurückzulehnen und die Runde zu beobachten. ▶ *Körperliche Präsenz, Präsenz im Sitzen, Übung: Optimale Ausgangsposition im Sitzen: Königliche Aufrichtung.* Lassen Sie sich nicht von Ihren Gefühlen leiten. Gerade wenn Sie nicht sicher sind, ob ein Argument an einer bestimmten Stelle richtig platziert ist. Als Beobachter oder Beobachterin finden Sie heraus, was eigentlich gespielt wird. Sie können dann, falls es Ihnen angebracht erscheint, Ihre Entdeckung thematisieren und/oder Ihre Argumentation darauf abstimmen.

Umgang mit Menschen, die ihre Machtposition ausspielen

Bleiben Sie groß! Positionieren Sie sich ganz klar als Gegenüber. ▶ *Körperliche Präsenz, Präsenz im Sitzen, Übung: Optimale Ausgangsposition im Sitzen: Königliche Aufrichtung, Rückenbewusstsein.* Treten Sie freundlich und bestimmt auf. Betrachten Sie den Menschen vor Ihnen wie einen Dinosaurier, der leider nicht begreifen kann, dass Machtgebaren unproduktiv ist. ▶ *Präsenz in der Kommunikation, Akzeptanz durch Distanz, Übung: Distanz durch Humor.*

Präsentationen vor dem Vorstand

- Entscheidungs- und Antragsvorlagen sowie Präsentationen haben Sie am besten in verschiedenen Varianten vorbereitet: in einer auf das Wesentliche beschränkten Kurzversion und in einer anschaulichen Version, welche die Thematik umfassender mit Fakten und Argumenten belegt. Es zeigt sich immer wieder, dass die zur Verfügung stehende Zeit knapp werden kann und eine Kurzdarstellung erbeten wird. Eine Präsentation, die für dreißig Minuten angesetzt war, soll dann beispielsweise in fünf Minuten gehalten werden. ▶ *Präsenz in der Sprache, Informationen auf den Punkt bringen.*

- Wenn Sie ein Bewusstsein für den Anfang und das Ende Ihres „Auftritts“ entwickelt haben, können Sie ihn voll leben. Sie sind in jedem Augenblick präsent. Wahrgenommen zu werden ist wichtig im Berufsleben. Verbessern Sie Ihre Chancen spielerisch. ▶ *Körperliche Präsenz, Übung: Gehen mit Rückenbewusstsein – Schleppe, Chiffonschleier, Propeller.*

- Begreifen Sie, was in Ihrer Macht steht und was nicht. Es kann durchaus vorkommen, dass ein Thema grundsätzlich in Frage gestellt oder gar vom Tisch gefegt wird, bevor Sie dazu kommen, den aktuellen Sachverhalt darzustellen. Es entbrennt eine Diskussion unter den Vorständen über den Sinn des Projekts. Dahinter können Machtspiele und unterschiedliche politische oder strategische Interessen liegen. Vielleicht ist das Thema aber auch einfach nur zu früh an der Reihe, zu Beginn der Besprechung, wenn es noch um die Rangordnung geht. Für Sie ist es wichtig, zu erkennen, was in Ihrer Macht steht und was nicht. Diese Einsicht hilft Ihnen, sich nicht so schnell persönlich angegriffen zu fühlen und eine Situation offener zu betrachten.

- Nehmen Sie eine aktiv beobachtende Haltung ein, und schauen Sie dem Spiel so lange zu, bis man Ihnen das Wort erteilt oder Sie das Gefühl haben, eingreifen zu wollen. Zu starre Ziele und Erwartungen verhindern spontanes Handeln, eine offene Haltung hingegen ermöglicht es, flexibel zu agieren. ▶ *Präsenz in der Kommunikation, Aktives Zuhören – Passives Zuhören.*

7.7. Umgang mit verbalen Angriffen

Im Alltag kommt es immer wieder zu „überraschenden" Situationen, in denen wir uns überrumpelt fühlen durch Vorwürfe oder störende Einwürfe. Wenn wir präsent sind, können wir adäquat reagieren – schlagfertig sein. Deshalb ist es so wichtig, sich gehend, stehend, atmend immer wieder konkret zu spüren. Nur wenn wir bei uns sind, sind wir parat für einen Schlagabtausch. Im Fechten nennt man die Ausgangsposition Bereitschaftshaltung. Das ist es, was wir brauchen: eine lustvolle, spielerische Bereitschaftshaltung, aus der heraus wir leicht agieren und parieren können – genau das ist Präsentsein. Sie erfordert eine aktive Grundhaltung. ▶ *Präsenz in der Kommunikation, Die Grundhaltung.* Ich möchte dies an einem Fallbeispiel verdeutlichen: Eine Doktorandin wird von ihrem Chef mit folgender Bemerkung attackiert: „Das, was Sie messen, hat nichts mit neuronaler Aktivität zu tun."

- Stopp! Nicht sofort reagieren. Innehalten! Körperlich sich aufrichten (im Stehen) oder bewusster die Rückenlehne spüren (im Sitzen). Diese Zeit brauchen Sie, um nicht automatisch emotional zu reagieren.
- Die Aussage differenziert betrachten. Was ist wahr an ihr und was nicht. Sollte etwas daran zutreffend sein, beginnen Sie damit, und fahren Sie dann fort mit dem, was an ihr nicht stimmt.
- Dem Gegenüber in die Augen sehen. Es muss spüren, dass Sie die Aufforderung zum Kampf annehmen. ▶ *Körperliche Präsenz, Präsenz im Blickkontakt.*
- In freundlichem, aber bestimmtem Tonfall sprechen. Beide Teile Ihrer Antwort benötigen stimmlichen Nachdruck. Es passiert leicht, dass die anfänglichen Sätze betont werden und die folgenden allmählich versanden. ▶ *Präsenz in der Sprache, Sprechend präsent sein.*

Es ist wichtig, selbst eine positive, wertschätzende Einstellung zur eigenen Arbeit zu gewinnen. „Geschöpfe, die den Wert ihres Daseins empfinden …"[52] Gerade kritische, perfektionistische Menschen neigen dazu, fortwährend das zu sehen, was noch getan werden muss, und darüber die Qualität des Ganzen aus den Augen zu verlieren. Das trifft für Frauen stärker zu als für Männer. ▶ *Mentale Präsenz* / ▶ *Präsenz in der Führung, Tagesrückschau.*

Solche Situationen erprobt man am besten im Labor. Bei Seminaren oder im Coaching werden in Rollenspielen neue Verhaltensweisen erarbeitet. Nichts anderes machen Schauspieler auf der Probebühne: Sie probieren eine Szene so lange, bis sich herauskristallisiert, was in ihr, der Rolle entsprechend, stimmig ist. Im Vertrauen auf die gesammelte Erfahrung, die im Körper gespeicherten Informationen, können sie damit frei agieren.

7.8. Umgang mit „schwierigen" Menschen

Jeder kennt in seinem Umfeld Menschen, die anders „ticken", eine andere Haltung oder ganz andere Umgangsformen haben als wir. Wenn wir das Anderssein nicht akzeptieren können und ein solcher Mensch uns in die Quere kommt, kann es zu Irritationen kommen. Wir fühlen uns vielleicht durch sein Verhalten beunruhigt, gestört oder gar angegriffen. Was tun?

Die Sprache des anderen zu verstehen versuchen

Die Unterschiedlichkeit drückt sich nicht nur im Verhalten aus, welches häufig zu Auseinandersetzungen Anlass gibt. Auch die Sprache und Körpersprache der Menschen sind verschieden. Wir können versuchen, einen uns fremden Menschen besser zu verstehen, wenn wir diesen beiden Ausdrucksmedien unsere Aufmerksamkeit schenken. Wenn wir vorhätten, nach China zu reisen, würden wir ja auch versuchen, ein paar Worte und körpersprachliche Signale zu erlernen, um vor Ort besser zurechtzukommen. Fragen wir uns also: Welche Sprache spricht dieser Mensch: Verneint er gerne und hat er gegen vieles Vorbehalte? Ist nichts recht? Wenn wir, statt gute Vorschläge zu machen, zur Abwechslung einmal auf all das fokussieren, was kritikwürdig ist, sprechen wir eher die Sprache des anderen. Übertreibt der andere gerne oder untertreibt er? Auch hier können wir uns anzupassen versuchen, um zu sehen, ob man sich dann vielleicht besser versteht. Wie bewegt sich der andere? Versuchen wir, seine Haltungen und Bewegungen nachzuempfinden und sie dezent zu spiegeln. ▶ *Präsenz in der Kommunikation, Spiegelung.*

Durch genaue Wahrnehmung erfahren wir mehr über einen anderen Menschen und können uns ihm dann beispielsweise sprachlich oder körpersprachlich bewusst annähern, um besser mit ihm zurechtzukommen. Das kostet vielleicht Überwindung, doch so können wir in einer schwierigen Situation auch etwas dazulernen. Die Erfahrung, die wir dabei machen, lässt sich übrigens in ein Feedbackgespräch gut einbringen.

Feedbackgespräch

Feedbackgespräche nach dem Modell der gewaltfreien Kommunikation von Marshall B. Rosenberg sind ausgesprochen hilfreich. Es gibt inspirierende Videos von ihm im Internet, in welchen er mit seinen Handpuppen die Schakal-Sprache und die Sprache der Giraffe, des Säugetiers mit dem größten Herzen, demonstriert. Was passiert, wenn wir aus der „Recht-haben-wollen"-Sprache, und was, wenn wir aus der des Mitgefühls agieren. In der Sprache des Mitgefühls versuchen wir, unsere eigenen Bedürfnisse und die des anderen wahrzunehmen. Meist genügt schon das klare Formulieren unserer Bedürfnisse, um eine Situation in einem neuen Licht erscheinen zu lassen, denn wir wenden uns dabei verstärkt uns selbst zu und von dem „schwierigen" Menschen ab.

Bereiten Sie die vier folgenden Schritte der gewaltfreien Kommunikation gut vor. Gerne erst mal schriftlich, damit Sie die einzelnen Schritte wirklich auseinanderhalten und sich klar ausdrücken.

- Beobachtung: Benennen Sie genau, was Sie beobachtet haben
- Gefühl: Versuchen Sie, Ihre Gefühle zu beschreiben. Was macht das Beobachtete mit Ihnen? Wenn Sie sich öffnen, öffnet sich vielleicht auch Ihr Gegenüber
- Bedürfnis: Formulieren Sie Ihr Bedürfnis.
- Bitte: Bitten Sie Ihr Gegenüber um das, was Sie sich wünschen.

Dann bitten Sie um ein Gespräch unter vier Augen. Lassen Sie beim Sprechen Pausen zu, um eine entspannte Atmosphäre zu schaffen und einen wirklichen Dialog in Gang zu bringen. Die Gefahr, in einen Vorwurfs- und Rechtfertigungsmonolog zu verfallen, ist groß. Durch Pausen hat die andere Person Gelegenheit, zu reagieren, nachzufragen, zu Erkenntnissen zu gelangen, und Sie selbst bemerken, mit welchem Gedanken Sie welche Reaktion bei ihr auslösen. ▶ *Präsenz in der Kommunikation, Organische Pausen im Prozess der Kommunikation.*

Auch Ihr Gegenüber sollte seine Beobachtungen, Gefühle, Bedürfnisse und Wünsche formulieren. Versuchen Sie anschließend auf der Basis gegenseitiger Achtung und der Wahrnehmung Ihrer und seiner Bedürfnisse gemeinsam eine Lösung zu finden.

Im Gespräch können Sie Ihr Gegenüber ein paarmal freundlich beim Namen nennen. Es wird diese Geste, wenn Sie sie nicht inflationär und zu absichtsvoll einsetzen, als Wertschätzung verstehen.

Akzeptanz durch Distanz

Manchmal bleibt uns nichts anderes übrig, als einen Menschen oder eine Situation, die wir nicht ändern können, zu akzeptieren, wenn wir uns nicht selbst schaden wollen. Wir helfen uns, indem wir einen Blick in die Tierwelt werfen: Niemand würde von einer Giraffe, einer Forelle und einem Papagei erwarten, dass sie gut miteinander kommunizieren können oder ähnliche Wertvorstellungen haben, oder? Doch von Menschen erwarten wir es, obwohl wir innerlich sehr verschieden sind.

In Fabeln verkörpern Tiere menschliche Charakterzüge und Verhaltensweisen, meist in übertriebener Form. Denken wir nur an den schlauen Fuchs und die giftige Schlange. Wenn wir eine ungemütliche Situation in eine Fabel verpacken, ein nettes animalisches Sinnbild finden für einen Menschen, der uns gegen den Strich geht, können wir leichter von einem aktuellen Konflikt oder einer spezifischen Lebenssituation abstrahieren.

ÜBUNG: FABULIEREN

Mit einer selbst ausgedachten Fabel gewinnen Sie Abstand und entwickeln Humor.

Zuerst kümmern Sie sich um die Protagonisten: Welches Tier kommt für die Person, die Sie als schwierig erachten, infrage? Welches Tier fällt Ihnen spontan ein? Haben Sie damit bereits einen Volltreffer gelandet? Wenn Sie das glauben, prüfen Sie, ob die hervorstechenden Eigenschaften des Tiers gut zu der Person passen. Greifen Sie zu einem Lexikon, lassen Sie sich vom Internet oder von Tierfilmen inspirieren, bis Sie die Lösung gefunden haben. Sie können dabei Ihrem Bauchgefühl vertrauen. Sie werden lachen, sich freuen, wenn Sie das geeignete Tier gefunden haben. Dann suchen Sie ein Tier für sich. Lassen Sie sich auch hier Zeit für die richtige Wahl. Und nun zur Handlung. Der Aufbau einer Fabel ist einfach: Ausgangssituation, Streitgespräch und Lösung. Mit Muße malen Sie sich eine Geschichte aus. Wenn Sie Lust haben, arbeiten Sie sie schriftlich weiter aus.

ÜBUNG: DISTANZ DURCH HUMOR

Wie können Sie im Alltag Abstand von einer Person gewinnen, mit deren Andersartigkeit Sie nur schwer zurechtkommen, über die Sie sich viel aufregen und die zu viel Raum in Ihnen einnimmt? Fragen Sie sich, welche ihrer Eigenschaften Ihnen besonders zu schaffen machen. Wo finden Sie diese Eigenschaften im Reich der Tiere, bei Comic-

> figuren oder in der Welt der Fantasy wieder? Fällt Ihnen eine Figur oder ein Tier ein, welches die Person optimal verkörpert? Sobald Sie eine Personifikation gefunden haben, stellen Sie sich Folgendes vor: Sie werden in Zukunft, wenn Sie der Person begegnen, nicht mehr denken „Ah, der/die schon wieder!", sondern beispielsweise: „Ach, da kommt ja das Faultier!" Ich kann mir vorstellen, dass Sie auf diese Weise Abstand gewinnen und Humor entwickeln können.
>
> Der Abstand ermöglicht es Ihnen, besser bei sich zu bleiben und entspannter zu sein.
>
> Sie können sich, wenn Sie mögen, noch weiter mit Ihrer „Figur" beschäftigen. Was braucht beispielsweise ein Faultier oder eine Schlange, um gut zu leben? Ist es Ihnen möglich, diese Bedürfnisse schlau zu berücksichtigen? Welchen Abstand halten Sie am besten zu einer giftigen Schlage ein? Können Sie sie dabei trotzdem freundlich behandeln?

Setzen Sie sich mit einem „schwierigen" Menschen auf diese Art auseinander, kommen Sie womöglich zu Erkenntnissen, die Ihnen sonst verschlossen blieben. Distanz ermöglicht humorvolle Akzeptanz und Abgrenzung.

Die Schönheit erkennen

Jeder Mensch ist in seinem innersten Kern wunderschön! Die individuelle Schönheit ist allerdings nicht selten versteckt, manchmal sogar verschüttet. Wir können uns auf die Suche nach ihr machen. Wo ist sie verborgen? Wenn es uns gelingt, die Schönheit in einem Menschen, den wir als schwierig erleben, zu entdecken, ist das eine große Leistung.

Der Philosoph Meister Eckhart formulierte es im Mittelalter so:

„Hast du dich selber auf die rechte Art lieb, so hast du alle Menschen lieb, wie dich selbst."[53]

Im Buddhismus gibt es eine verwandte Praxisübung mit dem Namen „Die innere Güte sehen". Sie besteht darin, zunächst die edle Qualität eines Menschen, den wir mögen, zu sehen. Dann begibt man sich auf die Suche nach der edlen Qualität von Menschen, die keine besondere Rolle in unserem Leben spielen, denen wir neutral gegenüberstehen, und zuletzt suchen wir das Gute bei all jenen, mit denen wir Probleme haben. Es empfiehlt sich, sich mindestens eine Woche darin zu üben, die innere Güte eines Menschen zu sehen. Sukzessive erweitern wir den Kreis. Wir lernen auf diese Weise, fremden und schwierigen Menschen in stillem, liebevollem Respekt zu begegnen.

7.9. Verhandlungssituationen

Verhandlungssituationen, sei es im privaten oder beruflichen Umfeld, stellen eine besondere Herausforderung dar. Hier ist Präsenz auf allen Ebenen vonnöten, wenn wir die Möglichkeiten, die sich in einer Verhandlung ergeben, erkennen und den Verhandlungsprozess aktiv mitgestalten wollen.

Wir müssen zunächst die Vorstellungen, die wir von Verhandlungen haben, einer genauen Prüfung unterziehen, denn sie prägen den Charakter unserer Verhandlungsführung. Welche Vorstellungsbilder könnten das sein? Eines ist die Idee von Gewinnern und Verlierern, eine Win-Win-Lösung ein anderes. Es bedeutet, dass beide Parteien den gleichen Anteil vom zu verteilenden Kuchen erhalten. Welche Vorstellung haben Sie?

In der professionellen Verhandlungsführung wird nach dem Mehrwert gesucht, einem Wert, der über eine Aufteilung in gleich große Teile hinausgeht. Er ist das Ergebnis von Verhandlungen, in denen die hinter den jeweiligen Positionen liegenden Interessen und die Möglichkeiten, diese Interessen zu befriedigen, genau untersucht wurden.

Wie in allen anderen Kommunikationssituationen zeigt sich auch in diesem Fall, dass Differenzen auf der Sachebene zwar häufig der Anlass für Konflikte sind, die Sachebene aber keineswegs die entscheidende Konfliktebene darstellt.

Vier Faktoren beeinflussen den Verhandlungsprozess: die Persönlichkeiten der Beteiligten, die Wertvorstellungen (der Verhandlungsführer und der Organisationen, die von ihnen vertreten werden), die Beziehung zwischen den Parteien und die Sachebene.[54]

Ohne Distanz werden Sie nicht erkennen, auf welcher Ebene Konflikte existieren oder neu entstehen. Daher sollten Sie im Vorfeld Ihre *Innere Haltung* untersuchen und in der Verhandlungssituation selbst immer wieder Distanz herstellen. ▶ *Atmen, Übung: Innehalten* / ▶ *Körperliche Präsenz, Übung: Herstellen von Präsenz im Sitzen: Königliche Aufrichtung.*

Treten Sie bewusst immer wieder aus der Situation aus, um zu spüren, auf welcher Ebene sich Irritationen zeigen, um zu überprüfen, woran Sie festhalten und warum, und um zu reflektieren, woran Ihr Gegenüber festhält und weshalb. Durch beharrliches Fragen und wirkliches Zuhören dringen Sie zum Wesentlichen vor. ▶ *Präsenz in der Kommunikation, Aktives Zuhö-*

ren – Passives Zuhören. Wenn der eigentliche Verhandlungsgegenstand auf dem Tisch liegt, werden Sie gemeinsam Lösungen finden.

Die Vorbereitungsphase

Machen Sie sich klar, welches Resultat Sie erzielen wollen und welches für Sie nicht in Frage kommt. Machen Sie sich auch bewusst, wessen Interessen Sie vertreten und welche Funktion Sie dabei übernehmen. Was liegt in Ihrem Verantwortungsbereich und was nicht? Welche Fragen zu Ihrer Verhandlungssituation beschäftigen Sie? Indem Sie diese und viele weitere Fragen rund um den bevorstehenden Termin beantworten, finden Sie Ihre *Innere Haltung* und bereiten Stück für Stück die Verhandlung vor. Analysieren Sie die Lage. Belegen Sie Ihre Position mit Argumenten und Fakten. Führen Sie sich vor Augen, was Sie in die Verhandlung einbringen und was die Gegenpartei vermutlich einbringen wird.

Bei größeren Verhandlungen sind Absprachen im Vorfeld und die Rollenverteilung während der Gespräche wichtig. Tauschen Sie sich darüber mit Ihren möglichen Partnern aus. Denken Sie gemeinsam weiter. Verschaffen Sie sich einen Überblick über die Historie beider Verhandlungsparteien. Holen Sie Erfahrungswerte ein. Es ist ausgesprochen wichtig, sich auf Verhandlungen gut vorzubereiten. Denn was Sie aussprechen, steht zur Verhandlung im Raum oder führt zu Irritationen.

Gegenseitige Akzeptanz ist eine wichtige Voraussetzung. Welchen Spielregeln sollte die Verhandlung folgen? Ist es günstiger, sie vorab oder am ersten Verhandlungstag gemeinsam festzulegen? Eine Spielregel kann den Ausstieg aus der Verhandlung unter zu spezifizierenden Bedingungen definieren. Gemeinsame Spielregeln schaffen einen hilfreichen Bezugsrahmen.

Da, wie bereits erwähnt, die *Innere Haltung* unser Handeln bestimmt, möchte ich an dieser Stelle auf hinderliche Einstellungen hinweisen:

- Ich erlebe, dass vor allem Frauen ihre eigene Leistung und ihren Beitrag unterschätzen. Meine Ausführungen über die weiblich tradierte Haltung in diesem Kapitel geben Aufschluss über den geschichtlichen Hintergrund, hinzu kommt der weitverbreitete Perfektionismus in Deutschland, der diese Selbsteinschätzung noch verstärkt. Die eigenen „Schwächen" sind vielen bewusster als ihre „Stärken". Diese Verzerrung sollten Sie unbedingt korrigieren, indem Sie dokumentieren, was Sie getan haben und mit welchem Ergebnis. Machen Sie sich bewusst, was Sie geleistet haben und zu leisten imstande sind. Was bringen Sie zum Beispiel in eine Vertragsverhandlung ein? Was bringt Ihr Verhandlungspartner ein? Erst wenn Sie zu einer klaren Einschätzung der Lage kommen, können Sie diese kommunizieren und darauf basierend Vorschläge unterbreiten und Forderungen stellen.

- Ich beobachte, dass vor allem Männer, gelegentlich auch Frauen, sich ein recht hartes und aggressives Bild von sich zurechtlegen, wenn es um Verhandlungen geht, und dies vermutlich auch in die Realität umsetzen. Ist das wirklich dienlich? Sind es nicht Wachheit, Analysefähigkeit, Offenheit, Klarheit und Bestimmtheit, welche uns konkret unterstützen werden? Ich denke, wir können hart und beharrlich in der Sache sein und dennoch freundlich auf der Beziehungsebene miteinander umgehen.

- Wenn Sie sich als zu freundlich oder zu emotional erleben, können Sie sich durch hilfreiche Vorstellungen und Gedanken präparieren. In diesem Fall kann zum Beispiel die Vorstellung von Kühle weiterhelfen. Sie denken sich selbst kühler, distanzierter, blau: „Ich bleibe kühl" … Weitere Anregungen hierzu finden Sie im Kapitel ▶ *Mentale Präsenz.*

Die Verhandlungssituation

- Die wichtigste Voraussetzung ist: Präsenz! Vergegenwärtigen Sie sich, wodurch sich Präsenz auszeichnet und was sie leistet. ▶ *Präsenz, Die spezifische Qualität von Präsenz.* All diese Fähigkeiten brauchen Sie jetzt, um ausdauernd, konzentriert und wach wahrnehmend die Verhandlung zu führen oder als Spezialist zu begleiten. Präsenz wird dafür sorgen, dass Sie Lösungsansätze, die Ihnen sonst verborgen bleiben, erkennen.

- Sie brauchen Rückgrat. ▶ *Körperliche Präsenz, Übung: Herstellen von Präsenz im Sitzen – Die Rückenlehne ist dein Freund, Optimale Ausgangsposition im Sitzen: Königliche Aufrichtung.* Durch die Übung „Die Rückenlehne ist dein Freund" aktivieren Sie den Sympathikus. Sympathikus und Parasympathikus regulieren fein abgestimmt die Organtätigkeit. Der Sympathikus erhöht die nach außen gerichtete Handlungsbereitschaft, dabei weiten sich zum Beispiel die Pupillen. Diese Weitstellung der Pupillen wird Mydriasis genannt. Nonverbale Signale wie größer wirkende Augen und ein starkes Rückgrat werden unbewusst von der Gegenpartei wahrgenommen. Sich selbst schenken Sie auf diese Weise Halt.

- Führen Sie Ihre Redebeiträge, und verschaffen Sie sich auf diese Weise Respekt. ▶ *Rhetorische Präsenz, Die Pause – Das wichtigste Mittel, um rhetorisch präsent zu sein.*
- Hören Sie wirklich zu! ▶ *Präsenz in der Kommunikation, Aktives Zuhören – Passives Zuhören.* Konzentrieren Sie sich auf den Prozess und nicht auf das Ergebnis.
- Nehmen Sie mit allen Sinnen Ihr Gegenüber wahr. ▶ *Präsenz in der Kommunikation, Der Körper – Resonanzraum der Situation.*
- Fühlen Sie sich in Ihr Gegenüber gegebenenfalls ein. ▶ *Präsenz in der Kommunikation, Spiegelung.*
- Lassen Sie sich nicht provozieren. ▶ *Präsenz in der Kommunikation, Eine Distanzierungstechnik für jede Situation, Übung: Distanz durch Humor.*
- Behaupten Sie nur, was Sie fundiert belegen können.
- Erbitten Sie Pausen, um Abstand zu gewinnen und um sich erneut mit Ihren Partnern abzustimmen.
- Sorgen Sie gut für sich. Trinken Sie ausreichend Wasser …

Verhandlungen können lange dauern. Deshalb brauchen Sie Durchhaltevermögen bei gleichzeitiger Wachheit – also Präsenz.

7.10. Konflikte

Welches Bild taucht vor Ihrem inneren Auge auf, wenn Sie sich an einen Konflikt erinnern? Welche Körperhaltung oder *Innere Haltung* nahmen Sie und Ihr Gegenüber ein? Können Sie sich daran erinnern? Bei einem Konflikt beginnt sich ein Gesprächsteilnehmer nicht selten nach vorn zu neigen und zu insistieren. Die starke Identifikation mit der eigenen Position, die man gern durchsetzen oder zumindest verstanden wissen möchte, führt zum einen dazu, dass man die eigene Achse und damit die Verbundenheit mit sich selbst verliert; und zum anderen hat sie zur Folge, dass man, statt aufmerksam zuzuhören, bereits nach Gegenargumenten sucht. Das ist ein klassischer

Fall von Aneinander-Vorbeireden. Wenn der Aggressionspegel steigt oder Resignation sich breitmacht, lässt eine für beide tragbare Lösung sich kaum noch finden.

Dabei verweist ein Konflikt lediglich auf etwas Ungeklärtes, das geklärt werden kann. Haben sich die Gemüter erst mal erhitzt, fällt es schwer, dies kühl zu betrachten. In Konfliktsituationen prallen unterschiedliche Interessen, Wertvorstellungen, Sichtweisen, Meinungen und Bedürfnisse aufeinander. Wir sollten uns bewusst machen, dass alles, was wir hören, eine *Meinung* und keine Tatsache ist und alles, was wir sehen, aus einer *Perspektive* betrachtet und nicht die Wahrheit ist. Da wir unterschiedlich programmiert sind, besteht ein großes Potenzial für Missverständnisse und enttäuschte Erwartungen.

Je leidenschaftlicher wir mit einer Person oder einem Thema verbunden sind, desto leidvoller sind oft die Auseinandersetzungen. Wir sind dann so mit unserer Sichtweise identifiziert, dass wir sie als solche, das heißt als eine unter vielen, nicht mehr erkennen. Positionen wie „Ich bin im Recht", „Das ist nun mal so" und die dazu gehörigen Geschichten und Gefühle okkupieren und „verstopfen" unsere Gedankengänge, während wir nach außen hin wie Kühe unsere Meinungen wiederkäuen. Unter solchen Umständen ist nichts dringlicher, als erst mal Abstand herzustellen. ▶ *Mentale Präsenz, Übung: Atemzentrierung.* Anschließend brauchen wir einen Klärungsprozess. ▶ *Präsenz in der Kommunikation, Selbstklärung.*

Familienkonflikte gehören zu den herausforderndsten überhaupt, und es ist sicherlich nicht mit einem einmaligen Auf-Distanz-Gehen getan. ▶ *Präsenz in der Kommunikation, Eine Distanzierungstechnik für jede Situation.*

Vielleicht verbirgt sich im Gefühl, im Recht zu sein, die Angst, an der irrationalen Frage „Wenn ich dir Recht gebe, habe ich dann keines mehr?" könne etwas Wahres sein.

Gerade bei Konflikten mit nahestehenden Menschen scheint mir die Feedbackkultur der gewaltfreien Kommunikation nach Marshall B. Rosenberg das Mittel der Wahl zu sein. ▶ *Präsenz in der Kommunikation, Feedbackgespräch.*

Wenn es gelingt, differenziert wahrzunehmen und das Wahrgenommene so auszudrücken, dass unser Gegenüber es verstehen und annehmen kann, vermeiden wir vorschnelle Urteile und Kritik, die häufig zum Rückzug oder Kampf führen. Wir laden ein zu einem Dialog, in dem wir Angriff und Verteidigung zu vermeiden suchen.

Die gewaltfreie Kommunikation kann uns auch bei beruflichen Konflikten unterstützen. In diesem Fall richtet sich die „Aufmerksamkeit … eher darauf, zu ordnen, zu analysieren und Ebenen des Fehlverhaltens zu identifizieren, als darauf, was wir und andere brauchen und nicht bekommen".[55] Fragen wir uns: Wie kommen wir am besten ins Gespräch? Sicherlich nicht zwischen Tür und Angel. Welcher Zeitpunkt, welcher Raum bietet sich an? Wie schaffen wir eine günstige, wertschätzende Atmosphäre?

In der Theaterwelt gibt es einen bekannten Dramaturgen, der zum Konfliktlösungsgespräch mit Selbstgebackenem erscheint. Seine Torta con grano turco hat bereits ganze Bühnenproduktionen gerettet. Es ist eine kluge Geste, zu einer gemeinsamen Aktivität einzuladen, die dazu noch freudig stimmt.

Lassen Sie Ihrer Phantasie freien Lauf bei der Überlegung, wie Sie eine konstruktive, wertschätzende Atmosphäre herstellen können. Auch wenn sie sich nicht eins zu eins umsetzen lassen sollte, erhält sich die Größe der Idee vielleicht in einer kleineren Geste, oder Sie erwähnen sie in Ihren einleitenden Worten und sorgen so für Wertschätzung und Humor.

In der Situation selbst achten Sie bitte immer wieder auf Ihre Körperhaltung. ▶ *Körperliche Präsenz, Präsenz im Sitzen.* Versuchen Sie, wirklich zuzuhören. ▶ *Präsenz in der Kommunikation, Aktives Zuhören – Passives Zuhören.* Und gönnen Sie sich und Ihren Gesprächspartnern Momente des Innehaltens. ▶ *Präsenz in der Kommunikation, Eine Distanzierungstechnik für jede Situation.* Auf diese Weise bildet sich Stück für Stück eine produktive Distanz heraus. Von Victor E. Frankl, dem Begründer der Logotherapie, stammen die Worte, dass es zwischen Reiz und Reaktion einen Raum gebe, in dem wir die Freiheit und die Macht haben, zu entscheiden, wie wir reagieren wollen, und dass in der gewählten Reaktion unser Wachstum und unsere Freiheit liegen.

Im Gespräch sollte Transparenz herrschen: Was ist der Stand der Dinge aus der einen und aus der anderen Perspektive? Oft wird fälschlicherweise davon ausgegangen, in dieser Frage bestehe Konsens. Die Ursache des Konflikts könnte jedoch auf einem Missverständnis beruhen. Durch Fragen und Nachfragen wie „Habe ich Sie richtig verstanden …?" stellen Sie sicher, dass das Verstandene dem Gemeinten entspricht. Nun können Sie gemeinsam überlegen, wie eine Kooperation aussehen könnte.

Es ist wichtig, dass Sie während des ganzen Gesprächs zwischen dem Konfliktgegenstand und Ihrem Gegenüber differenzieren. Sollten sich die Fronten verhärtet haben oder das Bild, das Sie sich von ihm gemacht haben, festgefahren sein, hilft es, wenn Sie sich auf eine humorvolle Weise distanzieren. ▶ *Präsenz in der Kommunikation, Übung: Distanz durch Humor.* Unterscheiden Sie aber auch zwischen sich als Mensch und Ihrer Funktion im Gespräch. Grenzen Sie sich freundlich und bestimmt ab. Formulierungen wie „Aus meiner Sicht …" erleichtern es Ihnen, sich immer wieder aus der Identifikation zu lösen.

Konflikte sind Herausforderungen, an denen wir wachsen können, wenn wir freundlich und geduldig mit uns selbst und dem Gegenüber umgehen. Dabei werden wir uns bewusster sowohl mit unseren Werten, Erwartungen und Bedürfnissen auseinandersetzen als auch mit denen des Gegenübers.

Haben Sie schon mal auf dem Rücken liegend die Wolken am Himmel betrachtet und beobachtet, wie manche Wolken sich einfach auflösen? Genau so können Konflikte vergehen, wenn wir die Vorstellung, dass sie sich lösen lassen, nähren.

7.11. Mitarbeitergespräch

Der eigentliche Wert des Mitarbeitergesprächs wird, so erlebe ich es immer wieder, von den Mitarbeitenden und Vorgesetzten oft unterschätzt. Ein dafür anberaumter Termin wird dann als lästige Routine oder Kontrolle erlebt. Dabei ist das Mitarbeitergespräch eine der wenigen Gelegenheiten, sich konzentriert und intensiv auszutauschen. Warum es nicht wertschätzen und nutzen?

Zwei Menschen, die verschiedene Funktionen innehaben, begegnen sich optimalerweise auf Augenhöhe. „Vertrauen ist zirkulär, Misstrauen auch", ein hilfreicher Gedanke, der mir im Coaching zu Ohren kam.

Die meisten Unternehmen verwenden vorbereitete Fragebögen zur Zielvereinbarung, Leistungsbeurteilung und zu weiteren Themen. Das ist gut und dienlich. Unabhängig davon können Vorgesetzte und Mitarbeitende sich jedoch fragen, was ihnen wichtig ist, und diese Punkte zusätzlich einbringen.

Vorbereitung für Mitarbeiterinnen und Mitarbeiter

Mitarbeiterinnen und Mitarbeiter, die sich unwichtiger oder „kleiner" wähnen als ihre Vorgesetzten bitte ich, sich mit folgenden Abschnitten dieses Buches auseinanderzusetzen. ▶ *Präsenz in der Kommunikation, Umgang mit Hierarchie* / ▶ *Mentale Präsenz, Der Dialog mit sich selbst, Hilfreiche Gedanken*. Außerdem finden Sie Anregungen im Kapitel ▶ *Präsenz in der Kommunikation, Die Grundhaltung*.

Ein Jahresgespräch sollten Sie gründlich vorbereiten. Ziehen Sie für sich selbst Bilanz. Gehen Sie alle Themen des hausinternen Fragebogens sorgfältig durch. Als Ergänzung schlage ich vor: Recherchieren Sie in Ihrem Kalender und Gedächtnis, was Sie alles vollbracht haben, und halten Sie es schriftlich fest, um es selbst einmal vor Augen und später im Gespräch parat zu haben. Damit die Recherche kürzer ausfällt und Sie sich an Ihrem Tun häufiger erfreuen, schlage ich vor, dass Sie sich Monat für Monat bewusst machen, was Ihnen gelungen ist und was es noch gibt, was festgehalten werden soll. So werden Sie im wahrsten Sinne des Wortes selbstbewusster. ▶ *Präsenz in der Kommunikation, Selbstklärung* / ▶ *Präsenz in der Führung, Jährliche Orientierung.*

Welche Aufgaben und Themen bearbeiten Sie? Welche Termine nehmen Sie wahr? Wen unterstützen Sie? Worauf können Sie außerdem stolz sein? Was ist Ihnen besonders gut gelungen? Haben Sie Sonderaufgaben übernommen? Wo traten aus Ihrer Sicht Schwierigkeiten auf? Haben Situationen oder Aufgaben Sie überfordert? Traten organisatorische Probleme auf? Wenn ja, welche und warum? Was ließe sich verbessern? Gibt es sonstige Themen, die Sie beschäftigen?

Worin liegen Ihre Stärken? Können Sie sie an Ihrem derzeitigen Arbeitsplatz leben? Was braucht es, damit Sie Ihre Stärken produktiv einsetzen und Ihr Berufsleben befriedigender gestalten können? Was ist Ihr Bedürfnis im Hinblick auf Ihre Arbeitssituation und Ihre berufliche Weiterentwicklung? Gibt es private Veränderungen oder Besonderheiten, die Sie teilen möchten? Transparenz ist hilfreich, wenn wir unserem Gegenüber vertrauen.

Ergeben sich aus der Beantwortung der Fragen Wünsche, weitere Fragen, Vorschläge oder Forderungen? Wenn ja, welche? Erst wenn Sie selbst erkennen, was Ihnen wichtig ist, können Sie es begründet kommunizieren.

Wie haben Sie Ihre Führungskraft wahrgenommen und erlebt? Können Sie auf Dinge zurückblicken, die erfreulich waren? Gab es auch Unerfreuliches? Was erleben Sie, bezogen auf Ihre Arbeit, als unterstützend und was nicht? Was davon möchten Sie mitteilen? Gibt es etwas, wofür Sie sich bedanken wollen?

Sortieren Sie abschließend Ihre Gedanken. Welche Punkte wollen Sie beim Mitarbeitergespräch darlegen?

Vorbereitung für Führungskräfte

Auch Führungskräfte sollten auf die Vorbereitung eines Jahresgesprächs

Mühe verwenden. Die hausinternen Gesprächsleitfäden und Fragebögen decken die wesentlichen Punkte ab. Zur Selbstklärung finden Sie hier noch ein paar Anregungen.

Wie haben Sie die Mitarbeiterin oder den Mitarbeiter erlebt? Gibt es Situationen, die Ihnen besonders aufgefallen sind? Wo sehen Sie Stärken und Schwächen? Woran machen Sie sie fest? Es ist wichtig, solche Einschätzungen konkret zu belegen, denn wir neigen dazu, unserem ungefähren Urteil allzu schnell zu vertrauen. Was läuft gut in der Zusammenarbeit? Worauf können Sie sich verlassen? Gibt es etwas, wofür Sie sich bedanken wollen? Was wünschen Sie sich für die künftige Zusammenarbeit? Welche Weiterqualifizierungen oder anderen den Mitarbeiter oder die Mitarbeiterin unterstützenden Maßnahmen wären sinnvoll? Wo sehen Sie Entwicklungspotenzial?

Gibt es Probleme? Wenn ja, welche? Wie können Sie sie so ansprechen, dass Sie mit der Mitarbeiterin oder dem Mitarbeiter darüber in ein produktives Gespräch kommen? Hier hilft ein offenes Feedback. Teilen Sie Ihren persönlichen Eindruck mit durch Ich-Botschaften, und gehen Sie auf Ihre Erwartungen ein. Lassen Sie früheres negatives Verhalten bewusst in der Vergangenheit, um für die Zukunft einen neuen Vorstellungsraum zu eröffnen. Dazu ein Beispiel: Sagen Sie nicht: „Sie sind häufig überfordert und schaffen Ihre Aufgaben nicht, wie soll das weitergehen?“, sondern: „In der Vergangenheit waren Sie manchmal überfordert. Was war der Grund?“ Die Formulierung „in der Vergangenheit“ habe ich bei Manfred Prior entdeckt.[56]

Gerade bei heiklen Themen kommt es auf Genauigkeit an. Sprechen Sie jedes Detail an. Es ist immer möglich, dass Sie keinen Konsens erzielen, deshalb sollten Sie im Vorfeld für sich klären, was Sie erwarten. Dann können Sie im Gespräch eine klare Ansage machen und die nächsten Schritte festlegen. Gegebenenfalls ist es notwendig, auf Konsequenzen bei Nichteinhalten von Vereinbarungen hinzuweisen. Vergessen Sie nicht die Dokumentation. In Ihrer Funktion kommunizieren Sie klar, als Mensch können Sie trotzdem voll Mitgefühl sein.

Stehen bei den Arbeitsabläufen oder Aufgaben, die diesen Mitarbeiter betreffen, Veränderungen bevor?

Bereiten Sie eine Agenda vor: Welche Punkte wollen Sie ansprechen und in welcher Reihenfolge? Führungskräfte haben die Aufgabe, durch die Gesprächsführung konstruktive Rahmenbedingungen zu schaffen. ▶ *Präsenz in der Kommunikation, Gesprächsführung.*

Jeder Präsenztermin fängt mit dem Auftreten an. ▶ *Körperliche Präsenz, Präsenz im Gehen.* In der Situation können beide Teilnehmer durch eine gelassene Haltung dazu beitragen, dass das Gespräch produktiv verläuft. Vergegenwärtigen Sie sich hierzu die optimale Ausgangslage. ▶ *Körperliche Präsenz, Präsenz im Sitzen* / ▶ *Präsenz in der Kommunikation, Aktives Zuhören – Passives Zuhören, Organische Pausen im Prozess der Kommunikation.*

Wenn es Probleme gibt, sprechen Sie sie an. Stellen Sie jeweils Ihre Sichtweise vor. ▶ *Präsenz in der Kommunikation, Feedbackgespräch*. Ein offenes Feedback kann für Abhilfe sorgen. Durch Ich-Botschaften vermitteln Sie Ihren persönlichen Eindruck und Ihre eigenen Erwartungen. Fragen Sie nach, wenn Sie etwas nicht verstehen.

7.12. Telefonieren

In der Telekommunikation entfallen die nonverbalen Signale, die es in Face-to-Face-Gesprächen erleichtern, das Gesagte zu verstehen und zu interpretieren. Wir sind daher allein auf Präsenz in der Sprache und eine umsichtige Gesprächsführung angewiesen. Die Kommunikation am Telefon verlangt ungeteilte Aufmerksamkeit. Es ist zu hören, ob jemand parallel E-Mails schreibt oder auf andere Weise abwesend ist. Im Kapitel „Präsenz in der Sprache“ werden einleitend die wesentlichen Faktoren benannt, die sich auf die Sprachbehandlung auswirken. Sie können sie sich immer wieder vergegenwärtigen, um sich gegebenenfalls bewusster zu verhalten.

Mit der Korkenübung verbessern Sie Ihre Artikulation schlagartig. ▶ *Präsenz in der Sprache, Übung: Korkensprechen.* Es ist die effektivste Übung, um sich auf wichtige Telefonate, zum Beispiel Bewerbungsgespräche, vorzubereiten. Vor allem Menschen, die nuscheln, mundfaul oder schüchtern sind oder Probleme mit der Aussprache der Arbeitssprache haben, empfehle ich diese Übung von Herzen. Wenn wir am Telefon raten müssen, was der andere meint, wird es mühsam. Da viele ihren Namen „vernuscheln“, sollte seine Aussprache besonders sorgfältig geübt werden ▶ *Präsenz in der Kommunikation, Das persönliche Vorstellen.*

Telefonkonferenz

Bei Telefon- und Videokonferenzen ist eine klare Gesprächsführung erforderlich. ▶ *Präsenz in der Kommunikation, Gesprächsführung.* Viele Unternehmen haben hierfür Regeln entwickelt oder Empfehlungen ausgesprochen.

Vor allem zu Beginn einer solchen Konferenz muss Transparenz hergestellt werden: Fragen Sie der Reihe nach ab, wer da ist. Auf wen wird noch gewartet? Muss jemand früher gehen? Pflegen Sie ein wenig Smalltalk, bis alle da sind. Dann nennen Sie den später Hinzugekommenen die Namen der bereits Anwesenden. Führung heißt hier, alle ins Boot holen, und es ist nützlich, am Anfang alle Stimmen einmal zu hören. Bei Regelterminen reicht als Reaktion ein „Hallo in die Runde“ oder „Ja, ich bin da“. Durch gezielte Fragen können Sie Einzelne mehr ins Gespräch bringen. Da der Blickkontakt entfällt, ist es sinnvoll, die Anwesenden häufiger mit Namen zu adressieren, damit sie sich konkret angesprochen fühlen. In Runden, in denen nicht klar ist, wer wer ist und wer da ist, leidet die Gesprächsbereitschaft. Die Anfangsphase, bevor es richtig losgeht, ist die letzte Gelegenheit für alle, sich zu sammeln. ▶ *Präsenz in der Kommunikation, Selbstklärung.*

Bei einer Telefonkonferenz sollten die Redebeiträge möglichst selten unterbrochen werden. Das gilt freilich nicht für Vielredner. ▶ *Präsenz in der Kommunikation, Diskussion, Durchsetzen – Unterbrechen – Raum schaffen.* Pausen sind wichtig, denn sie schaffen eine produktive Arbeitsatmosphäre und begünstigen somit eine rege Gesprächsbeteiligung aller Anwesenden. ▶ *Präsenz in der Kommunikation, Organische Pausen im Prozess der Kommunikation.* Aktives Nachfragen wie „Habe ich Sie richtig verstanden, dass …?“ beugt Missverständnissen vor. ▶ *Präsenz in der Kommunikation, Aktives Zuhören – Passives Zuhören.*

Umgang mit Technik

Technik im Kommunikationsprozess dient der Vermittlung und dem Austausch von Informationen. Sie bietet Hilfsmittel, die den Prozess erleichtern sollen. Das erlebe ich nur bedingt so. Es gibt selten einen Konferenzraum, der für den Kommunikationsprozess optimal eingerichtet ist. Installationen sollten, wenn möglich, korrigiert werden. Machen Sie Vorschläge.

Es ist daher sinnvoll, beizeiten im Meetingraum oder Konferenzsaal zu sein, um sich einzurichten, die Technik auszuprobieren und den Spielraum auszuloten. Wie funktionieren die Mikrophone genau? Wie viel Abstand ist günstig für die Tonübertragung? Müssen Sie sich wirklich so weit zum Mikrophon nach vorn lehnen, oder kann es anders justiert werden? Wenn es sich als nicht verstellbar erweist, ist vielleicht beim Stuhl etwas zu machen. Wo stehen oder sitzen Sie optimalerweise im Raum, um von den Anwesenden und Zugeschalteten gesehen und gehört zu werden, ohne sich unnötig verrenken zu müssen. Untersuchen Sie die Möglichkeiten, und trauen Sie sich, auch Ungewohntes vorzuschlagen oder zu tun. Die Haltung, Dinge unhinterfragt zu akzeptieren, ist leider weit verbreitet.

Bewerbungsgespräch

Vielen ist es unangenehm, über sich und ihre Fähigkeiten lustvoll und selbstbewusst zu sprechen. Dies wirkt sich vor allem in Bewerbungsgesprächen negativ aus, in denen Inhalte – trotz bester Vorbereitung – gewissermaßen beziehungslos abgespult werden. Wie lässt sich das verhindern? Erinnern Sie sich an bewegende Momente Ihrer Berufslaufbahn. Sie können Ihnen als Anker dienen, um eine Beziehung zu Ihrer eigenen Geschichte herzustellen. Erzählen Sie von Dingen, die für Sie wichtig sind, und davon, was Sie als Individuum auszeichnet. So entgehen Sie der Gefahr, rein tabellarische Daten zu vermitteln.

Da im Jahresgespräch ähnliche Themen aufgegriffen werden, finden Sie in meinen Ausführungen hierzu zusätzliche Anregungen zur mentalen und inhaltlichen Vorbereitung Ihres Bewerbungsgesprächs. ▶ *Präsenz in der Kommunikation, Mitarbeitergespräch.*

Um einen Dialog in Gang zu bringen, sind Pausen unverzichtbar. Schließlich sollen Sie nicht möglichst viel möglichst schnell loswerden, sondern heraushoren, für welche Aspekte Ihres Werdegangs Ihr Gegenüber sich besonders interessiert. In dem Gespräch entspinnt sich eine mögliche Beziehung zu diesem Unternehmen und den anwesenden Personen. Das Herstellen der Verbindung braucht Ihre entspannte Aufmerksamkeit. ▶ *Präsenz in der Kommunikation, Organische Pausen im Prozess der Kommunikation.* Wenn Sie angespannt sind, lassen Sie sich von einem Hilfsmittel unterstützen. ▶ *Körperliche Präsenz, Präsenz im Sitzen, Hilfsmittel mit großer Wirkung.*

Ich wünsche Ihnen ein anregendes und lustvolles Bewerbungsgespräch.

7.13. Moderation

Ein Moderator hat je nach Kontext eine mehr oder minder neutrale Rolle inne. Auf alle Fälle gilt es, eine produktive Distanz zum Thema und zu den Beteiligten zu wahren. Die moderierende Haltung hilft, Sachverhalte sachlich darzustellen. Moderatoren lenken das Gespräch, achten auf die

Gesprächskultur und sorgen dafür, dass alle Positionen zu Wort kommen. Sie fassen Sachverhalte zusammen, leiten Lösungsprozesse ein und wachen darüber, dass getroffene Vereinbarungen eingehalten werden. ▶ *Präsenz in der Kommunikation, Selbstklärung, Gesprächsführung.*

Wenn Sie als Moderator zu einem Thema eine eigene Position zu Gehör bringen wollen, sollten Sie sie bewusst als solche kennzeichnen – verbal oder nonverbal –, indem Sie klarmachen, dass Sie gerade die Rolle des Moderators aufgeben und beispielsweise Ihre Projektleiterposition vertreten.

Der Moderation größerer öffentlicher Veranstaltungen sollte eine gründliche Vorbereitung vorausgehen. Wer ist eingeladen? Wen werden Sie in Ihrer Anmoderation vorstellen? Beschäftigen Sie sich mit den Personen, ihren Themen und Positionen. Fertigen Sie für Ihre Vorstellung Moderationskarten mit den für den speziellen Anlass relevanten Daten an. Überlegen Sie sich Fragen für alle Beteiligten, die das Gespräch in Gang bringen oder provozieren. Durch die Art und Weise, wie Sie fragen, können Sie fokussieren und lenken. Ein Beispiel: „Sie sind viel gereist, haben viel gesehen von der Welt. Welches waren für Sie besondere Orte, Orte, die Sie nachhaltig beeinflusst haben?“ Je nachdem, wie die Situation sich entwickelt, werden Sie vermutlich nicht alles, was Sie vorbereitet haben, ansprechen können. Sie sind aber durch Ihre intensive Beschäftigung mit den Biographien und Themen der geladenen Personen für alle möglichen Fälle gewappnet.

Was ist das Thema, der Anlass der Veranstaltung? Aus welcher originellen Perspektive lässt sich das Thema einführen? Gibt es spannende Assoziationen zu alltäglichen Beobachtungen, zum Tagesgeschehen oder zum Publikum? Finden Sie ungewöhnliche Vergleiche, die das Thema erhellen, zum Beispiel aus der Tier- oder Pflanzenwelt oder aus anderen Branchen.

Wer soll das Schlusswort haben? Darf es sich ergeben? Für alle Fälle haben Sie etwas in petto. Weitere Anregungen finden Sie im Kapitel ▶ *Rhetorische Präsenz, Pathos – Wie können wir den emotionalen Zustand der Zuhörenden im Auge behalten?, Zu klärende Fragen in der Vorbereitungsphase, Kontakt mit dem Publikum in der Redesituation.*

Nehmen Sie sich vor der Veranstaltung Zeit, um ein Gefühl für die Atmosphäre des Raums zu bekommen, machen Sie ihn sich zu eigen. Soundcheck nicht vergessen. Lassen Sie sich ein Feedback zur Ton- und Lichtqualität geben.

In der Situation geht es wieder darum, möglichst jeden Augenblick präsent zu sein. ▶ *Atmen, Übung: Stressprävention* / ▶ *Körperliche Präsenz, Präsenz im Gehen, Präsenz im Sitzen, Präsent auftreten, Präsenz im Blickkontakt.* Greifen Sie das Hier und Jetzt auf. ▶ *Präsenz in der Kommunikation, Der*

Körper – Resonanzraum der Situation / ▶ *Rhetorische Präsenz, Die Pause – Das wichtigste Mittel, um rhetorisch präsent zu sein.*

7.14. Auftreten vor der Kamera

Bei Interviews, Webseminaren, Videokonferenzen und bei großen Veranstaltungen wie Messen, Betriebsversammlungen und Konferenzen stehen Sie vor der Kamera, und es ist gut, ein paar Dinge zu beachten.

- Ihre Nervosität mindern Sie, indem Sie stehend oder sitzend Ihr Zwerchfell „runterholen" und bewusst Halt herstellen im Kontakt zum Boden oder zur Rückenlehne. ▶ *Atmen, Übung: Stressprävention* / ▶ *Körperliche Präsenz, Präsent auftreten, Präsenz im Sitzen.*

- Die Position der Kamera entscheidet über die Perspektive. Wenn die Kamera etwas höher oder tiefer als Ihre Augenhöhe positioniert ist, hat dies erheblichen Einfluss auf Ihre Wirkung. Im ersten Fall müssen Sie dezent aufsehen zum Betrachter, im zweiten sehen Sie auf ihn hinab. Vor allem beim Webinar und Interview sollten Sie den Bildausschnitt bewusst wählen. In der Regel wird es sinnvoll sein, die Kamera auf Augenhöhe zu platzieren. Achten Sie bitte selbst auf diesen Aspekt, auch dann, wenn ein professionelles Kamerateam anrückt. Mischen Sie sich ein.

- Die Einstellungsgröße entscheidet über den Bildausschnitt. Es gibt definierte Einstellungsgrößen. Die meist benutzten bei Interviews sind „Halbnah" und „Nah". In der Halbnahaufnahme sieht man circa zwei Drittel des Körpers und erkennt das räumliche Umfeld. In der Nahaufnahme wird der Ausschnitt fokussierter, der Hintergrund ist noch erkennbar. Warum ist es wichtig, den Ausschnitt zu kennen? Je nach Ausschnitt sprechen Sie besser mit oder ohne Gesten. In der Halbnahen können Sie Gesten nutzen, in der Nahaufnahme verzichten Sie besser darauf, denn sonst werden vermutlich Ihre Kopfbewegungen im Bildausschnitt unruhig wirken. Ist dies vielleicht der Grund für die bekannte Handhaltung von Angela Merkel? Die Merkel-Raute bringt die Arme in eine bestimmte Position, welche die Schultern blockiert. Dadurch ist der Kopf arretiert. Probieren Sie es aus. Es geht nicht darum, diese Geste nachzumachen, vielmehr sollen Sie ein Gefühl für die Kopfhaltung bekommen. Wenn die Halswirbelsäule aufgerichtet und der Kopf mittig ist, werden Ihre Aussagen klar wirken.

Frau Merkel wusste, dass Millionen vor dem Bildschirm sitzen und nur wenige im Saal.

- Licht und Wärme lassen die Gesichtshaut in Großaufnahmen glänzen. Am Set gibt es immer Visagisten, die das Gesicht „präparieren“ und darauf achten. Bei einer Konferenz fehlen die helfenden Hände, also ist es sinnvoll, selbst Hand anzulegen. Entscheidend ist abdeckender Puder. Auch Männer sollten sich beraten lassen und einen der Hautfarbe entsprechenden Puder parat haben.

- Bereiten Sie sich vor. Auch wenn scheinbar keine Zeit dafür vorhanden ist, sammeln Sie sich kurz, indem Sie Ihre Atmung wahrnehmen und zu sich kommen. ▶ *Atmen, Übung: Stressprävention, Übung: Innehalten.* Innerlich gelöster, stellen Sie sich nun die für Sie entscheidenden Fragen im Hinblick auf das Interview. Was haben Sie zu sagen? Nutzen Sie den Moment des Innehaltens zur Selbstklärung. ▶ *Präsenz in der Kommunikation, Selbstklärung.*

- Während des Interviews sammeln Sie sich immer wieder durch Atemwahrnehmung. ▶ *Atmen, Übung: Atemwahrnehmung.* Anders als in der Übungsbeschreibung lassen Sie hier die Augen selbstverständlich geöffnet. Sie lösen auf diese Weise immer wieder Anspannungen, wodurch auch Ihre Mimik freier und gelöster wirkt. Sie können so aktiver zuhören, und indem Sie die Inspiration immer wieder zulassen, präparieren Sie sich für das wichtigste rhetorische Mittel – die Pause.

- Das rhetorisch wichtigste Mittel, die Pause, hilft Ihnen dabei, klare Aussagen zu treffen und so zu wirken, als beherrschten Sie das Thema souverän. ▶ *Rhetorische Präsenz, Die Pause – Das wichtigste Mittel, um rhetorisch präsent zu sein.* Auch die magische Drei unterstützt Sie in dieser Richtung. ▶ *Rhetorische Präsenz, Die Magie der Drei.*

- Haben Sie keine Angst vor Fragen. Fragen zeugen in der Regel davon, dass sich jemand für Ihr Thema interessiert. Was könnte einem Besseres widerfahren. Zum einen können wir nicht alles wissen, zum anderen können wir uns darin üben, Gegenfragen zu stellen. Wer fragt, der führt. Am besten von früh an! Statt uns bei unseren Kindern zu erkundigen, wie es in der Schule war, sollten wir lieber fragen: Hast du heute schon eine gute Frage gestellt? Wer fragt – lernt dazu.

7.15. Netzwerken

Es ist sinnvoll, sich ein inspirierendes und unterstützendes berufliches und privates Netzwerk aufzubauen. Die Bedeutsamkeit der Beziehungen und ihre Intensität reichen vom bloßen Sich-Kennen bis hin zu großer Nähe, anders gesagt: von Bekannten bis hin zu Vertrauten oder Mentoren. Immer wieder höre ich, dass dies schwerfalle, weil man sich nicht aufdrängen wolle und Aufdrängen doch gleichzusetzen sei mit Sich-Verkaufen. Hier möchte ich ein anderes Vorstellungsbild ins Spiel bringen: Sich Fremdem und Fremden zu öffnen, erweitert den Horizont und somit unseren Handlungsspielraum. Werden neue Bekanntschaften, Entdeckungsreisen in andere Lebens- und Arbeitswelten, bei denen wir neue Perspektiven, Lebensentwürfe und Handlungsweisen oder andere Arbeitsbedingungen erkunden, nicht genau dies bewirken? Haben Sie Lust darauf?

7.16. Feste feiern

Welche Anlässe feiern Sie? Geburtstage, Feiertage? Ja! Feiern Sie auch das, was Sie leisten, feiern Sie sich? Eher nicht? Wenn Ihnen beispielsweise etwas gut gelungen ist, sehen Sie dann darüber hinweg und eilen zur nächsten Aufgabe, oder gönnen Sie sich zumindest ein Lob? Behindert Sie etwa der unselige Spruch „Eigenlob stinkt"? ▶ *Mentale Präsenz, Leit/dgedanken ans Licht bringen.*

Wenn Ihrem Chef, einem Kollegen oder, falls Sie Vorgesetzter sind, einem Ihrer Mitarbeiter etwas besonders gelingt, heben Sie dies dann in irgendeiner Weise hervor? Wenn ja, wie?

Wertschätzende Gedanken oder Gesten rufen Gelungenes ins Bewusstsein und beleben Beziehungen – auch eine positive Beziehung zu sich selbst. Welche Anlässe würden Sie gerne mit anderen feiern? Den Frühlingsanfang? Die erbauliche Zusammenarbeit? Wie können wir im Alltag durch Wertschätzung besondere Momente hochhalten? Durch freundliche Worte, eine Aufmerksamkeit, eine Einladung …? Viel Vergnügen! Anlässe lassen sich immer finden – eine gute Arbeit, ein abgeschlossenes Projekt oder Teilprojekt, unterstützende Ideen und Handlungen, eine gemeisterte schwierige Situation, Jahrestage der Zusammenarbeit oder Ähnliches –, wir müssen sie nur ergreifen.

Gestärkt durch Wertschätzung, geht es leichter weiter.

7.17. Verabschiedung

Der Anfang und das Ende jeder Zusammenkunft verlangen unsere fokussierte Aufmerksamkeit. Der letzte Eindruck bleibt haften. Bringen Sie zum Ausdruck, was es gegebenenfalls noch zu sagen gibt, bedanken Sie sich für das Zusammensein, den Besuch … Verabschieden Sie sich mit einer wertschätzenden Geste – im Regelfall per Handschlag und den Worten: Ich möchte mich an dieser Stelle ganz herzlich für Ihre Aufmerksamkeit bedanken. ▶ *Rhetorische Präsenz, Zu klärende Fragen in der Vorbereitungsphase* / ▶ *Präsenz in der Kommunikation, Der erste Eindruck, Der Handschlag.*

★ ★ ★

KAPITEL 9

Geh ich zeitig in die Leere

Geh ich zeitig in die Leere
Komm ich aus der Leere voll.
Wenn ich mit dem Nichts verkehre
Weiß ich wieder, was ich soll.

Wenn ich liebe, wenn ich fühle
Ist es eben auch Verschleiß
Aber dann, in der Kühle
Werd ich wieder heiß.

Bertolt Brecht

9
PRÄSENZ IN DER FÜHRUNG

„Du bist die Aufgabe. Kein Schüler weit und breit."
Franz Kafka

Führung gründet in meinem Verständnis auf der Fähigkeit, sich selbst zu führen.

„Die erste philosophische Explikation des Interesses an der Sorge um sich selbst findet sich in Platons *Alkibiades I.*"[57] Die Kultivierung dieser Kompetenz war in der antiken griechischen Kultur im Lehrplan für Männer, die Führungsaufgaben übernehmen sollten, verankert. Sokrates legt Alkibiades als ersten Lernschritt nahe, Sorge um sich selbst zu tragen. Auf diese Weise soll er die für die Regierung einer Stadt notwendigen *techné* erwerben. Diese Techniken berühren zwangsläufig Fragen der Lebensführung. Es handelt sich dabei nicht um Selbstzweck, sondern um eine Selbstsorge, die zugleich anderen zugutekommt.

Wer täglich Verantwortung für sich übernimmt, kann diese Einstellung auch anderen vermitteln und Veränderungsprozesse verantwortlich begleiten.

Damit einher geht ein tiefgreifender Haltungswechsel von einer Art „Befehlsempfänger" hin zu eigenständigem, verantwortlichem Handeln. Das für die – bereits begonnene – Zukunft geforderte „agile Arbeiten" ist ohne diese Haltungsänderung wohl kaum vorstellbar. Die in diesem Buch präsentierten Techniken zum Herstellen von mentaler und körperlicher Präsenz können Einzelne sowie Unternehmen und Organisationen darin unterstützen, den visionierten Haltungswandel in der Praxis umzusetzen.

Gegenwärtig erlebe ich bereits, wie das Bewusstsein für Selbstfürsorge, zum Beispiel in Form von Achtsamkeitsprogrammen, die die Wahrnehmung sensibilisieren, in einigen mittelständischen Betrieben und wenigen großen Unternehmen Einzug hält. Die enorm gestiegenen Arbeitsausfälle wegen physischer und psychischer Belastungen sowie die stetig wachsenden Herausforderungen in den Arbeitsprozessen lassen Organisationen aufhorchen und umdenken. Spätestens seit Google sein Achtsamkeitsprogramm „Search Inside Yourself" für seine Mitarbeiter implementierte und unter anderem die *New York Times* und die *Zeit* äußerst positiv darüber berichteten, rücken verschiedene Programme in den Fokus europäischer Unternehmen. Es geht schließlich um Ökonomie, ums wirtschaftliche Überleben.

Der Umgang mit der Zeit spielt eine entscheidende Rolle bei der Selbstsorge. Kennen Sie diese Zeilen, den Teufelspakt zwischen Faust und Mephistopheles, aus Goethes *Faust I*, den er im ausgehenden achtzehnten Jahrhundert vollendet hat?

„Werd' ich zum Augenblicke sagen:
Verweile doch! du bist so schön!
Dann magst du mich in Fesseln schlagen,
Dann will ich gern zu Grunde gehn!"[58]

Vor mehr als zweihundert Jahren begab sich Faust freiwillig unter das Joch jener Eile, die bekanntlich des Teufels ist. In einem Brief an Nicolovius bringt Goethe schon 1778 seine Wahrnehmung, dass die Menschen unruhig und übereilt handeln, auf den Begriff „veloziferisch", eine Zusammensetzung aus *velocitas* (Eile) und Luzifer. Eine erhellende Wortschöpfung!

Und der römische Philosoph Seneca diagnostizierte vor über zweitausend Jahren: „Hektik weist auf ein krankes Gemüt. Hauptmerkmal eines geordneten Verstandes ist Beharrungsvermögen und die Fähigkeit, mit sich selbst umgehen zu können."

Ein unübersehbares Zeichen unserer Zeit ist das Gefühl des Gehetztseins. Wir haben den gesellschaftlichen Leistungsdruck weitgehend verinnerlicht, steigern uns in Leistungswut und Leistungslust bis zur bitteren Erschöpfung. Aus dieser Verstrickung sollten wir uns lösen und mutig uns immer wieder Zeit für uns selbst nehmen, um Herrin oder Herr im eigenen Haus zu sein.

Aus einer souveränen Haltung heraus können wir Sachverhalte oder Probleme aus verschiedenen Perspektiven beleuchten, Entscheidungen bewusster fällen, Visionen klarer entwickeln. Wer führt, braucht daher einen guten

Selbstkontakt. Die Betrachtungen und Übungen in den vorangehenden Kapiteln dieses Buches ermöglichen Ihnen genau das.

Wie Sie den Selbstkontakt darüber hinaus fördern können, möchte ich Ihnen in diesem Kapitel zeigen. Ich stelle Ihnen dazu fünf Übungen vor. Die erste macht Sie mit einer Technik zur Verankerung der Selbstsorge im Alltag vertraut. Wenn Sie bei sich ankommen, kann jene Distanz zu Problemen entstehen, die notwendig ist, um produktive Sichtweisen und Lösungswege zu finden, welche bekanntlich nicht derselben Ebene entstammen können, auf der das Problem geschaffen wurde. Regelmäßig praktiziert, führt die Arbeit an sich selbst zu erhöhter Konzentration und Stärke durch innere Gelassenheit. Die zweite und dritte Übung unterstützen Sie darin, sich zu reflektieren, andere Seiten und unbewusste Bedürfnisse in sich zu entdecken und zu leben.

Der Bewusstseinsschritt, zu dem diese Techniken Sie motivieren wollen, lautet „Improvisation als Lebensprinzip". Da Wissen nur dann Früchte trägt, wenn es angewandt wird, endet dieses Kapitel mit einer Sammlung von Anregungen, wie Sie die Gefahr, sich im Alltag zu vergessen, spielerisch bannen können.

Was sind nun die wichtigsten Ingredienzien für gute Führung? Wissenschaftlichen Studien zufolge sind es Selbstreflexion und Selbstkritik, Perspektivenvielfalt, Lernfähigkeit und ein gesundes Maß an Selbstlosigkeit. Bei der Kultivierung dieser Merkmale unterstützen Sie die in diesem Kapitel vorgestellten Techniken. Machen Sie sich aber auch die Spiegelfunktion von Freunden und Mitarbeitern zunutze, um deren Bild von Ihnen mit Ihrem Selbstbild zu vergleichen.

1. Tägliche Orientierung

Die ersten beiden Übungen helfen Ihnen, sich morgens und abends zu fokussieren und neu zu orientieren. Entscheidend ist auch hier, dass Sie sich über den wahrgenommenen Atem mit Ihrem Körper verbinden. Die gewonnene Verbindung können Sie im Laufe des Tages immer wieder bewusst reaktivieren.

1.1. Die morgendliche Orientierung

„Gegenüber der Fähigkeit,
die Arbeit eines einzigen Tages sinnvoll zu ordnen,
ist alles andere im Leben ein Kinderspiel."
Johann Wolfgang Goethe

Der optimale Zeitpunkt für die Orientierung am Morgen liegt vor oder nach dem Aufstehen, ansonsten im Laufe des Vormittags. Sie versuchen dabei, Ihre Bedürfnisse, die Sie in den neuen Tag hineinnehmen wollen, zu erkennen und sich einen Überblick über den Tag zu verschaffen.

ÜBUNG: MORGENDLICHE ORIENTIERUNG

Führen Sie die Übung auf dem Rücken liegend im Bett durch. Im Laufe des Vormittags wählen Sie eine aufgerichtete entspannte Sitzhaltung.

1. Phase: Sich organisieren
Müssen Sie vielleicht vor der Übung noch auf die Toilette? Lippen eincremen? Etwas trinken? Nun nehmen Sie sich bewusst Zeit für sich: Legen Sie sich wieder bequem ins Bett, auf den Rücken. Schließen Sie die Augen. Legen Sie die Hände auf den Bauch. Der Nacken ist lang. Wie liegen Sie auf der Matratze? Wie fühlt sich das Liegen heute an? Können Sie Ihr Gewicht noch mehr abgeben? Fühlen Sie sich getragen und unterstützt? Haben die Füße etwas Abstand voneinander? Ist die Decke gut verteilt, so dass es Ihnen angenehm warm ist? Spüren Sie in Ihren Körper hinein. Wo im Körper können Sie noch nachgeben und loslassen? Im Kiefergelenk? An der Stirn? Den Augenbrauen? In den Schultern? ... Sinken Sie in Ihre Atembewegung. Ausatmend können Sie weiter loslassen. Einatmend nehmen Sie neue Energie auf. Genießen Sie es, sich atmend zu spüren. Können Sie den immer wiederkehrenden Rhythmus von Aufnehmen, Abgeben und Ruhen genießen? Wie empfinden Sie heute das Verhältnis zwischen Nehmen, Geben und Ruhen?

2. Phase: Zu sich kommen
Nehmen Sie sich nun bewusst vor, zu sich zu kommen. Es hilft, innerlich zu denken: Ich komme zu mir, und während Sie dies denken, begleiten Sie die einströmende Luft in Ihr Körperinneres. Nehmen

Sie Ihre Zwerchfellbewegung wahr. Folgen Sie ihr, und spüren Sie von innen den Kontakt zu Ihren Händen. Erleben Sie die sinnliche Qualität des Vorgangs: weich, geschmeidig, zeitlos. Es tut so gut, zu sich zu kommen! Das ist jedes Mal ein Geschenk.
Wenn sich die Weite bei der Einatmung entfaltet, können Sie zu sich selbst innerlich sagen: „Da bin ich." Das bedeutet, in Ihrem Körper im Hier und Jetzt präsent zu sein. Das innerliche Sprechen kann Ihnen Halt geben, vor allem dann, wenn Ihre Gedanken Sie immerfort vom konkreten Spüren wegführen wollen.

Zwischenphase: Bedrängende Gedanken
Wenn Sie bemerken, dass ein Thema Sie gedanklich stark beschäftigt, kann es sinnvoll sein, sich zunächst ihm zu widmen: „Was ist es, das mich so ablenkt und so dringlich gesehen werden möchte? Worum mache ich mir Sorgen?" Beobachten Sie die Gedanken aus der Distanz. „Was macht mir daran zu schaffen?" Betrachten Sie das Thema unter verschiedenen Aspekten: „Was ist mein Bedürfnis? Welche Bedürfnisse mögen andere involvierte Personen damit verknüpfen? Was wünsche ich mir in Bezug auf dieses Thema? Was steht in meiner Macht? Was nicht? Was sollte ich akzeptieren?" Kommen Sie zu einer klaren Entscheidung: Entweder entdecken Sie einen Lösungsansatz, oder Sie schließen bewusst den Deckel dieses Kochtopfs wieder und lassen es weiterköcheln. Die Suppe ist noch nicht geklärt. Das Ungeklärte darf sein. Deckel drauf, dann kocht es besser vor sich hin, und Sie haben Zeit für sich.
Möglicherweise machen Sie sich kurz ein paar Notizen. Dann wenden Sie sich mit dem Gedanken „Jetzt bin ich dran!" entschieden sich selbst zu. Meist reichen drei bis vier hintereinander genossene Einatmungsbewegungen dazu aus.

3. Phase: Wie fühle ich mich heute Morgen?
Bleiben Sie von nun an bis zum Ende der Übung im Kontakt mit Ihrem Innenraum, indem Sie die Einatmungsbewegung immer wieder ganz bewusst spüren. Fragen Sie einatmend in sich hinein: „Wie fühle ich mich heute Morgen?" Vielleicht taucht eine Art von Rückmeldung auf Ihre Frage auf, vielleicht auch nicht. Der Vorgang an sich ist wertvoll. Lassen Sie sich Zeit, um hineinzuspüren. Sie nehmen sich wahr, bevor Sie irgendwelche Aufgaben oder andere Menschen wahrnehmen.

4. Phase: Mein Tag
Stellen Sie sich nun den vor Ihnen liegenden Tag möglichst genau vor, mit allen Verabredungen, Aufgaben etc. Gehen Sie ihn einmal vom Morgen bis in die Nachtstunden durch. Dann fragen Sie in Ihren Bauchraum hinein und spüren, was von dort erwidert wird: „Was ist mein Bedürfnis, bezogen auf diesen Tag? Was brauche ich, damit dieser Tag mein Tag wird?"

5. Phase: Anker
Fragen Sie nun weiter: „Welcher Gedanke kann mir heute helfen, mich an mein Bedürfnis zu erinnern? Welches Vorstellungsbild trägt mich durch den Tag?" Überprüfen Sie auftauchende Gedanken: „Unterstützt mich dieser Gedanke wirklich, oder zeigt sich vielleicht noch ein treffenderer?" Ein hilfreicher Gedanke tut Ihnen im Augenblick, in dem Sie ihn denken, bereits gut. Sie können das spüren und Ihrem Gefühl vertrauen. Diesen Gedanken können Sie als Anker im Laufe des Tages immer wieder erinnern. Auf diese Weise unterstützen Sie Ihr Vorhaben, den Tag selbst zu gestalten, statt ihn von außen gestalten zu lassen. ▶ *Mentale Präsenz, Hilfreiche Gedanken.*

6. Phase: Zweites Erwachen
Räkeln Sie sich, weich und sinnlich wie eine Katze, gähnen Sie ausgiebig, und starten Sie fokussiert in Ihren Tag.

1.2. Die Tagesrückschau

Vor dem Einschlafen gönnen Sie sich einen Moment der Aufmerksamkeit. Lassen Sie den Tag Revue passieren. In der deutschen Kultur ist der innere Kritiker weit verbreitet und die Wahrscheinlichkeit, dass man gedanklich an seinen Aufgaben bis zuletzt weitertüftelt und womöglich mit Selbstkritik in den Schlaf hinübergleitet, groß. Hier taucht der unterdessen schon bekannte Negativitäts-Bias wieder auf. Das Verlangen, Dinge zu verbessern, zeugt zweifellos von Reife. Integrieren wir doch diese Qualität in unseren Rückblick auf den Tag. Wir gedeihen besser und leben glücklicher, wenn wir uns ins Gedächtnis rufen, was wir alles erreicht haben. So entwickelt sich Gelassenheit. In dem Wort Ge-lassen-heit steckt die Sinneinheit „lassen". Lassen Sie jetzt Ihren inneren Kritiker ruhen. Vielleicht kommt bei einer Haltung der Gelassenheit Unerwartetes zum Vorschein.

ÜBUNG: TAGESRÜCKSCHAU

1. Phase: Loslassen

Legen Sie sich auf den Rücken. Schließen Sie die Augen. Legen Sie die Hände auf den Bauch. Wie liegen Sie? Ist das angenehm? Nehmen Sie wahr, wo Sie angespannt sind. In der Regel gibt es immer solche Stellen. Versuchen Sie, die wahrgenommene Anspannung zu lösen. Muskuläre Anspannungen lockern Sie, indem Sie die Position ein wenig verändern oder Ihr Gewicht bewusster an die Matratze abgeben. Von geistigen Anspannungen trennen Sie sich durch bewusstes Ausatmen, durch bewusstes Abgeben der Gedanken. Hauchen Sie fein aus oder pusten Sie kräftig. Der Spielraum ist groß, passen Sie Ihre Ausatmung dem, was Sie abgeben wollen, an. Sie können sie verstärken, indem Sie auf ein „fff" ausatmen. Die sinnliche Erfahrung ermöglicht es Ihnen, los-zu-lassen.

2. Phase: Zu sich kommen

Spüren Sie Ihre Atembewegung im Bauchraum. Begleiten Sie die einströmende Luft mit dem Gedanken „Ich komme zu mir". Nehmen Sie die Zwerchfellbewegung wahr. Folgen Sie ihr, und spüren Sie von innen den Kontakt zu Ihren Händen. Erleben Sie die sinnliche Qualität dieses weichen, geschmeidigen, zeitlosen und immer wieder ein wenig anders gearteten Vorgangs. Es tut so gut, nach einem langen Tag wieder zu sich zu kommen!

Wenn die Weite sich bei der Einatmung entfaltet, können Sie innerlich wieder sagen: „Da bin ich." Das bedeutet, Sie sind in Ihrem Körper im Hier und Jetzt präsent. Das innerliche Sprechen kann Ihnen Halt geben, vor allem dann, wenn Ihre Gedanken sie ablenken wollen.

Zwischenphase: Bedrängende Gedanken

Wenn Sie bemerken, dass ein Thema Sie gedanklich gefangen nimmt, ist es sinnvoll, es zu betrachten. Versuchen Sie, das, was Sie bedrängt, aus einer anderen Perspektive wahrzunehmen, zum Beispiel aus der Vogelperspektive: In Ihrer Vorstellung sehen Sie sich im Bett liegen. Was beschäftigt diese Frau oder diesen Mann gerade? Ah! Ihr oder ihm macht zu schaffen … Warum treibt sie oder ihn das um? Welche Sorge steckt dahinter? Lässt sie sich irgendwie entkräften? Was können Sie der Frau oder dem Mann im Bett unter Ihnen raten? Möchten Sie sich für morgen noch etwas notieren, damit es nicht in der Nacht in Ihrem Kopf kreist? Schließen Sie innerlich das Thema ab. Beenden Sie den Film. Wählen Sie das Programm „Jetzt bin ich dran!". Mit diesem Gedanken wenden Sie sich nun entschieden sich selbst zu. Oft genügen drei bis vier hintereinander genossene Einatmungsbewegungen, um zu sich zu kommen. Sie können, während Sie ein- und ausatmen, innerlich mitzählen. Eine Zahl entfällt auf einen Atemzyklus: Einatmend denken Sie „ei", ausatmend lassen Sie „ns" ausschwingen und so weiter. Sie binden auf diese Weise Ihre Aufmerksamkeit an das Zählen und schweifen in Gedanken nicht mehr umher.

3. Phase: Wie fühlen Sie sich heute Abend?
Suchen Sie von nun an bis zum Ende der Übung immer wieder den Kontakt mit Ihrem Innenraum, indem Sie die Einatmungsbewegung ganz bewusst spüren. Fragen Sie bei der Einatmung in sich hinein: „Wie fühle ich mich nach diesem Tag?" Gibt es eine Rückmeldung? Lassen Sie sich Zeit, um hineinzuspüren. Allein die Tatsache, dass Sie sich fragen, tut Ihnen gut.

4. Phase: Rückblick
Stellen Sie sich den vergangenen Tag noch einmal vor: Was taucht von allein auf?
Was bewegt Sie? Können Sie mit dem einen oder anderen, was sich dabei zu erkennen gibt, noch Frieden schließen oder es ablegen im Vertrauen auf einen klärenden Schlaf? Haben Sie sich an den hilfreichen Gedanken aus Ihrer morgendlichen Orientierung im Laufe des Tages erinnert? Wann? Hat er Sie unterstützt? Haben Sie ihn ganz vergessen? Wie können Sie sich morgen an Ihren neu gefundenen Gedanken besser erinnern?
Gab es besonders schöne Momente? Hat etwas Sie positiv überrascht oder in Staunen versetzt? Haben Sie sich selbst überrascht? Wofür sind Sie dankbar? Was ist Ihnen heute gelungen? Was hat Sie beglückt?
Es geht darum, diesen unwiederbringlich sich neigenden Tag Ihres Lebens bewusst und wertschätzend abzuschließen.
Ich wünsche Ihnen eine erholsame und ertragreiche Nacht.

Seien Sie sich selbst gegenüber freundlich gesinnt bei Ihrer morgendlichen und nächtlichen Orientierung. Im täglichen Kontakt mit Ihrem Innenleben, wenn Sie ergründen, wie Sie sich zur Welt verhalten wollen, befassen Sie sich wertschätzend mit Ihren Grenzen, Ihrer Begrenztheit und möglichen Grenzöffnungen. Sie entdecken Ihre Fixierungen und können sie spielerisch durch Perspektivwechsel auflösen. Entsteht Gelassenheit nicht gerade dadurch, dass wir uns selbst akzeptieren und bewusst mit den eigenen Grenzen umgehen?

2. Jährliche Orientierung

„Kein Wind ist demjenigen günstig,
der nicht weiß, wohin er segeln will."
Michel de Montaigne

Für Unternehmen sind Jahresbilanzen selbstverständlich. Auf der Basis verschiedener Analysen werden die Aktivitäten in den kommenden Geschäftsjahren konzipiert. Diese bewährte Vorgehensweise können wir auf uns selbst übertragen, um uns zu orientieren. Wohin wollen wir segeln?

2.1. Der Jahresrückblick

Oft haben wir nur eine diffuse Vorstellung vom abgelaufenen Jahr. Damit die vergangene Lebenszeit nicht im Nebel versinkt, ohne dass wir daraus Erkenntnisse gewinnen, sollten wir genau hinsehen, womit wir unsere Zeit verbracht haben, was uns belastete, wie unsere Beziehungen sich entwickelt haben … Die Zeit zwischen den Jahren oder der Jahresanfang eignen sich gut für eine Auseinandersetzung mit den folgenden oder ähnlichen Fragen, die für Sie bedeutsam sind. Je nachdem, wie tief Sie einsteigen, brauchen Sie einige Stunden oder Tage. Wenn Sie sich bewusst mit dem zurückliegenden Jahr befassen, räumen Sie gewissermaßen auf und entlasten Ihren Speicherplatz. Denn die Fragen, die Sie sich dabei stellen, würden Sie auch umtreiben, wenn Sie sich ihnen nicht explizit widmen würden. Beziehungsprobleme und Fragen nach der Sinnhaftigkeit unseres Daseins beschäftigen uns unbewusst meist viel längere Zeit, als wir für einen bewussten Blick in die Vergangenheit investieren.

Legen Sie für den Rückblick und die Vorschau eine schöne Sammelmappe an. So können Sie Entwicklungen in Ihrem Leben über Jahrzehnte zurückverfolgen.

ÜBUNG: JAHRESRÜCKBLICK

Allgemeine Fragen:
Haben Sie im vergangenen Jahr etwas besonders Berührendes erlebt? Fällt Ihnen etwas ein? Notieren Sie es. Wie war das Jahr? Was für ein Gefühl kommt in Ihnen auf, wenn Sie es sich vom ersten bis zum letzten Tag vergegenwärtigen? Können Sie das Gefühl in einem Bild verdichten, zum Beispiel in der Vorstellung einer oder mehrerer Farben, einer Landschaft, einer Wetterstimmung oder des Wachstumsstands einer bestimmten Pflanze? Sie können das zurückliegende Jahr auch in einem Satz zu charakterisieren versuchen. Halten Sie Ihre Erkenntnisse fest.

Fragen zum Beruf:
Um diese Fragen zu beantworten, brauchen Sie Ihren Kalender. Ich sehe mir zum Beispiel an, wie viele Coachings, Seminare, Vorträge oder Vorstellungen ich gegeben habe. Was habe ich in der verbliebenen Zeit gemacht? Wie viel Vorbereitungszeit brauchte ich wofür? Womit beschäftigte ich mich noch? Wie entwickelte sich welches Projekt weiter? Womit haben Sie Ihre Zeit verbracht? Wie viel Zeit entfiel worauf im Einzelnen? Mit wem haben Sie in Projekten kooperiert? Welche Projekte waren das, und wie verlief die Zusammenarbeit? Welche interessanten Kontakte sind entstanden? Welche sind verloren gegangen? Warum? Ist das in Ordnung, oder möchten Sie sie im neuen Jahr wieder anknüpfen? Gab es entscheidende Veränderungen, Erkenntnisse oder Ähnliches? Neue Aufgaben? Welche Fragen interessierten Sie im Hinblick auf Ihre Arbeit und Ihr Arbeitsumfeld ganz besonders? Wie gestaltete sich das Jahr finanziell für Sie? Haben Sie an Weiterbildungsveranstaltungen teilgenommen? Gibt es bestimmte Themen, die Sie untersucht, sich angeeignet oder vertieft haben?

Fragen zum Privatleben:
Ich biete hier verschiedene Themenkomplexe an, die Sie bitte für sich filtern und ergänzen:

- Beziehungen: Wie viel Zeit verbringen Sie mit wem, und was unternehmen sie zusammen? Was unternehmen Sie allein? Sehen Sie sich die Beziehungen zu einzelnen Familienmitgliedern und Freunden genau an. Kommen sie zu kurz? Was macht Ihnen Freude? Was wünschen Sie sich in Bezug auf jede einzelne Beziehung?

- Reisen: Wo waren Sie überall in Ferien? Wo haben Sie Ihre Wochenenden verbracht? Mit wem?
- Kultur: Haben Sie Konzerte, Ausstellungen, Aufführungen, Lesungen oder Ähnliches besucht? Was haben Sie gelesen? Musizieren Sie? Gab es einen oder mehrere Höhepunkte?
- Natur: Wo haben Sie die Jahreszeiten bewusst wahrgenommen, und wie haben Sie sie erlebt?
- Sport/Bewegung: Was unternehmen Sie in dieser Hinsicht? Sind Sie damit zufrieden?
- Feste: Welche Anlässe wurden gefeiert? Haben Sie ein Fest initiiert?
- Gesundheit: Waren Sie erkrankt? Woran? Hatten Sie chronisch wiederkehrende Beschwerden? Wie verliefen sie? Was tat Ihnen gut und was nicht?
- Weiterbildung: Wie haben Sie sich auf den Gebieten, die Sie interessieren, weitergebildet?
- Politik/Ehrenamt: Wo bringen Sie sich ein? Womit setzen Sie sich auseinander?
- Welche Themen beschäftigten Sie darüber hinaus oder stattdessen?

Auf diese Weise gewinnen Sie einen Überblick über Ihre Aktivitäten im Vorjahr. Sie werden staunen, wie viele Erlebnisse dabei aus der Versenkung auftauchen. Ihre Dokumentation der Ereignisse ist nicht nur eine Form der Wertschätzung, sondern erlaubt Ihnen auch Schlussfolgerungen. Sie entdecken vielleicht Dinge, die unbefriedigend waren, die Sie kurzfristig oder langfristig versuchen können zu ändern.

Nach Ihrer Analyse gönnen Sie sich etwas Schönes. Mindestens eine angenehme Pause. Betätigen Sie sich dann körperlich: Gehen Sie tanzen, widmen Sie sich Ihren Pflanzen, oder machen Sie einen Spaziergang, um Ihre Erkenntnisse zu verarbeiten. Allein oder lieber mit einer vertrauten Person, um sich auszutauschen? Mit dem neuen Jahr beschäftigen Sie sich am besten erst nach einer längeren Pause oder am darauffolgenden Tag.

2.2. Der Ausblick auf das kommende Jahr

Um einen Blick ins bevorstehende Jahr zu werfen, schlage ich ein mentales Training vor. Die Technik ist detailliert im Kapitel ▶ *Mentale Präsenz, Mentaltraining* beschrieben. Hier nenne ich Ihnen als Anregung ein paar

Fragestellungen, die Sie im mentalen Training für sich untersuchen können. Ihre eigenen Fragen oder diejenigen, welche sich während des Prozesses einstellen, haben jedoch Vorrang.

ÜBUNG: AUSBLICK AUF DAS KOMMENDE JAHR

1. Phase: Einstieg
Kommen Sie bei sich an. Wie fühlen Sie sich?

2. Phase: Jahresrückblick
Was hat Sie bei Ihrem Jahresrückblick überrascht? Was hat Sie besonders berührt? Was beschäftigt Sie vielleicht noch immer? Haben Sie Erkenntnisse daraus gewonnen, die für Ihre neue Jahresplanung wichtig sind?

3. Phase: Ausblick
Spüren Sie Ihren Atem. Sie befinden sich vor einer leeren Leinwand. Fragen Sie nun in Ihr Innerstes hinein: „Was wünsche ich mir vor allem für das kommende Jahr?" Stellen Sie diese Frage erst Ihrem Bauchraum und dann Ihrem Herzen. Legen Sie jeweils eine Hand auf den Bauch oder Ihr Herz, um den Raum zu konkretisieren. Es gibt Wünsche, die außerhalb des real Erreichbaren liegen. Da ist erst mal ein Wunsch – gut. Was bedeutet er genau? Zum Beispiel der Klassiker „Haus mit Garten". Wofür stehen das Haus und der Garten bei Ihnen? Vielleicht für Geborgenheit und Natur? Wie kann es gelingen, Geborgenheit zu erleben und ein naturverbundenes Leben zu führen?
Erforschen Sie im mentalen Training Ihre Bedürfnisse, und untersuchen Sie Ihre Möglichkeiten, sich diese Bedürfnisse zu erfüllen. Fragen, die Sie in Ihren Körper hinein stellen, aktivieren Ihre Vorstellungskraft. Dann können Sie in Verbundenheit mit dem Körper kreative Lösungen ersinnen. Körperkino. Die Sinne werden mit einbezogen.
Aus „Haus mit Garten" könnte dann zum Beispiel der Wunsch hervorgehen, Geborgenheit in sich selbst zu finden – durch regelmäßige Atemzentrierung, Innehalten, Umarmungen … – und wiederholte Ausflüge in die Natur zu unternehmen, einen Schrebergarten zu pachten, Blumenkästen zu bepflanzen oder einen Dschungel im Badezimmer anzulegen. Finden Sie das zu profan? Wir können ewig bejammern, dass wir nicht nach Hawaii fliegen, kein Haus mit Garten

haben, keinen Mann oder keine Frau …, und damit die Welt, in der wir leben, missachten und vernachlässigen. Oder aber wir schaffen Welten voll Schönheit, die uns guttun. So realisieren wir, was in unserer Macht steht. Und da ist so vieles vorstellbar und machbar. So viel Beglückendes wartet darauf, gelebt zu werden.
„Binde deinen Karren an einen Stern", riet Leonardo da Vinci. Erst wenn wir beharrlich nach unseren Wünschen und Bedürfnissen fragen, fangen sie an, sich zu entfalten. Wir wachsen mit jeder Tat. Wir gewinnen Zutrauen und Mut, uns auch waghalsige Projekte vorzustellen und in Angriff zu nehmen oder Projekte, die den Jahresrahmen sprengen oder unserem Dasein einen weiteren Sinn verleihen. Daher lohnt es sich immer wieder, weit über den eigenen Tellerrand hinauszudenken und zu fragen: Wo möchte ich in fünf Jahren sein? Welche Vorhaben schlummern in mir? Was möchte ich verwirklichen? Welche Kindheitsträume hatte ich – ist da einer vielleicht noch relevant? Wie stelle ich mir mein Alter vor? Welche Weichen muss ich heute stellen, damit ich dieses oder jenes realisieren kann? Vorstellungen haben immense Kraft.

4. Phase: Dokumentieren
Nach dem mentalen Training notieren Sie sich Ihre Wünsche und Umsetzungsideen für das kommende Jahr mit der dazugehörigen Jahreszahl. Spätestens im Jahr darauf, wenn Sie Ihre Notizen wieder in die Hand nehmen, wird es spannend, zu sehen, was daraus geworden ist. Prüfen Sie, ob Sie Ihre Wünsche und Bedürfnisse ernst genommen haben und inwieweit Sie sie realisieren konnten. Ich schaue spätestens nach einem halben Jahr, meist nach ein paar Monaten, wieder auf meine Aufzeichnungen, um mich zu erinnern. Manches habe ich bis dahin vergessen, und es ist schön, es jetzt wiederzuentdecken. Manches konnte ich umsetzen, davon manches anders als gedacht. So ist das Leben.

5. Phase: Verankern
Wenn Sie an diesem Punkt Ihre Notizen in die schöne Mappe stecken, besteht die große Gefahr, dass Ihre Wünsche dort eingeklemmt bleiben. Doch sie sollen Wirklichkeit werden. Wie? Wie erinnern Sie sich? Hier sind Ihre Erfahrung und Kreativität gefragt. Legen Sie zum Beispiel jetzt schon Wochenenden fest, an denen Sie schöne Orte in der Natur aufsuchen, falls dies eines Ihrer Bedürfnisse ist. Schreiben

Sie sich Postkarten, und werfen Sie monatlich eine ein, auf der steht, was Sie tun wollen, damit Ihre Wünsche und Bedürfnisse zum Leben erweckt werden. Weitere Anregungen zum Verankern hilfreicher Gedanken und Ideen finden Sie im Kapitel ▶ Mentale Präsenz und am Ende dieses Kapitels ▶ *Präsenz in der Führung, Ideensammlung zur Implementierung im Alltag.*

3. „Werde, die du bist" – „Werde, der du bist"

„Wer werden will, was er sein sollte, der muß lassen, was er jetzt ist."[59]

Als Schauspielerin hatte ich das Glück, dass ich immer wieder spielerisch neue Gedanken und Vorstellungsbilder von Schriftstellern und Schriftstellerinnen in mich aufnehmen und den Resonanzboden für die Charakterfarben von Rollen in mir finden durfte. Man verändert sich als Mensch, je nachdem welche Gedanken man denkend empfindet und welchen Charakter man somit verkörpert. Auf diese Weise konnte ich viele Seiten von mir kennenlernen. Ich gehe davon aus, dass in jedem Menschen die ganze Palette von Empfindungen und Ausdrucksmöglichkeiten schlummert. Um sie zu erschließen, braucht man Mut und Lust, in Bewegung zu kommen – in innere Bewegung mit dem, was wir denken, und in äußere Bewegung mit der Art, wie wir gehen, stehen, sitzen, springen … Unser Selbstbild kann so flexibel oder starr beschaffen sein, dass wir dafür Spielraum haben oder nicht. ▶ *Mentale Präsenz, Leit/dgedanken ans Licht bringen.*

Alle Übungen in diesem Buch zeigen Wege, wie wir mit unserem Körper und unseren Vorstellungsräumen wertschätzend umgehen. Dafür lösen wir uns immer wieder von behindernden geistigen und muskulären Anspannungen und Anstrengungen. Daran mag Meister Eckhart gedacht haben, als er sagte: „Wer werden will, was er sein sollte, der muß lassen, was er jetzt ist." ▶ *Atmen, Übung: Innehalten.*

Erst lassen wir Vorstellungen los, dann andere zu. Dabei bilden sich feine, kleine Spielräume heraus, in denen wir neue Seiten von uns entdecken können. Wir lernen einzelne Figuren in uns besser kennen oder geben anderen Raum, sich zu zeigen. Wir nehmen wahr, ob einzelne Spieler sich zu stark in den Vordergrund drängen und sich wichtigmachen oder ob sie im Hintergrund verschwinden. Vielleicht müssen wir unser inneres Team komplementieren und Figuren erfinden, um vollkommener zu werden.

Ich beschreibe Ihnen nun eine Technik, die es Ihnen erlaubt, Ihr Selbstbild immer wieder weiterzuentwickeln.

ÜBUNG: SICH LOSLASSEN – SICH ZULASSEN

Stellen Sie sich eine weiße Leinwand als Projektionsfläche für folgende Fragestellungen vor: Wer möchte ich sein? Wie möchte ich am liebsten sein? Welche Charaktereigenschaften darf ich dafür in mir entdecken und zulassen?

- Stellen Sie sich diese Fragen im mentalen Training. Es darf sich zeigen, was sich zeigen will. Lassen Sie sich von sich selbst überraschen.

- Überlegen Sie sich im mentalen Training oder anschließend, wo Sie die Eigenschaften, die Sie verstärken möchten, besonders ausgeprägt vorfinden. Vorbilder dafür gibt es in der Tier- und Pflanzenwelt, bei lebenden oder historischen Persönlichkeiten, in Filmen, Musikvideos, in der Literatur und Malerei …

- Nun betrachten Sie Ihre ausgewählte Figur genau. In welchem ihrer Wesenszüge, in welcher ihrer Haltungen oder Bewegungen teilt sich das, was Sie intensivieren möchten, am klarsten mit? Finden Sie den passendsten Ausdruck bei Ihrem Vorbild.

- Nun versuchen Sie, den gewünschten Ausdruck in sich zu finden. Dazu spielen Sie beispielsweise die Filmszene nach, in der Ihr Vorbild die begehrte Eigenschaft perfekt verkörpert. Transkribieren Sie den Text, und versuchen Sie, exakt zu imitieren. Bei einem Vorbild aus der Tierwelt drücken Sie das als charakteristisch Erkannte aus, beispielsweise die Geschmeidigkeit einer Katze oder die Wachheit eines Vogels. Wenn es Ihrem Bedürfnis entspricht, die Verwurzelung einer alten Eiche in sich zu entdecken, versuchen Sie sich in diesen Zustand hineinzuversetzen. Beschäftigen Sie sich so lange damit, bis Sie das Gefühl dazu in sich erleben, bis also Ausdruck und Gefühl miteinander verschmelzen. Ich konnte in Coachingprozessen immer wieder die Erfahrung machen, dass es den allermeisten meiner Klienten nach kurzer Überwindung Spaß macht, zu imitieren. Wir können das! Denn wir alle haben durch Nachahmung laufen, sitzen, sprechen … gelernt. Jetzt nutzen wir diese Fähigkeit, um uns die gewünschten Eigenschaften anzueignen.

- Das dabei empfundene Gefühl übertragen Sie nun auf alltägliche Verrichtungen wie Essen, Gehen, Sprechen … Beobachten Sie, wie die neuentdeckte Eigenschaft Alltägliches verändert.

- Wenn Sie eine Eigenschaft so weit untersucht haben, können Sie sie in der Öffentlichkeit erproben. Vielleicht gehen Sie bummeln oder gezielt etwas erledigen. In welchen Kontexten hilft Ihnen diese bewusster gelebte Eigenschaft? Viel Vergnügen!

- Um das Entdeckte immer wieder aufzufrischen, sollten Sie sich ein reales Abbild Ihrer Vorbildfigur in einer Situation, in der sie den charakteristischen Ausdruck zeigt, an die Wand hängen.

Von dieser Übung profitieren natürlich auch Ihre Stärken, für die Sie sich passende Vorbilder aussuchen, zum Beispiel rhetorische Koryphäen, deren Reden Sie nachspielen können. Es ist schade, dass wir als Erwachsene so wenig spielen! Dabei lernen wir doch spielerisch erwiesenermaßen am leichtesten.

4. Improvisation als Lebensprinzip

Hier schließt sich nun der Kreis zur Aussage Friedrich Schillers am Anfang des Buches: Der Mensch ist nur da ganz Mensch, wo er spielt. Wenn wir spielen, lassen wir uns auf Unvorhersehbares ein. Wir improvisieren und haben sogar Spaß daran. Auf diese Weise kreieren wir Neues.

Wie sagte John Lennon so schön: „Life is what happens while you are busy making other plans.“ So gesehen ist das Leben eine Reihe unvorhergesehener Veränderungen, und wir tun gut daran, uns in der Kunst des angemessenen Umgangs mit ihnen zu üben. Worin besteht diese Kunst?

Wir akzeptieren die neue Situation und passen unsere ursprünglichen Pläne umgehend an sie an oder verwerfen sie. Kurzum: Wir agieren intuitiv und improvisiert.

Das Verb „improvisieren“ geht auf das lateinische Wort *improvisus*, das mit „unvorhergesehen“ übersetzt werden kann, zurück. Improvisieren bedeutet, etwas ohne Vorbereitung aus dem Stegreif dar- oder herzustellen. Damit werden genaues Studium und die Arbeit an unseren Vorstellungen keineswegs obsolet. Ganz im Gegenteil, um improvisieren zu können, brauchen wir Souveränität. Sie entwickelt sich aus einem gesunden Selbstbewusstsein und dem, was wir durchdrungen und uns so zu eigen gemacht haben.

Oftmals kreisen zentrale Führungsthemen um Antworten und Lösungen vor dem Hintergrund einer unbekannten Zukunft. Abgesehen von der Kunst, zeitnah auf eingetretene unvorhergesehene Umstände zu reagieren, kommt das Improvisationsprinzip in der Führung noch in einer weiteren Hinsicht zum Tragen. Denn die Auswertung aus der Vergangenheit stammender Daten kann bei der Einschätzung künftiger Trends nur bedingt weiterhelfen. Um in der Zukunft liegende Möglichkeiten zu erkennen, sind Analysefähigkeit und Kreativität gefragt. Das spielerische Moment der Improvisation wird genutzt, um neue Lösungsansätze zu entdecken und Zukunftsszenarien durchzuspielen. Die derzeit favorisierten Zukunftsmodelle sind selbstorganisierte Netzwerke. Explizit sehen wir dies in der Share Economy und beim Konzept Cradle to Cradle.

Dem Institut für Arbeitsmarkt- und Berufsforschung zufolge wünschten sich im Jahr 2016 drei von vier Führungskräften einen Paradigmenwechsel in der Führungskultur. Dem hierarchisch gesteuerten Management wird mehrheitlich eine Absage erteilt. Gemeinsame Suchbewegungen, also Improvisationen, sind in vielen Bereichen erfolgversprechender als Zielvereinbarungen und Controlling. Die Erkenntnis, dass nichts bleibt, wie es ist, führt zur Anerkennung der Improvisation als Lebensprinzip.

Die Qualität einer Improvisation hängt von benennbaren Faktoren ab, die in der Musikwelt schon lange erprobt worden sind. Eine Improvisation verlangt souveräne Akteure, also präsent agierende und aktiv zuhörende Spieler, die spüren, was sich wie weiterentwickeln lässt, Spieler, die bereit sind, das Spiel gemeinsam voranzubringen, weil sie wissen, dass einer allein weniger vermag als viele zusammen. Dabei kennen sich alle Beteiligten mit ihrem Material und den Strukturen, in denen sie agieren, gut aus, denn das ist die Voraussetzung, um frei improvisieren zu können. Die Pause wird als Spannungsmoment genutzt und um sich immer wieder neu zu organisieren.

All das kann sich nur unter der Bedingung wertschätzender Kommunikation vollziehen. Der Ball, das Thema, wird aufgefangen und auf konstruktive Weise weitergespielt. Beim Improvisieren trifft jeder Einzelne viele Entscheidungen, die sich als „Fehler“ erweisen können. Interessanterweise ergeben sich gerade aus ihnen häufig interessante Neuheiten. Fehler und Krisen sind Teil jeder Entwicklung. Dies gilt in der Persönlichkeitsentwicklung wie in der Organisations- und Gesellschaftsentwicklung. Diese sogenannten systemischen Schleifen sollten also weniger gefürchtet als vielmehr begrüßt werden. Die Improvisation verlangt von allen Beteiligten, dass sie mit dem, was entsteht, positiv umgehen, denn nur dann kann sich das Material konstruktiv weiterentwickeln, das heißt, bei der Improvisation steht man sich gegenseitig bei. Dies ist ein sehr schöner Aspekt des Improvisierens. Die Spieler denken und handeln aus einer Logik des Überflusses heraus – vieles ist möglich! – und nicht des Mangels. Im Kapitel „Mentale Präsenz" habe ich über die Macht innerer Einstellungen gesprochen. Hier möchte ich nun eine Verbindung zwischen ihnen und der Selbstsorge knüpfen.

Unsere innere Einstellung entscheidet darüber, wie wir für die Befriedigung unserer Grundbedürfnisse Sorge tragen. Wenn wir sie ernst nehmen und ihnen entsprechen, handeln wir tendenziell aus empfundener Fülle heraus, wenn wir sie vernachlässigen, eher aus empfundenem Mangel. Welche Grundbedürfnisse außer Atmen, Trinken, Essen, einem Dach über dem Kopf und Fortpflanzung sollten wir berücksichtigen?

Der Mensch hat bereits im Mutterleib zwei entscheidende Grundbedürfnisse: zum einen zu wachsen, sich weiterzuentwickeln und zum anderen sich sicher und geborgen zu fühlen. Sie kommen zwei Polen gleich, denen man gleichzeitig kaum gerecht werden kann.

Wenn wir im Umgang mit uns selbst wiederholt Grenzen überwinden und Schritte außerhalb des Gewohnten, der eigenen Muster, wagen, sammeln wir Erfahrungen, wie es ist, neue Wege einzuschlagen. Wir befriedigen damit unser Grundbedürfnis nach Entwicklung und erkennen, dass der Weg das Ziel ist und uns vor allem die Kunst der Improvisation weiterhilft.

Was geschieht mit unserem Verlangen nach Sicherheit, Geborgenheit und Halt in Zeiten der Auflösung tradierter Strukturen? An die Stelle durch Sippe, Herkunftsort und Sprache klar definierter und begrenzter Lebenswelten sind längst Wahlverwandte, wählbare Orte und Sprachen getreten. Zumindest gilt dies für einen beschränkten, privilegierten Teil der Weltbevölkerung. Doch auch in fluiden Gesellschaften bleibt das Grundbedürfnis des Menschen nach Sicherheit und Geborgenheit bestehen. Es findet nun keinen Halt mehr in äußeren Rahmenbedingungen, sondern im Bewusstsein – im bewussten Sein. Indem wir uns in uns selbst verorten, unseren Körper bewohnen, können wir das zweite Grundbedürfnis des Menschen, das nach Sicherheit und Geborgenheit, befriedigen. Die Erfahrung, immer wieder mit unvorhergesehenen Situationen bewusster umzugehen, führt zunehmend dazu, dass wir der Improvisation als Lebensprinzip vertrauen.

Vertrauen befähigt uns, Ungewissheiten entspannter und dadurch konstruktiv wahrzunehmen. Wir stellen Handlungsfähigkeit durch Präsenz immer wieder her, um nicht angstgetrieben zu reagieren. Unser Alltag ist der entscheidende Spielraum dafür, um dies praktizierend zu erlernen. Um aus dem Getriebensein herauszukommen. Um die Herausforderungen, sich selbst im Alltag nicht abhandenzukommen, spielerisch zu ergreifen.

5. Die Herausforderung: der Alltag

Im Theater gibt es ein geflügeltes Wort: „Den König spielen die anderen." Das heißt, alles wird so arrangiert, dass der König bei seinem Erscheinen optimale Bedingungen antrifft. Heute kommen Vorstände in den Genuss solcher Arrangements. Ihre Umgebung ist so beschaffen, dass es leichtfällt, sich in ihr wie ein König zu bewegen. Ihre Position wird in der Gesellschaft hoch geschätzt, ihre Gedanken und Handlungen sind von Gewicht, und so überrascht es nicht, wenn sie sich als besonders, wichtig und wertvoll begreifen. Doch wir sind alle einzigartig und von besonderem Wert! Die große Herausforderung besteht darin, sich auch unter widrigen Umständen aufzurichten, die eigene Größe zuzulassen und sich selbst zu vertrauen.

Nelson Mandela hat nach siebenundzwanzig Jahren Haft seine Antrittsrede als Präsident von Südafrika mit einem wunderbaren Text eröffnet. Er handelt von unserer Angst, die eigene Größe zuzulassen, und appelliert daran, unser Licht leuchten zu lassen, weil sonst nichts erhellt würde in dieser Welt. Sie finden ihn zwischen diesem und dem letzten Kapitel. Wenn einer nach langen Jahren der Haft die Kraft besitzt, uns an unser inwendiges Potenzial zu erinnern, sollte es uns auf dem großen Wohlstandskontinent doch leichtfallen, es zu verwirklichen. Doch dem ist nicht so. Zu funktionieren ist eine uns innewohnende starke Prägung. Im Funktionsmodus fragen wir nicht nach der Verwirklichung unserer Potenziale und der von anderen. Es bedarf unserer beharrlichen, liebevollen Hinwendung zu uns selbst, damit wir uns im Alltag nicht aus den Augen verlieren. Damit komme ich zur größten Herausforderung – der Herausforderung, sich im Alltag ernst zu nehmen. Damit Ihnen dies gelingen möge, stelle ich Ihnen im Folgenden einige Ideen vor, die ich im Laufe der Zeit zusammengetragen und erprobt habe. Nutzen Sie Ihre Kreativität, um Erinnerungshilfen zu entwickeln. Möge Spielfreude und Beharrlichkeit Sie auf Ihrem Weg liebevoll begleiten.

5.1. Ideensammlung zur Implementierung im Alltag

Erinnerungshilfen sind besonders effektiv, wenn sie sich verschiedener Sinneskanäle bedienen. So kann beispielsweise der Vorsatz, sich immer wieder aufzurichten, durch ein Bild, ein optisches Signal, einen Geruch, einen Geschmack, eine Bewegung, ein Lied, einen Merkzettel und/oder einen Gegenstand bekräftigt werden. Erinnerungshilfen sind so lange tauglich, wie sie uns wirklich berühren. Im Kapitel „Mentale Präsenz" bin ich bereits auf das Verankern hilfreicher Gedanken eingegangen. ▶ *Mentale Präsenz, Einbindung in den Alltag*. Hier gebe ich Ihnen weitere Anregungen.

Computer
Bespielen Sie den Bildschirmschoner mit einem Bild, welches Sie in eine gute Stimmung versetzt oder Sie daran erinnert, den natürlichen Einatmungsimpuls zuzulassen. Ein Foto einer Wüste mit Spuren im Sand kann Ihnen die Übung „Füße, Füße, Füße" ins Gedächtnis rufen. Ein Computer-Passwort wie Atmen, Innehalten, Ichbindran oder Ähnliches mag nützlich sein, wenn Sie sich einen unterstützenden Begriff oder Gedanken einprägen wollen. Sie können sich zu diesem Zweck aber auch Erinnerungsmails und Postkarten schicken.

Apps
Laden Sie sich Apps herunter, zum Beispiel eine Achtsamkeitsglocke, zur Selbstorganisation, zur Rückenschulung etc. Ich rate entschieden von solchen ab, die einen Atemrhythmus vorgeben, denn der ist individuell.

To-do-Liste
In Ihre To-do-Liste tragen Sie ein, was Ihnen wichtig ist, beispielsweise eine Übung, an die Sie sich im Laufe des Tages oder der Woche erinnern wollen.

Kalender
Besorgen Sie sich einen Umklapp-Kalender, in den Sie Übungen und hilfreiche Gedanken, die Sie pflegen möchten, eintragen. Oder nutzen Sie zu diesem Zweck Online-Kalender. Lassen Sie sich ans Innehalten oder eine Verabredung mit sich selbst zu bestimmten Zeiten erinnern. Gönnen Sie es sich, dann und wann auch „Nichts" im Kalender zu notieren, und wenn jemand Sie fragt, ob Sie da Zeit haben, antworten Sie konsequent und lächelnd: „Tut mir leid, da hab ich schon was vor." Momente der Muße, des Sich-fallen-Lassens, sind ein Labsal für die Seele.

Zeiten zur inneren Sammlung einplanen vor wichtigen Terminen
Zwanzig Minuten vor einer wichtigen Präsentation oder Ähnlichem ziehen Sie sich zurück und sammeln sich. Fragen Sie sich: Was brauche ich? Lassen Sie Ihren Körper antworten. Er sagt Ihnen, was ihm im Augenblick guttun würde. Das kann ein kurzer Aufenthalt an der frischen Luft sein, die Korkenübung oder ein Moment der Konzentration durch die Wahrnehmung der Atembewegung.

Gestaltung Ihrer Umgebung
Sammeln Sie Bilder, Fotos oder Kunstdrucke, die eine freudige Stimmung hervorrufen oder Sie humorvoll an einen Vorsatz oder etwas Schönes erinnern. Dies können auch Urlaubsfotos oder Selbstporträts sein, die ein Gefühl der Weite und Größe des Daseins in Ihnen aufleben lassen. In Wechselrahmen eingelegt, können sie jederzeit ausgetauscht und durch neue Anreize ersetzt werden. Eine Postkartenkollektion kann sich als eine wahre Fundgrube für Erinnerungsbrücken erweisen: Buddha-Postkarten – Bauch dick – Atmen, Abbildungen der Mona Lisa – Lächeln …
Begriffe oder hilfreiche Gedanken können Sie attraktiv gestalten und sichtbar platzieren. Früher waren am Deckengesims von Räumen Sinnsprüche zu lesen. Warum nicht auch heute? Aus kleinen improvisierten Zetteln können Sie mit einfachen Utensilien eine Zettellampe herstellen. Ihrer Phantasie sind keine Grenzen gesetzt.

Gegenstände
Ein Gegenstand kann Ihnen als Anker dienen, damit Sie sich an ein Vorhaben erinnern. Beispielsweise haben Sie sich vorgenommen, beim Sprechen Pausen zu machen. Welcher Gegenstand kann Ihnen diese Absicht ins Bewusstsein rufen? Sie können dazu auch ein in Vortragssituationen gebräuchliches Objekt verändern, zum Beispiel einen Laserpointer, an dem Sie etwas Kleines, Irritierendes befestigen.

Ein Ring lässt sich mit hilfreichen Gedanken besprechen, die Sie sich merken wollen.

Sich an sich selbst erinnern
Stecken Sie sich zehn Kaffeebohnen in die Hosen- oder Jackentasche. Sie wandern im Laufe des Tages von einer Tasche in die andere, und zwar immer dann, wenn es Ihnen gelungen ist, einen Vorgang präsent zu erleben: Gehen, Stehen, Atmen, Ankommen, Auftreten … Wenn Sie dies vier Wochen lang praktizieren, wird Ihnen in den nächsten Jahrzehnten das Herstellen von

Präsenz als selbstverständliche Möglichkeit zur Verfügung stehen. Sie haben sich daran gewöhnt, sich Aufmerksamkeit zu schenken und Momente zu schaffen, in denen Sie „den Wert Ihres Daseins empfinden" (Kleist).

Spielkarten

Fertigen Sie Spielkarten mit Übungen und unterstützenden Gedanken an, die Sie ansprechen. Legen Sie die Karten verdeckt hin, und ziehen Sie täglich mindestens eine.

Sparschwein

Stellen Sie ein Sparschwein auf. Jedes Mal, wenn Sie sich um Ihre Wirbelsäule – die Würdesäule Ihres Hauses – gekümmert haben, tun Sie etwas hinein. Von dem angesammelten Geld verwöhnen Sie sich. Wenn Sie Ihre Wirbelsäule nicht pflegen, werden Sie vermutlich irgendwann einmal mehr Geld für orthopädische Behandlungen aufwenden müssen …

Auftreten und Innehalten üben im Alltag

Auf täglichen Wegen im Haushalt können Sie bewusst das Auftreten üben, zum Beispiel beim Bügeln. Sie gehen, wie in der Übung „Füße, Füße, Füße" beschrieben, zum Bügelbrett, und bevor Sie mit der Arbeit beginnen, halten Sie inne. Sie spüren die Standbein-Spielbein-Position und lassen eine Einatmung einströmen. Dann erst beginnen Sie mit der Arbeit. Diesen Vorgang können Sie mit verschiedenen Arbeiten kombinieren.

Am Ende dieses Kapitels überlasse ich Elias Canetti das Wort: „Nun ist es aber in Wahrheit so, dass es nur umso mehr zu staunen gibt, je mehr man erfahren hat. Das Staunen wächst mit der Erfahrung. Und es wird eindringlicher."

★★★

Die Herausforderung

KAPITEL 10

„Unsere tiefste Angst ist nicht die,
dass wir unzulänglich sind.
Unsere tiefste Angst ist die,
dass wir über die Maßen machtvoll sind.

Es ist unser Licht, nicht unsere Dunkelheit,
das uns am meisten erschreckt.
Wir fragen uns: Wer bin ich denn,
dass ich so brillant, großartig, talentiert,
fabelhaft sein sollte?
Aber wer sind Sie denn,
dass Sie es nicht sein sollten?

Sie sind ein Kind Gottes.
Wenn Sie sich kleinmachen,
dient das der Welt nicht.
Es hat nichts von Erleuchtung an sich,
wenn Sie sich so schrumpfen lassen,
dass andere Leute sich nicht mehr durch Sie verunsichert fühlen.

Wir sollen alle so leuchten wie die Kinder.
Wir sind dazu geboren,
die Herrlichkeit Gottes in uns zu manifestieren.
Sie existiert in allen von uns,
nicht nur in ein paar Menschen.

Und wenn wir unser eigenes Licht leuchten lassen,
erlauben wir auch unbewusst anderen Menschen,
das Gleiche zu tun.
Wenn wir von unserer eigenen Furcht befreit sind,
befreit unsere Gegenwart automatisch auch andere.“[60]

Nelson Mandela zitierte diesen Text 1994 bei seiner Antrittsrede als Präsident Südafrikas nach siebenundzwanzigjähriger Haft (1963–1990).

10
UNBEGRENZTE AUSSICHT

„Weil jeder Mensch auf Grund des Geborenseins ein *initium*, ein Anfang und Neuankömmling in der Welt ist, können Menschen Initiative ergreifen, Anfänger werden und Neues in Bewegung setzen.“[61]

Ich wuchs in den 1960er Jahren in Westdeutschland auf. Che Guevara hing groß an der Wand, die Eltern waren politisch engagiert, ich sang als Kind auf Demonstrationen laut mit. Wenn ich mich frage, was ich Wesentliches auf diesem Weg mitbekam, so ist es dies: Veränderung war ein positiv besetzter Begriff. Dies wurde mir allerdings erst Jahrzehnte später bewusst. Für das Zutrauen, dass Veränderungen möglich, ja sogar notwendig, erwünscht und letztendlich ein ganz natürlicher Vorgang sind, bin ich heute meinen Eltern dankbar. Die aufgeworfenen Fragen der 68er-Generation waren notwendiger Sand im Getriebe, und es wurden weitreichende Themen in die Gesellschaft eingebracht.

Meine Beobachtung und Erfahrung führten mich zu einer anderen Form der persönlichen und politischen Verantwortung, welche ich Ihnen zum Abschluss als Ausblick mit auf den Weg geben möchte.

Während die Vorstellung von Veränderung eher einen von außen induzierten Vorgang beschreibt, entwickelt sich Wandel von innen heraus. Der Vorstellung von Wandel liegt ein natürliches, ein der Natur vertrauendes Zeitmaß zugrunde.

Goethe beschäftigte die Frage, wie die Menschen mit der Zeit umgehen. Er schrieb: „Für das größte Unheil unserer Zeit, die nichts reif werden läßt, muß ich halten, daß man im nächsten Augenblick den vorhergehenden verspeist, den Tag im Tage vertut, und so immer aus der Hand in den Mund lebt, ohne irgend etwas vor sich zu bringen … und so springt's von Haus zu Haus, von Stadt zu Stadt, von Reich zu Reich und zuletzt von Weltteil zu Weltteil, alles veloziferisch."[62] Diese teuflische Bewegtheit hat sich längst global ausgebreitet, und es ist an der Zeit, Raum zum Innehalten zu schaffen und sich zu fragen, was bedeutsam, was wesentlich für uns ist. Gerade wenn die Zeitbombe tickt, ist es notwendig, das Innehalten zu kultivieren.

Entstehen tragfähige gesellschaftliche Veränderungen – genau wie persönlicher Wandel – nicht durch Menschen, die sich ihrer selbst bewusst sind, die sich die Zeit nehmen, um zunächst sich selbst und ihre Vorstellungen wahrzunehmen? Durch Personen, die gelernt haben, sich selbst zu vertrauen, und gerade dadurch ihre Kraft souverän nutzen können? Menschen, die ihre Selbstwahrnehmung stärken, werden auch gesellschaftliche Prozesse bewusster wahrnehmen und reflektieren. Sie sind eher in der Lage, ihre gewonnenen Erkenntnisse bewusst in die Zivilgesellschaft einzubringen. Sie werden sich ermächtigen, weil sie souverän sind.

Wie sinnlos das Unterfangen ist, andere ändern zu wollen, dürfte jeder im Laufe seines Lebens schmerzhaft erfahren haben. Wie unproduktiv es ist, sich als Opfer zu begreifen, konnten wir vermutlich auch schon erleben. Geben wir der *Herrschaft der Sorge* nicht Raum, denn diese *hindert uns am Leben.*[63] Fangen wir also bei uns selbst an, begreifen wir uns als Akteure, als bewusst Handelnde. Nehmen wir die unglaubliche Herausforderung, die darin liegt, zu sein, wer wir sind, bewusst an. Lassen wir das Licht in uns leuchten, wie Nelson Mandela es forderte.

Das bedeutet aber nicht, dass wir uns nur um uns kümmern sollten. Meine Vorstellung von Präsenz hat nichts mit Egomanie gemein. Ganz im Gegenteil: Erst ein respektvoller, wertschätzender Umgang mit sich selbst ermöglicht eine respektvolle Haltung anderen gegenüber.

Präsentsein ist eine grundlegend respektvolle und wertschätzende Bewusstseinsform. Dies habe ich in meinem Buch herauszuarbeiten versucht. Wenn wir den Augenblick wertschätzen, leben wir bewusst im Hier und Jetzt. In diesem Augenblick nimmt die sonst häufig erst herbeigesehnte Vorstellung von innerer Freiheit bereits Gestalt an.

„Manche Leute sehen die Dinge, wie sie sind, und fragen: Warum? Ich träume von Dingen, die es niemals gab, und frage: Warum nicht?"
George Bernard Shaw

Wenn wir präsent sind, machen wir Erfahrungen, die uns eine Reihe von Qualitäten als wertvoll erkennen lassen und unser Bewusstsein formen. Welche Werte sind das?

- Bewusstheit
- Wertschätzung
- Selbstbewusstsein
- Verbundenheit
- Vertrauen
- Abstand
- Innere Freiheit
- Neue Perspektiven
- Gelassenheit
- Teil eines Ganzen zu sein
- Verantwortung
- Souveränität

Mit jedem bewussten Erleben dieser Werte in der Präsenz verankern sie sich tiefer in uns. Als solche bilden sie das Fundament all unseres Handelns. Sind nicht gerade diese Werte, die wir in der Präsenz kultivieren, eine Voraussetzung, um die Herausforderungen unserer Zeit angehen zu können? Könnte es nicht zu einer inneren Notwendigkeit und Freude werden, diese Werte in möglichst vielen Situationen zu leben und einzufordern? Ich kann mir vorstellen, dass sie Wesentliches zum gesellschaftlichen Wandel beizutragen und die tiefe Sehnsucht nach Resonanz im eigenen Inneren und in der Welt zu stillen vermögen. Eine Gesellschaft ohne Wertvorstellungen verkommt. Die heute vorherrschenden materialistischen Werte führen zur Aushöhlung der materiellen wie der immateriellen Ressourcen. Sie führen zur Auflösung von Zusammengehörigkeit und somit zum Resonanzverlust.

Die überkommenen Wertvorstellungen und das Menschen- und Gesellschaftsbild, das ihnen zugrunde liegt, werden durch Sozialisation vermittelt und erweisen sich als überaus machtvoll. Doch souveräne Menschen hinterfragen die eigenen Prägungen und vertrauen stattdessen den eigenen Erfahrungen und den daraus abgeleiteten Erkenntnissen und Werten.

„Soziale, politische und wirtschaftliche Entwicklungen beeinflussen den einzelnen Menschen auf vielerlei Wegen, die er nicht einfach umkehren und auch nicht ohne weiteres wahrnehmen kann. Aber wenn wir nicht einfach annehmen, dass es nur diese Einbahnstraßen-Beziehung von der Gesellschaft zum Individuum gibt, können wir wenigstens fragen: Wann vollzieht sich Veränderung nur in eine Richtung, und wann geht sie auch in die andere Richtung oder könnte in die andere Richtung gehen? Tatsächlich ist es viel schwieriger herauszufinden, wie Personen und Körper gesellschaftliche Systeme beeinflussen können.“[64]

Wenn wir uns vorstellen, dass jede und jeder Einzelne auf die Gesellschaft einwirken kann, hängt deren qualitativer Zustand von den Werten und den daraus resultierenden Bewusstseinsinhalten der einzelnen Gesellschaftsmitglieder ab. Sicherlich trifft dies nicht auf alle gleichermaßen zu, denn Einfluss und Macht sind ungleich verteilt.

Welcher gesellschaftliche Wert kann beispielsweise durch den Wert *Vertrauen* entstehen? Der Zukunftsforscher Matthias Horx schreibt: „Vertrauen … ist die kostbarste Ressource für das Gelingen des Wandels. Sie ist die Gegendroge zu Angst, Macht und Zynismus. Vertrauen reduziert den Aufwand der Komplexität, weil sie alle Wege verkürzt und alle Kommunikation mit der Aura des Gelingens versieht. Sie fördert Kooperation statt Hierarchie. Sie ist die einzige Ressource, die sich ständig vermehrt, während man sie *verschwendet*. Wo Vertrauen die Gesellschaft prägt, sind Prosperität und Stabilität fast eine automatische Folge. Diese kostbarste aller Ressourcen, so ahnen wir, entsteht nicht von allein. Ihre *Produktion* hat etwas mit Erfahrung zu tun. Wie Panik und Paranoia die Sedimente der Angst sind, ist Vertrauen ein Amalgam gemeinsam überwundener Krisen.“[65]

Um gesellschaftlichen Wandel zu ermöglichen, brauchen wir Menschen, die sich selbst vertrauen, denn nur wer sich selbst vertraut, wird auch anderen vertrauen. „Das Private ist politisch“,[66] wird politisch, wenn wir es so denken.

Die Organisation von Gesellschaft muss dringend weiterentwickelt werden, um den hochkomplexen Prozessen, die auf Wechselwirkungen basieren, gerecht zu werden. Dafür wird nach Modellen gesucht. Als ein mögliches Modell kann die Organisationsform des Gehirns herangezogen werden. Der bekannte Neurophysiologe Wolf Singer beschreibt unser Gehirn als ein *komplexes, dynamisches, nichtlineares, sich selbst organisierendes System*. Die Informationsverarbeitung in unserem Gehirn wird offensichtlich nicht von einer Zentrale gesteuert. Überträgt man dies auf die Gesellschaft, ist jeder einzelne Mensch mit seinen Anlagen aufgerufen, als Souverän in Netzwerken mitzuwirken und seinen Handlungsspielraum kreativ und verantwortlich zu nutzen. Sinnvoll tätig zu sein ist beglückend. Sich verbunden zu fühlen mit der Natur und den Lebewesen dieses Planeten schafft Beziehung. In diesen Kontext gehören auch Fragen wie die von Carolin Emcke aufgeworfenen: Inwieweit muss man rebellieren, um sich selbst treu zu bleiben? Und ist ein gewisses Maß an Widerständigkeit nicht ein unveräußerliches Element der eigenen Würde?

Wir können die Komplexität des heutigen Lebens, eines Daseins in nicht mehr greifbaren Zusammenhängen, als Chance zu persönlicher und gesellschaftlicher Weiterentwicklung verstehen. Tiefgreifende Veränderungen stehen an. Wertschöpfung im Sinne von Weiterentwicklung, nicht allein von Wachstumsraten, ist gefragt, individuell wie gesellschaftlich. Wir werden uns nicht mehr so verhalten können, als gäbe es noch ein zweites Leben, noch eine zweite Erde. Gegen gewaltige Widerstände haben unsere Vorfahren Bildung, Wohlstand und die Gleichstellung der Frau erkämpft. Wir sollten diese Errungenschaften wertschätzen und unser Teil zu ihrer Weiterentwicklung beitragen.

Präsentsein ist meiner Meinung nach als konstruktive Störung verstehbar. Wir stören dabei das eingeschliffene Funktionieren, das Immer-so-Weitermachen wie bisher. So gesehen wird Präsenz zu einer Form des Widerstands. Der „einfache" Vorgang, sich immer wieder mit dem eigenen Atemrhythmus zu verbinden, sich zu verankern – präsent zu sein –, wird nun zu einem höchst politischen Akt. Im eigenen Atemrhythmus zu sein und andere in ihrem Atemrhythmus zu lassen ist eine grundlegende Form des Respekts und der Achtung, eine Möglichkeit, zu kommunizieren, ohne den anderen beherrschen zu wollen, ohne sich beherrschen zu lassen. Es ist ein Vorgang, der gleichzeitig mehr Verbundenheit und mehr Distanz ermöglicht.

„Sprechend und handelnd schalten wir uns in die Welt der Menschen ein, die existierte, bevor wir in sie geboren wurden, und diese Einschaltung ist wie eine zweite Geburt, in der wir die nackte Tatsache des Geborenseins bestätigen, gleichsam die Verantwortung dafür auf uns nehmen."[67]

Wir alle kennen Ausreden wie diese: Das Wetter ist schuld, die Wirtschaftskrise, der Partner oder die Partnerin, die Eltern, der schlechte Tag, die Arbeitsbedingungen, das System, in dem wir leben … Nach wie vor ist das Abwälzen von Verantwortung auf andere gesellschaftlich weit verbreitet und akzeptiert. Man kann von einer Gesellschaft nicht mehr verlangen, als man von sich selbst verlangt. Wenn wir erst einmal die Verantwortung für uns selbst übernehmen, wird sich das Zusammenleben wandeln, werden gesellschaftliche Prozesse von innen heraus neu gestaltet. Dafür möchte ich möglichst viele Menschen begeistern. Wann immer ich diesen Wunsch bewusst empfinde, geht mir die Melodie Hans Eislers zur „Kinderhymne“ von Bertolt Brecht durch den Sinn: „Anmut sparet nicht noch Mühe / Leidenschaft nicht noch Verstand …“

„Der Schritt verrät, ob einer schon auf seiner Bahn schreitet.
Wer aber seinem Ziel nahe kommt, der tanzt.“

Friedrich Nietzsche

Ich träume von einer innerlich tanzenden Gesellschaft, von souveränen, inwendig freien Menschen, die aus der Freude am Gegenwärtigsein ihre Energie gewinnen und dieses Kapital einsetzen, um sich als verantwortlicher Teil des Ganzen aktiv einzumischen. Ich wünsche mir eine Gesellschaft, die in diesem Sinne Spielraum zum „Tanzen“ gewährt, und Menschen, „deren Glück durch das Glück ihrer Nebengeschöpfe vervielfacht wird“,[68] wohl wissend, dass Lösungen mit Loslassen und einem aktivierten kreativen Geist zu tun haben.

Die Dimension der Freude und die Lebensenergie und Lebenskraft, die aus ihr hervorgehen, entfalten sich, wenn wir im Augenblick, im Hier und Jetzt, leben.

„Sei du selbst die Veränderung, die du dir wünschst für diese Welt.“

Mahatma Gandhi

★ ★ ★

Credo

Die Unendlichkeit

winziger Dinge. Einmal nur atmen
im Licht der Unendlichkeit

winziger Dinge,
die uns umgeben. Oder nichts
kann der Lockung

dieser Dunkelheit entgehen, das Auge
wird entdecken, dass wir nur sind,
was uns weniger gemacht hat
als wir sind. Nichts sagen. Sagen:
unser Leben

hängt davon ab.[69]

Anmerkungen

1 Prof. Dr. Volker Busch, *Kopf hoch! Mental gesund und stark in herausfordernden Zeiten*, München: Droemer Verlag 2024.

2 Daniel Siegel, „The Mindful Brain – das achtsame Gehirn“, in: Gerald Hüther, Wolfgang Roth, Michael von Brück (Hg.), *Damit das Denken Sinn bekommt*, Freiburg im Breisgau: Herder Verlag 2008, S. 54.

3 Ebenda, S. 53.

4 Friedrich Schiller, „Über die ästhetische Erziehung des Menschen“, in: ders., *Sämtliche Werke*, Bd. 5, München: Winkler 1975, S. 358.

5 Simone Brecht, yumuri.net.

6 Der Begriff „Stress“ als Reaktion auf erhöhte Beanspruchung, starke Belastung physischer und/oder psychischer Art wurde 1936 von dem österreichisch-kanadischen Biochemiker und Mediziner Hans Selye (1907–1982) geprägt. Ihm liegt der englische Begriff „stress“ („Druck, Anspannung“), eine aus „distress“ („Sorge, Kummer“) gebildete Kurzform, zugrunde. Wir unterscheiden heute zwischen Disstress und Eustress.

7 *Der Brockhaus Psychologie*, Mannheim, Leipzig: F. A. Brockhaus 2001, S. 586.

8 Ebenda.

9 Willigis Jäger, *Die Welle ist das Meer*, Freiburg im Breisgau: Herder Verlag 2000, S. 28.

10 Clara Schlaffhorst, Hedwig Andersen, *Atmung und Stimme*, Wolfenbüttel: Möseler Verlag 1996, S. 7.

11 Ferdinand Herrmann, „Atem in Symbolik und Lebensübung“, in: Lucy Heyer-Grote (Hg.), *Atemschulung als Element der Psychotherapie*, Darmstadt: Wissenschaftliche Buchgesellschaft 1970, S. 26.

12 Sakyong Mipham, *Wie der weite Raum*, München: Deutscher Taschenbuchverlag 2005, S. 39.

13 Wolf Singer, Matthieu Ricard, *Hirnforschung und Meditation. Ein Dialog*, Frankfurt am Main: Suhrkamp Verlag 2008, S. 52.

14 Siegel, „The Mindful Brain – das achtsame Gehirn“, S. 40.

15 Moshé Feldenkrais, *Das starke Selbst. Anleitung zur Spontaneität*, Frankfurt am Main: Suhrkamp Verlag 2005, S. 88.

16 Theodor Fontane, *L' Adultera*, Berlin: Aufbau Taschenbuch Verlag 2000, S. 111.

17 Maja Storch, Benita Cantieni, Gerald Hüther, Wolfgang Tschacher (Hg.), *Embodiment: Die Wechselwirkung von Körper und Psyche verstehen und nutzen*, Bern: Verlag Hans Huber/Hogrefe Verlag 2006/2010.

18 Ebenda, S. 47.

19 Eugene T. Gendlin, Johannes Wiltschko, *Focusing in der Praxis*, Stuttgart: Klett-Cotta, 4. Auflage, 2011, S. 14.

20 Aus dem *I Ging*, dem chinesischen Buch der Wandlung (Nr. 52), circa drei Jahrtausende vor Christus.

21 Singer, Ricard, *Hirnforschung und Meditation*, S. 10.

22 Antonio R. Damasio, *Ich fühle, also bin ich. Die Entschlüsselung des Bewusstseins*, Berlin: List Verlag 1999, S. 41.

23 Pierre Hadot, *Philosophie als Lebensform*, Frankfurt am Main: S. Fischer Verlag 2002, S. 45.

24 Gendlin, Wiltschko, *Focusing in der Praxis*, S. 7.

25 Georges Friedmann, *La puissance et la sagesse*, Paris: Gallimard 1970, S. 359.

26 Jean Genet, *Der Seiltänzer*, Reinbek bei Hamburg: Rowohlt TaschenbuchVerlag 1977, S. 59.

27 Verena König, *Bin ich traumatisiert?*, München: Gräfe und Unzer Verlag 2021, S. 205.

28 Jon Kabat-Zinn, *Gesund durch Meditation*, CD, Argon Balance.

29 Ebenda.

30 Jack Kornfield, *Frag den Buddha und geh den Weg des Herzens*, München: Kösel Verlag 1995, S. 136.

31 Marlene Streeruwitz, *Können. Mögen. Dürfen. Sollen. Wollen. Müssen. Lassen*, Frankfurt am Main: Suhrkamp Verlag 1998, S. 40.

32 König, *Bin ich traumatisiert?*, S. 86.

33 Maren Urner, *Raus aus der ewigen Dauerkrise*, 3. Aufl., München: Droemer HC 2021, S. 61.

34 Émile Coué, *Autosuggestion*, Zürich: Oesch Verlag 2004/2007, S. 26.

35 Louise L. Hay, *Gesundheit für Körper und Seele*, München: Wilhelm Heyne Verlag 1984, S. 27.

36 Heinrich von Kleist, *Sämtliche Werke und Briefe*, Bd. 1, Frankfurt am Main: Büchergilde Gutenberg 1965, S. 43.

37 Kornfield, *Frag den Buddha und geh den Weg des Herzens*, S. 37.

38 Gendlin, Wiltschko, *Focusing in der Praxis*, S. 85.

39 Meister Eckhardt, *Mystische Schriften*, Frankfurt am Main: Insel Verlag 1991, S. 43.

40 Kleist, *Sämtliche Werke und Briefe*, S. 43.

41 *Der kleine Hey. Die Kunst des Sprechens*, Mainz: Schott Verlag, revidierte Neuauflage, 1997, S. 7.

42 Heinrich von Kleist, *Gesammelte Werke,* Bd. 2, Frankfurt am Main: Büchergilde Gutenberg 1965, S. 319.

43 Volker Friebel, *Innere Bilder: imaginative Techniken in der Psychotherapie*, Düsseldorf: Walter Verlag 2000, S. 128.

44 John Cage, „Silence", in: ders., *Vortrag über nichts*, Frankfurt am Main: Suhrkamp Verlag 1995, S. 7.

45 Manfred Spitzer, *Lernen. Gehirnforschung und die Schule des Lebens*, Heidelberg: Spektrum Akademischer Verlag 2002, S. 6.

46 Kleist, *Sämtliche Werke und Briefe*, S. 43.

47 Friedemann Schulz von Thun, *Miteinander reden*, Reinbek bei Hamburg: Rowohlt Verlag 1998, S. 14.

48 Paul Watzlawick, Janet H. Beavin, Don D. Jackson, *Menschliche Kommunikation. Formen, Störungen, Paradoxien*, Bern: Huber, 11. unveränd. Auflage, 2007 [1969], S. 53.

49 Gendlin, Wiltschko, *Focusing in der Praxis*, S. 124.

50 Ebenda.

51 Peter Brook, *Zwischen zwei Schweigen. Gespräche mit Peter Brook*, Berlin: Alexander Verlag 1999, S. 5.

52 Kleist, *Sämtliche Werke und Briefe*, S. 43.

53 Wulfing von Rohr, Diane von Weltzien (Hg.), *Das große Buch der Mystiker*, München: Goldmann, 2. Auflage, 2005, S. 213.

54 Verhandlungsmodell des Instituts für Verhandlungsprozesse Zürich. Online verfügbar unter: http://bullinger-ivpz.ch/de/#!/bullinger (letzter Zugriff: 20.11.2017).

55 Marshall B. Rosenberg, *Gewaltfreie Kommunikation*, Paderborn: Junfermann Verlag 2010, S. 36.

56 Ich möchte Ihnen Manfred Priors „MiniMax-Interventionen" empfehlen.
Er macht dort weitere Vorschläge zur produktiven Gesprächsführung. Manfred Prior, *MiniMax-Interventionen: 15 minimale Interventionen mit maximaler Wirkung*, Heidelberg: Carl Auer Verlag 2009.

57 Michel Foucault, *Ästhetik der Existenz*, Frankfurt am Main: Suhrkamp Verlag 2007, S 293.

58 Johann Wolfgang Goethe, *Faust. Texte*, herausgegeben von Albrecht Schöne, Frankfurt am Main: Insel Verlag 2003, S. 76.

59 Meister Eckhart, *Mystische Schriften*, S. 183.

60 Marianne Williamson, *Rückkehr zur Liebe,* München: Goldmann Verlag 2016, S. 201.

61 Hannah Arendt, *Vita activa oder vom tätigen Leben,* Stuttgart: Kohlhammer Verlag 1960, S. 167.

62 Goethe, Brief an Nicolovius, um 1778, zitiert aus Manfred Osten „Die beschleunigte Zeit“, in: *Die Zeit* vom 26.8.1999.

63 Hadot, *Philosophie als Lebensform*, S. 15.

64 Gendlin, Wiltschko, *Focusing in der Praxis*, S. 190.

65 Matthias Horx, *Das Buch des Wandels*, München: Deutsche Verlags Anstalt 2009, S. 108.

66 Diese Formulierung der Frauenbewegung der 1970er Jahre prägt bis heute Bürgerinitiativen aller Art.

67 Arendt, *Vita activa oder vom tätigen Leben*, S. 165.

68 Kleist, *Sämtliche Werke und Briefe*, S. 43.

69 Paul Auster, *Vom Verschwinden*, zweisprachige Ausgabe, Reinbek bei Hamburg: Rowohlt Verlag 2001, S. 195.

DANK

Meine allergrößte Wertschätzung möchte ich all den Menschen gegenüber ausdrücken, mit denen ich arbeiten durfte. Durch die Zusammenarbeit fand ich heraus, was sich wirklich praktisch im Alltag umsetzen lässt.

Mein herzlicher Dank gilt den Menschen, die mich in einer Krise durch ihr Vertrauen und ihre Taten mental, freundschaftlich und finanziell unterstützt haben. Ohne ihre Hilfe gäbe es keine zweite Auflage. Ich habe schrittweise das Vertrauen in mich und meine Arbeit wiedergewonnen. Dabei erlebte ich, wie wertvoll das bewusste Herstellen von Präsenz gerade dann ist, wenn gefühlt der Boden unter einem wegbricht.

NOTIZEN